統計・プログラム知識は不要

『文系AI人材になる』

野口竜司
@noguryu

How AI & the Humanities Work Together

東洋経済新報社

はじめに　文系AI人材になろう！

ＡＩ社会になって職を失わないだろうか？
文系がＡＩ人材になるために何からすればいいの？

そんな不安や疑問を解消するのが本書です。

「AIはExcelくらい誰もが使うツール」となります。文系・理系を問わず、Ｅｘｃｅｌは本当に多くの人が使っている表計算ソフトです。少し大げさかもしれませんが、そのＥｘｃｅｌと同じように、ＡＩも多くの人が扱うことができる一般的なツールになりつつあります。

ほんの少し前までのＡＩの世界は、理数系や技術系の「理系ＡＩ人材」が引っ張っていました。しかし、ＡＩ技術が一般化し誰もがＡＩを気軽に扱えるようになった今、**「AIをどう作るか？」**よりも、**「AIをどう使いこなすのか？」**のほうが大きな課題になりつつあります。

そこで重要になるのが、ビジネスの現場も知っている**文系ＡＩ人材**なのです。

本書では「文系ＡＩ人材」になるために必要な内容を次の流れでお届けします。

①ＡＩ社会で職を失わないために
②文系のためのＡＩキャリア
③ＡＩのキホンは丸暗記で済ます
④ＡＩの作り方をザックリ理解する
⑤ＡＩ企画力を磨く
⑥ＡＩ事例をトコトン知る――業種別×活用タイプ別の45事例
⑦文系ＡＩ人材が社会を変える

この本の内容をしっかりマスターすれば、あなたも「文系ＡＩ人材」の仲間入りです。ＡＩプロジェクトに入る事前準備、もしくはＡＩに強い会社への面接対策、ＡＩ部署への社内公募対策などもバッチリでしょう。

なお、この本は次の3つのルールのもとで書かれています。「プログラミングや統計・数理的なことの中身に触れない」「ＡＩの専門用語を極力使わない」「できるだけ多くの事例を入れる」の３つです。ぜひ肩の力を抜いて読んでください。

ＡＩと共にイキイキと働く「文系ＡＩ人材」がたくさん誕生することを心から願っています！

２０１９年12月

野口竜司 @noguryu

目次——文系AI人材になる

第2章　文系のためのAIキャリア

STEP①

第3章 AIのキホンは丸暗記で済ます

STEP②

第4章　AIの作り方をザックリ理解する

STEP③

第5章 AI企画力を磨く

STEP④

第6章 AI事例をトコトン知る

——業種別×活用タイプ別の45事例

【流通・小売】

【EC・IT】

第7章 文系AI人材が社会を変える

第1章

AI社会で職を失わないために

How
AI & the Humanities
Work Together

「AI失職」を恐れず「AI職」に就く準備を

「AI失職」は変えようのない事実

「AIによって仕事がなくなるのでは？」とネットやテレビや雑誌などで日々語られていますす（図表1－1）。残念ながら、「AIによってなくなる仕事はたくさんある」ということは、もう変えようのない事実です。この事実に目を背けず、まずは素直に受け入れましょう。その上で、次に向けてどう準備し、どう動き出すかのほうが大事です。

人間がAIに勝つ、負けるというスタンスでいるよりも、AIと共に働くスタンスに切り替えるのです。

AIによって仕事がなくなったら、「新時代の新しい職種にチェンジ」すればいいんです。これまでの歴史を振り返ってみても、新しい技術が生まれてそれが社会に定着したとき、いくつかの職種がなくなってきましたが、その一方で新しい技術を使ったこれまでになかった新しい仕事が生まれてきています。

図表1-1　10〜20年後になくなると予測される職業　トップ25

1	テレマーケター（電話を使ってセールスを行なう）
2	不動産登記の審査・調査
3	手縫いによる仕立て
4	コンピューターを利用したデータの収集・加工・分析
5	保険業者
6	時計修理
7	貨物取扱人（荷さばき）
8	税務申告代行者（納税の調整、税務書類の作成）
9	フィルム写真の現像技術者
10	銀行の新規口座開設担当
11	図書館司書の補助員
12	キーパンチャー（データを入力する作業）
13	時計の組立・調整
14	保険金請求・保険契約代行
15	証券会社の一般事務
16	受注係
17	（住宅・教育・自動車ローンなどの）融資担当者
18	自動車保険鑑定人
19	スポーツの審判員
20	銀行の窓口
21	金属・木材・ゴムのエッチング・彫刻
22	包装機・充填機の操作や検査
23	調達係（購入アシスタント）
24	荷物の発送・受け取り係
25	金属・プラスチック加工用フライス盤・平削り盤の操作や検査

（出所）新井紀子『AI vs. 教科書が読めない子どもたち』（東洋経済新報社）

（原典）C. B. Frey and M. A. Osborne, "The Future of Employment: How Susceptible are Jobs to Computerisation?" September 17, 2013.

- 冷蔵庫ができて、氷屋さんが仕事を失う。そして、電気屋さんの仕事が生まれる
- 車ができて、御者（馬車乗り）が仕事を失う。そして、運転手や車販売の仕事が生まれる
- ＩＴが普及して、書類整理をする事務職が仕事を失う。そしてＩＴ関連の仕事が生まれる

右の例のように、「産業革命」「モータリゼーション」「ＩＴ革命」といった大きな技術転換のタイミングでも、旧来職種がなくなり新職種が生まれてきました。ＡＩでも同様のことが起きると、考えてよいでしょう。

「ＡＩ職」がどんどん生まれる

ＡＩ時代においても、新しいタイプのＡＩ職が多く生まれるはずです。前述の通り、ＩＴ革命が起こり、インターネットが普及すればするほど、多くのＩＴ関連職が生まれました。「あなたの職業は？」と聞くと「ＩＴ関連です」と答える人が急増したときのように、「ＡＩ関連で働いています」と答える人も急増するのは間違いないでしょう。

そしてＩＴ関連職と一言にいっても、たくさんの細かい職種が存在するように、ＡＩ関連職

もバラエティに富んだ新しい職種が生まれてくるはずです。ＡＩによる失職を補う、新しいＡＩ職の誕生は必ず起こりますので、心配することはありません。ただ、

一番リスクが高いのは

ＡＩ失職を恐れ今の仕事に執着しすぎて、身動きが取れなくなることです。

この状態にならないように気をつけなければいけません。「自分の職種は大丈夫だろうか？」と心配しているくらいならば、新しい時代に向けて柔軟に動き出すために「今、もっているスキルや経験や業界の知識を用いて、ＡＩと共に働けばいい」といった気持ちに切り替えていきましょう。つまり、

「ＡＩ失職」を恐れず、ＡＩ職に就く準備を始めましょう。

「AIとの共働き」スキルを身につけよう

なぜ日本人は不安を抱いているのか

「AI失職を恐れない」という話をしてきましたが、そもそもAIそのものに対する恐れはなぜ生まれるのでしょうか？　いろんな理由がありそうですが、「なんだか凄そう」「得体がしれない」「よくわからないけど怖い」というような漠然とした理由が多いように感じます。総じて「未知のモノへの恐怖感」なのではないでしょうか。

大手コンサルティング会社によると、日本の労働者は「AIが私の仕事にポジティブな影響をもたらす」と回答した割合が22％にとどまり、世界平均の62％より40ポイント低かった、との調査も出ています（アクセンチュア調査）。この調査からも**「日本人は世界の他の国の人と比べて、よりAIへの不安を抱いている」**といえます。

中国・春秋時代の兵法書である『孫子』にこんな一節があります。「彼を知り己を知れば百戦殆《あやう》からず」。つまり「相手と自分のことを知ればその相手に負けることはない」ということです。ＡＩについても同じです。『孫子』の一節をアレンジして言い換えると、「ＡＩ（彼）を知り己を知れば百戦殆からず」なのだと思います。

- **ＡＩを知らなければ、恐怖が増幅する**
- **ＡＩを知れば、怖さも消え使いこなせるようになる**

「ＡＩ失職」についての、漠然とした恐怖や不安から脱するために、まずは一歩を踏み出しましょう。その一歩とは、ＡＩのことをもっと知り始めるということです。ＡＩをよく知れば恐怖がなくなるどころか、ＡＩを使いこなす側になることができます。**ＡＩを知ることこそ、「ＡＩ失職」から解放され、ＡＩを使いこなす「ＡＩ職」の道への第一歩**なのです。

「ＡＩとの共働き」スタイルが広がる

ＡＩが普及してくると、人間とＡＩとが共に働く仕事がたくさん生まれてきます。「人間とＡＩの共働き」スタイルが広がると言い換えることもできるでしょう。

ＡＩのことをよく知ればわかることなのですが、ＡＩは得意なこともたくさんある一方で、業務内容によっては、まだ人間の仕事をすべて置き換えるほど完全でない場合が多くあります。**AIの不完全な部分を知り、人間が補ってあげる必要があるのです。**

人間が得意とする仕事とAIが得意とする仕事が業務内容によって分かれてきますので、人間とAIが共に働き、補い合うパターンはいくつも存在してきます。人間の不得意をAIが補う場合もあれば、AIの不完全な部分を人間が補う場合も出てきます。

人間とAIが共に働くスタイルは、「AIにどれくらいの割合の業務を渡すのか？」の視点でパターンを分類することができます。具体的には次の5つに分けることができます。

①人だけで仕事をする
②人の仕事をAIが補助する
③人の仕事（不得意なこと、できないこと）をAIが拡張する
④AIの仕事（得意なこと）を人が補助する
⑤AIだけで仕事をする＝人の仕事をAIが完全に代行する

また、5つのパターンは共働きの段階とも考えられます（図表1-2）。「人だけで仕事をする」状態から「人の仕事をAIが完全に代行する」状態までには、AIはあくまで人のサポー

図表1−2　人間とAIの共働きの段階図

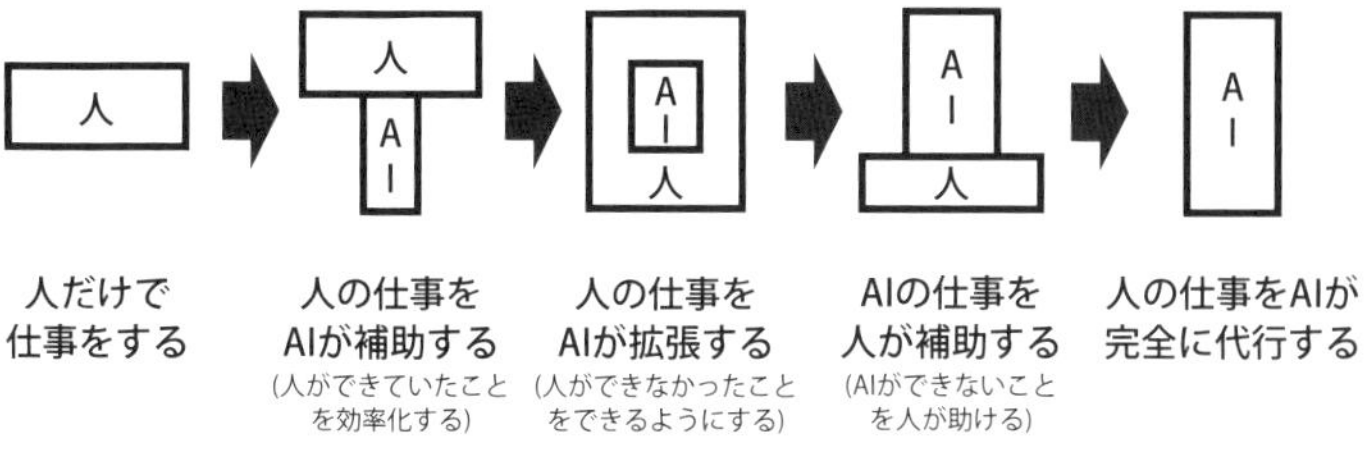
人
人
AI
AI
人
AI
人
AI
人だけで仕事をする
人の仕事をAIが補助する
(人ができていたことを効率化する)
人の仕事をAIが拡張する
(人ができなかったことをできるようにする)
AIの仕事を人が補助する
(AIができないことを人が助ける)
人の仕事をAIが完全に代行する

トでしかない状態や、逆に人がＡＩのサポート役に回ったりすることがあるわけです。

ＡＩに仕事を任せていく比率のコントロールは人間側で行なうことになります。人間とＡＩの共働きのスタイル（ＡＩに任せる比率）を最適なものにするのは人間の大きな役目となってきます。この役目を担うのが、新しく生まれる「ＡＩ職」になるのです。

人間とＡＩの共働きをうまくコントロールするのが「ＡＩ職」の役割です。

そして、その役目を果たすには、ＡＩのことをよく知ること、また、あらためて人間が得意なことや不得意なことをしっかりと認識することが必要です。

5つの「共働きスタイル」

分業のバランスによって5つに分類

実務現場でのＡＩ活用が進むにつれて、人とＡＩのさまざまな分業のスタイルが生まれてきます。すべての業務がＡＩによって取って代わられるわけでもないですし、すべての業務を人だけで完結させていけるわけでもありません。人とＡＩがそれぞれどの領域で仕事を任し任されていくのかを、業務ごとでバランスをとっていく必要が出てきます。人とＡＩの分業バランスを、うまく業務内で設計できるかどうかが今後のビジネスや店舗の生産性につながっていくのです。

人とＡＩの分業スタイルは大きく次の5パターンに分類することができます（図表1-3）。

①人だけで仕事をする「一型」

②人の仕事をＡＩが補助する「T型」

図表1-3　AI利用時の5つの分業パターン

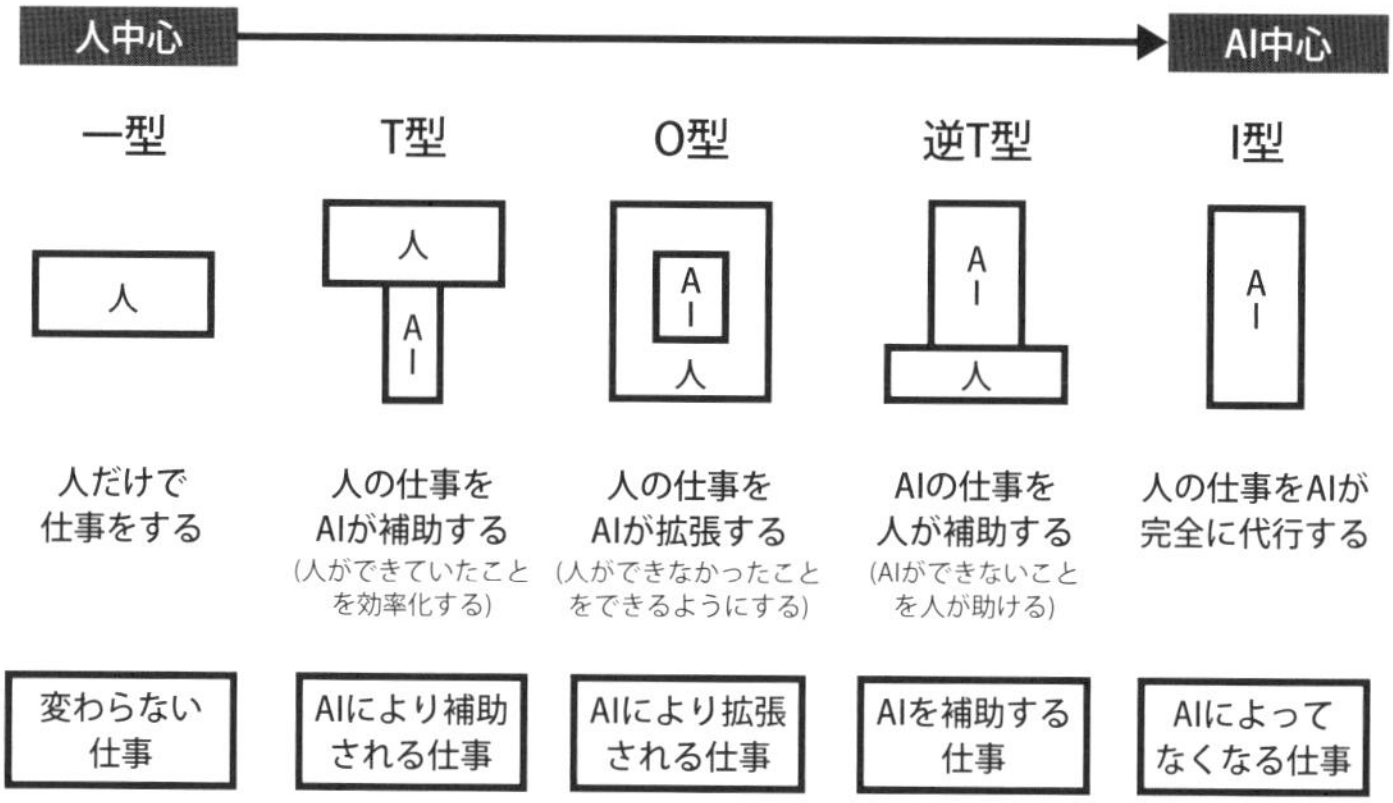

③人の仕事をＡＩが拡張する「Ｏ型」

④ＡＩの仕事を人が補助する「逆Ｔ型」

⑤人の仕事をＡＩが完全に代行する「Ｉ型」

5つの「人とＡＩの分業スタイル」を図表1-4でまとめています。主な業務や利用するＡＩの種類、そして業務の例を並べてみていますので、まずはざっと眺めてもらえればと思います。なお、ＡＩの種類は後ほどの章でくわしく解説します。

人だけで仕事をする「一型」

人とＡＩの分業は「人中心」なのか、もしくは「ＡＩ中心」なのかによってスタイルが分かれます。「一型」（漢数字の一型）は、ＡＩに頼

主な業務	主な利用AI	業務の例
管理業務		マネジメント・経営業務
クリエイティブ業務		デザイン業務 創作業務
接客業務	会話系AI	店舗接客業務
営業業務	会話系AI	不動産営業 保険営業 法人営業
教育業務	予測系AI	学習指導業務
企画・執筆業務	予測系AI	ライティング業務 企画業務
ソーシャルワーク業務	実行系AI	介護業務 社会福祉業務
高度な専門業務	識別系AI・予測系AI	医療業務・看護業務 弁護士業務 会計士業務
予測分析業務	予測系AI	トレーダー業務 アナリスト業務 マーケティング分析業務
データ入力業務	識別系AI・予測系AI	音声文字起こし業務 翻訳業務
電話応答業務	会話系AI	電話オペレーター業務
運転業務	実行系AI	タクシー／バスの運転業務
運搬業務	実行系AI	荷分けやトラックの運転業務
注文・会計業務	会話系AI	小売店のレジ業務 飲食店の注文業務
監視業務	識別系AI・予測系AI	異常検知・監視業務 不良品検出業務

図表1-4　人とAIの分業スタイル

分業スタイル		状態
	**一型** 人だけで仕事をする	AIの介在がなく人だけで業務を行なっている状態
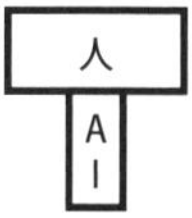	**T型** 人の仕事をAIが補助する	AIによって一部の業務だけが代行される。業務遂行のメインは人
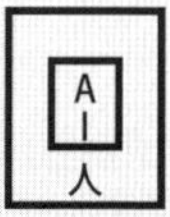	**O型** 人の仕事をAIが拡張する	AIによって人の業務を拡張する。これまで人ができなかったレベルの業務を可能にする
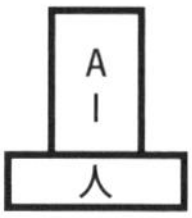	**逆T型** AIの仕事を人が補助する	AIによって多くの業務が代行されるが、一部人によって補助する。人によって前準備が必要な状態もしくは不完全な部分が残るためチェックと仕上げを人が行なう状態
	**I型** 人の仕事をAIが完全に代行する	AIによって業務のほぼすべてが担われている状態

らず**人だけで仕事をする従来通りの変わらない仕事**になります。たとえば、次のような仕事となります。

- 管理業務
- クリエイティブ業務

マネジメント・経営業務といった、人を管理したり会社を経営したりする「管理業務」やデザインや各種創作を行なう「クリエイティブ業務」が「一型」の業務の代表例です。これらの業務の一部については、間接的にＡＩが補助をする可能性もないわけではありませんが、ＡＩに頼らずに人だからこそ生み出せる価値を提供しやすい仕事といえます。

人の仕事をＡＩが補助する「Ｔ型」

人を表す横棒をＡＩが下から支える形を表したのが「Ｔ型」の分業スタイルになります。「Ｔ型」では**もともと人が行なっていた業務を、ＡＩが一部を代行・補助してくれます。**Ｔ型の分業スタイルに当てはまるのは、次のような業務になります。

・接客業務
・営業業務
・教育業務
・企画・執筆業務
・ソーシャルワーク業務

T型

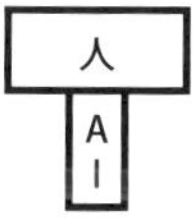

よりイメージしやすいように業務を明確にすると次のようになります。たとえば、接客業務は、店舗接客業務。営業業務は、不動産営業、保険営業、法人営業。教育業務は、学習指導業務。企画・執筆業務は、ライティング業務、企画業務。ソーシャルワーク業務は、介護業務、社会福祉業務などになります。

このようなT型の分業スタイルにおいては、業務を行なう際に人とＡＩの関わりが増え、**人がAIについて知識をもっているかどうかで業務効率化が変わってきます。**Ｔ型に該当する業務に関わる人が、ＡＩが何が得意で何が不得意か、ＡＩはどのようにできているのかをある程度理解しておくことで、ＡＩを使って自分の業務をより効率化できるようになります。

店舗の接客を例にしてみましょう。たとえば、アパレル店舗でＡＩを搭載した接客用のディスプレイ端末が導入されたとします。お客様の対応をＡＩ搭載のディスプレイ端末が代行することで、お客様が探しているアイテムを見つけ出し、過去の購入履歴から推薦することができるようになるかもしれません。ただし、ＡＩによる接客対応だけでは、お客様全員が１００％の満足を得ることはきっとできません。たとえば、あるお客様は馴染みの店員の意見を聞きたかったり、会話を楽しみながら買うものを決めたかったりすることもあるでしょう。

お客様に対してＡＩがどのような接客ができて、どのような接客ができないかを人である従業員が十分に理解をすることによって、ＡＩに接客代行してもらう部分と、人によって接客を手厚くすべき部分を振り分けてコントロールすることができるようになります。**ＡＩを知りＡＩをコントロールすることで、よりＴ型の分業が力を発揮する**のです。

人の仕事をＡＩが拡張する「Ｏ型」

人がもともと行なっていた業務を代行・補助するのがＴ型の分業スタイルでしたが、「Ｏ型」は**人がもともとできないことをＡＩが拡張してくれるスタイル**になります。Ｏの文字では、人の業務の中にＡＩが入ってくることによって、できることの範囲が広がるイメージが表されています。人の仕事をＡＩが拡張する「Ｏ型」の代表的な業務は次の２つです。

・高度な専門業務
・予測分析業務

Ｏ型

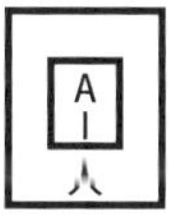

人の仕事をＡＩが拡張する「Ｏ型」の業務としては、**「高度な専門業務」**や**「予測分析業務」**などが当てはまります。「高度な専門業務」はかなり広範囲の定義になりますが、具体的には、医療業務、看護業務、弁護士業務、会計士業務など、国家資格が必要になるような、深い専門性や経験が必要な領域となります。

人間の仕事を拡張してくれるという点で、すでにさまざまな事例も出てきているのが医療業務です。画像診断をより高精度にする事例では、医師の判定よりもＡＩによるがんの検出率が高くなったり、アルツハイマーの疑いがどれくらいあるかを脳の収縮状態をＡＩによって判断するケースがあります。また、生活習慣病をＡＩによって事前予測したり、インフルエンザの流行をＡＩで事前予測したりと、医療従事者の業務を拡張するような事例も多く出てきています。

また、弁護士業務を拡張するケースもあります。数えきれない過去の裁判の判例をＡＩがインプットし、今回の裁判のケースではどのような展開になるのか、何がキーになるのか、判決がどうなるかを予測するなど、弁護士やその助手の仕事を拡張することもできるでしょう。

「O型」のスタイルでAIと向き合う場合、まず人が何ができて何ができないかを把握します。次に、人ができないことのうちで、「AIによってできるようになることは何なのか？」「AIによってできるようになることで価値が大きく上がることは何か？」を見つけ出しましょう。業務や業界における深い知識と、AIの基礎知識を掛け合わせることで、現在の業務に大きな変革をもたらすことができるようになるでしょう。

AIが人を拡張するO型においては、AIのことしかわからないAIの専門家だけではAI活用度を上げることが難しいです。高度な専門業務は、深い業務・業界知識がないとまっとうできない難易度の高い業務領域だからです。そのような理由から、**深い業務・業界知識があり、またAIの知識も保有する文系AI人材がAI活用度を引き上げる鍵**になるのです。

これは、トレーダーやアナリスト、マーケティング分析業務を含む「予測分析業務」においても同様です。既存業務知識を保有するビジネスマンが、AI利用を牽引するのです。

AIの仕事を人が補助する「逆T型」

人の仕事をAIが補助する「T型」と、人の仕事をAIが拡張する「O型」は共に、主に業務を行なうのは人でした。

一方で、「逆Ｔ型」は**AIがメインで業務を行なって、足りない部分を人が補助する**分業スタイルです。ＡＩが業務のすべての工程を行なえたり、ＡＩによるアウトプットが常に高い精度である場合は、ＡＩが業務のほとんどを行なってしまう「Ｉ型」に移行することができますが、多くの業務ではそうはいきません。

「逆Ｔ型」では、ＡＩの業務を実行するために、**事前の準備を人が行なったり、AIのアウトプットを人がチェックし、一部補正をかけることで、AIの不完全さを補います。**ＡＩを人が支えるイメージを回転したＴの文字で表しています。

この「逆Ｔ型」の業務例として、次の４つを紹介します。

- データ入力業務
- 電話応答業務
- 運転業務
- 運搬業務

逆T型

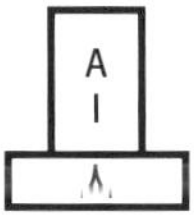

より具体的な業務の内容としては、音声文字起こし業務、翻訳業務、電話オペレーター業務、タクシー／バスの運転業務、荷分けやトラックの運転業務などになります。

たとえば、音声を文字に起こす業務をＡＩによって行なう場合、９割強の正しさで自動文字起こしをＡＩは実施してくれますが、完全に正しい文章にはなりません。ＡＩは新しい用語や特殊な用語は特に聞き間違いをしやすいので、大半の文字起こしはＡＩに実施させるとして、**間違いのチェックや人力での修正を人によって行なう**ことによって品質の高い文章を担保することになります。

また、電話応答業務もＡＩが得意になってきてはいますが、人の補助があってこそ対応品質を保つことができます。ＡＩによる合成音声の品質は上がり、特に英語では、人の声と聞き分けるのが難しいほどになりつつあります。また、お店の予約などの単純なやり取りであれば、ＡＩでも対話内容を間違うことを少なくすることができます。ただし、イレギュラーな内容への対応やクレーム処理までをＡＩが完全に単独でこなせるわけではありません。ＡＩ応答で対応しきれない場合に、補助ラインとしてスタンバイする人に引き渡す体制があることで応答品質を保つことができるでしょう。

「逆T型」の分業は、**ＡＩに大部分の業務は任せるものの、ＡＩの苦手を人がフォローする**という役割分担でした。ＡＩをうまく補助できるようにＡＩの仕組みを知り、たとえば「これくらいの簡単な電話の受け答えならＡＩがこなせるが、イレギュラーな質問が来たときは対応ができない」「ＡＩは99％の安全性は出せるが、残り１％において大きな事故を起こしかねない」など、ＡＩの苦手をしっかり理解することがこの分業を行なうＡＩ利用者には求められることになります。

人の仕事をＡＩが完全に代行する「Ｉ型」

最後に紹介するのが、人の仕事をＡＩが完全に代行する「Ｉ型」です。この型では、ＡＩが中心になって業務を進めていきます。「Ｉ型」では、ＡＩが人に頼らずに仕事を行なっている状態です。Ｉ型に該当する仕事は**「ＡＩによってなくなる仕事」**になる可能性がある業務になります。ＡＩが完全に人の代行をできる場合、この仕事は残念ながら先細りになるか、いずれはなくなってしまうことも考えられます。

この「Ｉ型」の業務は、人が価値を出すことが難しくなってくるでしょう。そうした業務の例は次のようなものとなります。

- 注文・会計業務
- 監視業務

「I型」に代表される業務は「注文・会計業務」「監視業務」です。「注文・会計業務」としては、小売店のレジ業務、飲食店の注文業務などになります。また、「監視業務」は、異常検知・監視業務、不良品検出業務などになります。今後は例に示した業務以外でもより**多くの業務が「I型化」していく**ことが考えられます。

すぐに行動を。AI時代は「行動格差」の時代へ

ここまで紹介してきたような「人間とAIの共働き」が進んでいく中で、社会において大きな変化がいたるところに生じることが予想されます。大きな変化が起こる時代は、行動しないことがリスクになります。AI時代は「行動格差」の時代なのです。

「日本人は世界の他の国の人と比べて、よりAIへの不安を抱いている」ということを示唆している調査を前に紹介しましたが、日本人が先進国の中でAIについて突出して後ろ向きであることは、とても悲しいことです。

AIを積極的に使っていくため、とにかく行動を起こす日本人が増えないことには、国単位での行動格差も埋められません。

変化を恐れて心配するのではなく、1人ひとりがとにかく行動しましょう。**行動こそが、「人間とＡＩの共働き」の時代を安泰に過ごすための唯一の特効薬**です。そして、この変化の速い時代の中で、できるだけ早く今後とても重要になる**「ＡＩとの共働きスキル」**を習得していきましょう。

第2章
文系のためのAIキャリア

How
AI & the Humanities
Work Together

AIは「作る」から「使う」へ

「AIを作る」と「AIを使う」は別のもの

これまでのＡＩ人材教育は、**AIを「作る」ことにフォーカス**されていました。ＡＩを作るためのプログラムやサーバ構築法といったＡＩ技術論をはじめ、ＡＩを賢くするための手法の選定法や、学習データをどのように加工するかといった内容の書籍や教育プログラムも充実してきています。ＡＩを「作る」教育環境は整ってきたといってよいでしょう。これらの教育環境の中で、ＡＩエンジニア[1]、もしくはデータサイエンティスト[2]といったＡＩを「作る」側のキャリアを歩む人材は、以前に比べると格段に増えてきたと思います。

ＡＩを「作る」側の教育環境が充実してきた一方で、**AIを「使う」側の教育環境や、人材キャリアをフォローアップする環境はまだまだ整っているとはいえません。**本書をはじめとしたＡＩを「使う」ための参考書や、教育カリキュラムはもっともっと充実させるべきだと思います。

ＡＩはカジュアルに作れるようになってきた

実は、この数年でＡＩを「作る」ハードルがとても下がっています。ＡＩを「作る」側の経験者が増え、教育環境も整ってきたこともありますが、それだけではありません。ＡＩの構築環境が発展し便利になり、以前よりもＡＩを作るのが楽になってきています。

求めるＡＩの精度のレベルにもよるのですが、そこそこの精度のＡＩを作るのであれば場合によって、

熟練レベルのＡＩエンジニアやデータサイエンティストがいなくても、ＡＩはカジュアルに作れる

（1）ＡＩエンジニアとは、ＡＩ領域のシステムを構築するエンジニア。ＡＩ用のサーバ、プログラム、また、ＡＩのチューニングなどをどこまで担当するかは人によって領域が異なってくる

（2）データサイエンティストとは、主に数理・統計的アプローチからＡＩ等を使ったモデル作りを行なう。学習データの処理やシステムサイドなど、人によって担当領域は異なってくる

ようになってきたのです。

スクラッチでＡＩを作る代わりの３つの選択肢

数年前まではＡＩはほとんどゼロベースからスクラッチ[(3)]で作られていました。しかし、技術やサービスが発達し、必ずしもスクラッチでＡＩを作らなければいけない時代が終わりました。スクラッチでＡＩを作る代わりに、次の３つの選択肢が登場したのです（図表２−１）。

- 「コードベース[(4)]のＡＩ構築環境」で作る
- 「ＧＵＩベース[(5)]のＡＩ構築環境」で作る
- 「構築済みＡＩサービス」を使う

これらの新しい選択肢が登場した背景には大手プラットフォームやベンチャー企業の動きがありました。AmazonやGoogleなどのプラットフォーマーや国内外のＡＩベンチャー企業が「コードベースのＡＩ構築環境」や「ＧＵＩベースのＡＩ構築環境」を急速に発展させたことによって、大きく流れが変わったのです。

図表2-1　AI構築の支援環境の発展

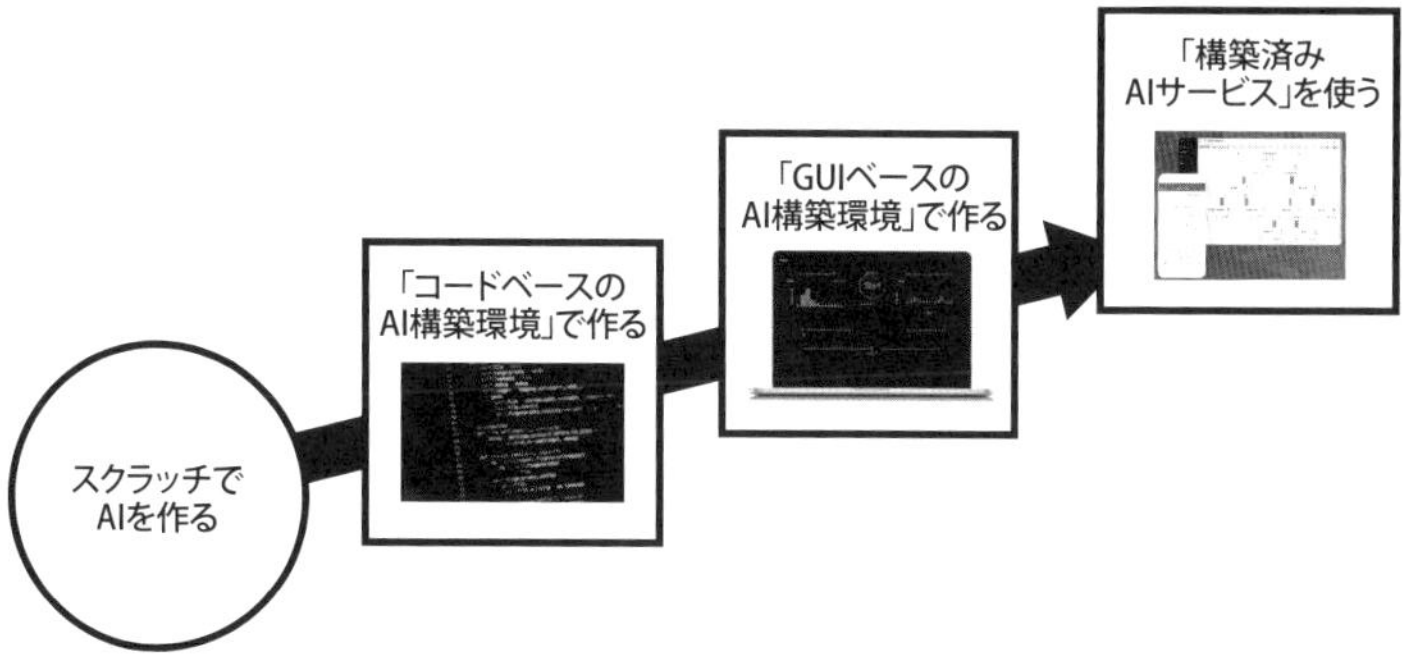

「コードベースのＡＩ構築環境」は、ＡＩ用のコードを書くことが前提のＡＩ構築の支援環境で、プログラミングコードを書ける人向けのサービスです。コードを書く必要はありますが、ＡＩを作る上で必要な補助機能が複数用意されており、**スクラッチでＡＩを作るよりも格段に構築が楽に**なっています。「コードベースのＡＩ構築環境」として、次のようなものがあります。

- Amazon SageMaker（図表2－2）
- Google AI Platform（図表2－3）
- Azure Machine Learning

（3）スクラッチとは、存在する何かを土台とせずにゼロから新たに作り上げること
（4）コードとは、プログラミングの構成要素のこと
（5）ＧＵＩとは、グラフィカル・ユーザー・インターフェイスの略で、ドラッグ&ドロップやクリックによって扱う操作画面のこと

図表2-2　Amazon SageMaker の紹介ページ

（出所）https://aws.amazon.com/jp/sagemaker/

図表2-3　Google AI Platform の紹介ページ

（出所）https://cloud.google.com/ai-platform/?hl=ja

- Watson Machine Learning

また、「ＧＵＩベースのＡＩ構築環境」はＡＩ用のコードを書きません。代わりにＧＵＩ（グラフィカル・ユーザー・インターフェイス）を操作することによってＡＩを作ることができるＡＩ構築の支援環境です。こちらは主に**プログラミングコードが書けない人向けのサービス**です。「ＧＵＩベースのＡＩ構築環境」としては次のようなものがあります。

- Google Cloud AutoML（図表２－４）
- DataRobot
- Sony Prediction One（図表２－５）
- MAGELLAN BLOCKS
- ABEJA Platform

「コードベースのＡＩ構築環境」と「ＧＵＩベースのＡＩ構築環境」がそれぞれ発達してきたおかげで、**ＡＩをより簡易に作ることができるようになりました。**

図表2-4　GoogleのCloud AutoMLの紹介ページ

（出所）https://cloud.google.com/automl/?hl=ja

図表2-5　Sony Prediction Oneの紹介ページ

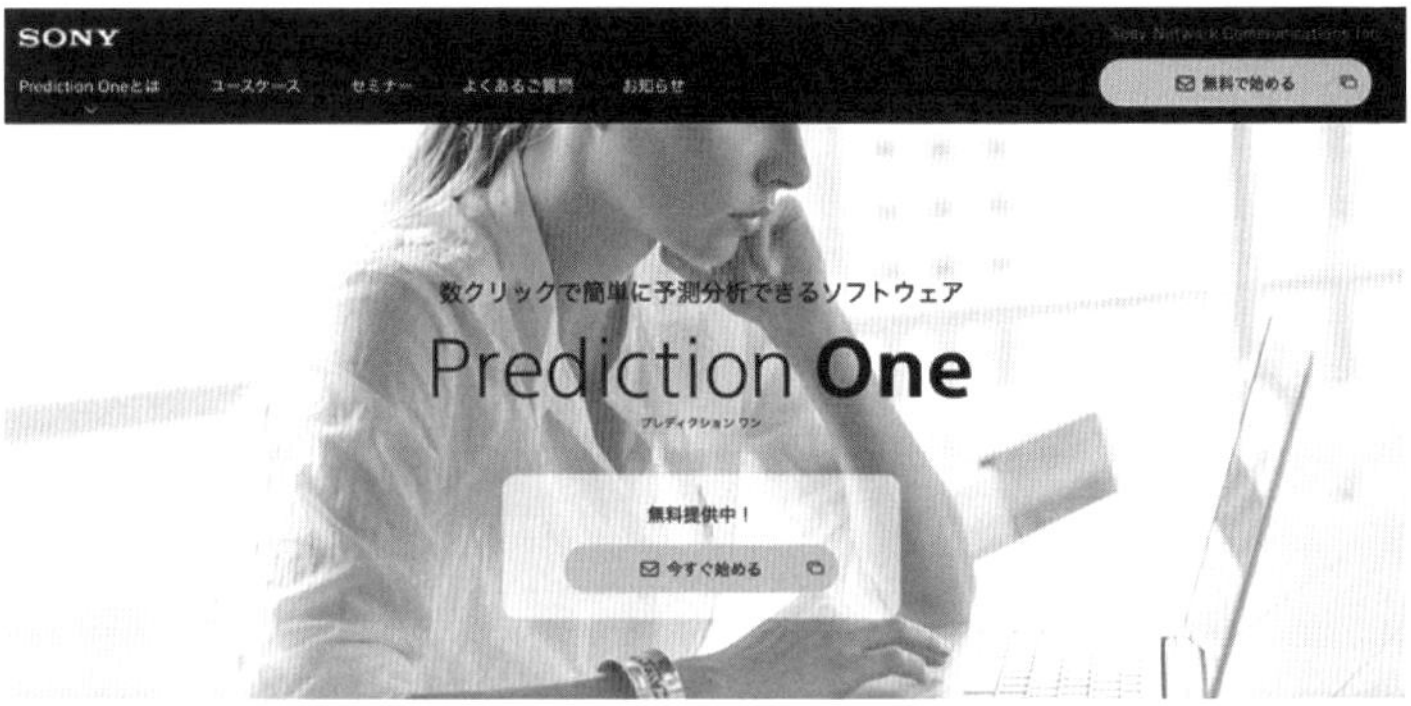

（出所）https://predictionone.sony.biz/

ＡＩは作れなくても「使えればいい」

さらに、各社はさまざまな「構築済みＡＩサービス」の提供も開始しています。「構築済みＡＩサービス」は、**自らＡＩを作らずに、すでに作られたＡＩを利用するもの**です。マッチするＡＩがすでに作られ提供されているのであれば、ＡＩを作る必要がなくＡＩを使うだけでよいので、ＡＩ利用に拍車がかかってきます。「構築済みＡＩサービス」としては、次のようなものがあります。

- GoogleのＡＩサービス
- AmazonのＡＩサービス（図表2-6）
- LINE BRAIN（図表2-7）
- Azure Cognitive Services
- Watson API

「構築済みＡＩサービス」では、主に**「チャットボット」「ＯＣＲ」**(6)**「画像認識」「音声認識」「音**

図表2-6　AmazonのAIサービスの紹介ページ

（出所）https://aws.amazon.com/jp/machine-learning/ai-services/

図表2-7　LINE BRAINの紹介ページ

（出所）https://www.linebrain.ai/#product

声合成」などのテーマを扱うものがあります。企業自らがオリジナルで作らなくても、これらのＡＩを使うだけで済むケースが増えてきています。

このように、「コードベースのＡＩ構築環境」「ＧＵＩベースのＡＩ構築環境」「構築済みＡＩサービス」の発展により、「スクラッチでＡＩを作る」必要性がない場合が増えてきました。そのため、スクラッチでしかＡＩを作れなかったときに比べ、**ＡＩを作るための専門性を必ずしも十分にもたなくても、容易にＡＩを作ったり使うことができる**ようになったのです。

（6）ＯＣＲとは、光学文字認識のことで、活字の文書の画像を文字データに変換するソフトウェア

上手に活用する「文系AI人材」が重要に

AIを作るのか、使うのかの判断能力が重要に

前に述べたように、「コードベースのAI構築環境」「GUIベースのAI構築環境」の発展によって、AIを作る環境が大きく変わりました。また、「構築済みAIサービス」の増加によって、自らAIを作らなくても、AIを「使えればいい」ケースも増えてきました。

自らAIを作れば、カスタマイズ性は高いですし、AIの精度の追求もできるのですが、**作る人材の確保や作ったものを維持するコストが大きくなります。**なお、AIを作る場合でも「コードベースのAI構築環境」はカスタマイズ性が高いですが、扱うのが比較的難しく時間がかかります。それに比べて「GUIベースのAI構築環境」のカスタマイズ性はやや落ちますが、簡単で早いのが特徴です。

そして、「構築済みAIサービス」（すでに作られたAI）を使う場合は、より簡単になり、導入までの時間も早くなります。また、総コストも多くの場合下がる傾向にあります。一方で、

図表2-8　自作AIと既製品AIを使い分ける

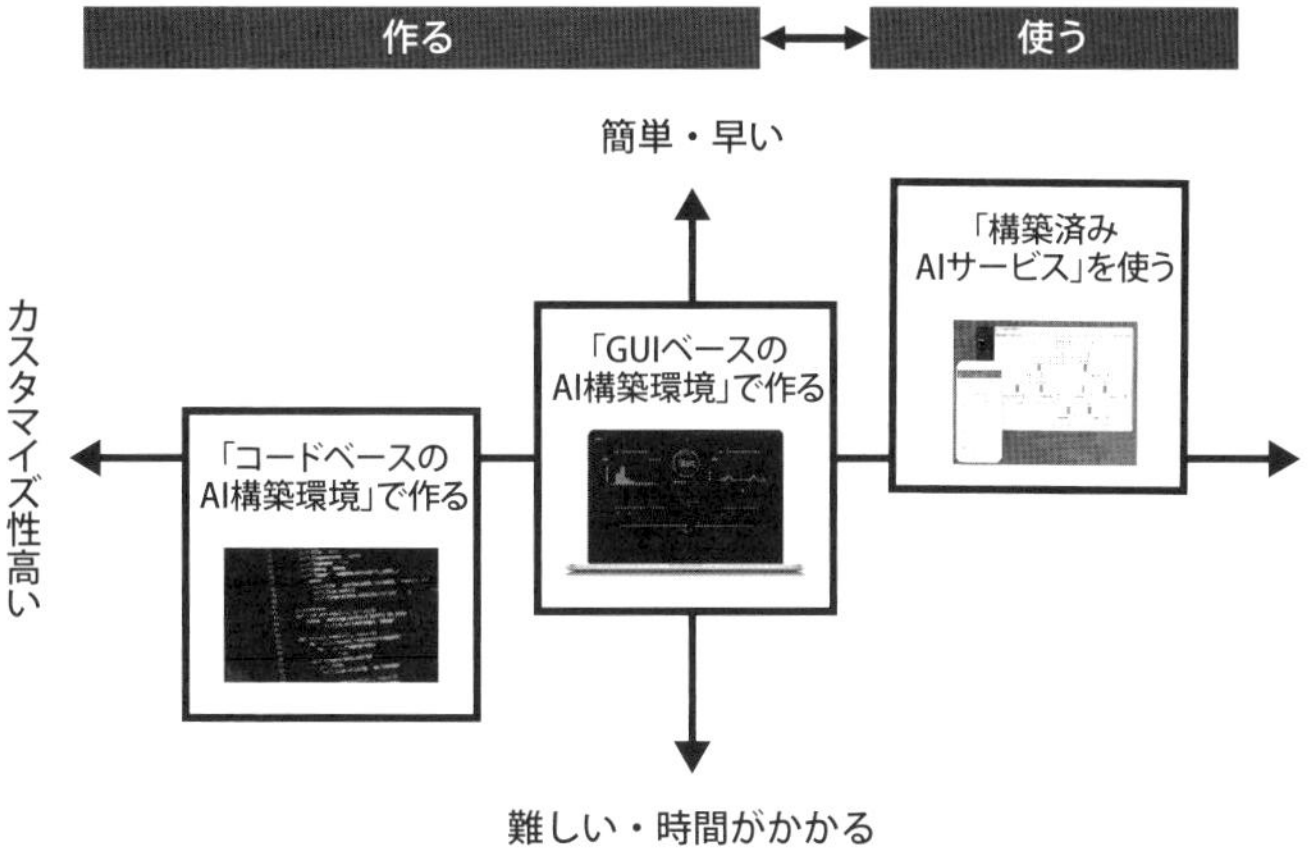

自らＡＩを作るのに比べて、カスタマイズ性は低くなります（図表2-8）。

このように選択肢が増える中で、利用用途によっての適切な判断が必要になってきており、

AIを作るのか、作るならどこまでカスタマイズするのか、あるいは、自らは作らずに、すでに作られたAIを使うのかを判断する能力

が非常に重要となってきているのです。この判断の参考にしてもらうため、各社のＡＩ構築環境と構築済みＡＩサービスをまとめておきます（図表2-9）。作るのか、使うのかの判断をするのに役立ててください。

GUIベースのAI構築環境 GUIでAIを作る 	構築済みAIサービス 構築済みAIを使う 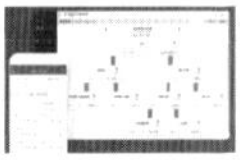
・**Google Cloud AutoML** AutoML Tables AutoML Vision AutoML Video Intelligence AutoML Natural Language AutoML Translation	・**GoogleのAIサービス** Vision AI（識別） Video AI（動画分析） Natural Language（言語理解） Translation API（翻訳） Cloud Speech-to-Text（音声テキスト化） Cloud Text-to-Speech（音声化） Dialogflow（会話） Recommendations AI（レコメンド）
	・**AmazonのAIサービス** Amazon Rekognition（識別） Amazon Textract（OCR） Amazon Transcribe（音声テキスト化） Amazon Translate（翻訳） Amazon Comprehend（感情分析） Amazon Polly（音声化） Amazon Lex（対話） Amazon Forecast（時系列予測） Amazon Personalize（パーソナライズ）
・**DataRobot** ・**Sony Prediction One** ・**MAGELLAN BLOCKS** ・**ABEJA Platform** ・**Azure Machine Learningサービスのヴィジュアルインターフェイス** **など**	・**LINE BRAIN** 画像認識、チャットボット、OCR、音声認識、音声合成 ・**Azure Cognitive Services** ・**Watson API** ・**各社AIクラウドサービス**

図表2-9　各社のAI構築環境と構築済みAIサービスのまとめ

種類 ／ プラットフォーム	**コードベースのAI構築環境** コードを書いてAIを作る 
Google	・**Google AI Platform** ・**BigQuery ML** （SQLによるモデル構築環境）
Amazon	・**Amazon SageMaker** ・**AWS DeepRacer** （自動運転ミニカー） ・**AWS RoboMaker** （ロボットアプリ）
その他	・**Azure Machine Learning** ・**Watson Machine Learning** **など**

「AIをうまく使う」人がビジネスを動かす

これまでいろいろなAIプロジェクトにおいて、とにかく「AIを作ることが目的」になってしまったケースも多かったように思います。本来は、社内でAIを活用してできるだけ大きなビジネス価値を生むことが主目的であるべきです。その際、ビジネス価値を最大にするためには、自ら作ったAIであれ、構築済みAIであれ、それらの「AIをうまく使う」ことがキーポイントになるのです。

精度が優れたAIが作れたとしても、ビジネス上のどのシーンでどのように使うかがしっかり設計されていないと、うまく活用が進まず成果もあげにくくなります。**最悪のケースは、優れたAIはできたけれど、業務プロセスの中に組み込むことができず、お蔵入りしてしまうことです。**こういったケースが散見されることから、「AIをうまく使う」ことがどれくらい重要かはご理解いただけると思います。

AI作りがカジュアルになったり、構築済みAIサービスも増加している今、**「AIをうまく使う」人材、つまり、ビジネスや業務知識にくわしく、かつAIにも精通した人材がより重宝される**時代に入ったのです。

ＡＩを作る専門能力をもたないが、ビジネスや業務知識をもった文系人材が、ＡＩの基礎をしっかり学ぶことで「文系ＡＩ人材」となり、「ＡＩをうまく使う」人材となることで、ＡＩ活用の現場で大いに活躍することが望まれているのです。

「文系ＡＩ人材」の仕事内容とは？

文系ＡＩ人材の仕事は、理系ＡＩ人材がやらない「すべての仕事」

ＡＩは作れなくても使えればいいし、ＡＩをうまく使う人がビジネスを動かす、という話をしてきました。これまで世の中では理系人材が活躍しやすい「ＡＩを作る仕事」にばかり焦点が当たってきましたが、実務現場でのＡＩ導入数が増えれば増えるほど、今後は「ＡＩを作る仕事」以外の仕事が多く発生していきます。こうした仕事は文系が得意とする領域となり、**「文系ＡＩ人材」の仕事が大量に発生**していくことになります。

では、「文系ＡＩ人材」の仕事内容とはどういったものなのでしょう？

データサイエンティストやＡＩエンジニア、いわゆる「**理系ＡＩ人材」は、主に「ＡＩを作る仕事」を担ってきました**。また、ＡＩを作った後に、**現場で動かすための「本番稼働ＡＩシステムの構築」**や現場でＡＩを使い続けてもらうための「**ＡＩシステムの運用管理」**も「理系ＡＩ人材」の大事な役割になります。

これらの仕事以外で「**理系ＡＩ人材」がやらない「ＡＩ活用に必要なすべての仕事」を「文系ＡＩ人材」が行なう**ことになります。

ＩＴサービスにおける、理系職であるＩＴエンジニアと、それ以外のＩＴサービスを支える文系職の役割を想像してもらうとわかりやすいかもしれません。

文系ＡＩ人材の具体的な仕事内容

文系ＡＩ人材の具体的な仕事内容の例を見ていきましょう。世の中へのＡＩの浸透が広がれば広がるほど、文系ＡＩ人材の仕事内容は、複雑化し範囲も拡大していくことが考えられますが、現段階での主な仕事内容について紹介しておくことにします。

先ほども紹介しましたが、「理系ＡＩ人材」の主な仕事は、「ＡＩを作る仕事（ＡＩ構築）」「本

図表2-10　文系AI職の役割

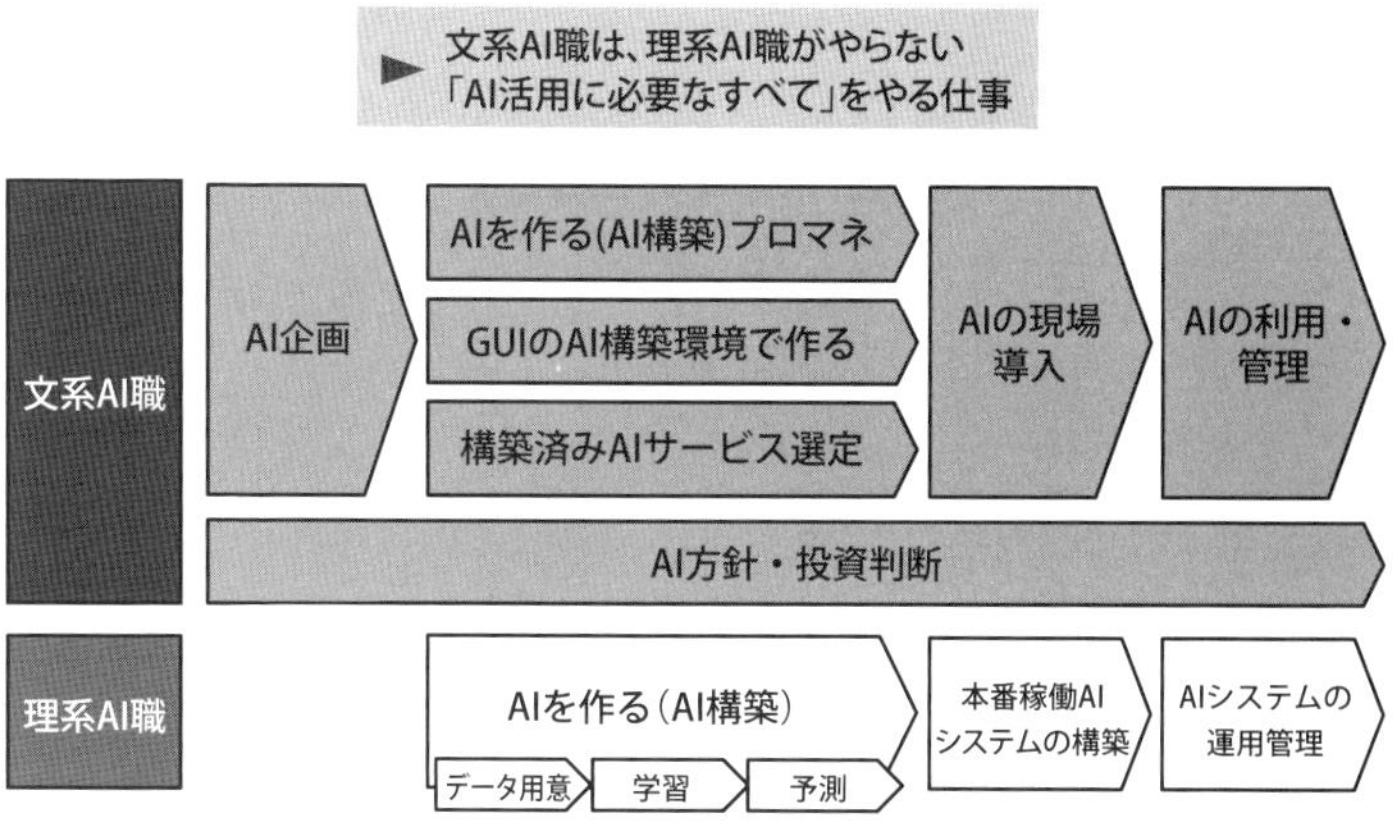

番稼働ＡＩシステムの構築」「ＡＩシステムの運用管理」になります。この３つ以外の、ＡＩ活用に必要な仕事を「文系ＡＩ人材」が担うことになります。

「ＡＩ人材」の代表的な仕事を理系、文系に分けて、図表２-10に記しておきます。

「ＡＩ企画」はＡＩをどのように活用するかを考える仕事

文系ＡＩ人材の仕事内容を１つずつ見ていきましょう。まず１つ目の「ＡＩ企画」は、ビジネスの中でどのＡＩを選ぶのか、ＡＩをどのように活用するかなどを考える仕事です。

後ほどくわしく説明をしますが、「ＷＨＯ：誰のためのＡＩ？」「ＷＨＹ：なぜＡＩが必要？」

図表2-11　AI企画の5W1H

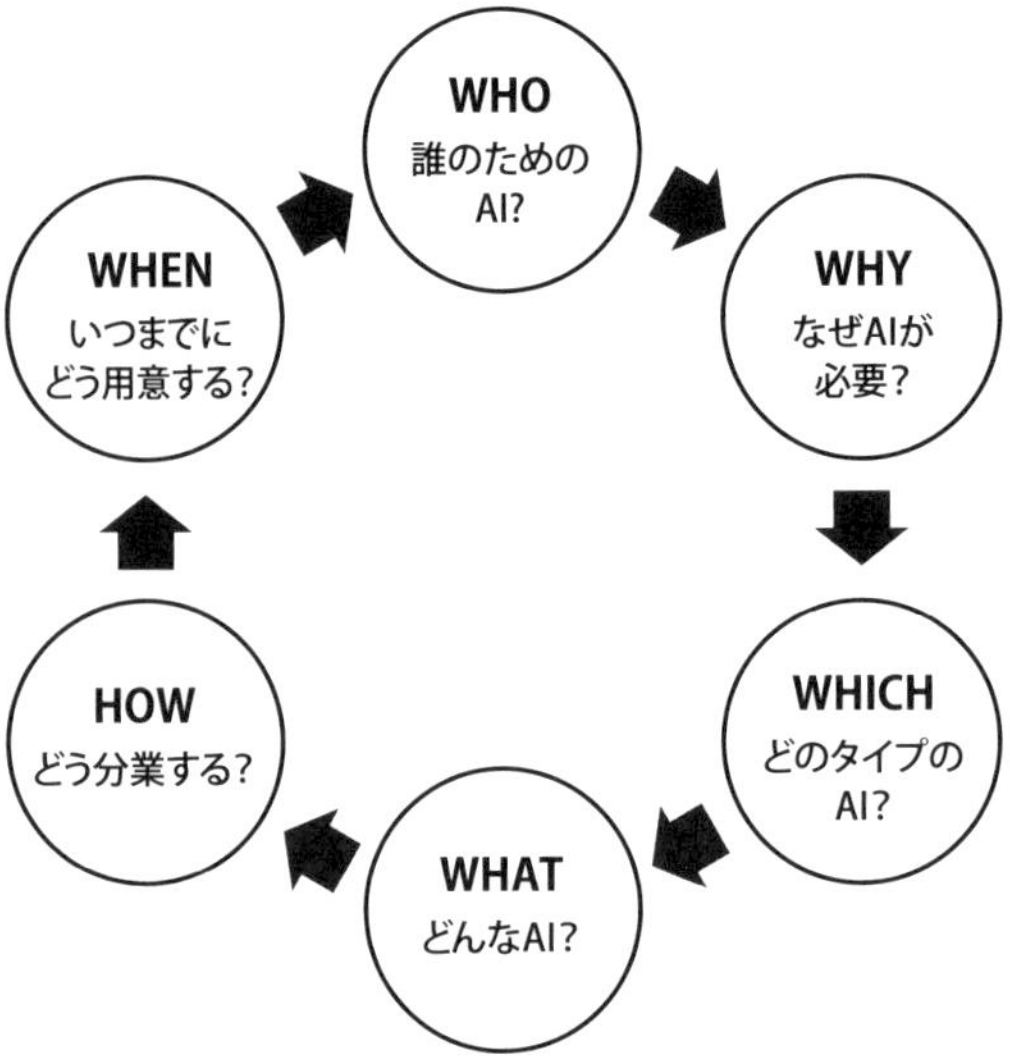

「WHICH：どのタイプのAI？」「WHAT：どんなAI？」「HOW：どう分業する？」「WHEN：いつまでにどう用意する？」といったAI企画の5W1Hを練る仕事です（図表2-11）。AIを作ることを目的にせず、ビジネス課題を解決するために、あるいは、顧客の不便を解消するために、AIのプランを詳細化し、計画の解像度を上げていきます。

「自らAIを作るのか？」「どの環境で作るのか？」「もしくは構築済みAIサービスを使うのか？」についても、この「AI企画」（具体的には「WHEN：いつまでにどう用意する？」にて）で決定します。その方針によって、「ＡＩを作る（ＡＩ構築）プロマネ」「ＧＵＩのＡＩ構築環境で作る」「構築済みＡＩサービス選定」のいずれかの仕事を行なうことになります。

「ＡＩを作るプロマネ」はプロジェクトマネジメント全般が仕事

「ＡＩを作る（ＡＩ構築）プロマネ」は、ＡＩプロジェクトのマネジメント全般の仕事です。もし「構築済みＡＩサービス」でニーズが満たせない場合は、ＡＩを作ることになります。「スクラッチ」もしくは「コードベースのＡＩ構築環境」でＡＩを作る場合は、理系ＡＩ人材であるデータサイエンティストやＡＩエンジニアを社内もしくは外部からアサインし、それらのメンバーの進行管理や品質管理、また予算管理などを行なうプロジェクトマネジメントの役割が必要となります。

「ＧＵＩのＡＩ構築環境で作る」は文系ＡＩ職でも可能

もしＡＩを自ら作る際に、「ＧＵＩのＡＩ構築環境」を利用することを決めたら、文系ＡＩ人材自らがこの環境を使ってＡＩを作ることもあります。「ＧＵＩのＡＩ構築環境」はカスタマイズ性に乏しい一方で、ＡＩ用のコードを書く技術や、複雑なデータ処理を必要としません。「ＧＵＩのＡＩ構築環境」を使うことで、ツール利用法の習得が必要な場合もありますが、文系ＡＩ人材でも自らＡＩを作ることも可能です。ＧＵＩのＡＩ構築環境でどのようにＡＩを作るのかは、後ほどの章でくわしく説明をします。

「構築済みＡＩサービス選定」でどれを使うのか検討

自らＡＩを作らずに、「構築済みのＡＩサービス」を使うことを決めたとしたら、次は複数ある中で、「どの構築済みのＡＩサービスを使うのか？」を決定しなければいけません。「どのＡＩサービスが優れているのか、自社にフィットするのか」などは、ＡＩの基本知識なしでは評価しづらいものです。ＡＩの基礎知識をつけた上で、適切なサービス選定ができるようにしましょう。

「ＡＩの現場導入」と「ＡＩの利用・管理」という仕事

「ＡＩの現場導入」の仕事は、すでに構築されたＡＩを職場や店舗などに導入するために、業務プロセスの詳細を加味した導入計画を立てたり、現場導入の作業を行なったりします。

「ＡＩの現場導入」では、自ら作ったＡＩを扱う場合と、構築済みＡＩサービスを扱う場合の両方があります。

「ＡＩの利用・管理」は、現場導入後のＡＩを継続的に利用したり、どのように利用するかを管理する仕事になります。

「ＡＩ方針・投資判断」はＡＩ活用の戦略策定の仕事

「ＡＩ方針・投資判断」は、ＡＩ活用の大方針を決定したり、ＡＩについての投資判断を行なったりする仕事です。つまり、戦略策定に関わる仕事になります。経営者や管理職、もしくはコンサルタントなどが中心となってこの仕事を行なうことになります。もちろんこれらの職にも理系出身の人はいると思いますが、本書では「理系ＡＩ人材」以外のＡＩ関連人材を「文系ＡＩ人材」と定義しておりますので、その前提でお読みください。

「ＡＩ方針・投資判断」では、大きなビジネスジャッジを行なうことになりますが、ビジネス領域の経験だけでは、正しい判断がしにくいでしょう。ＡＩに関するベースとなる知識や多くの事例を習得することによって、適切に「ＡＩ方針・投資判断」の役割を担えるようになります。具体例としては次のような仕事になります。

- ＡＩを積極的に活用する事業やサービス、部門を決める
- ＡＩに関連する人材獲得・育成の方針を定める
- 企業内でのＡＩに関する投資額を決定する
- ＡＩ投資によるリターンを想定する
- 企業内のＡＩ活用による競争優位戦略を制定する
- 企業内のＡＩ活動計画を中期計画として制定する

業種ごとのＡＩエキスパートも誕生する

各業種でＡＩ活用が広がってくると、特定業種におけるＡＩエキスパートとしての仕事も生まれてくるでしょう。

- 流通・小売のＡＩエキスパート
- ＥＣ・ＩＴのＡＩエキスパート

●ファッションのＡＩエキスパート
●エンタメ・メディアのＡＩエキスパート
●運輸・物流のＡＩエキスパート
●車・交通のＡＩエキスパート
●製造・資源のＡＩエキスパート

各分野におけるＡＩエキスパートたちが、各業種の深い知識を活かしつつ、ＡＩを当たり前のように利用・活用していくことで、業務を格段に効率化したり、これまで業種内でできなかったことをサービスとして生み出していくのではないでしょうか。

文系ＡＩ人材の仕事は細分化されていく

文系ＡＩ人材の仕事は、理系ＡＩ人材がやらない「すべての仕事」ですので、これまで紹介した仕事内容以外でも、ＡＩ活用において必要な大小含むさまざまな業務が発生したら、それらの仕事も文系ＡＩ人材の仕事になります。なお、今回は、ＡＩサービスの営業職やＡＩの学習データ作成者、ＡＩについて教育トレーニングをする仕事などは具体的には紹介していませんが、文系ＡＩ人材として取り扱っても問題ありません。

そして、今後さらに役割が多様化していくと、たとえば「ＡＩ企画」の仕事はＡＩプランナーやＡＩコンサルタントと呼ばれる職種が担うようになったり、「ＡＩを作る（ＡＩ構築）プロマネ」はＡＩプロジェクトマネージャーやＡＩディレクターといった職種名で定着してくるようになるでしょう。

また、「ＡＩの利用・管理」はＡＩサポートスタッフや社内ＡＩ管理者などの名称で呼ばれていくことになるかもしれません。**文系ＡＩ人材の仕事も細分化されていき、文系ＡＩ人材の中でも分業が進んでいくことになります。**この現象はＩＴの浸透期と同様で、初期の頃は多くの仕事を少ない職種で複合的にこなし、年月が経ってくると、職種が細分化され、それぞれが専門職化していくという現象が、文系ＡＩ人材の仕事の中でも起こってくるはずです。

「文系ＡＩ人材」になるための4つのステップ

必要なのは「ＡＩと働くチカラ」

これまでに文系ＡＩ人材の仕事内容を紹介してきました。繰り返しになりますが、文系ＡＩ人材の仕事はＡＩ関連業務における「理系ＡＩ人材がやらないすべての仕事」です。紹介してきたように文系ＡＩ人材の仕事の範囲は、「ＡＩ企画」「ＡＩを作る（ＡＩ構築）プロマネ」「ＧＵＩのＡＩ構築環境で作る」「構築済みＡＩサービス選定」「ＡＩの現場導入」「ＡＩの利用・管理」「ＡＩ方針・投資判断」という広範囲です。

この広範囲にわたる文系ＡＩ人材の仕事領域において、共通して必要となる力があります。それは、**「ＡＩと働くチカラ」**です。

「ＡＩとの共働きスタイル」は複数パターンがあることもお伝えしてきましたが、ＡＩの浸透にあたり、人間の業務がＡＩに置き換わったり、ＡＩによって拡張されていき、人間とＡＩが一緒に共同して働くシーンがとても多くなってくるはずです。このような背景から「ＡＩと

図表2-12　AIと働くチカラを身につける4ステップ

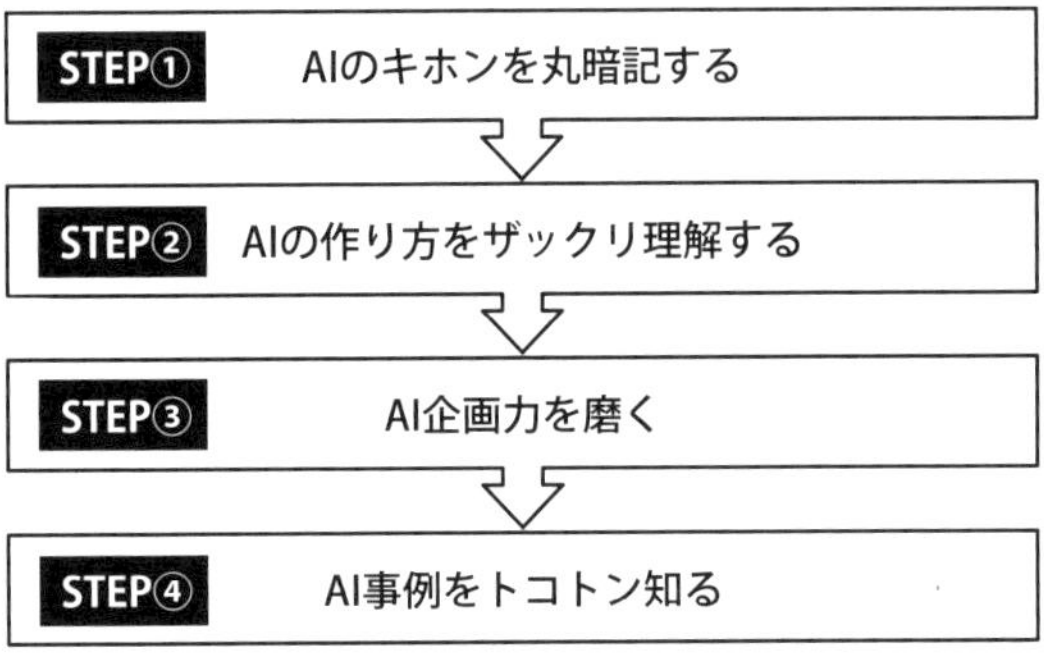
STEP①
AIのキホンを丸暗記する
STEP②
AIの作り方をザックリ理解する
STEP③
AI企画力を磨く
STEP④
AI事例をトコトン知る

働くチカラ」は、人間とＡＩが共に働くことが前提になった環境において、非常に重要な能力になるのです。

では、「ＡＩと働くチカラ」を身につけるにはどうするのか？　いろんな方法はありますが、まずやるべきは、**ＡＩのキホンを知り、ＡＩの作り方を知り、ＡＩをどう活かすか企画する力を磨き、ＡＩの事例をトコトン知ること**です。これらを具体的な４ステップとして紹介していきます。

キホン、作り方、企画力、事例を習得する

図表２‐12の４つのステップを踏めば、「ＡＩと働くチカラ」を身につけることができ、「文系ＡＩ人材」になることができます。私は、この４ステップのことを、文系ＡＩ人材になるための「４階建構造」といったりすることもありますが、**文系の人がゼロからＡＩ**

のことを学ぶのに最適な順番、最適な内容だと思います。

これらの4つのステップは、次の章から順に解説をしていきます。次の章以降を読み進めることで、文系ＡＩ人材への道を開く準備をしていきましょう。

なお、文系ＡＩ人材に必要なＡＩ知識をより広く、深く得ることによって、文系ＡＩ人材の中でも対応できる範囲を広げられたり、ひとつの領域に特化していくようなことも可能になります。

第3章　STEP①

AIのキホンは丸暗記で済ます

How
AI & the Humanities
Work Together

AI／機械学習／ディープラーニングの違い

AI、機械学習、ディープラーニングの3大分類から丸暗記しよう

文系AI人材になるために必要なAIのキホンを覚えていきましょう。少しとっつきにくい言葉も出てくるかもしれませんが、丸暗記するつもりで習得してください。

AIのキホンは「AI分類」「AI基礎用語」「AIの仕組み」の3つ

を理解することで押さえることができます。

まず、「AI分類」の習得から始めましょう。「AI分類」とひと言で表しましたが、実はAIはいろんな角度から分類することができます。ひとつ目は、「AI、機械学習、ディープラーニングの3大分類」、2つ目は「学習方式の3分類」、3つ目は「活用タイプ別のAI8分

類」です（図表3－1）。

図表3-1　3つの角度からAI分類を知る

「武士」「徳川家の武将」「徳川家康」の違いと同じ

「ＡＩ、機械学習、ディープラーニングの3大分類」から覚えていきましょう。ＡＩ、機械学習、ディープラーニングの言葉はそれぞれ、毎日のようにテレビやニュース、雑誌などで使われています。しかしながら、これらの言葉の違いを正確に理解しながら語っている人はまだまだ少ないです。

さて、突拍子のない変なたとえですが、「武士」と「徳川家の武将」と「徳川家康」の関係性を例に、ＡＩの分類を考えてみましょう。

「武士」は一番広い意味をもっている言葉で、その中に「徳川家の武将」が含まれます。また、徳川家の武将の一人として「徳川家康」がいるわけです。ただ、この「徳川家康」が特別な存在であったから徳川家が脚光を浴び、武士の世界も

図表3-2　AI、機械学習、ディープラーニングの違いを知る①

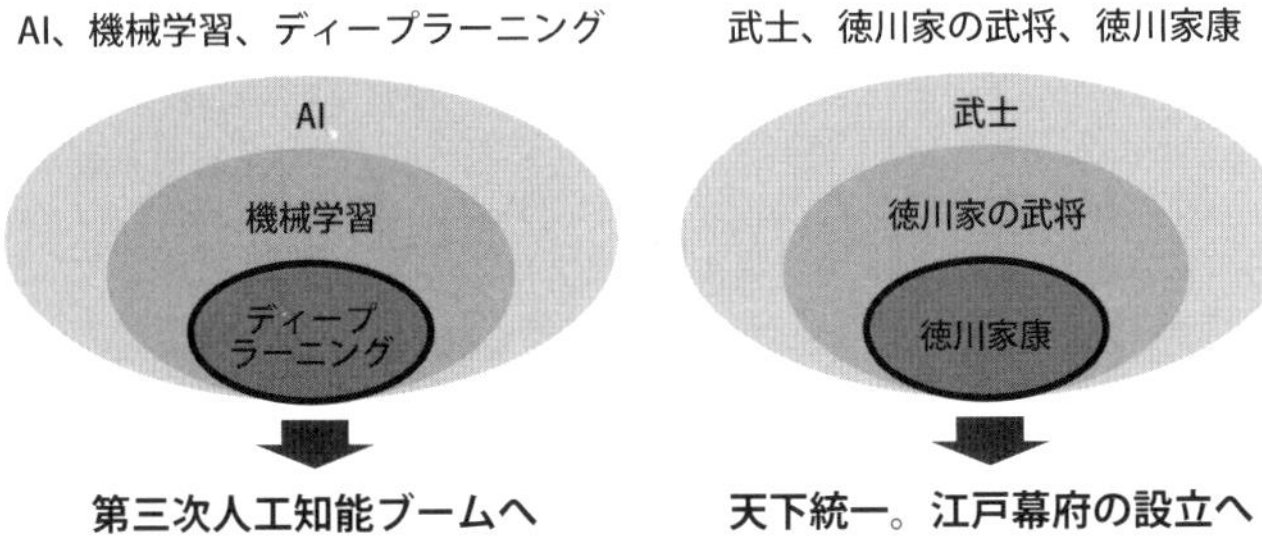

発展したのです。

これをＡＩ、機械学習、ディープラーニングに置き換えるとこうなります（図表3-2）。

「ＡＩ」は一番広い意味をもっている言葉で、その中に「機械学習」が含まれます。また、機械学習のひとつとして「ディープラーニング」がいるわけです。ただ、この「ディープラーニング」が特別な存在であったから機械学習が脚光を浴び、ＡＩの世界がこの数年、急速に発達したのです。

イメージがつきましたでしょうか？

また、ロボットの世界でもたとえて言い表してみましょう。

「ロボット」は一番広い意味をもっている言葉で、その中に「人型ロボット」が含まれます。また、人型ロボットのひとつとして「鉄腕アトム」がいるわけです。ただ、この「鉄腕アトム」が特別な存在であったから人型ロボット

図表3-3　AI、機械学習、ディープラーニングの違いを知る②

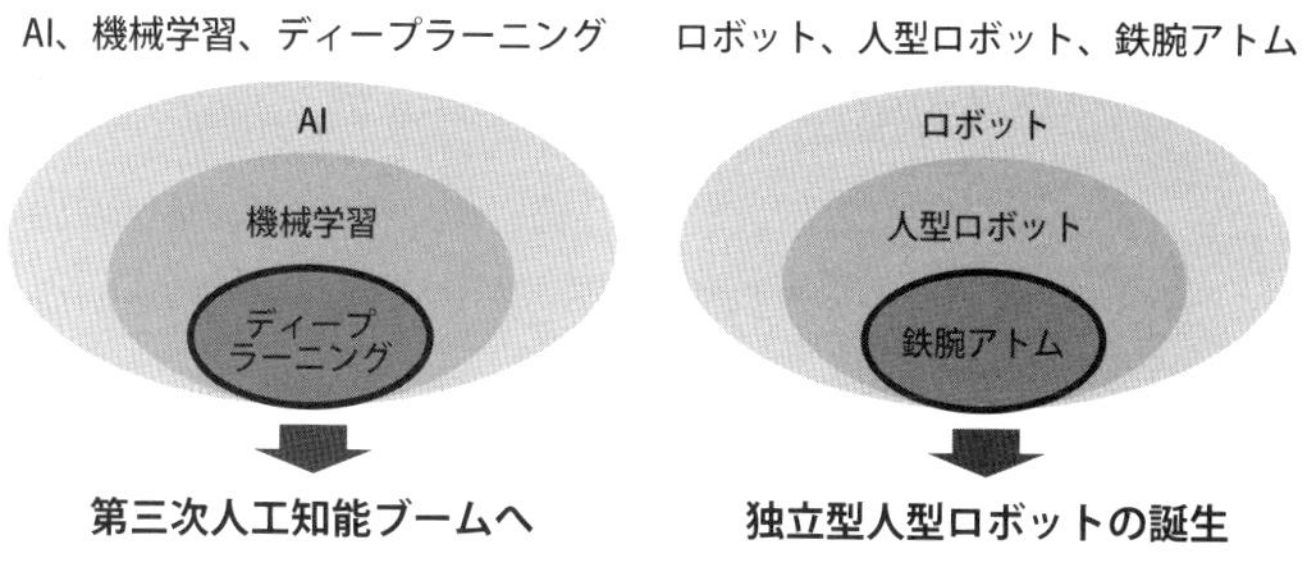

が脚光を浴び、ロボットの世界も急速に発達したのです（図表3－3）。

これらの例をイメージしながら、ＡＩ、機械学習、ディープラーニングとはなんなのかを見ていきましょう（図表3－4）。

- ＡＩとは、人間と同様の知能を実現させようとする技術
- 機械学習とは、ＡＩの一種。学習により特定のタスクを実行できるようになるＡＩ。学習にあたっては、主に人が特徴（目のつけ所）を定義
- ディープラーニングとは、機械学習の一種。人間の脳の神経細胞（ニューロン）を模した学習法から発展。主にマシンが特徴（目のつけ所）を自動定義

図表3-4　AI、機械学習、ディープラーニングの定義

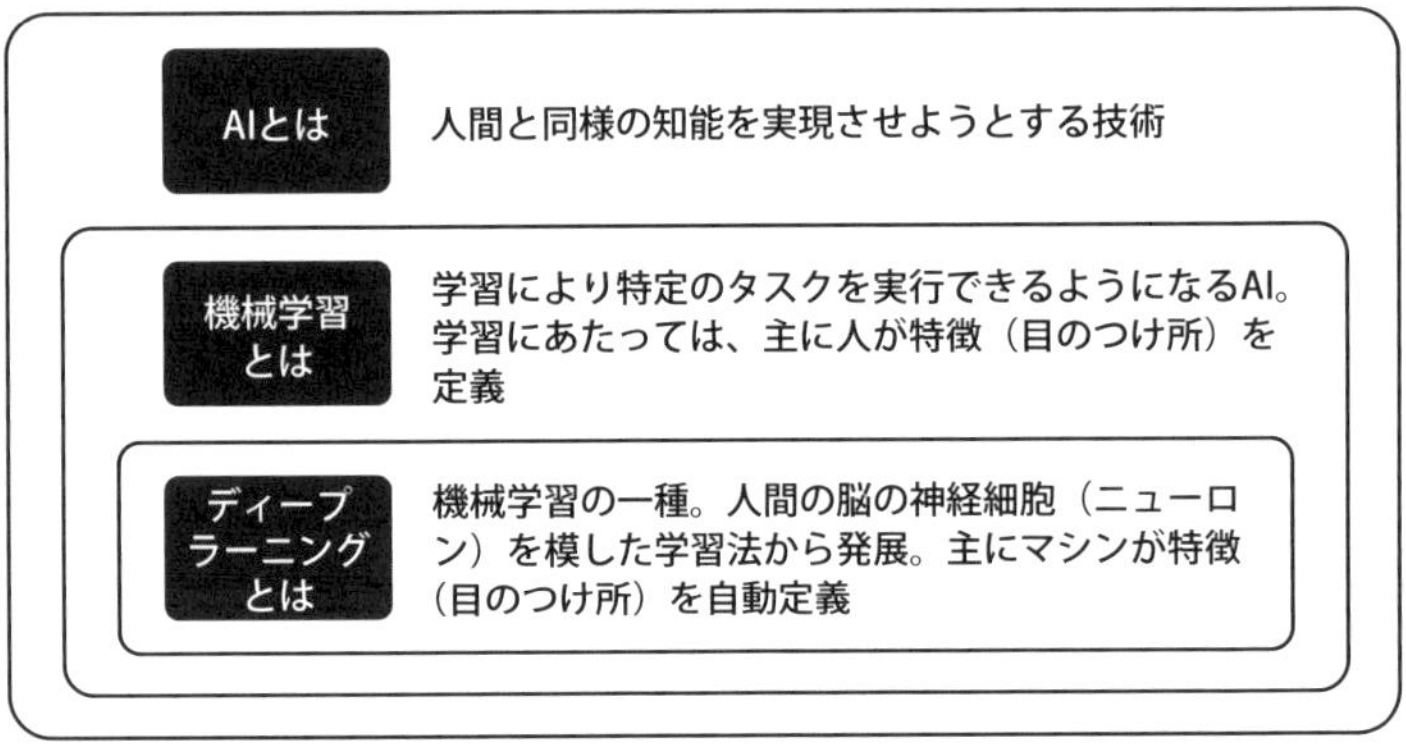

AIとは	人間と同様の知能を実現させようとする技術
機械学習とは	学習により特定のタスクを実行できるようになるAI。学習にあたっては、主に人が特徴（目のつけ所）を定義
ディープラーニングとは	機械学習の一種。人間の脳の神経細胞（ニューロン）を模した学習法から発展。主にマシンが特徴（目のつけ所）を自動定義

これらの定義はすべて要暗記の重要な部分ですので、しっかり覚えてください。なお、ここで出てくる**「特徴」というのは、「目のつけ所」**のようなものです。たとえば画像認識で「赤鬼」か「青鬼」かを識別するお題があったとします。旧来型の機械学習であれば、「赤鬼」か「青鬼」かを見分けるために、「色」を目のつけ所としなさいと、人間が教えてあげることによって精度を上げることができました。一方でディープラーニングの場合は、「赤鬼」と「青鬼」の写真を複数渡してあげると、今回のお題の「目のつけ所」は「色」であることを自身で理解することができるのです。

なおディープラーニング以外の現代の機械学習方式でも、特に予測するタイプにおいては「特徴」を自ら見出すものもあることは補足しておき

ます。

ＡＩの歴史も押さえておこう

ＡＩという言葉は１９５０年代に登場したとても古くからある言葉です。ＡＩの概念が生まれた当初は、コンピュータがゲームやパズルを解いたり、迷路のゴールを探させたりする程度のものでした。これが第一次ＡＩブームでした。

１９８０年代に入ると専門家の知識をＡＩに教え込むエキスパートシステム作り[1]が目指されました。これが第二次ＡＩブームと呼ばれる時期です。ただし例外の処理などに対処できず、なかなか実用化ができなかったことからそれほどＡＩの注目度は高まりませんでした。この時代からしばらくＡＩは冬の時代に入ったといわれます。

第二次ＡＩブームの時代に苦戦した理由として、ＡＩに例外も含めたさまざまな情報を人がインプットしてあげなければいけない点がありました。これを解決したのが**ＡＩ自らが学習す**

（１）エキスパートシステムとはある分野の専門家のもつ知識をデータ化し、専門家のように推論や判断ができるようにするもの

るという発想から生まれた機械学習です。人が例外も含めたすべてをインプットしなくても、一定のデータにより機械が学習することによって解答の精度を上げるというものでした。

２０００年代に入り、マシンの処理速度も高性能化していったことで実用化も進んでいきます。ただし、その当時に生まれた機械学習は、一旦人が特徴を定義してあげた学習データを元に学んでいくタイプのもので、多くの過程で人のサポートが必要でもありました。

２０００年代における第三次ＡＩブームの火つけ役となったのが機械学習の一種であるディープラーニングです。

特にＡＩに画像を認識させる場合の例がわかりやすいのですが、旧来型の機械学習が、人による特徴の定義が多くの場合必要だったことに対し、**ディープラーニングでは、人が特徴を定義するというサポートをしなくても、マシンそのものが特徴づけも行ない、自ら学習を高い精度で進めていくことができる**ようになったのです。

ディープラーニングを動かすには多くのデータを長時間扱う必要があったので、２０００年代のはじめの頃は、なかなか実用的ではないと判断されていました。しかし、２０１６年以降は**ビッグデータの取り組みが広がったり、マシンの処理スピードが上がり高性能化**することによって、ディープラーニングの取り組みが急速に広がりました。大量の学習データを確保することができ、しかもそれを学習する時間も短縮することができるようになったので、ディープ

図表3-5　なぜ第三次AIブームが起きたのか

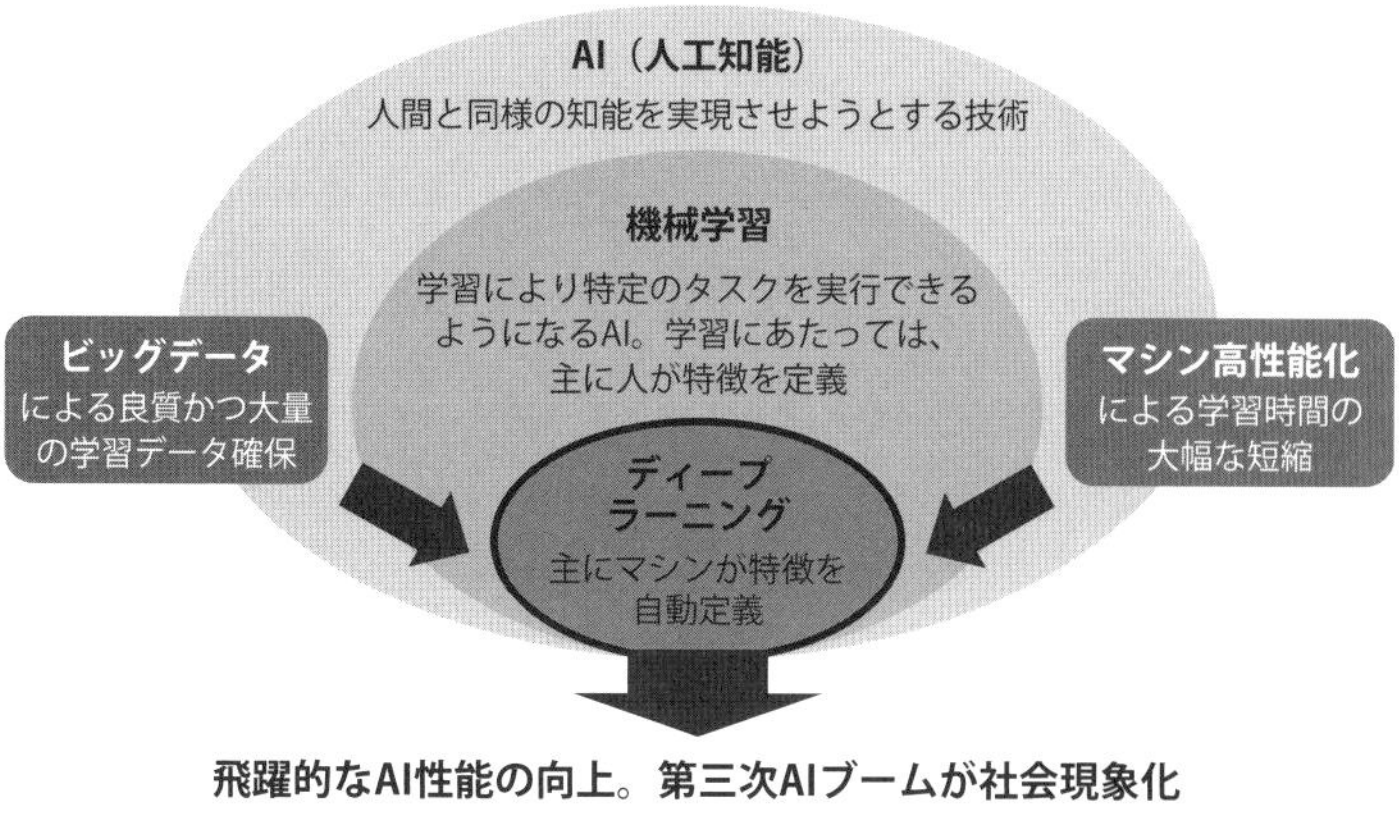
AI（人工知能）
人間と同様の知能を実現させようとする技術
機械学習
学習により特定のタスクを実行できるようになるAI。学習にあたっては、主に人が特徴を定義
ビッグデータ
による良質かつ大量の学習データ確保
マシン高性能化
による学習時間の大幅な短縮
ディープラーニング
主にマシンが特徴を自動定義
飛躍的なAI性能の向上。第三次AIブームが社会現象化

ラーニングの実践活用度が高まり、第三次ＡＩブームがさらに過熱し、大きな社会現象にまでなったのでした（図表3-5）。

そしてこのディープラーニングは、大きく3つの点でＡＩの力を上げ、社会の中でのＡＩの実用範囲を広げました。ひとつは「画像・動画識別力」、2つ目は「自然言語・会話制御力」、3つ目は「物体制御力」です（図表3-6）。

「画像・動画識別力」「自然言語・会話制御力」「物体制御力」は、それぞれ以前からある機械学習の方式では、解決が難しかった分野でしたが、ディープラーニングが道を切りひらきました。これら3つの力で、眼、耳と口、身体の代わりをＡＩが一部担える可能性が高くなってきたのです。

図表3-6　ディープラーニングがAIの得意・能力範囲を拡張

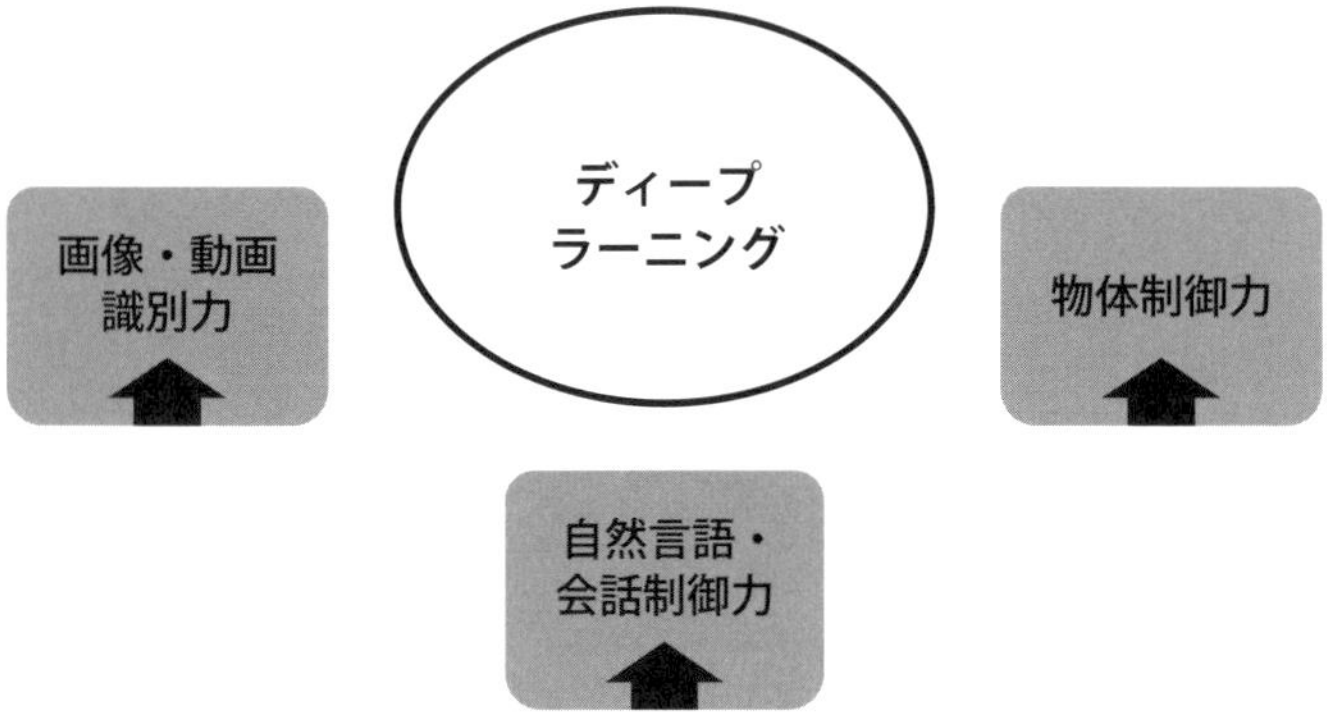

- 「画像・動画識別力」は眼の代わり
- 「自然言語・会話制御力」は耳と口の代わり
- 「物体制御力」は身体の代わり

現在のＡＩは、機械学習がメインとなっており、さらにその機械学習の中でもディープラーニングは、ＡＩ全体の可能性を広げた新星といえます。

学習方式の3分類――教師あり／教師なし／強化学習

ディープラーニングを含む機械学習は、「学習」により特定のタスクを実行できるようになるAIであることを前に説明しました。この**「学習」をさせる方式**でAIを次の3つに分類することができます（図表3−7）。

①教師あり学習
②教師なし学習
③強化学習

教師あり学習は「答えあり」学習と覚える

教師あり学習では、正解／不正解などの「答え」があるデータで学習します。

教師あり学習は、「答えあり」学習と覚えればよいでしょう。

図表3-7　【要暗記】学習方式の違いによる分類

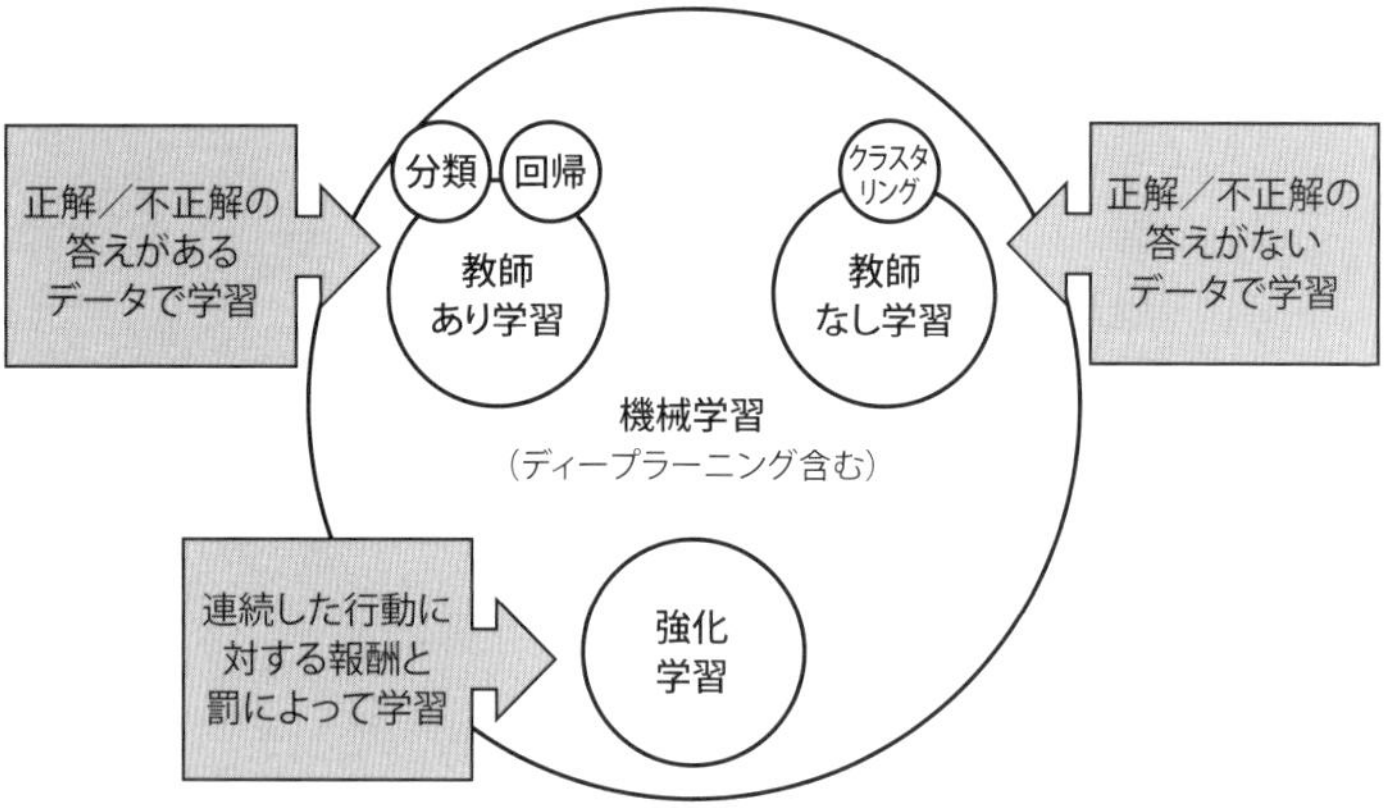

（出所）https://www.techleer.com/articles/203-machine-learning-algorithm-backbone-of-emerging-technologies/ より作成

教師あり学習（答えあり学習）ではどのように学習させるのか具体的に見ていきます。

たとえば、車の写真を用いてディープラーニングに学習させるとしましょう。

- トヨタ車の写真
- フォード車の写真
- アウディ車の写真

まず、3つのメーカーの車の写真をとにかくたくさん集めます。トヨタ車の写真はひとつ目のフォルダ、フォード車の写真は2つ目のフォルダ、アウディ車の写真は3つ目のフォルダに整理して入れてあげて、それぞれの写真がどのメーカーの車なのか、

図表3-8　教師あり学習

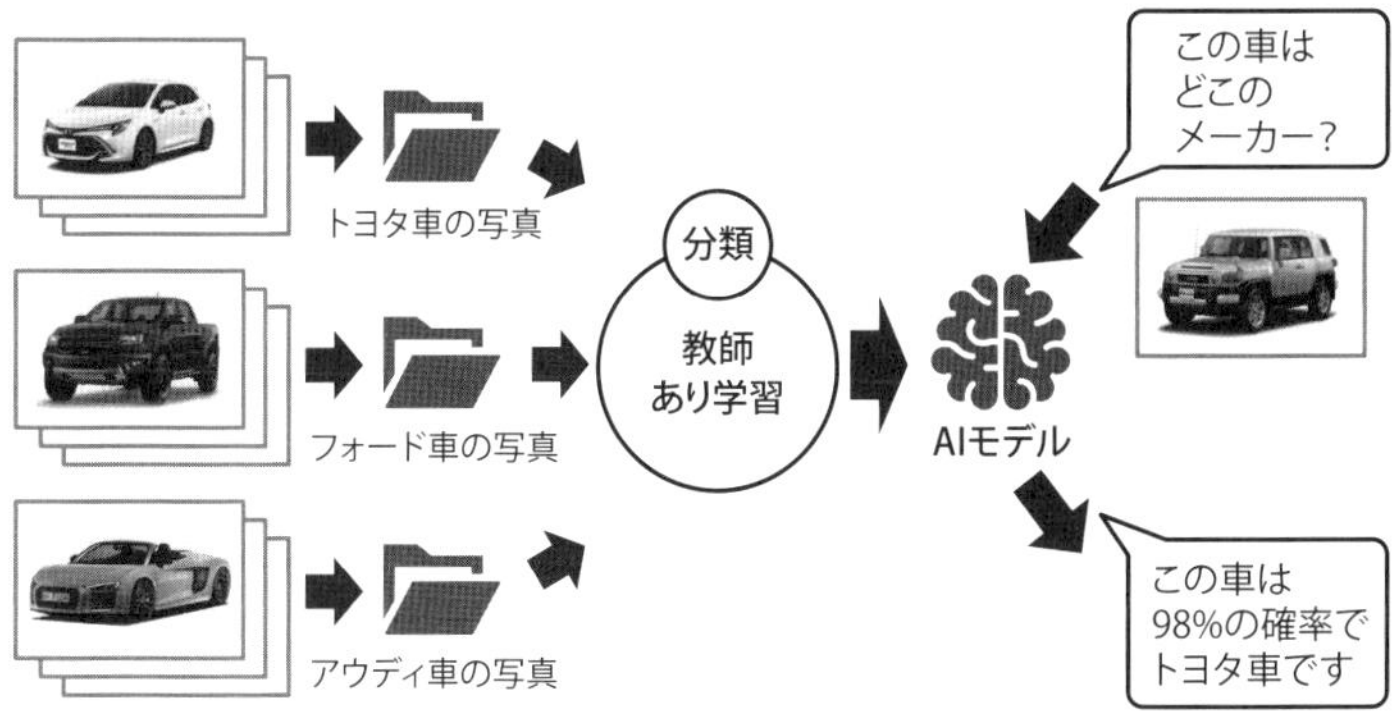

「答え」がわかる状態にしてあげます。

このあらかじめ**あらかじめ答えがわかるように整理をしてあげたデータによって学習させるのが教師あり学習（答えあり学習）**です（図表3-8）。

この学習法により出来上がったAIモデル(1)（学習により法則化したものをこう呼びます）は、知らない写真を読み込んでどのメーカーの車かを当てることができるようになります。

今回の例の場合は、トヨタ車かフォード車か、はたまたアウディ車か、それ以外の車かを当てることができるAIになります。

さらに、**教師あり学習には「分類」「回帰」の2つのタイプが存在**します。図表3-8の例のように

（1）AIによって、現象の一部を簡略的に表現したもの。現象の構造を数理モデルとして表現する

いくつかの答え（選択肢）に対して、どれに適応するかどうか当てるのが「分類」のタイプです。たとえば、次のようなものです。

- 車の画像から該当する30種類の車メーカーを当てる
- 人の写真から年齢が何十代にあてはまるかを当てる
- ECサイトで、ある人が購入するか／購入しないかを当てる

「回帰」は選択肢の中から該当するものを当てにいくのではなく、数値を当てにいくタイプになります。たとえば、次のようなものです。

- 車の画像から走行距離を当てる
- 人の写真から年齢がジャスト何歳なのかを当てる
- ECサイトの来月の売上がいくらになるかを当てる

図表3-9　教師なし学習

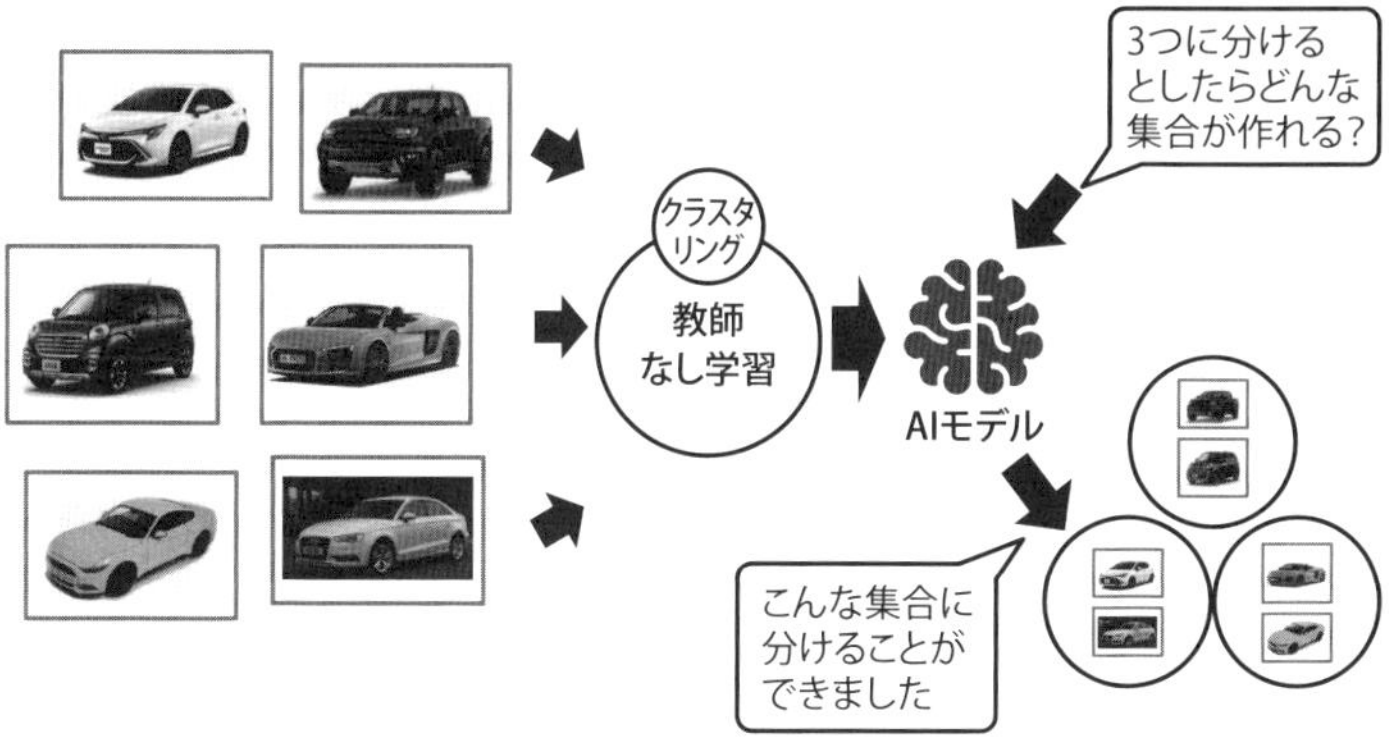
3つに分けるとしたらどんな集合が作れる?
クラスタリング
教師なし学習
AIモデル
こんな集合に分けることができました

教師なし学習は「答えなし」学習と覚える

教師あり学習は答えあり学習と覚えましょうといいましたが、逆に、教師なし学習は「答えなし」学習と覚えましょう。想像はつくと思いますが、**教師なし学習は、正解／不正解などの「答え」がないデータで学習させる**ことをいいます。

たとえば、複数の車の写真を特に分類もなく、たくさん用意します。なんの分類も用意しない、言い換えると答えのないデータを機械学習に渡して学習させます。その結果できたＡＩモデルに、「３つに分けるとしたらどんな集合が作れる?」という問いを投げかけると、「こんな集合に分けることができました」という出力を返してきます（図表３-９）。

たとえば、車のカラーに特徴が出ている３つの集合や、SUVや軽自動車など形から特徴をとらえて3つの集合を作ってきます。なお、作られた集合がどのような意味をもつかはAIは返してくれず、あくまで機械の自己解釈による集合作りになります。なお、

AIの自己解釈による集合作りを「クラスタリング」

と呼びます。

教師なし学習は、どの観点で集合を分けているのかが言語化されず、人による解釈が難しい場合があります。機械学習を使い始める際は、できるだけ答えのデータが用意できる状態でスタートし、教師あり学習から始めるのがおすすめです。

強化学習は「よい選択を繰り返させるための」学習

強化学習は、教師あり学習と似ていて「答え」のあるデータで学習をさせますが、教師あり学習とは異なるアプローチで学習させます。教師あり学習が、単一的でシンプルに判断できる「答え」を対象とする学習なのに対し、強化学習は、よい選択を繰り返させるための学習です。

図表3-10　教師あり学習と強化学習

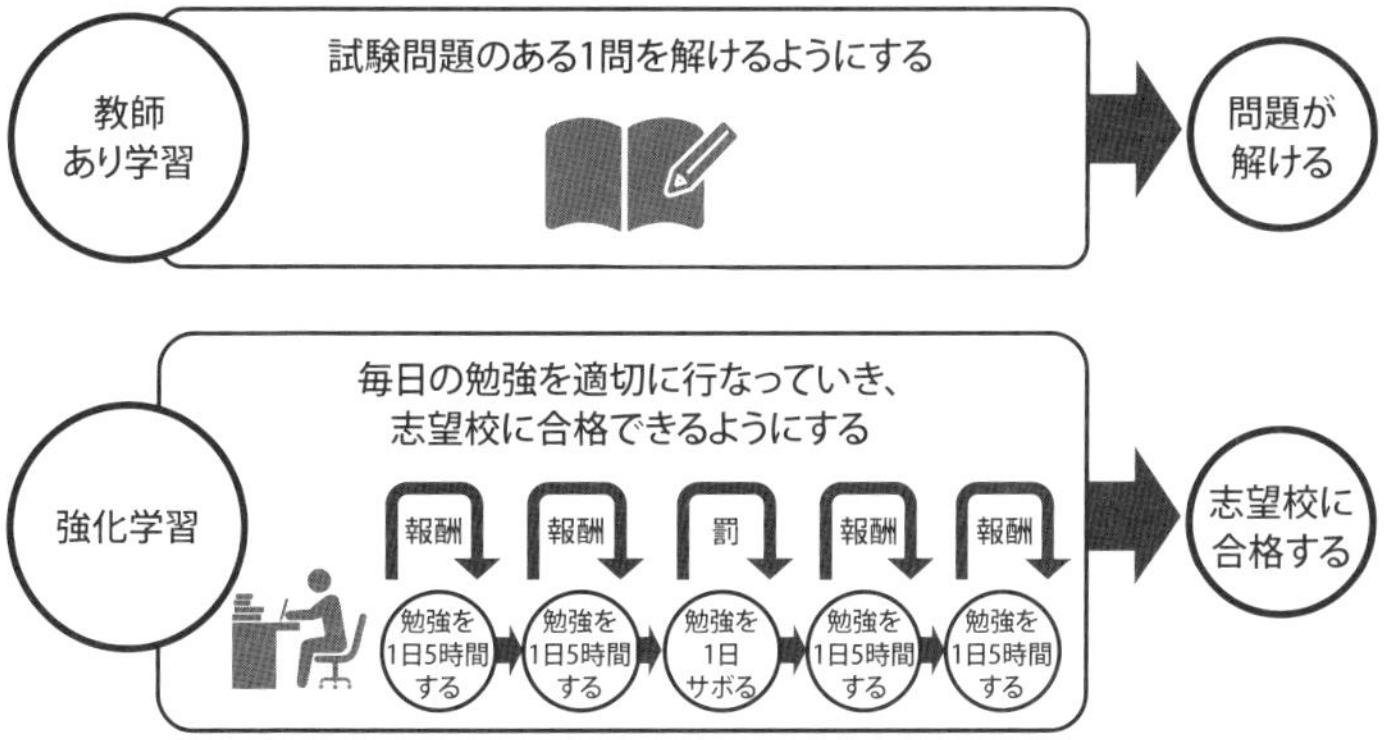

言い換えると、複数の選択の組み合わせにより、結果として出る総合的な「答え」（結果としてのあるべき状態）に導く学習ともいえます（図表3-10）。

強化学習では、結果としてのあるべき状態を目指して、適切な選択を何度も繰り返し、報酬と罰を与えながら学習することで最終的にもっともよい状態を作ろうとします。

たとえば、「試験問題のある1問を解けるようにする」のが教師あり学習で、「毎日の勉強を適切に行なっていき、志望校に合格できるようにする」のが強化学習である、といえばイメージしやすいでしょうか。

そして、強化学習においては、「エージェント」と「行動」と「環境」という考え方があります。

図表3-11　強化学習

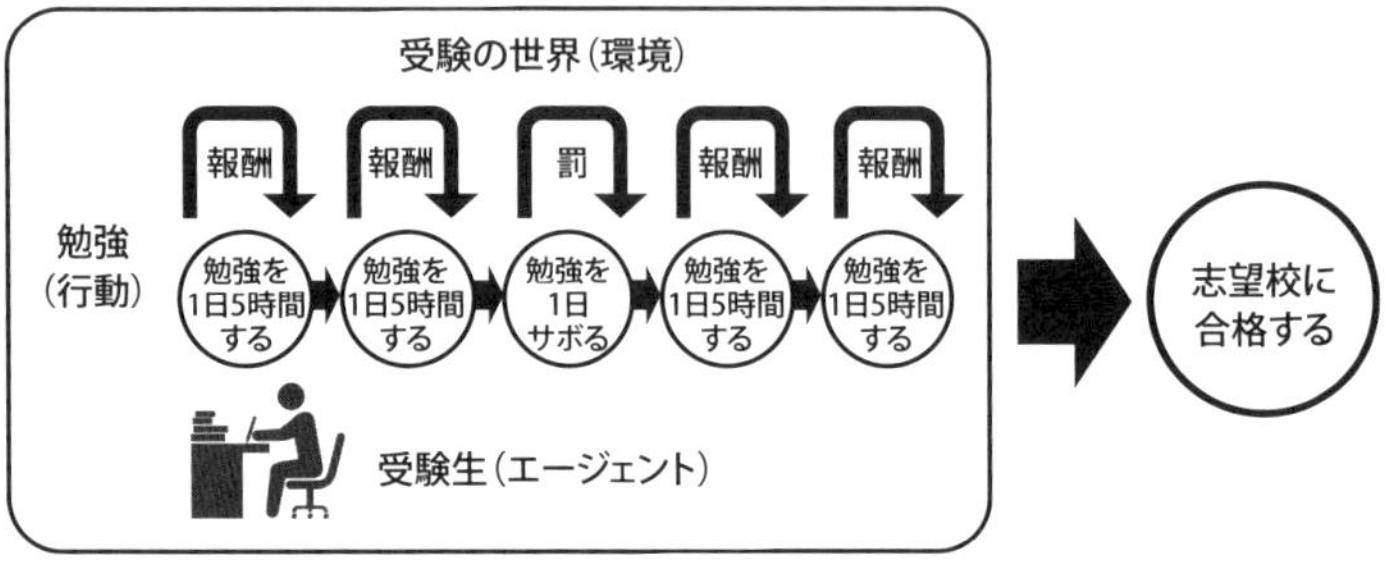

エージェントは行動を選択することで環境から報酬を得る。
強化学習は一連の行動を通じて報酬がもっとも多く得られるような方策を学習する

「エージェント」は「行動を選択」することで「環境」から報酬を得る。

こう述べると少し硬い説明になりますが、志望校に合格するというあるべき姿を目指す例に置き換えてみると次のようになります（図表3-11）。**「受験生（エージェント）」は「勉強を適切に行なう（行動を選択）」ことで「受験の世界（環境）」から合格に近づくという報酬を得る。**

受験の世界（環境）からプラスの報酬を受け取る、つまり受験における実力がついていくことによって、志望校に合格するという方向に向かわせていきます。このように結果としてのあるべき姿に近づく可能性を最大にするのが強化学習です。

また、行動として適切な選択をしなかった場合は、**報酬の代わりに罰が与えられ、結果としての**

あるべき状態から遠のくことになります。
強化学習のアプローチがとられているのは次のようなテーマです。

- 自動運転
- ロボットの制御
- 囲碁や将棋などのＡＩ

活用タイプ別ＡＩは４×２＝８分類

機能別は「識別系」「予測系」「会話系」「実行系」の４タイプ

ひとつ目の「ＡＩ、機械学習、ディープラーニングの３大分類」、２つ目の「学習方式の３分類」について学び、ＡＩ分類についての理解を進めてきました。３つ目の分類として「活用タイプ別ＡＩ８分類」について学んでいきましょう。

ＡＩは機能別に分類すると４タイプ、役割別に分類すると２タイプに分けられます。つまり、

機能別４タイプ×役割別２タイプ＝活用タイプ別ＡＩ８分類

となります。まずＡＩを機能別４タイプに分けます。人の脳の機能にそって次のように整理することができます。

①識別系ＡＩ「見て認識する」
②予測系ＡＩ「考えて予測する」
③会話系ＡＩ「会話する」
④実行系ＡＩ「身体（物体）を動かす」

人の脳は複数の部位によって成り立っています。頭頂葉や側頭葉、前頭葉、後頭葉、小脳、脳幹などによって構成され、人のさまざまな機能が制御されています。それぞれの機能を大ま

図表3-12　AIの機能別4タイプ

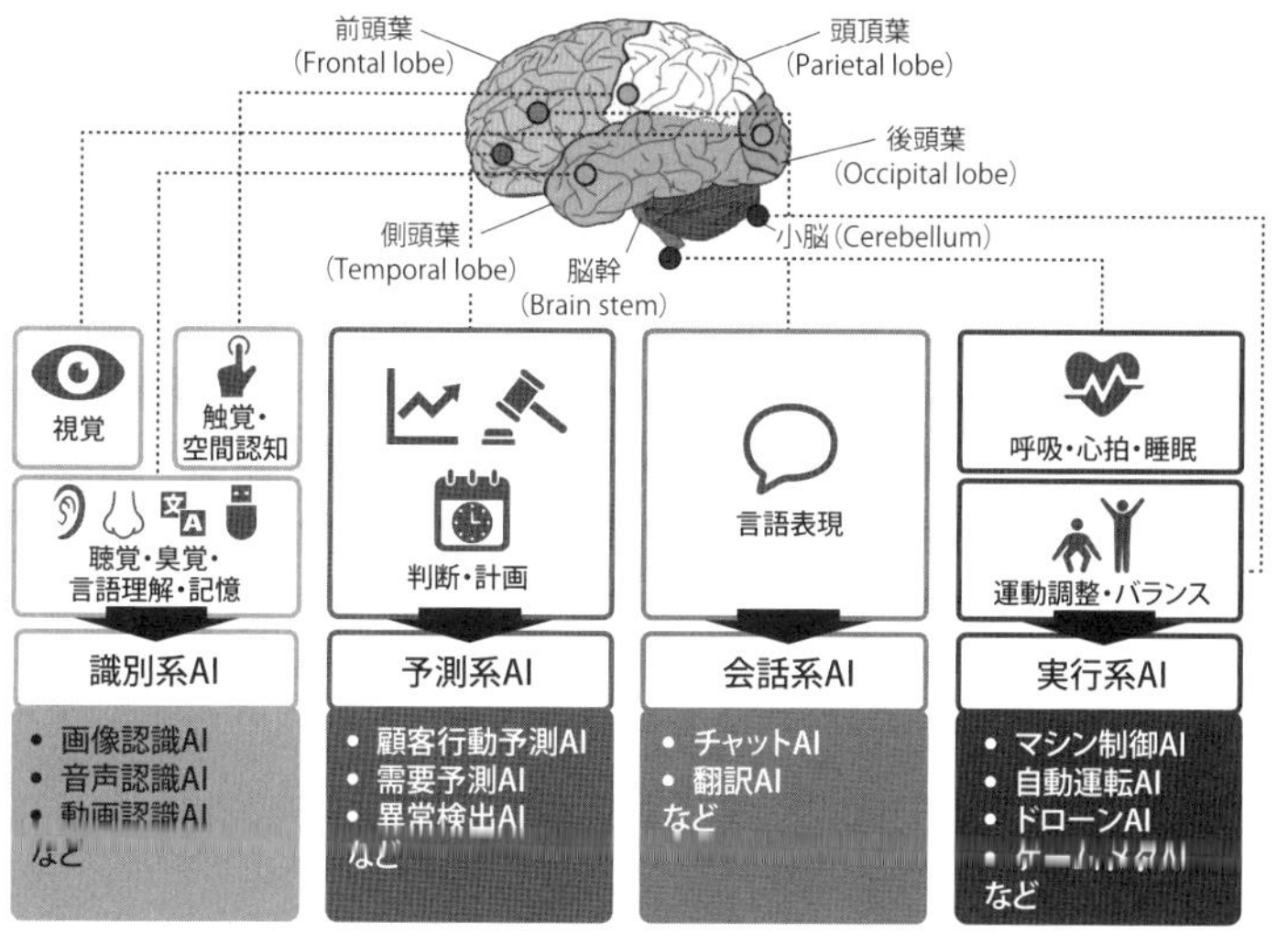

脳の機能と同様に、AIの機能も分かれている

かなグループで分けると、「見て認識する」「考えて予測する」「会話する」「身体（物体）を動かす」という4つになります。脳のそれぞれの機能を模倣することでＡＩが発展してきているかのように、ＡＩの分類も人の脳と同様に4つに分類することができるのです（図表3－12）。

役割別は「代行型」と「拡張型」の2タイプ

また、ＡＩと人との分業スタイルによって、ＡＩは大きく2つのタイプに分かれます。人間の代行型と拡張型です（図表3－13）。

①代行型　人間ができることをＡＩが代わりに行なう

②拡張型　人間ができないことをＡＩによってできるようにする

機能別の識別系ＡＩ、予測系ＡＩ、会話系ＡＩ、実行系ＡＩの４つを横に並べ、役割別の代行型と拡張型の２つを縦に並べて、４×２＝８のマスに分けたのが図表3−14です。

このようにＡＩは活用タイプ別として４×２＝８で分類することができます。

なお、補足ではありますが、以前紹介した人と「ＡＩの分業スタイル」の型に照らし合わせると次のようになります。

①代行型にあたるのが

- 人の仕事をＡＩが補助する「Ｔ型」
- ＡＩの仕事を人が補助する「逆Ｔ型」
- 人の仕事をＡＩが完全に代行する「Ｉ型」

②拡張型にあたるのが

- 人の仕事をＡＩが拡張する「Ｏ型」

図表3-13　AIの役割別2タイプ

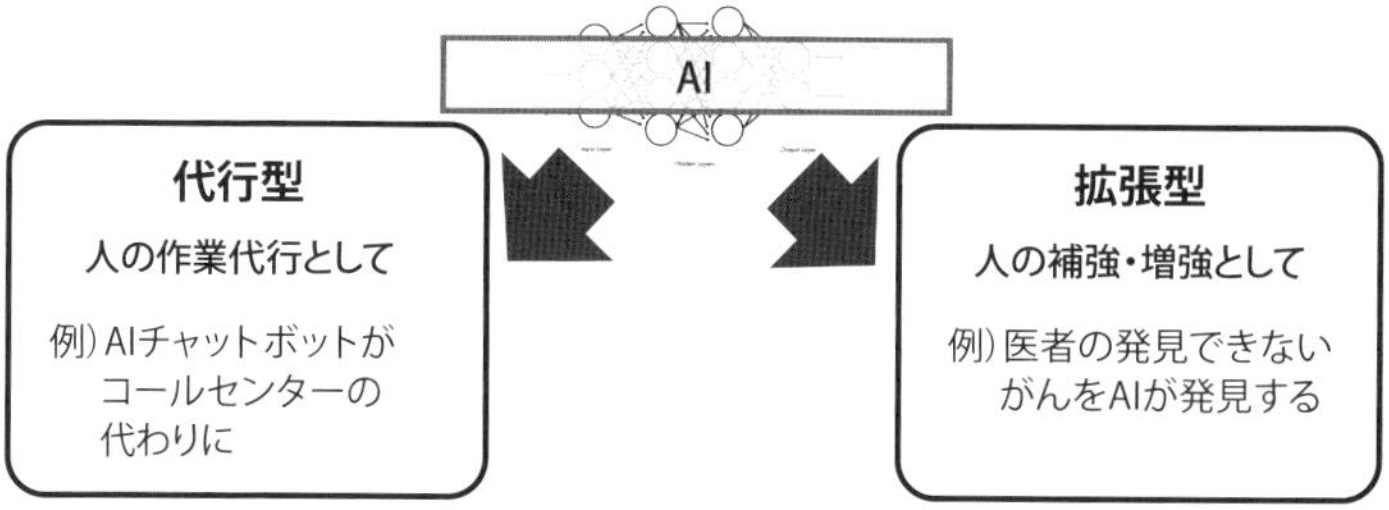

人間との関わり方ごとに2つの型がある

図表3-14　AI活用の8分類

	識別系AI	予測系AI	会話系AI	実行系AI
代行型	大量情報からの**自動識別** • 24h体制でのNG画像／ワード検閲 • 不良品の振り分け など	大量ログからの**異常値の検出** • 異常値検知	**対話コミュニケーション**の24h代行 • チャットボット • AI音声	**人間業務全般**の代行 • 自動運転 • 工場作業の代行 • データ入力作業代行
拡張型	人間だと見分けられない**事象発見** • 医療画像での診断 • 動画からの抽出 など	ビッグデータからの**高精度な予測** • 顧客行動予測 • 需要予測 など	**専門的**対話や**多言語**対応 • 専門家の置き換え • 対話による感情分析 • 多言語での対話	**自立型機器**の作動制御 • ドローンAI制御 • 自立型機械制御

「識別系ＡＩ」はこう使う

識別系×代行型ＡＩの活用例

識別系ＡＩは主に「見て認識する」タイプのＡＩです。識別系であり、人間の代わりの作業を行なう代行型をかけ合わせた「識別系×代行型ＡＩ」は、これまで**人間が行なってきたさまざまな単純作業を担っていきます**。たとえば、次のようなものが該当します。

- 24時間体制で行なうＮＧ画像の検閲
- 不良品の振り分け作業
- テーマパークでの顔認証による入場
- レジなし店舗での商品取得の検知
- 送電線画像からの状態検出

いずれの例もこれまでは人間の眼によって認識され、人間の手によって作業されてきたものです。特にNG画像、不良品といったイレギュラーな内容を見つけ出す作業は、これまで多くの人数を使って実現されていた現場が多くありましたが、「識別系×代行型ＡＩ」によってすべてが代行、もしくは主な業務を任せることができるようになってきています。多くの作業をＡＩで済ませて、その後に人間の最終チェックや承認を行なうといった作業分担のスタイルも増えていくでしょう。

イレギュラーな内容を見つけ出す作業以外でも、レジの代行や、特定の商品を手に取ったという動作の検出、テーマパークでの入場作業などをＡＩが担い、無人で買い物や入場のやり取りができる例も増えてきました。

ＡＩによるレジなし店舗の例として、Amazon によるレジなし店舗、Amazon GO が有名です。ここではよく学習された識別系ＡＩが使用されており、複数人が腕をクロスさせて別々の商品を手に取っても、正確に買い物内容を検出できるようになっています。

また、送電線といった設備の画像から異常や劣化の状態は人間によってチェックすることもできますが、量をさばいたり、揺らぎが少なくチェックすることが難しかったのです。これを「識別系×代行型ＡＩ」によって置き換えられるようにもなりました。

識別系×拡張型ＡＩの活用例

「識別系×拡張型ＡＩ」は、主に眼の機能を使いながら、たとえば次のような**人間では行なうことのできない作業を行ないます。**

- 医療現場における検査精度の向上
- 大量の動画から行なう情報の自動抽出

「識別系×拡張型ＡＩ」は、医療現場での活用が多く見られます。たとえば、がんの早期発見のＡＩは、医師よりも正確にがんを検出することができるようになっている事例として有名です。内視鏡を使った検査においてＡＩを使うと大腸がんをより確実に発見できたり、検査画像から胃がんや皮膚がんを高精度に発見することがすでにできるようになっています。これらのＡＩによって見逃しを防ぐことができますし、検査医師の不足をカバーすることもできます。

また、「大量の動画から行なう情報の自動抽出」の具体的な例としてプロスポーツの動画群から特定の選手やキーとなるプレイポイントを見逃さず認識し、動画データベースを作り上げる例があります。マイナーな選手も含めて全球団の選手情報を常に把握し、すべての動画から検出・マッチングさせたり、動画に映る全員のプレイ状態を検出し判断するのは、通常の人間技を超えています。もしかしたら同じように作業できる超人的な人もいるかもしれませんが、一般的な人では正確にこなすことができない作業といえます。

このように高い専門性が必要とされる医療現場での精度向上を目的とした活用や、大量の情報の検出とマッチングといった、**一般の人間が通常は行なうことができない作業**を「識別系×拡張型ＡＩ」が行なっていくのです。

「予測系ＡＩ」はこう使う

予測系×代行型ＡＩの活用例

予測系ＡＩは「考えて予測する」ＡＩです。「予測系×代行型ＡＩ」では、**データから人が先の予測を行ない、判断を下していた作業をＡＩが代行**します。具体的には次のような利用例があります。

- ローンの審査（融資後の取引状況の予測）
- ネットワーク監視
- 発電所のデータによる異常値検知

「予測系×代行型ＡＩ」は多くの業界で利用されますが、たとえばローンの審査を人間の代わりに行なう例がわかりやすいです。住宅ローン、金融ローン、企業への融資など、人や企業の取引状況やその他情報によって、これまでは担当スタッフが融資判断を行なっていた作業をＡＩが代行します。ローン契約後に対象者がしっかり返済をしてくれる確率がどれくらいなのか、融資後に企業からの返済の滞りがないか、などをこれまで人間のデータ把握と過去の経験などにより判断していましたが、人の量と時間の両方がかかっていたのが課題でした。これをＡＩによって自動審査することができるのです。

また、携帯会社の通信ネットワークの状況を自動監視する事例もあります。携帯会社による通信は1時間以上通信の品質が低下したり止まったりすると、国から重大事故と認定されてしまうこともあり、深夜も含めた24時間、常に抜け漏れの許されない監視を行なう必要があります。この仕事は人間が担ってきました。携帯電話網は大量で数万というサーバを対象に監視をしなければいけないのですが、これをＡＩによってムラなく状態検知することができるようになり、人が苦労していた仕事を代行してくれるようになったのです。

また、発電所における電力の供給において、データの変化によって異常状態を発見していた作業をＡＩによって24時間体制で置き換える例もあります。

予測系×拡張型ＡＩの活用例

「予測系×拡張型ＡＩ」を活用すると、人が予測しきれない複雑なことを高精度で予測できるようになります。予測系×代行型ＡＩで紹介した例は、人間が時間を使うことによってある程度の精度で予測可能であるケースでした。一方で「予測系×拡張型ＡＩ」は**人間が正確には予測しえない事象や対象について高精度予測を可能**にすることになります。具体的には次のような利用例があります。

- 顧客行動予測
- 需要予測
- 最適販売価格の設定
- コールセンターの呼量予測
- 離職者の予測

顧客の行動はいつも複雑です。顧客は多様な価値観をもち、千差万別な状況にありますし、目に見える行動としても多種多様なバリエーションが存在します。たとえば「ECサイトに訪れた顧客がいつ何を購入するかを予測せよ」といわれても、顧客の傾向が多様すぎて、もはや人間は多くの顧客に対する的確な予測を出すことは非常に難しくなっています。

一方、**AIは多様で複雑なインプットから、的確な予測を出すことがとても得意**です。特にウェブサイトやスマホアプリは、顧客の行動が細かくデータ化されていますので、たとえばECサイトにこれまで訪れた人の行動傾向をAIに学習させ、1カ月後に買う顧客を予測したり、どの商品を買うかを予測させることが高い精度で可能になっています。

また、いつどれくらいのお客様が来場するか？　いつ何がどれくらい売れるか？　こうした**需要予測と呼ばれるテーマもAIは非常に力を発揮**します。過去の実績データや天気データ、祝日データや関連するイベントのデータなどから、日単位、週間単位、時に月間単位で、来場者数や販売数の予測を人間が行なうよりも高精度で実施します。スーパーや複合施設の来場者の予測や、特定商品の販売数の予測をAIにより行なうことによって、スタッフ配置を適切に行なったり、キャンペーンの企画を練り直したり、商品の仕入れ数を最適にすることができるようになります。

「どれくらいの人が何を買うか」が予測できるようになると、**最適な価格設定ができるようにもなります**。ダイナミックプライス（動的価格）といわれるものですが、各商品をいつの時期にいくらで売れれば、売れ残らず、また利益が最大になる価格をＡＩが導き出すのです。また、「誰がいくらで買うのか」までわかると、顧客別の動的価格設定も可能になります。

需要予測に近い例として、コールセンターの呼量（コール数・問い合わせ数）の予測もあります。コールセンターの呼量が高い精度で予測できれば、日々必要なスタッフの数を最適にして、人件費を抑えることができ、スタッフの休みの計画も立てやすくなります。

また、コールセンターに限らずではありますが、離職者の予測を行なう事例もあります。離職率の高い分野において、できるだけ事前に離職予兆を把握して、サポートやケアを行なうことで定着率を上げる取り組みがあります。離職者を予測するために必要な傾向データは職種によってまちまちですが、出勤・遅刻状況の変化や会話内容におけるワード傾向、面接時の呼応内容などになります。

「会話系ＡＩ」はこう使う

会話系×代行型ＡＩの活用例

会話系ＡＩは「会話する」ＡＩです。「会話系×代行型ＡＩ」は、これまで**人間が会話を通じて行なってきた仕事をするタイプのＡＩ**になります。たとえば次のような利用例があります。

- 施設内の会話による案内
- 音声による注文の対応
- チャットボットや音声対応によるコールセンター対応
- 社内内線電話の取り次ぎ
- 対話音声のテキスト化と要約

駅や店舗などの施設内での案内業務はこれまで人が行なってきましたが、**このやり取りを**

AIによって行なうケースが増えてきました。ソフトバンクのPepper（ペッパー）やJR東日本のAIさくらさんという名の案内AIがその実例です。これまでは案内業務から利用が進んでいましたが、今後は音声による注文業務の対応といったところまでカバーするケースも増えてくるでしょう。

また、企業内のコールセンターで、これまでスタッフが行なってきた電話やメールで対応していた業務をAIによるチャットボットや、AI制御による音声対応で代行しているケースも増えてきています。コールセンター内の会話系AIですべての対話を担当できるわけではありませんが、**一次受けや複雑でないやり取りにおいては人の業務を代行することができる**ようになっています。コールセンターや案内業務において、過去のすべてのやり取り対話データから、適切な回答内容を抽出することもAIは得意としています。

まず、顧客の音声による質問内容を認識し、データ化します。その後、その質問データに含まれた文章もしくはキーワードに近い過去の質問を抽出し、**過去の類似質問に対して適切に回答された回答群を候補として出します**。回答候補のリストから人が最終的に選択するか、もしくはAIが自己判断で回答文を選択して読み上げるかの2つのケースがあります。

また、社内の内線取り次ぎにも会話系×代行型AIが使われます。誰宛ての電話なのかを音声により認識し、連絡すべき先に適切に転送してくれます。

いろんなシーンで生まれる対話の**音声データを、自動的にテキストに変換**し保存することもＡＩが行なってくれます。日本語音声のテキストデータ変換の精度はまだまだ完璧とはいえない状態ですので、最終的には人によるチェックや補正が必要です。しかし、ある程度までの精度であっても、大量の音声文字起こしをＡＩに行なってもらうニーズは多くあると思います。また、音声からテキスト化した生データから、ポイントを押さえた要約文を作り出すＡＩもあります。

会話系×拡張型ＡＩの活用例

「会話系×拡張型ＡＩ」は、人がこれまで行なえなかった会話にまつわる業務を担ってくれるＡＩです。利用例を見てみましょう。

- 専門家の置き換え
- 対話による感情分析
- 多言語での対話

医師や弁護士、税理士などの**高度な専門分野における受け答えを会話系ＡＩに行なわせる**ケースがあります。医師の代わりに一次問診をするＡＩ問診がわかりやすい例になるでしょう。専門家にしかできない受け答えをＡＩによって再現します。

また、音声や文章から類推する顧客の感情分析も会話系ＡＩの利用例のひとつです。感情の把握は人でも一定量できる内容ではありますが、**大量の文字列データから感情の揺れを把握**する場合はＡＩのほうが優れた精度が出るはずです。

また、複数の言語による対話業務もＡＩは得意です。英語から日本語へ、中国語から英語へ、韓国語からフランス語へ、ドイツ語からタイ語へ、など複数言語のほとんどのバリエーションの対話翻訳を可能とします。

このように「会話系×拡張型ＡＩ」は**会話というテーマにおいて通常の人ではできないことを可能にするＡＩ**なのです。

「実行系ＡＩ」はこう使う

実行系×代行型ＡＩの活用例

実行系ＡＩは「身体（物体）を動かす」ためのＡＩです。この実行系ＡＩは、これまで見てきた識別系ＡＩ、予測系ＡＩ、会話系ＡＩの各ＡＩ要素を組み合わせて成り立つタイプのＡＩでもあります。そして、「実行系×代行型ＡＩ」では**これまで人が行なってきた何かを動かす行為をＡＩにより代行**していきます。

- 自動運転
- 工場内作業
- 倉庫内作業
- データ入力作業
- ロボットによる店頭案内

たとえば、自動車の運転はこれまで人がその役割を担ってきましたが、自動運転ＡＩの実用化が急がれています。これによって自家用車をはじめ、タクシーやバス、運送トラックの完全自動運転が実現される日がくるかもしれません。完全な自動運転でなくても、**ドライバーを補助し、より安全に快適な運転を実現**するステップからこのＡＩは活用が広がっていくことでしょう。

工場内で行なわれてきた人による労働もこの「実行系×代行型ＡＩ」によって置き換えが進んでいきます。これまで単純な動作ルールだけで動かされていた工場用ロボットに、ＡＩ技術が搭載されることによってできることの幅が大きく広がります。これまで工場用の業務ロボットは主に、プログラミングによるルール定義で制御されていることが多かったのですが、**強化学習のアプローチで、動作した結果に対する報酬や罰を与えることによる制御性能の向上**がなされるようになってきています。より複雑な動きについて柔軟にＡＩ搭載の業務ロボットが習得できるようになっているのです。

倉庫内の選別や運搬についても、これまで多くの業務を人によって行なってきましたが、Amazonや中国のＩＴ先進企業によって、ＡＩによる倉庫内作業が多く行なわれるようになっています。**小型の運搬用ロボットにＡＩを搭載**し、人との共同作業によって運搬効率を上げていき、これまで必要だった人の数を激減させることに成功しています。

ＲＰＡ（Robotic Process Automation）といわれる、オートメーションの分野も進んでいます。パソコン上での比較的単純なオペレーション作業やデータ入力の業務を、機械にパターンを学ばせて人の仕事を代行していきます。現状のＲＰＡツールの多くはルールを覚えていくタイプのものが多いですが、今後は**ＡＩによる機械側の自己判断の範囲も広がってくる**ことが予想されます。人が一定の条件によって判断することができてきた内容は、ＡＩも同様に判断ができるようになるでしょう。

また、日本ではソフトバンクのペッパーが有名ですが、ロボットによる店頭案内も広がりを見せています。

実行系×拡張型ＡＩの活用例

「実行系×拡張型ＡＩ」は、**「身体（物体）を動かす」領域において人ができなかったことを実現**していくＡＩです。

- ドローンのＡＩによる拡張
- 自立型機械制御

「実行系×拡張型ＡＩ」の代表例はドローンに搭載されたＡＩです。ドローンにＡＩを搭載することにより、識別系のＡＩを使いながら状況感知してより安全な飛行を可能にします。また、ドローンにより撮影した画像や動画から識別系ＡＩにより判定を即座に出し、得た情報から予測をして自身で最適な行動を判断することができるようになるでしょう。

また、自立型の機械の制御にもＡＩは欠かせません。人型の機械（ロボット）に眼、口、予測のための知識、また、身体の制御機能を備えるためにたくさんのＡＩが必要になります。人がもてなかった重量の荷物を運んだり、より早いスピードで移動できる自立型機械が今後量産されてくることでしょう。

出る順でＡＩ基礎用語を丸暗記する

文系に必要なＡＩ用語を出る順で丸暗記しよう

文系ＡＩ人材になるための必要なＡＩの基礎用語も丸暗記していきましょう。少し馴染みのない言葉も出ていますが、ＡＩのプロジェクト内でよく出てくる順で用語を絞っていますので、しっかり覚えていってください。これまでに説明した内容でも重要な用語はここでも解説します。

出る順のＡＩ基礎用語

学習と予測／教師あり学習と教師なし学習／目的変数と説明変数／アルゴリズム／過学習／アノテーション／時系列モデル／データ前処理／ＰｏＣ／ニューラルネットワーク／正解率と再現率・適合率／ＡＵＣ

図表3-15　学習と予測

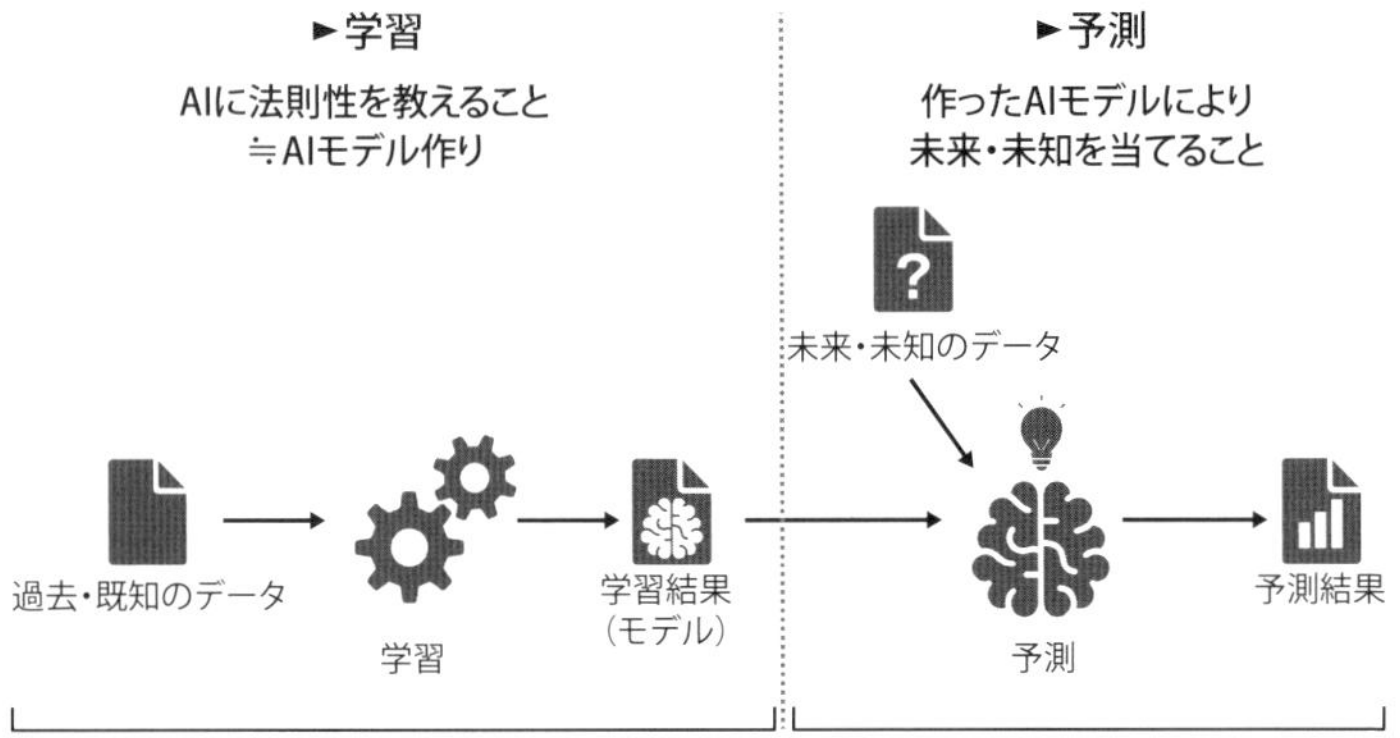

用語①　学習と予測

「学習」と「予測」という言葉は、ＡＩの世界で重要な意味をもつ言葉です。

- 学習とは、ＡＩに法則性を教えること
- 予測とは、作ったＡＩモデルにより未来・未知のものを当てること

「学習」はＡＩにデータを与えて法則性を見出してもらうことで、「ＡＩモデル作り」ともいえます。「予測」は「推論」と言い換えることもできます。

「ＡＩを作る」は「ＡＩに学習」させる行為で、「ＡＩを使う」は「ＡＩに予測」させる行為です（図表3-15）。

図表3−16　教師あり学習と教師なし学習

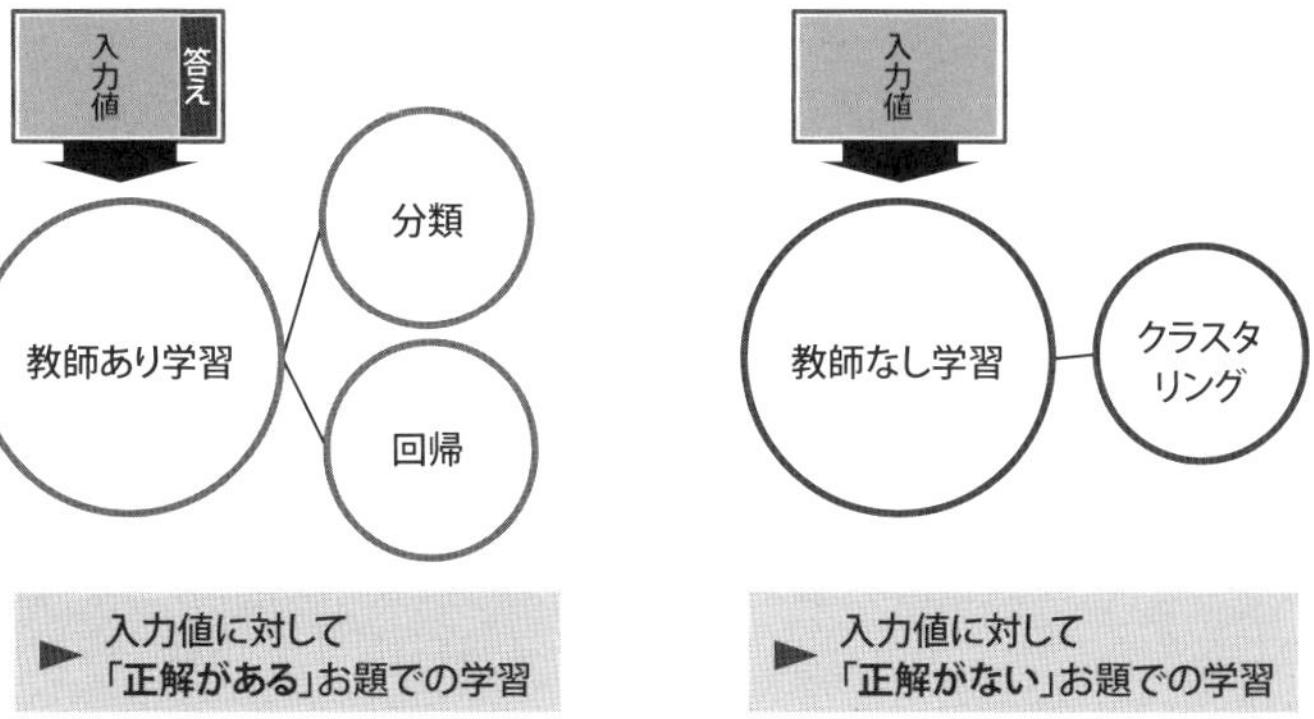

例）犬か猫かの答えがある写真群で学習

例）答えがない動物の写真群で学習

用語②　教師あり学習と教師なし学習

「学習」は答えのあり、なしで分類します。

- 教師あり学習は「正解がある」お題での学習
- 教師なし学習は「正解がない」お題での学習

教師あり学習には主に「分類」と「回帰」の2種類があります。「分類」とは、「あらかじめ定めた区分けの中でどこに入るのか？」を当てる学習です。また、「回帰」はたとえばある日の売上高や販売個数といった数値を当てる学習になります。

教師なし学習は、主に「クラスタリング」が該当します。「クラスタリング」とは、AIの自己解釈による集合作りと言い表すことができます

（図表3－16）。

図表3-17　目的変数と説明変数

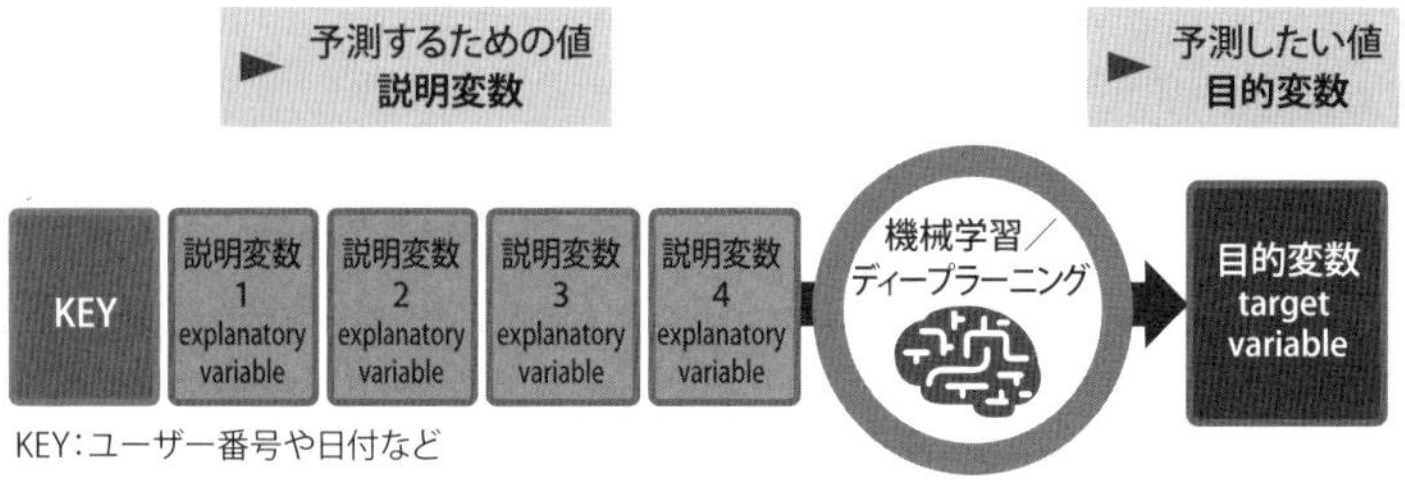

用語③　目的変数と説明変数

主に予測系ＡＩにおける学習データには、大きく「目的変数」と「説明変数」が含まれます。

- 「目的変数」は、予測したい値
- 「説明変数」は、予測するための値

たとえば、ある人が買い物をするかどうか予測したい値が「目的変数」となり、買い物をするかどうかを予測するための値（過去の買い物履歴や行動履歴など）が「説明変数」になります（図表3－17）。

用語④　アルゴリズム

アルゴリズムとは、ＡＩが学習する際の手法のこと。最適な学習をするための手順や方法論が格納されているもの。シンプルに言い換えると「**学習の手順や方法論のカタマリ**」です。

アルゴリズムは、どんなＡＩを作るかによって、得意・不得意が分かれます。たとえば、画像識別であればＣＮＮ、動画や文章などの連続性をもったデータを識別するならＲＮＮといったように、扱うテーマによって定番のアルゴリズムがあります。

アルゴリズムには、ディープラーニングの手法も複数ありますし、ディープラーニング以外の機械学習の手法も多数あります（図表3-18）。

図表3-18　よく使われるアルゴリズム

► AIが学習をする際の手法。最適な学習をするための手順や方法論が格納されている

機械学習	ディープラーニング
機械学習（教師あり） • **線形回帰**（データの散らばりのルールを直線と仮定し、その直線がどのようなものかを学習し値を予測） • **ロジスティック回帰**（線形回帰は値予測。それに対し、ロジスティック回帰は発生確率（0〜1の値）を予測） • **サポートベクターマシーン**（SVM。マージン最大化つまり、判別する境界の近くにあるデータ同士の距離を大きくすることで誤判別を防ぐ方法。少ないデータでもより正確に分類可能といわれる） • **決定木**（データを複数層で分岐していき、ツリー構造の分岐を作る手法） • **ランダムフォレスト**（決定木の集合体。複数の決定木をランダムに構築し結果を集める。木が集まるのでフォレスト／森） **機械学習（教師なし）** • **クラスタリング**（似たもの集合を作成する学習）	**ニューラルネットワーク（NN）** • **CNN**（畳み込みニューラルネットワーク。画像認識が得意） • **RNN**（再帰型ニューラルネットワーク。音声波形、動画、文章などの時系列データが得意） • **LSTM**（Long Short-Term Memory。RNNの欠点を解消し、長期の時系列データを学習することができるモデル。自然言語処理が得意） • **GAN**（Generative Adversarial Network。教師用の画像を生成するモデル。類似モデルとしてVAEというものがある） • **DQN**（Deep Q Network。強化学習を深層学習で行なったもの） • **ResNet**（残差ネットワーク。非常に深いネットワークでの高精度な学習を可能にする）

すべて覚える必要なし。
ざっくり得意・不得意があることだけ知っておけばOK。

図表3-19　過学習

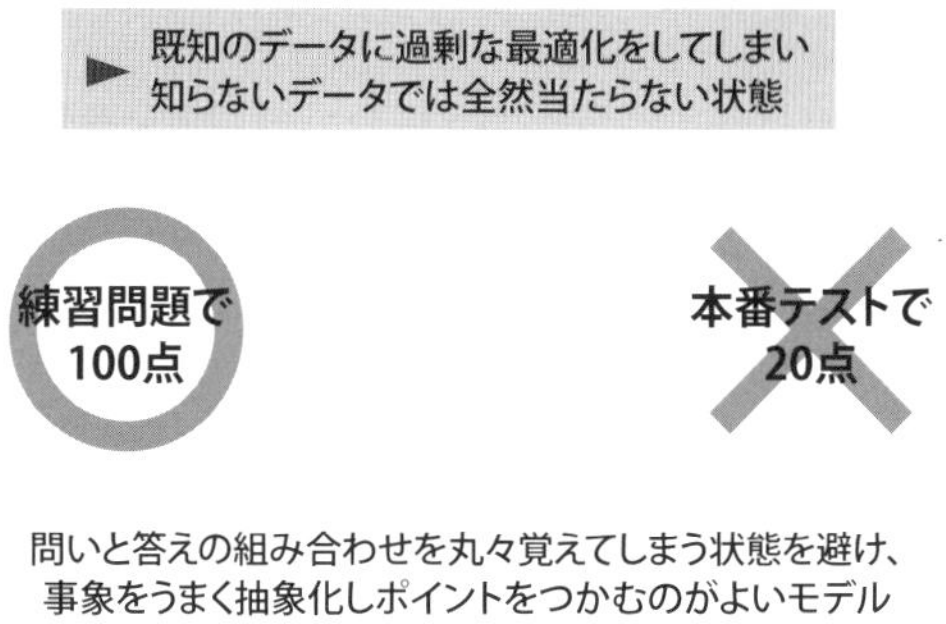
既知のデータに過剰な最適化をしてしまい
知らないデータでは全然当たらない状態
練習問題で
100点
本番テストで
20点
問いと答えの組み合わせを丸々覚えてしまう状態を避け、
事象をうまく抽象化しポイントをつかむのがよいモデル

用語⑤　過学習

過学習とは、**既知のデータに過剰な最適化をしてしまい知らないデータでは全然当たらない状態**のことです。データが極端に偏っていたり、少なかったりした際に、学習データだけに最適化されたモデルができてしまうことがあります。

過学習を防ぐには、学習データの量を増やし偏りをなくすことや、学習時の訓練データと検証データの分割のパターンを多数試して結果の平均をとるといった方法があります（図表3-19）。

図表3-20　アノテーション

▶ 直訳すると「注釈」。データに意味づけすることで
AIが学習するための正解データを用意する作業

画像・映像

- 画像が猫なのか犬なのかを選別したり（画像分類）、写真内にどんな物体がどこにあるのかをタグづけする（物体検出）

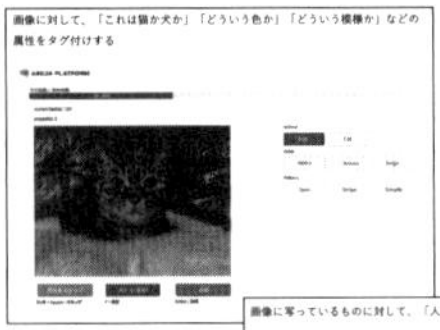
画像に対して、「これは猫か犬か」「どういう色か」「どういう模様か」などの属性をタグ付けする

画像分類

画像に写っているものに対して、「人」「電車」などのタグを付けする
ラベル

物体検出

テキスト

- 文書の中の文や段落をトピックごとにタグづけしたり、文章そのもののカテゴリを定義する
- また、単語の意味合いや属するカテゴリを定義したり、単語同士の関連性を定義していく
- 会話文の意図を覚えさせていく作業もあります

音声

- 同一人物の声なのかどうかを学習できるように正解データを用意する
- 音声をテキスト化するときに正しい変換ができているかをチェックする

用語⑥　アノテーション

アノテーションは直訳すると「注釈」となりますが、**ＡＩに学習させるための答えつきのデータを作成する作業**のことをいいます。**画像や映像、テキスト、音声**について、用途に合わせて正解データを用意します。

画像の場合、「何が写っているのか」や、複数種類が写っている場合、「どこに何が写っているのか」のデータを用意します。映像はシーンごとに行ないます。テキストの場合は、文章全体、段落、文、単語のそれぞれについて、どんな内容なのかをタ

図表3−21　時系列モデル

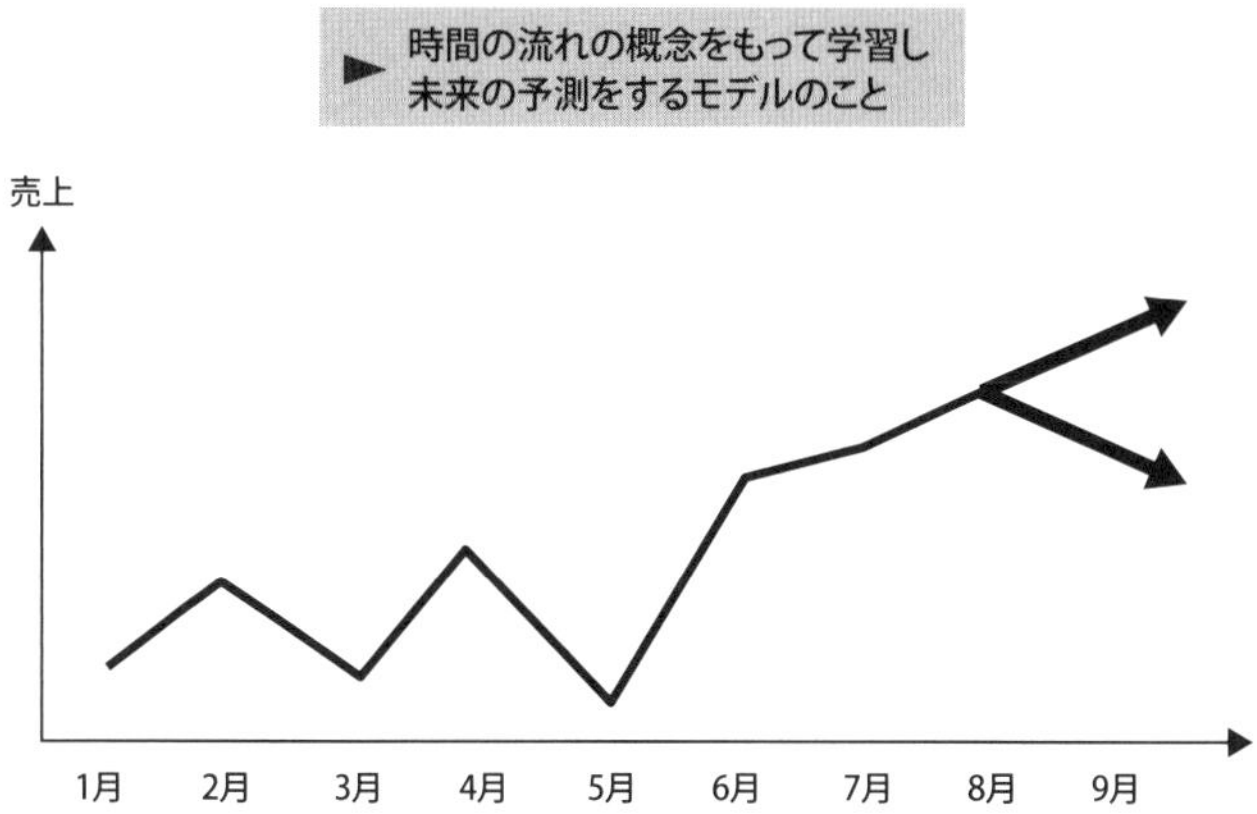

グづけします。音声は、その音声が特定の同一人物の声なのか、もしくは特定の音なのかなどを記録します（図表3−20）。

用語⑦　時系列モデル

時系列モデルとは、ＡＩモデルの中でも「**時間の流れの概念をもって学習し、未来の予測をするモデル**」**のことです。**

過去に連続して起こっている実績やその他の事象の変化から、未来の予測を行ないます。「１カ月後に何がどれくらい売れるか？」などを予想します（図表3−21）。

図表3-22　データ前処理

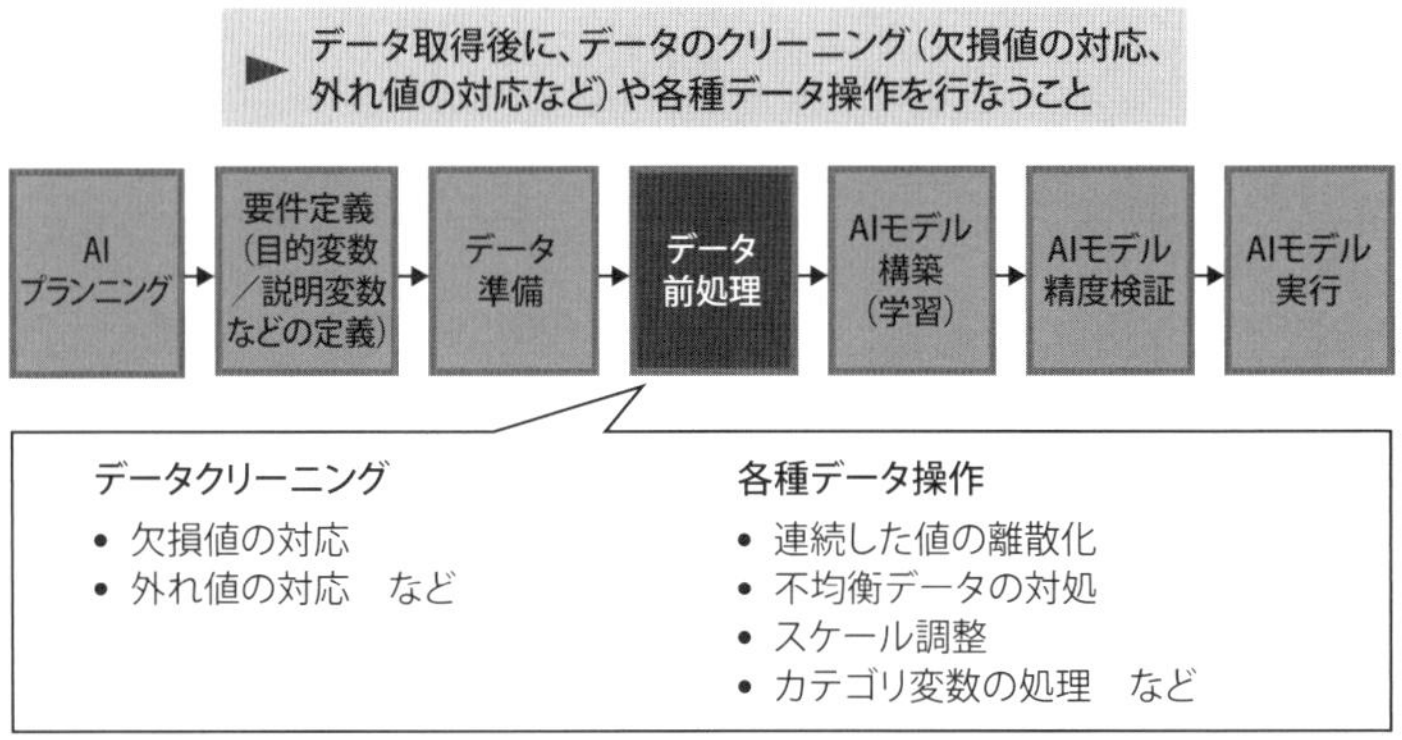

用語⑧　データ前処理

データ前処理とは、**「データのクリーニング」**や**「各種データ操作」を行なう**ことをいいます。データのクリーニングには、「欠損値の対応（データの一部が欠けている状態）」「外れ値の対応（極端に値が高すぎたり、低すぎたりする状態）」などがあります。データのクリーニングによって、AIが間違って学習しないようにします。

また、「各種データ操作」では、AIがデータの特徴をとらえやすくなるためのさまざまな処理を行ないます。たとえば、説明変数Aと説明変数Bの値のスケール（桁）があまりにも異なる場合、いずれかの桁を片方に合わせるような処理を行ないます。AIの精度を上げるための工夫として繰り返し試行

図表3-23　PoC

PoC（Proof of Conceptの略）とは、AIの概念実証実験
► PoCはAIモデル開発の世界でよく使われる概念で、保有するデータ群によって期待通りのAIモデルが作れるかを事前に立証する工程。PoCが済んだ後には、実現場用AIモデルとしての実装や運用までの道筋を本格的に計画することが可能になる

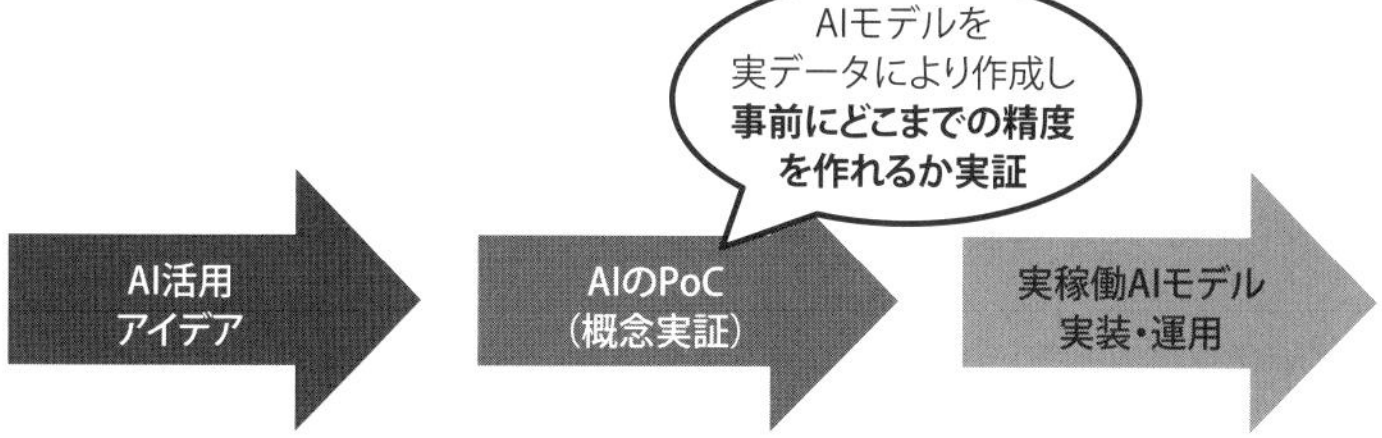

錯誤を行なう作業になります（図表3－22）。

用語⑨　ＰｏＣ

ＰｏＣとは、Proof of Concept の略で、本格開発を行なう前の**事前の実証実験**のことを指します（図表3－23）。企画されたＡＩが、本当にワークするものなのかを本格投資する前に確かめます。まず、用意できる学習データによって、「期待される精度が達成できるのか」を実証します。また、一定精度が出たＡＩを仮に利用先に試用してみて、満足のいく運用結果が出るのかについても実証することがあります。「精度がしっかり出るのか」また、「現場導入してみて成果があがるのか」が読みきれないことがＡＩ企画には多くあるので、このＰｏＣの工程を踏むことでリスクを低減させるのです。

図表3-24　ニューラルネットワーク

► 人間の**脳の神経細胞（ニューロン）に模して**数理モデル化した仕組みのこと。
ディープラーニングのベース

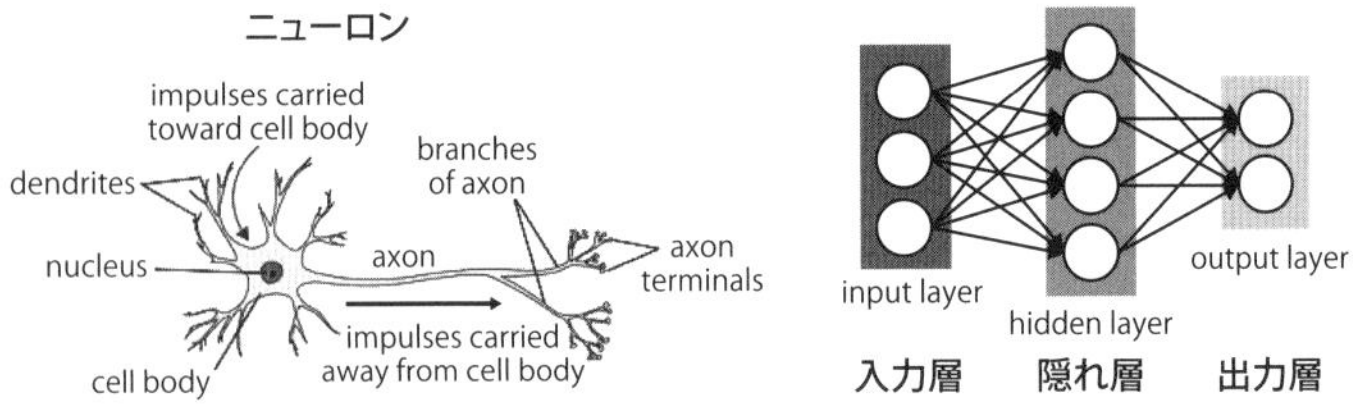

用語⑩　ニューラルネットワーク

ニューラルネットワークは、ディープラーニングのベースとなる仕組みで、人間の脳の神経細胞（ニューロン）を模して作られたものです。

入力層、隠れ層、出力層に分かれており、まず入力層でたくさんの情報を受け入れます。その後、多層になっている隠れ層にデータを渡すのですが、学習を繰り返すことによって、隠れ層を通っていく**情報が重要であれば太くなったり、重要でなければ細くなり、重要度を加味しながら伝達**されていきます。隠れ層から出力層に至るまでの間に、情報の太さ・細さのコントロールによって、正しかろうことを答えとして導き出していきます（図表3－24）。

図表3-25　正解率と再現率・適合率

► 正解率（accuracy）
全体としての予測と答えの一致率

例）全体正解率は
（30＋40）÷100＝70％

► 再現率（recall）
答えが正の中で予測が正とされたもの

例）買う予測の再現率は
30÷（30＋10）＝75％
例）買わない予測の再現率は
40÷（40＋20）＝66.6％

► 適合率（precision）
予測を正と判断した中で答えも正のもの

例）買う予測の適合率は
30÷（30＋20）＝60％

		予測	
		買う	買わない
答え	買った	**30**（正解）	**10**（不正解）
	買ってない	**20**（不正解）	**40**（正解）

用語⑪　正解率と再現率・適合率

予測系ＡＩの精度を評価するにあたっては、いくつかの指標があります（図表３-25）。

まず、もっともシンプルな精度評価指標は、「正解率」です。これは「全体としての予測と答えの一致率」で、単純な計算方法で出されます。たとえば「ある人が買うか買わないかを予測させるＡＩ」の場合、１００人のうち、70人分を正解できたら、正解率は70÷１００＝70％です。

「ある人が買うか買わないかを予測させるＡＩ」を実際に利用する際に、もし「買わない人」ばかりを当てて、「買う人」を当てることができなかったらどうでしょう？　現場においては役に立たないＡＩになってしまうはずです。こういった偏りを防ぐために、全体としての正解率以外の指標もチェックしましょう。

予測の偏りをチェックするものとしてまず「再現率」があります。**「再現率」は「答えが正の中で予測も正とされた率」です。買う人を正とした場合、実際に買った人が40人いたとして、予測で買うとした人がそのうち30人いたとしたら、買う人の再現率は30÷40＝75％**になります。たとえば重い病気の予測をするＡＩだった場合、病気の見逃しができるだけ起こらないことが重視されます。その際は、この「再現率」が重要になります。怪しきをできるだけ疑え、といった方針のときに重要になる指標です。

また、**「適合率」は「予測を正と判断した中で答えも正であった率」です。買うと予測した人が50人いたとして、実際に買った人が30人だったら、買う予測の適合率は、30÷50＝60％**となります。たとえば映像識別ＡＩで万引きを検出するシステムを作った場合、万引きしたと検出した人が50人で、実際に万引きしていた人が10人だったとすると、適合率は20％となります。この場合、疑いをかけられた40人からは大きなクレームが出ることでしょう。こういったケースでは「適合率」を注視しなければいけません。

図表3-26　AUC（Area Under the Curve）

- True Positive Rate（「陽性」のもののうち「陽性」と正しく予測した割合＝再現率）
- False Positive Rate（「陰性」のもののうち「陽性」と誤って予測した割合）
- この2つの縦軸と横軸で曲線を描いて、その面積量がどれくらい広いのかを見る
- 最大が1。当てずっぽうでも0.5になる。バランスよく当てられているかを見ることができる

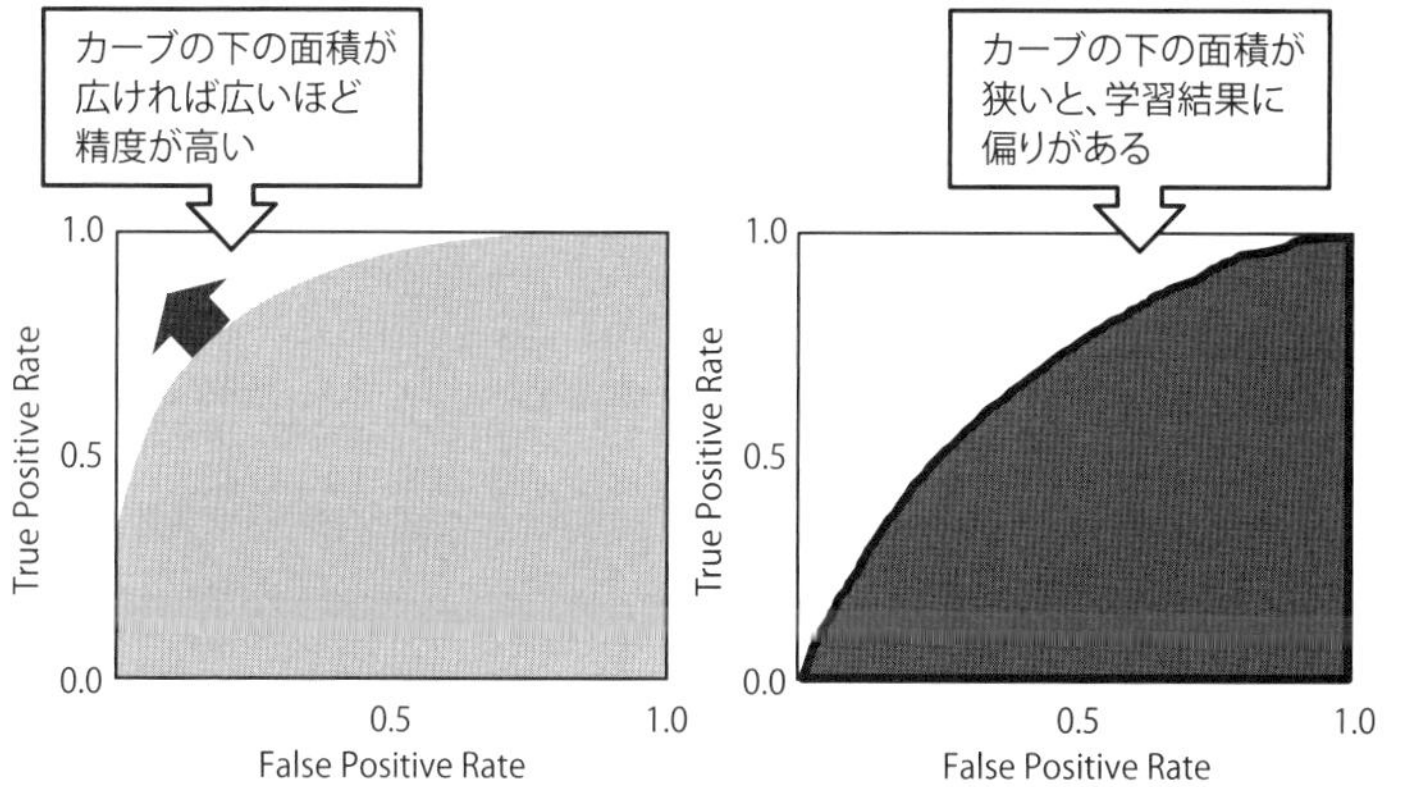
カーブの下の面積が広ければ広いほど精度が高い
カーブの下の面積が狭いと、学習結果に偏りがある
True Positive Rate
False Positive Rate
0.0
0.5
1.0

用語⑫　AUC

AUCはArea Under the Curveの略で、**どれくらいバランスよく予測を当てられているかを測る指標**です。再現率や適合率とともに偏りチェックのために使いましょう。AUCでは、まず、True Positive Rate（「陽性」のもののうち「陽性」と正しく予測した割合＝再現率）と、False Positive Rate（「陰性」のもののうち「陽性」と誤って予測した割合）を測ります。ここでいう「陽性」は「買う」、「陰性」は「買わない」などになります。そして、この2つの縦軸と横軸で曲線を描いて、そ

の面積量がどれくらい広いのかを見ます。値は最大が1で、当てずっぽうでも0・5になります。

全体の正解率だけでは判断できない偏りをチェックし、バランスよく当てられているかがわかります（図表3−26）。

第4章 STEP②

AIの作り方をザックリ理解する

How
AI & the Humanities
Work Together

AIは特徴づかみの名人

文系AI人材になるためのSTEP①として「AIのキホン」を前章で学んできました。次はSTEP②「AIの作り方」を学んでいきます。作り方を解説する前に、まず「そもそもAIはどんなものか」に対して理解を深めておきましょう。

大量のデータを丸暗記しているわけではない

まず、「ディープラーニングや機械学習を含むAIはどのように作られているのか」を理解していきましょう。はじめに「AIはたくさんのデータを丸暗記しているわけではない」ことを押さえていただきたいと思います。AIは大量のデータ（ビッグデータ）があると精度が上がっていくわけですが、それは大量のデータをすべて丸暗記するから精度が上がるわけではありません。AIはたくさんのデータから特徴をつかんで法則を見つけ出しているのです。

つまり、AIは特徴づかみの名人といえるのです。

もし、AIが丸暗記しかできないとしたらどうなるでしょうか。データに含まれていない新しいパターンの状況に対しては、筋違いの予測しか出せなくなってしまいます。AIは丸暗記ではなく特徴をつかんで法則化しているからこそ、新しいパターン、つまり未知の状態について、より正確に予測ができるようになるのです。

ザックリいえば「データ作成」「学習」「予測」

特徴づかみの名人であるAIはどのように作られるのでしょうか。文系AI人材がAIづくりの詳細をすべて把握し、自らAIを作れるようになる必要はありませんが、AIの作り方はザックリ理解しておきましょう。**作り方や中身の大筋が理解できていると、AIの企画やAI構築における進行が大幅にスムーズになる**からです。

さて、AIがどのように作られるのかを例をあげて説明していきます。ここでは、教師あり学習で作る予測系AIを例に話を進めます。また、よりリアリティをもたせるために「将来出世するかどうかを予測するAI」という架空のAIを作る前提で解説を進めます。

図表4−1　AIはどうやって作られるの？——「将来出世するかどうかを予測するAI」を例に

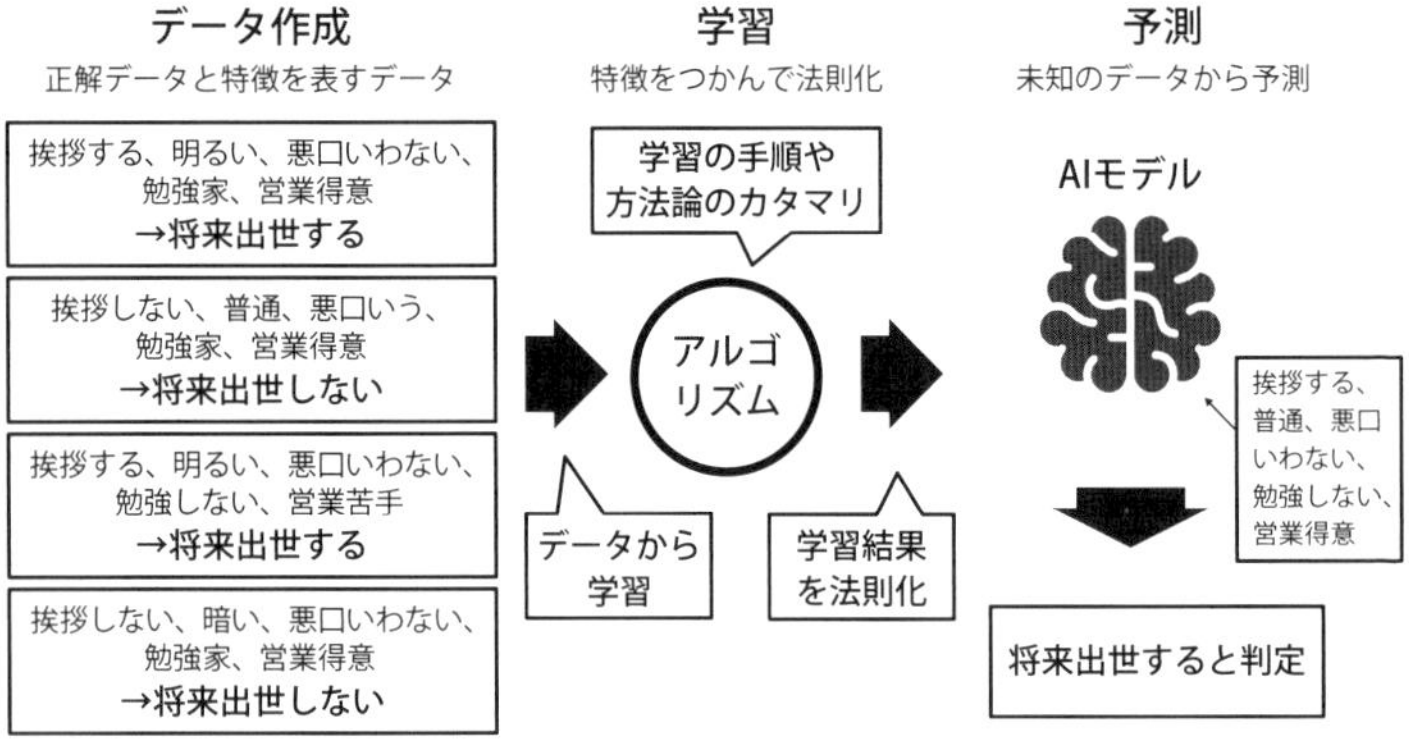

「データ作成」「学習」「予測」、この3つのステップでできⅠ上がります（図表4−1）。

「将来出世するかどうかを予測するＡＩ」は、企業内に在籍するスタッフが3年後に出世するかどうかを予測する架空のＡＩです。このＡＩを作るためにまず行なうべきは「データ作成」です。まず何に対して予測するか（これをＫＥＹと呼びます）を定義します。また、予想対象を特徴づけているであろう変数（説明変数）とこのＡＩで予測したいこと（目的変数）を定義します。

- ＫＥＹ（何に対して予測するのか）「社員名」
- 説明変数「挨拶するか」「明るいか」「悪口いわないか」「勉強家か」「営業得意か」
- 目的変数「3年後に出世するかどうか」

図表4−2　データ作成例

►KEY	►説明変数					►目的変数
社員名	挨拶するか	明るいか	悪口いわないか	勉強家か	営業得意か	3年後出世した
Aさん	1	2	1	1	1	1
Bさん	0	1	0	1	1	0
Cさん	1	2	1	1	0	1
Dさん	0	0	1	1	1	0
・						
・						

この例では、まず「何に対して予測するのか」のKEYとして「社員名」を入れます。次に予測する対象を特徴づけているであろう変数（説明変数）を「挨拶するか」「明るいか」「悪口いわないか」「勉強家か」「営業得意か」とし実績値を入れます。そして予測したいこと（目的変数）を「3年後に出世するかどうか」としデータを入れます。これらの項目をExcelなどにより上の表組みのようなフォーマットでデータ作成していきます（図表4−2）。

KEYである「社員名」にはスタッフの名前を入れていきます。この項目は人を識別さえできればいいので、社員番号などでも大丈夫です。

説明変数である「挨拶するか」項目では、挨拶するなら1を、挨拶しないなら0を入れます。

また、「明るいか」項目では明るかったら2、普通だったら1、暗かったら0を入れます。「悪口いわないか」項目では悪口をいわないなら1、いうなら0を入れます。「勉強家か」「営業得意か」も同じように入れていきます。

目的変数である「3年後出世した」の項目では、実際に出世していれば1を、出世していなければ0を入れます。

このデータをできるだけ多く用意します。

データ作成が終わったら、次は「学習」です。用意できたExcelのデータをCSV[1]データ形式で出力し、AIのアルゴリズム（学習の手順や方法論のカタマリ）に投入します。ここで**データから学習し、学習結果から法則性を見出していきます**。前述の通りアルゴリズムはたくさん種類がありますが、ツールによっては自動的によい結果を出してくれるものを選んでくれたりもします。

データによりアルゴリズムが学習し終わったら、**AIモデルができ上がります**。このAIモデルに対して、新しく入った「Zさん」の「挨拶するか」「明るいか」「悪口いわないか」「勉強家か」「営業得意か」の傾向データをAIモデルに投入すると、Zさんが「3年後に出世するかどうか」について、予測を返してくれます。

なお、「3年後に出世するかどうか」について、出世する、出世しないの2種類の結果だけではなく、出世する確率スコアがいくつなのかも出してくれます。

意味合いを理解しているわけではない

今回の例で、AIにいくつかの項目についてデータを用意して学習させ、未来を予測できるようにしたわけですが、ひとつ注意点があります。現代のAIは**データをすべて数値で把握しており、データの意味合いまでを理解しているわけではない**という点です。

AIはデータをすべて数値で扱っています。作成したデータ内でも「挨拶するか」を1か0で示していましたし、また、そもそも「挨拶するか」「明るいか」「悪口いわないか」「勉強家か」「営業得意か」という項目が何を意味しているのかはまったく理解しないまま予測を作っているのです。また、目的変数である「3年後に出世するかどうか」についても意味を理解していません。

AIから見た世界は図表4-3のような状態です。

「何番の番号がついている人が、1個目の値は1、2個目の値は2、……そして当てたい値

(1) CSVとは、いくつかのフィールドを区切り文字であるカンマ「,」で区切ったテキストデータ

図表4−3　AIからあなたが作成したデータはこう見えている

Key	metrics01	metrics02	metrics03	metrics04	metrics05	metrics_ target
1	1	2	1	1	1	1
2	0	1	0	1	1	0
3	1	2	1	1	0	1
4	0	0	1	1	1	0
5						
・						
・						

は（どんなことを示しているかはわからないけど）1」といったように、項目が示す意味合いに関係なく予測を出すのが現状のＡＩなのです。

ＡＩは万能ではないといわれるポイントのひとつがこれです。

特徴づかみの名人であるＡＩがどのように作られるのかの概要を知っていただけたと思います。続いて、「予測系ＡＩ」「識別系ＡＩ」「会話系ＡＩ」「実行系ＡＩ」それぞれについて、よりくわしく作り方を解説していきます。

「予測系AI」の作り方を理解する

予測系AIはどのように作られるのか

先ほどまでは「将来出世するかどうかを予測するAI」を例に、予測系AIの作り方の全体像を理解してもらいましたが、もう少し解像度を上げて、予測系AIの作り方を学んでもらおうと思います。

なお、おさらいになりますが、予測系AIの活用例としては次のような内容がありました。

予測系×代行型AIの活用例

- ローンの審査（融資後の取引状況の予測）
- ネットワーク監視
- 発電所のデータによる異常値検知

図表4-4　予測系AIの作り方

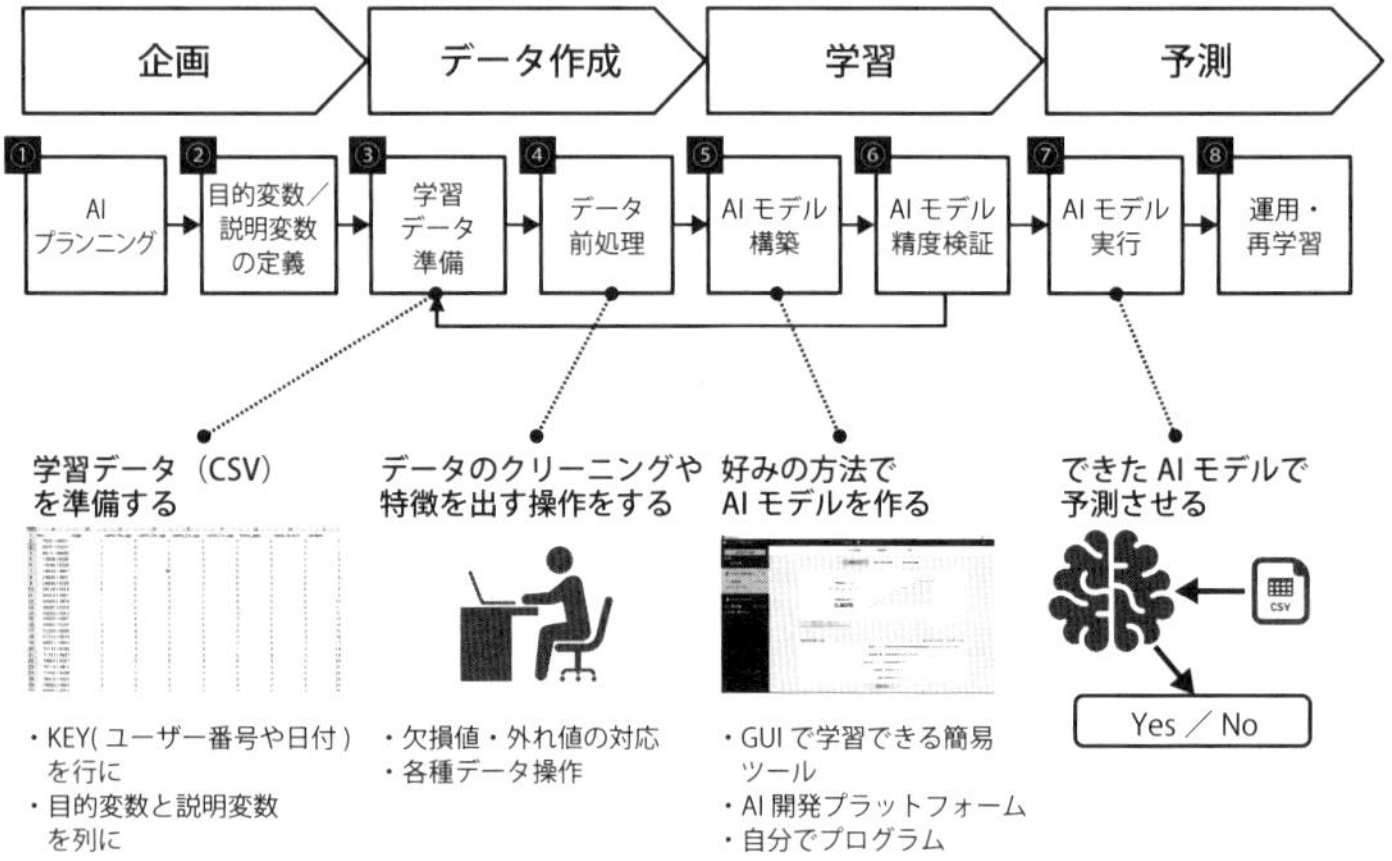

予測系×拡張型ＡＩの活用例

- 顧客行動予測
- 需要予測
- 最適販売価格の設定
- コールセンターの呼量予測
- 離職者の予測

予測系ＡＩの活用例を頭に入れながら、イメージを膨らませて作り方を把握していきましょう（図表4-4）。

予測系ＡＩは次のようなステップで作ることになります。それぞれ順に見ていきます。

企画

①ＡＩプランニング

②目的変数／説明変数の定義

データ作成

③学習データ準備

④データ前処理

学習

⑤ＡＩモデル構築

⑥ＡＩモデル精度検証

予測

⑦ＡＩモデル実行

⑧運用・再学習

ＡＩプランニングと目的変数／説明変数の定義

ＡＩを作る上で、「データ作成」「学習」「予測」の３つのステップがあると言っていましたが、ここではさらに前工程である「企画」を入れた４つのステップで見ていきます。「企画」ステップは文系ＡＩ人材が担う重要な工程でもあります。また「データ作成」「学習」「予測」を支える重要なファーストステップでもあります。

図表4-5　説明変数と目的変数（再掲）

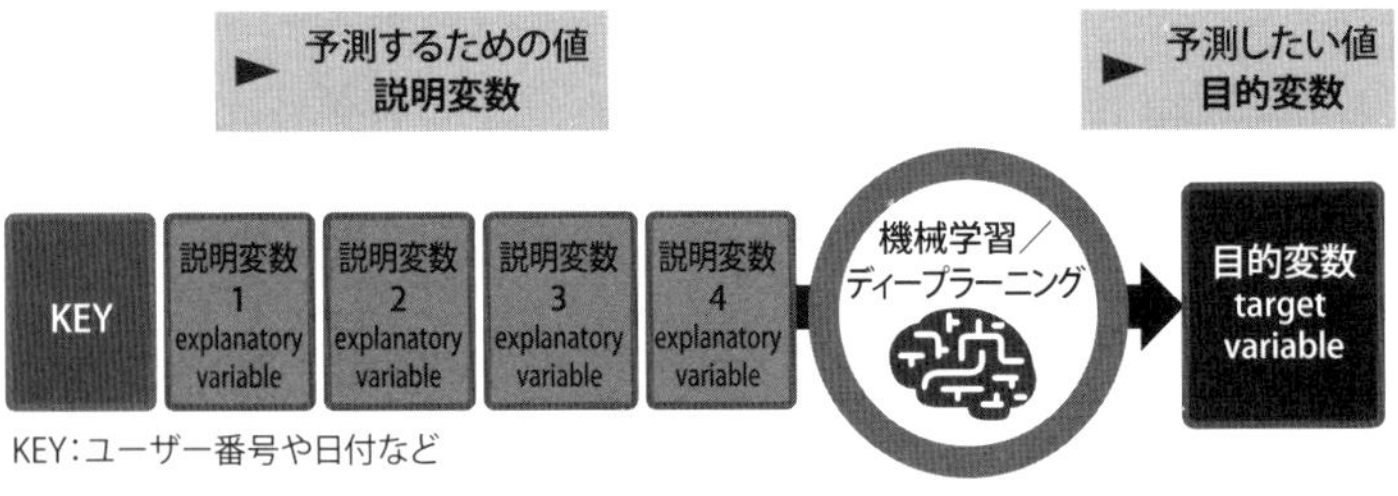

KEY：ユーザー番号や日付など

「企画」ステップはさらに「①ＡＩプランニング」と「②目的変数／説明変数の定義」の２つに分かれます。

「①ＡＩプランニング」では、ＡＩをどんな目的でどのように活用するか等を考え、全体の計画を作ります。くわしくは第５章で解説します。

「②目的変数／説明変数の定義」では、ＡＩプランニングで定義されたＡＩを、具体的にどんなデータで作るかを計画します。目的変数と説明変数については、大事なポイントなので復習しておきましょう（図表４－５）。

目的変数は、「予測系ＡＩに何を予測させたいか」の値になります。前述の例でいくと「３年後に出世するかどうか」でした。また、説明変数は、目的変数を予測させるために使う値です。ここでポイントになるのは、**目的変数を精度高く当てるために、関連する筋のよい説明変数をできるだけ多くピックアップしておかなければいけない**という点です。

たとえば、「３年後に出世するかどうか」ということを当てたい場合に、「どんなデータが予測の役に立つのか」を考えていきます。「出身地」「趣味」などは出世するかにはあまり影響がないかもしれませんし、前述した「挨拶するか」「明るいか」「悪口いわないか」「勉強家か」「営業得意か」は出世する人に共通の傾向が見出せそうな気がします。また、その他にも「遅刻しない」「報告漏れがない」「行動が早い」などなど考えられる値をリストアップしていきます。

筋のよいであろう説明変数をピックアップしたら、実際にそれらの値がデータとして確保可能かを確認します。すぐに予測系AIを作りたい場合は、ピックアップした説明変数が過去にさかのぼってデータとして残っているかも確認が必要です。

そして最後に、どの期間のデータを使うかを決めます。たとえば、次のような期間指定の差によって、予測系AIの使われ方や予測精度が変わってきます。**AIを何の目的で使うかによって適切な期間の設定**を行なってください。

a　1年後に出世するかを予測するために、入社後3カ月のデータを使い予測する

b　3年後に出世するかを予測するために、入社後1年のデータを使い予測する

c　10年後に出世するかを予測するために、入社後3年のデータを使い予測する

ａの予測モデルの場合は、短い期間のデータでクイックに予測させ、新人として入社した後に短期的に評価を受けそうな人を予測し配属に役に立てるようなイメージです。

ｂの予測モデルの場合は、通年の行動データを使い、リーダー職のような重要な職位につくかどうかのイメージ。ｃの予測モデルは、未来の幹部候補を予測させるような活用イメージになると思います。

おさらいすると以下のことを行ない、次のステップの「データ作成」に進んでいきます。

- 目的変数を決める
- 筋のよい説明変数をピックアップする
- 説明変数がデータとして確保可能かを確認する
- どの期間のデータを使うかを決める

学習データ準備「作れなくても、正しく専門家に依頼できるように」

企画段階が終わったら次は「データ作成」に移ります。データ作成では、まず先ほどまで説明していた「②目的変数／説明変数の定義」に基づいて「③学習データ準備」を行ないます。

なお、学習データが複雑なもので取得や加工が難しい場合があります。その際は、データサイエンティストもしくはエンジニアに学習データの準備を依頼することになります。ここでは、すべての作業を文系ＡＩ人材が行なえるようにする解説ではなく、少なくとも正しく依頼ができるようになるための解説を行ないます。

具体的な学習データの例を見ていきましょう。ここでは**ＥＣサイトのデータからユーザーの未来の購買を予測するＡＩ用の学習データを例示**します。

このデータにおけるＫＥＹ、説明変数、目的変数は次の通りです。

- ＫＥＹ：「会員ＩＤ」
- 説明変数：「年間購入回数」「会員ランク」「サイト滞在秒数（14日）」「サイト訪問数（14日）」「商品ページ閲覧数（14日）」「カートイン数（14日）」
- 目的変数：「30日以内の購入」

この予測系ＡＩでは、どの「会員ＩＤ」の人が「30日以内に購入するかどうか」を予測します。30日以内の購入を予測するための値として、「年間購入回数」「会員ランク」「直近14日間のサイト滞在秒数」「直近14日間のサイト訪問数」「直近14日間の商品ページ閲覧数」「直近14

►説明変数（特徴要因）			►目的変数（予測対象）
サイト訪問数（14日）	商品ページ閲覧数（14日）	カートイン数（14日）	30日以内の購入
3	5	5	1
1	0	0	0
4	0	0	0
5	0	3	0
6	10	0	0
5	9	0	
4	0	0	0
0	30	0	0
3	2	0	1
6	0	0	
4	13	0	1
3	0	0	0
2	3	0	0
3	6	0	0
6	13	6	1
2	0	0	0
1	4	0	0
1	60	2	0
0	5	0	0
1	5	3	0
2	59	0	0
4	7	0	0
1	0	0	0

図表4-6　学習データの実例

►KEY（比べる対象）	►説明変数（特徴要因）		
key	年間購入回数（12カ月）	会員ランク	サイト滞在秒数（14日）
10001	1	0	450
10002	1	0	3220
10003	1	5	3211
10004	4	0	443
10005	1	0	98
10006	0	0	82
10007	2	0	321
10008	1	1	0
10009	1	0	4322
10010	1	0	10032
10011	5	2	32911
10012	1	1	234
10013	0	0	42
10014	1	0	32
10015	0	0	3444
10016	5	1	6
10017	1	0	23
10018	3	0	45
10019	1	0	0
10020	1	0	567
10021	1	0	222
10022	1	4	11

日間のカートイン数」を利用しています。少し言い換えると、過去1年間の購入回数とどの会員ランクかの情報、そして直近14日間のＥＣサイト内の行動データによって、30日以内に購入するかどうかをＡＩで予測するということになります。

この場合の学習データは図表4-6のようになります。

この学習データは**ＥＣサイトが保有する過去の購買データ、会員データ、ウェブの行動データから出力し、Ｅｘｃｅｌ（ＣＳＶ）のデータとして保存したもの**になります。一番左の列に並ぶのが会員ＩＤで、その会員ＩＤにひもづく説明変数が並び、最終列に予測対象となる目的変数が並びます。

各データの対象期間ですが、次のような期間指定をして過去のデータから学習データを作ります。

- 年間購入回数：2018/11/01〜2019/10/31
- 会員ランク：2019/10/31時点
- サイト滞在秒数（14日）：2019/10/18〜2019/10/31
- サイト訪問数（14日）：2019/10/18〜2019/10/31
- 商品ページ閲覧数（14日）：2019/10/18〜2019/10/31

図表4-7　データの時間軸

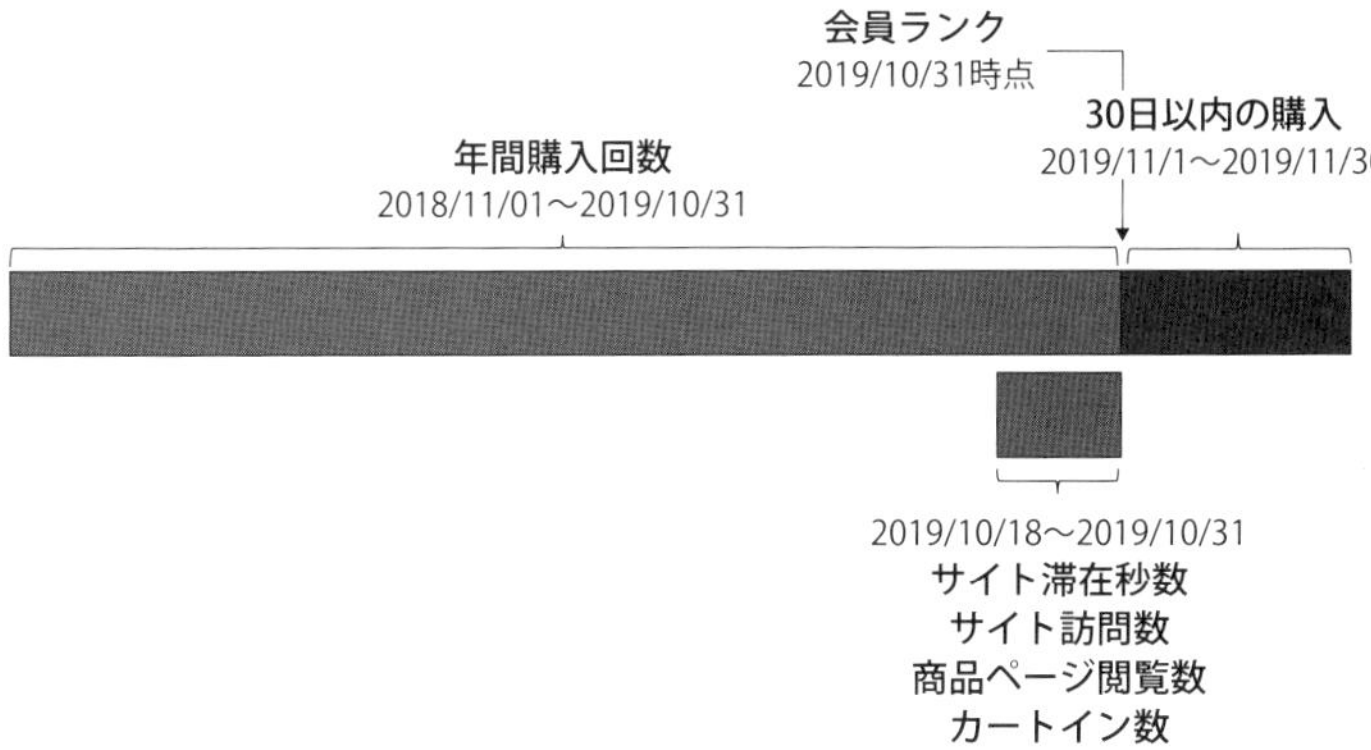

- カートイン数（14日）：2019/10/18～2019/10/31
- 30日以内の購入：2019/11/1～2019/11/30

時間軸を図で示すと図表4-7になります。

このように、過去の結果データから期間指定を行ない、データを区切り、予測系ＡＩ用の学習データを作ります。この期間の区切り方で学習させた予測系ＡＩは、**過去1年の購入回数と、直近の会員ランク、そして直近14日間のウェブサイト内の行動データによって、その時点から30日間の未来の予測を行なうことができる**ようになります。

データ前処理①「欠損値・外れ値を見つけて対応する」

必要な値を集めて学習データを準備ができたら、次はデータの前処理に移ります。ＡＩモデルを構築する際に、集めてきたデータに不備があると学習の際にエラーが起こることがあります。データの不備にはいくつかパターンがあります。

たとえば、**あるべきデータが欠けているデータ欠損や、数値形式で渡すべきところ、全角の文字になっていたといったような、値の形式が対応していない状態**などが代表的です。今回は文系ＡＩ人材のための解説になるのでいわゆるデータサイエンスの領域となるような深い解説は行ないません。ただし、データ前処理でどのようなことが行なわれるのかを、簡単な例で理解できるようにはしておきましょう。

実は、以前のページに載せていた学習データ（図表４-６）に**欠損があること**に気づきましたでしょうか。

会員ＩＤ１０００６の30日以内の購入の値が空
会員ＩＤ１００１０の30日以内の購入の値が空

なんらかの理由により、データが欠損することがあります。たとえば通信時のエラーや人為的ミスなどが理由です。値が空のデータではＡＩの学習中エラーが起こりますので、欠損値のある会員ＩＤ１０００６と１００１０の行を削除する処理を行ないます。**データのクリーニング作業**です（図表４－８）。

これで値が欠損したデータがなくなりました。なお、欠損データが多い場合、欠損している行を消すと学習データの量が大幅に減ってしまうことがあります。説明変数の値が大量に欠損している場合は、欠けている値にその項目の全体平均値を入れ、行数が減るのを防ぐこともあります。

なお、データによっては明らかに**数値が飛び抜けて大きいもしくは小さいといった「外れ値」**が入っている場合もあります。ＡＩが学習する際にノイズになってしまうことがありますので、外れ値がある場合も該当する行を削除することがあります。

データ前処理②「特徴をつかみやすいように加工」

欠損値や外れ値の対応は学習時のエラーやノイズを防ぐための処理でしたが、データ前処理

サイト訪問数（14日）	商品ページ閲覧数（14日）	カートイン数（14日）	30日以内の購入
3	5	5	1
1	0	0	0
4	0	0	0
5	0	3	0
6	10	0	0
~~5~~	~~9~~	~~0~~	
4	0	0	0
0	30	0	0
3	2	0	1
~~6~~	~~0~~	~~0~~	
4	13	0	1

はもうひとつの種類の処理があります。**存在するデータからＡＩができるだけ特徴をつかめるようにデータを加工してあげる処理**です。

たとえば、これまで例であげていた学習データ（図表４-６）の中の「サイト滞在秒数（14日）」だけが、他の説明変数の項目に比べて、桁が明らかに大きい値を扱っていることに気づいたでしょうか？　場合にもよりますが、この桁の大きい項目を扱っていることによって、学習が偏ってしまったり、精度を上げるのを邪魔したりすることがあります。

学習の精度をより上げる工夫として、たとえば「サイト滞在秒数（14日）」を「サイト滞在ランク（14日）」として置き換え、桁数の多い秒数の値を、何秒〜何秒までをランク１、次の何秒〜何秒までをランク２……とするといったランクとしての値

図表4-8　欠損データの削除

key	年間購入回数（12カ月）	会員ランク	サイト滞在秒数（14日）
10001	1	0	450
10002	1	0	3220
10003	1	5	3211
10004	4	0	443
10005	1	0	98
~~10006~~	~~0~~	~~0~~	~~82~~
10007	2	0	321
10008	1	1	0
10009	1	0	4322
~~10010~~	~~1~~	~~0~~	~~10032~~

に置き換えてあげるような処理を行なうことがあります（図表4－9）。こうすることによって、ＡＩがより特徴をとらえやすくするためです。

また、**存在するデータの値をそのまま使うだけでなく、項目間の差や変化率などに変換して扱う**ことで、学習の精度を上げることもあります。

データ欠損の対応をして、簡単なデータ処理を行なった結果の学習データが図表4－10になります。

これで学習データが完成しました。続いてＡＩモデル構築に移ります。

AIモデル構築「プログラミング不要、マウス操作で作る」

学習データ準備とデータ前処理が終わったら、

図表4–9　各種データ操作

サイト滞在秒数（14日）	サイト滞在ランク（14日）
450	3
3220	4
3211	4
443	3
98	2
321	3
0	0
4322	4
32911	5
234	3
42	2
32	2
3444	4
6	1
23	2
45	2
0	0

ＡＩに「学習」させるステップに入ります。待ちに待ったＡＩモデル構築に入るわけですが、まずはＡＩモデルを作る方法の選択を行なうことになります。

予測系ＡＩモデルを作る方法ですが、大きく分けると次の３つになります。今回はＡＩを作ることを前提にしているので前に紹介した「構築済みＡＩサービス」は除いています。

- 「ＧＵＩベースのＡＩ構築環境」で作る
- 「コードベースのＡＩ構築環境」で作る
- 「スクラッチでＡＩ」を作る

文系ＡＩ人材のための本ですから、「スクラッチでＡＩを作る」ことはまず選択肢から外しておきます。また、「コードベースのＡＩ構築環境で作る」は自分で一からすべてスクラッチでプログラムするよりもＡＩモデル構築が楽にできるようになるのですが、プログラミングコードの知見が必要になりますので、文系ＡＩ人材が直接ＡＩモデル構築を行なう前提では選択肢から外しておきたいと思います。

今回は、**文系ＡＩ人材に優しい「ＧＵＩベースのＡＩ構築環境」を用いて、**ＡＩモデル構築について学んで行きたいと思います。このプログラミングを必要としないＧＵＩ（マウス操作を中心としたグラフィカル・ユーザー・インターフェイス）で学習できるツールは、ウェブのサービスとして提供されブラウザで操作するタイプか、パソコンにインストールするアプリとして提供されています。

「ＧＵＩベースのＡＩ構築環境」も複数種類のツールサービスが存在し、少しずつ異なる部分もありますが、おおよそ図表４-11の示している流れで作業となります。

まず、用意した学習データをＡＩ構築用のツールにアップロードします。ツールの仕様にもよるのですが、アップロードした学習データは、ツール内の処理用に「訓練データ」と「検証データ」に自動的に分割してくれることが多いです。多くの場合、訓練データと検証データは９対１もしくは８対２ほどの割合で分割されます。

サイト訪問数（14日）	商品ページ閲覧数（14日）	カートイン数（14日）	30日以内の購入
3	5	5	1
1	0	0	0
4	0	0	0
5	0	3	0
6	10	0	0
4	0	0	0
0	30	0	0
3	2	0	1
4	13	0	1
3	0	0	0
2	3	0	0
3	6	0	0
6	13	6	1
2	0	0	0
1	4	0	0
1	60	2	0
0	5	0	0
1	5	3	0
2	59	0	0
4	7	0	0

- **訓練データ**　ＡＩが訓練に使うためのデータ
- **検証データ**　訓練させたＡＩモデルの精度を測るためのデータ

データのアップロードが終わったら、次のようなステップでブラウザ上もしくはツール画面上でマウスや入力操作を行ないます。

（1）構築モデル種類の選択（分類／回帰）
（2）目的変数の選択、説明変数の選択
（3）学習させる回数・時間の設定
（4）学習実行のボタンを押す
（5）ＡＩモデル精度検証

図表4-10　前処理後の学習データの実例（予測系AI）

key	年間購入回数（12カ月）	会員ランク	サイト滞在ランク（14日）
10001	1	0	3
10002	1	0	4
10003	1	5	4
10004	4	0	3
10005	1	0	2
10007	2	0	3
10008	1	1	0
10009	1	0	4
10011	5	2	5
10012	1	1	3
10013	0	0	2
10014	1	0	2
10015	0	0	4
10016	5	1	1
10017	1	0	2
10018	3	0	2
10019	1	0	0
10020	1	0	3
10021	1	0	3

（6）ＡＩモデルのエクスポート

(1) 構築モデル種類の選択（分類／回帰）

まず、用語解説でも紹介した「分類／回帰」のどちらの種類のモデルを作るのかを選択します。おさらい的に言うと、分類は、購入するか／しないかの二分類を当てさせたり、伸びる、変わらない、停滞するなどの三分類など、どこに該当するのかを当てさせるタイプのモデルです。また、回帰は「何個買う」「何人来る」「１００万円売れる」といった数値を当てに行くモデルです。

(2) 目的変数の選択、説明変数の選択

その後、学習データとしてアップロード済みのデータの項目のどれを「目的変数」としてセットするかを選び、同じように

図表4-11　GUIツールで学習させる際の流れ①

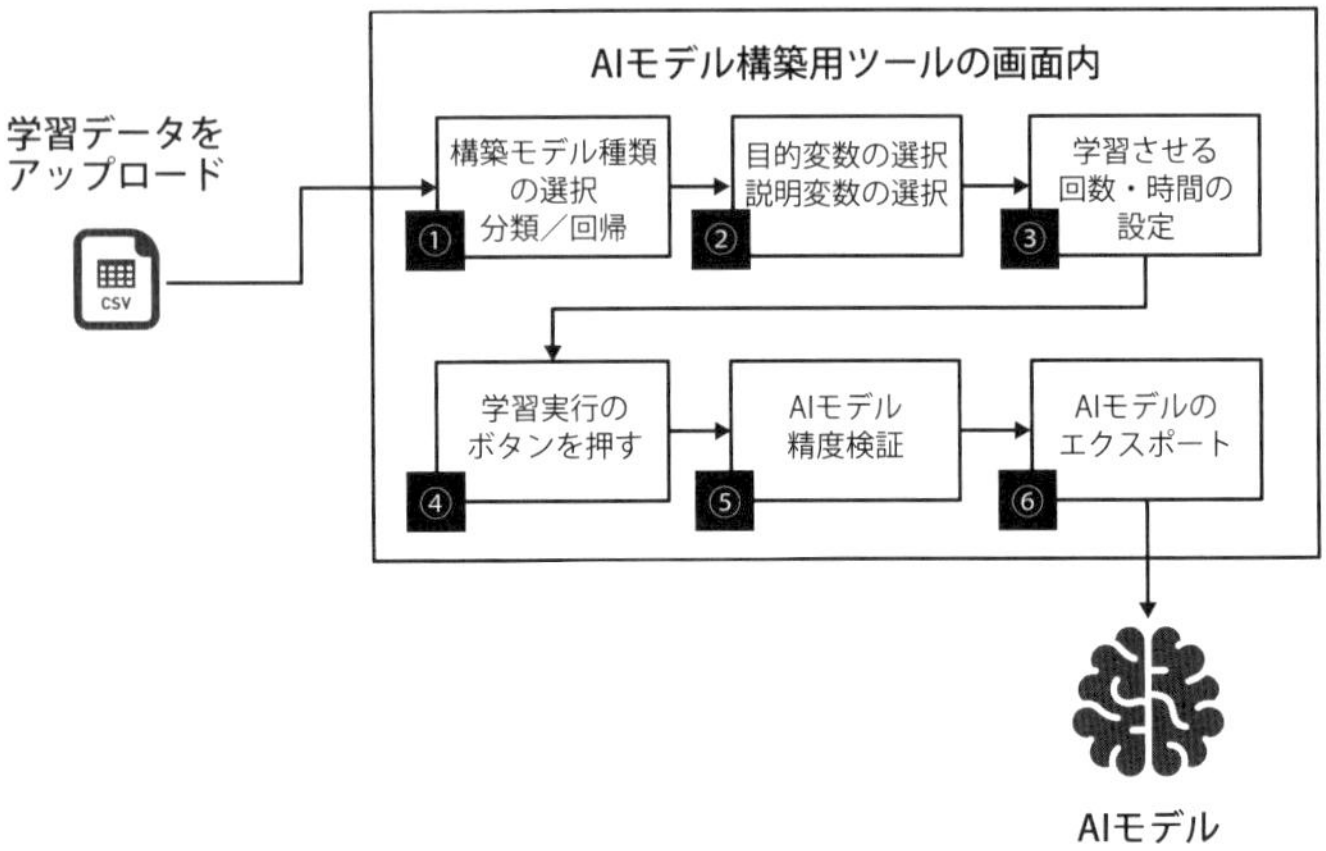

「説明変数」として何を利用するかをセットします。「説明変数」のセットにおいては、どの説明変数を使うかの組み合わせをパターンとして試すと精度が変化することがあります。「Prediction One」の画面ですと、図表4-12のようになります。

(3) 学習させる回数・時間の設定

AIモデル構築においては、数度繰り返し学習させてより最適な状態に作ります。ただし、永遠と繰り返し学習させ続けても精度が伸び続けるわけではありません。学習終了のきっかけを定義してあげるために、何回学習を繰り返すか、もしくは何分間まで学習を続けるかを設定します。多くの場合、デフォルト値が設定されていますので、まずはそのままの値を使えばよいでしょう。

図表4-12 「Prediction One」ツールの「構築モデル種類の選択」と「目的変数の選択、説明変数の選択」の画面

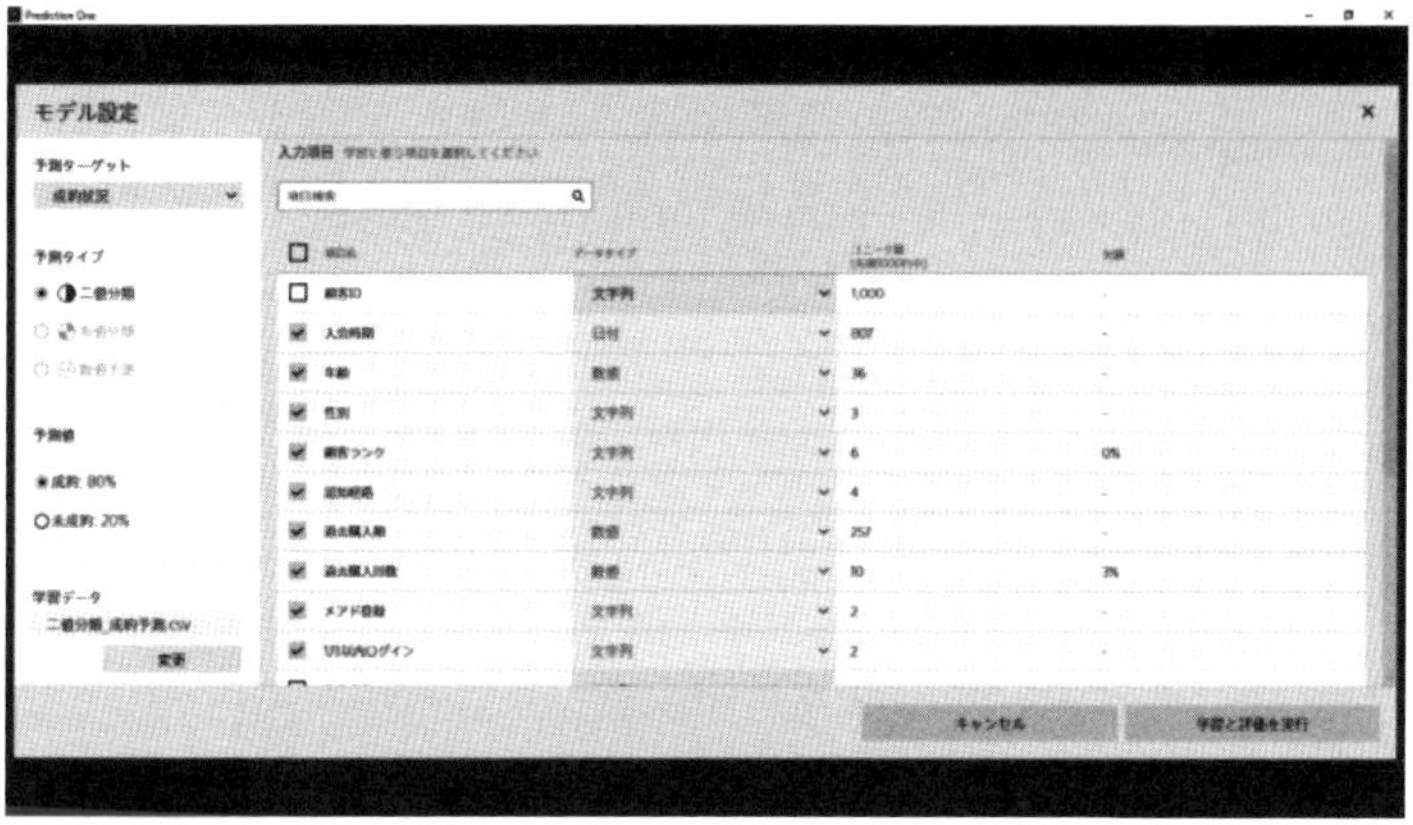

（出所）https://predictionone.sony.biz/

(4) 学習実行のボタンを押す

学習の条件が設定できたら、学習を実行するボタンを押します。ボタンを押すと学習が開始され、学習終了まで待つことになります。

(5) AIモデル精度検証

学習が終了したら、AIモデルがどれくらいの確率で正解を当てることができるようになったかを確認します（図表4-13）。ツールにアップロードした学習データのうち、一部の割合のデータをツール上で自動的に取っておいてくれて、精度検証のため使ってくれることが多いです。

(6) AIモデルのエクスポート

AIモデル精度検証が終わり、利用に値するレベルに達したと判断した場合、AIモデルをエクスポートし、予測に使える状態にし

ます。なお、構築したモデルを外部出力する場合もあれば、ツール内に格納した状態で呼び出すようにできる場合もありますので、各サービスツールの仕様を確認してください。

紹介してきたような手順で、ＡＩモデル構築ができます。「スクラッチでＡＩを作る」場合や「コードベースのＡＩ構築環境」を使ってＡＩモデルを構築する際に行なう手作業でのチューニング向上や改善を図ること。たとえば、アルゴリズムの選択や各種パラメータの調整などは、「ＧＵＩベースのＡＩ構築環境」が自動で最適化の処理を行なってくれることが多いです。自分でカスタマイズしてより精度をあげるような追加の工夫はできませんが、おおよその最適化は専門知識が深くなくても行なってくれるのは大きなメリットといえるでしょう。

特に精度が少しでも低くなると人命に関わるとか、大きな損失につながるといったシリアスなケースでのＡＩモデル利用でない場合は、ＡＩモデル構築の難易度を下げてくれるツールサービスは重宝されるでしょう。

ＡＩモデル検証「正解率が高くとも、偏りがあれば実用度が下がる」

ＧＵＩツール上での操作の後半にも出ていましたが「ＡＩモデル精度検証」についても少し

図表4-13　「Prediction One」ツールの「AIモデル精度検証」の画面

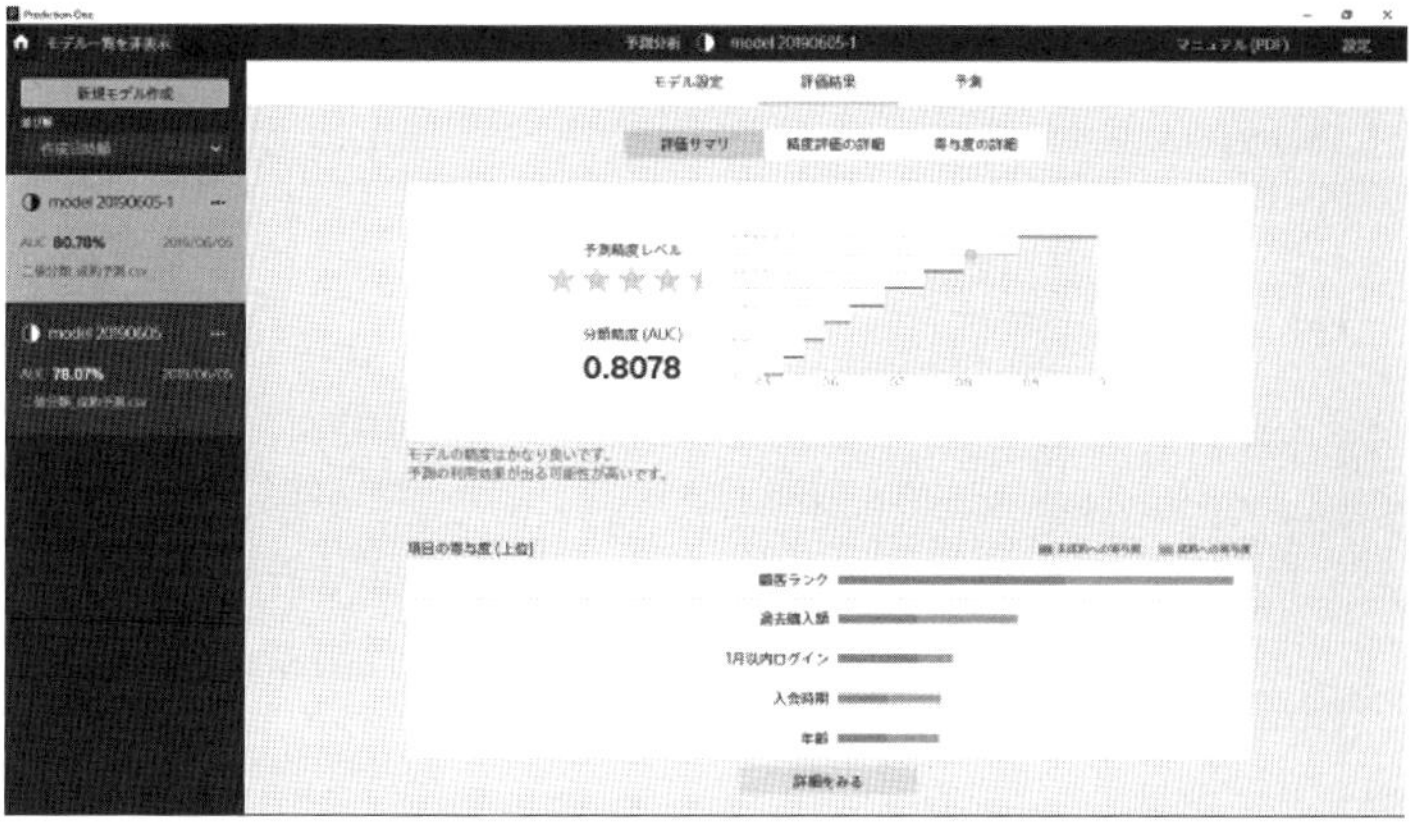

（出所）https://predictionone.sony.biz/

解説を加えておきます。予測系ＡＩにおける精度検証では、「正解率」をまず見ます。たとえば、分類のためのＡＩモデルの場合、１０００回予測させて９００回正解させることができれば、正解率は、90％になります。

また、分類のモデルの場合、用語解説でも紹介したＡＵＣ（Area Under the Curve）もチェックしましょう。たとえば、ＥＣサイトで購入するかどうかを予測するＡＩモデルの場合、学習のさせ方によって、「購入しない人をとても上手に予測して、購入する人を当てることができない」という偏ったモデルになることがあります。全体としての正解率が高いとしても、このような偏りが極端にあった場合、そのＡＩモデルは実用が難しくなります。その偏りがないかどうかをチェックするのが、このＡＵＣの値

図表4-14　AUC（Area Under the Curve）（再掲）

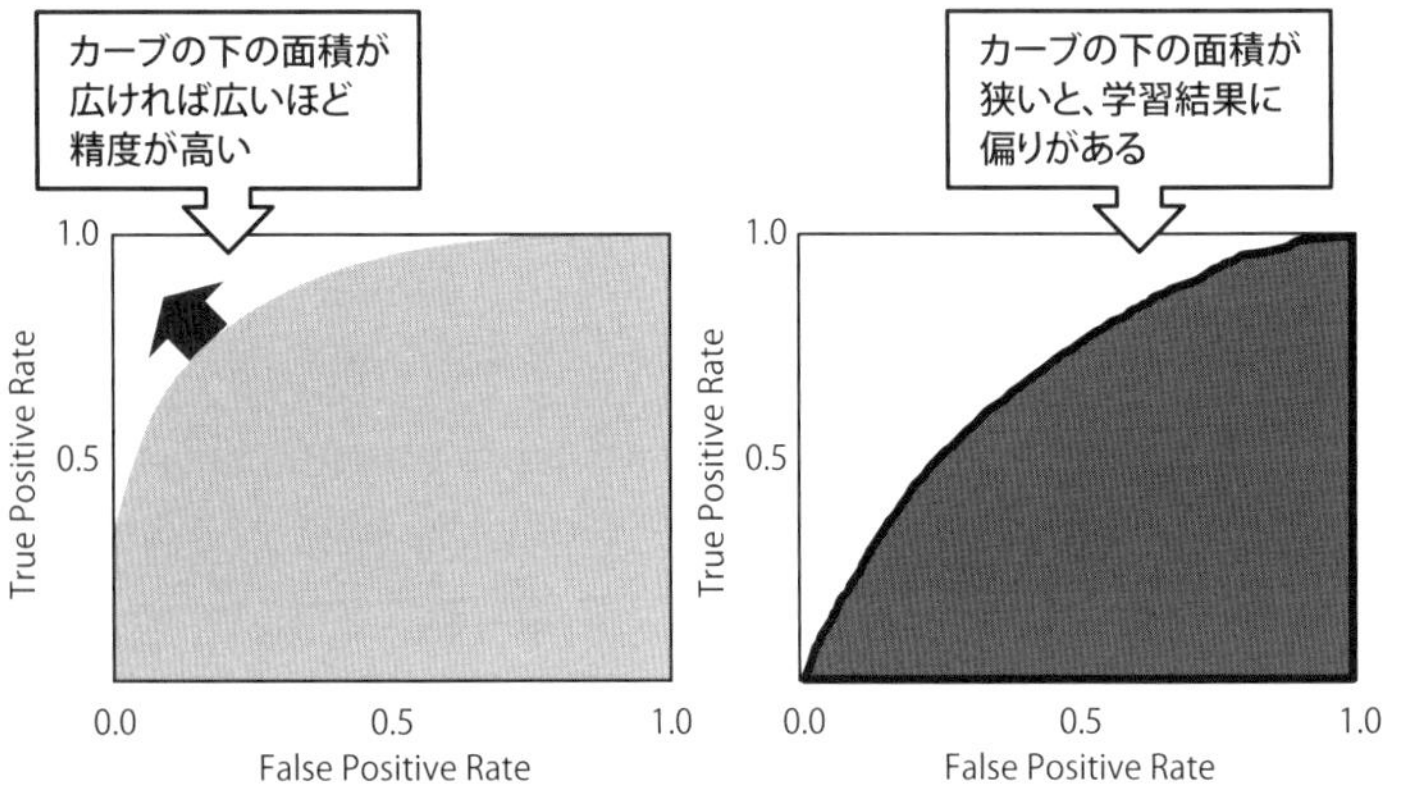

です。AUCは図表4-14のようにカーブを描く曲線の下の面積量で計測されます。2つに分ける分類の場合、ランダムで当てにいったときは0・5となります。そしてAUCの最大は1となり、1に近づくほど偏りなく精度が高い状態であることを示してくれます。

True Positive Rateは、値が正（たとえば購入する）と正しく予測できた率で、**False Positive Rate**は値が負（購入しない）と予測したけど当たらなかった率になります。正と負の両方のケースでバランスよく正解を多く出せていると、このカーブの下の面積が大きくなります。一方で、いずれかに偏って正解を出しにくい場合は面積が小さくなるという仕組みです。

図表4-15　GUIツールで学習させる際の流れ②

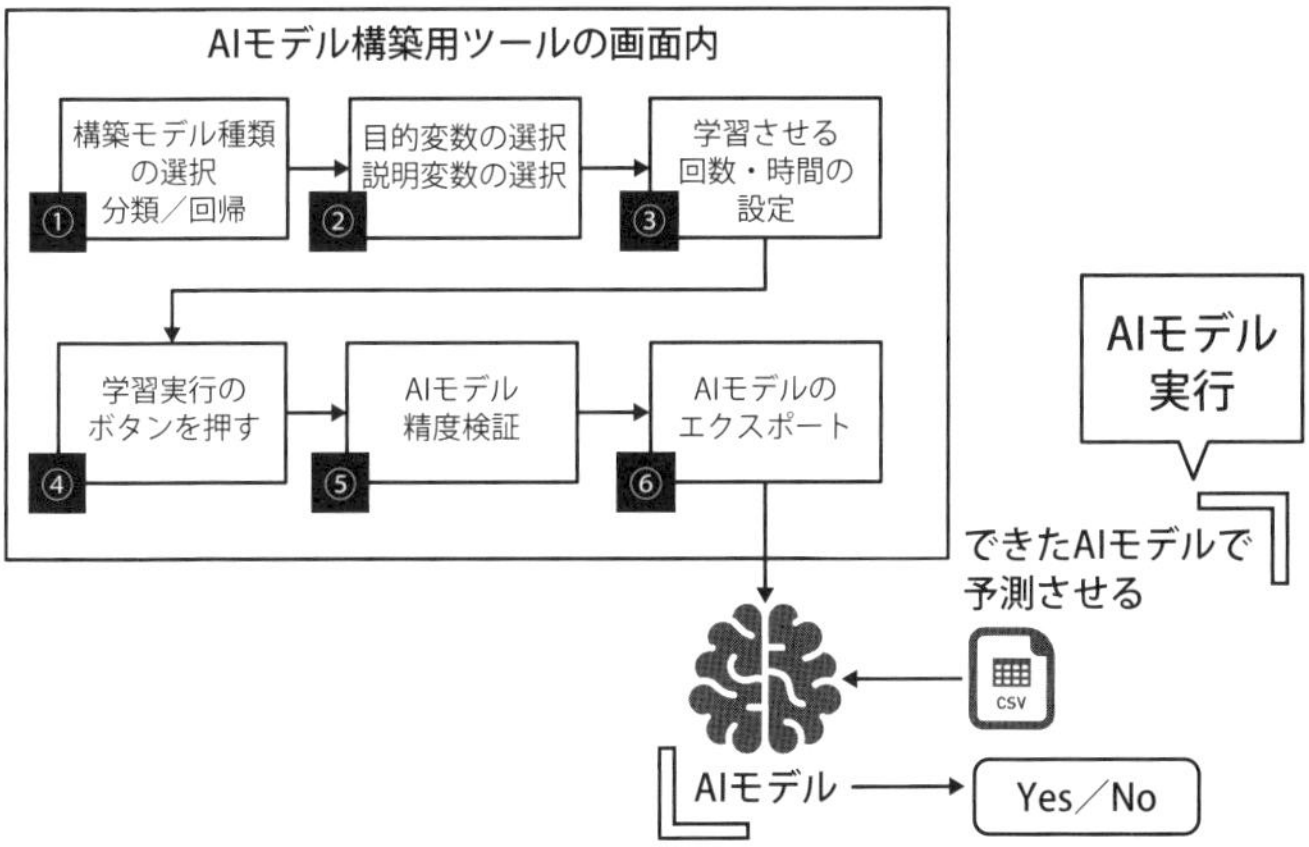

ＡＩモデル実行

ＡＩモデルの精度の検証が終わったら、晴れてＡＩモデルを実行することになります。学習時に利用した説明変数の項目をＣＳＶなどのデータとして用意し、未来の目的変数を予測します（図表4-15）。

運用・再学習

構築できたＡＩモデルは、システムに組み込むなどして運用していきます。運用していくにあたって、ＡＩモデルの予測精度が落ちていかないかを定期的にチェックし、もし予測精度が著しく落ちた場合は、再学習させます。

図表4-16　GUIツールで学習させる際の流れ③

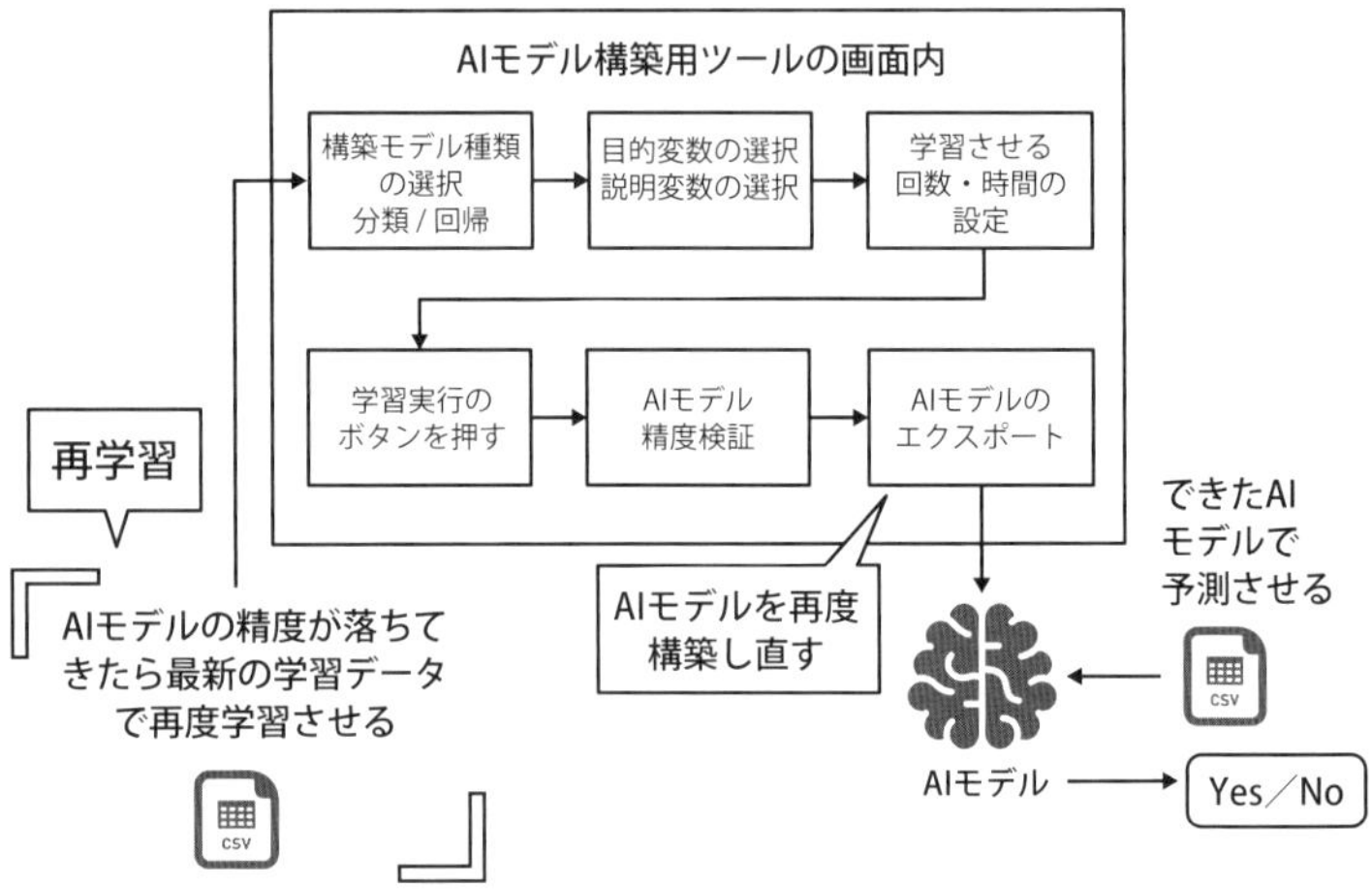

学習データが古くなっていくと、最新の状況に合わなくなってくることがありますので、直近のデータを学習データとして用意します。**以前に学習させた古いデータと新しいデータを差し替えてＡＩに再度学習させ、ＡＩモデルの再出力を行ないます**（図表4-16）。また、新しいデータによる学習でも精度が上がらない場合は、説明変数の見直しも行ないます。

①ＡＩプランニング
②目的変数／説明変数の定義
③学習データ準備
④データ前処理
⑤ＡＩモデル構築
⑥ＡＩモデル精度検証
⑦ＡＩモデル実行

図表4-17　AI構築の支援環境の発展

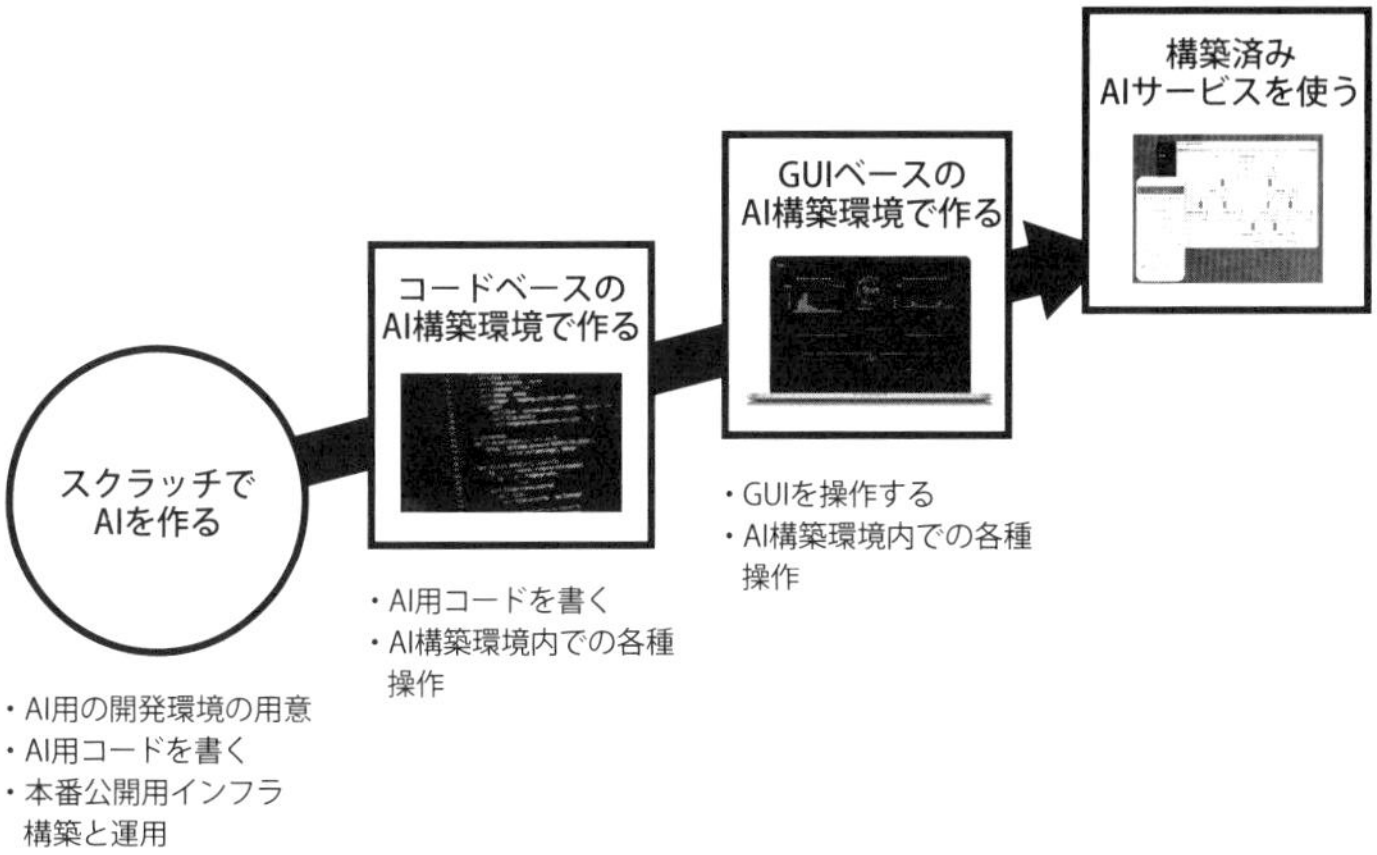
スクラッチでAIを作る
・AI用の開発環境の用意
・AI用コードを書く
・本番公開用インフラ構築と運用
コードベースのAI構築環境で作る
・AI用コードを書く
・AI構築環境内での各種操作
GUIベースのAI構築環境で作る
・GUIを操作する
・AI構築環境内での各種操作
構築済みAIサービスを使う

⑧運用・再学習

と、8つのステップを見てきました。これで予測系ＡＩの作り方の全容を理解いただけたことになります。実際にどんなデータを使って、どのような手順で学習させるのかの理解が進んだのではないでしょうか。ＡＩモデルの作り方については、モヤモヤした霧のようなものが晴れているならとても嬉しいです。

補足　「AI構築環境」が発達して何が変わったのか？

予測系ＡＩモデルの作り方を、「ＧＵＩベースのＡＩ構築環境」を例に解説してきました。「ＧＵＩベースのＡＩ構築環境」のようなＡＩ構築環境が発達して何が変わったのでしょうか。「スクラッチでＡＩを作る」手順を見ながら、その変化を知っておきましょう（図表4－17）。

「スクラッチでＡＩを作る」には、次のようなことをほぼゼロから自分で行なわなければいけませんでした。

- ●ＡＩ用の開発環境の用意
- ●ＡＩ用コードを書く
- ●本番公開用インフラ構築と運用

もちろん利用できるライブラリ[2]などは以前からもありましたが、ＡＩを本番に公開するまでの道のりの中で、とても広範囲なことを行なわなければいけず、高い専門性と広い知識をもたないと対応が難しいものでした。

「コードベースのＡＩ構築環境」を利用することにより、構築環境内での各種操作によって、スクラッチで作る場合に必要だった作業を減らすことができ、ＡＩ用のコードを書くことに時間を投じることができるようになりました。

「コードベースのＡＩ構築環境で作る」場合の対応範囲

- ＡＩ用コードを書く
- ＡＩ構築環境内での各種操作

また、「ＧＵＩベースのＡＩ構築環境」の登場によって、「コードベースのＡＩ構築環境」で行なっていた「ＡＩ用のコードを書く」作業が不要となりました。代わりにＧＵＩを使って、ドラッグ＆ドロップやクリックによって作業を行なうようになったのです。

「ＧＵＩベースのＡＩ構築環境で作る」場合の対応範囲

- ＧＵＩを操作する
- ＡＩ構築環境内での各種操作

このように、ＡＩ構築環境は以前までは理系ＡＩ人材（データサイエンティストやＡＩエンジニア）が行なっていた、ＡＩのアルゴリズムの選定や比較検証といった作業や、ＡＩ構築や

（２）ライブラリとは、汎用性の高い複数のプログラムを再利用可能な形でひとまとまりにしたもの

運用のためのシステム構築などを簡単に行なえるようにしたり、時には完全に自動化したりしてくれるようになりました。ゼロからスクラッチでＡＩを構築することが少なくなり、ＡＩを「作る」作業が多くの人にとって、よりカジュアルなものになってきているのです。

また、「ＧＵＩベースのＡＩ構築環境」は必ずしも理系ＡＩ人材でなくても扱えるようになってきており、**文系ＡＩ人材のみでＡＩモデルを作ることも今後はより増えてくることになりそうです。**

「識別系ＡＩ」の作り方を理解する

識別系ＡＩ活用のおさらい

予測系ＡＩの作り方をこれまで解説してきましたが、続いては識別系ＡＩの作り方に移ります。予測系ＡＩの構築の流れが基本形となるので、識別系ＡＩ以降の解説は、識別系ならではのポイントを中心としながら要点を押さえていきましょう。
識別系ＡＩの作り方に入る前に、識別系ＡＩがどのような活用をされているのかを振り返りながらイメージを膨らましておきましょう。

識別系×代行型ＡＩの活用例

- 24時間体制で行なうＮＧ画像の検閲
- 不良品の振り分け作業
- テーマパークでの顔認証による入場
- 無人レジ店舗での商品取得検知
- 送電線画像からの状態検出

識別系×拡張型ＡＩの活用例

- 医療現場における検査精度の向上
- 大量の動画から行なう情報の自動抽出

図表4-18　識別系AIの作り方――物体検出・判定AIの場合

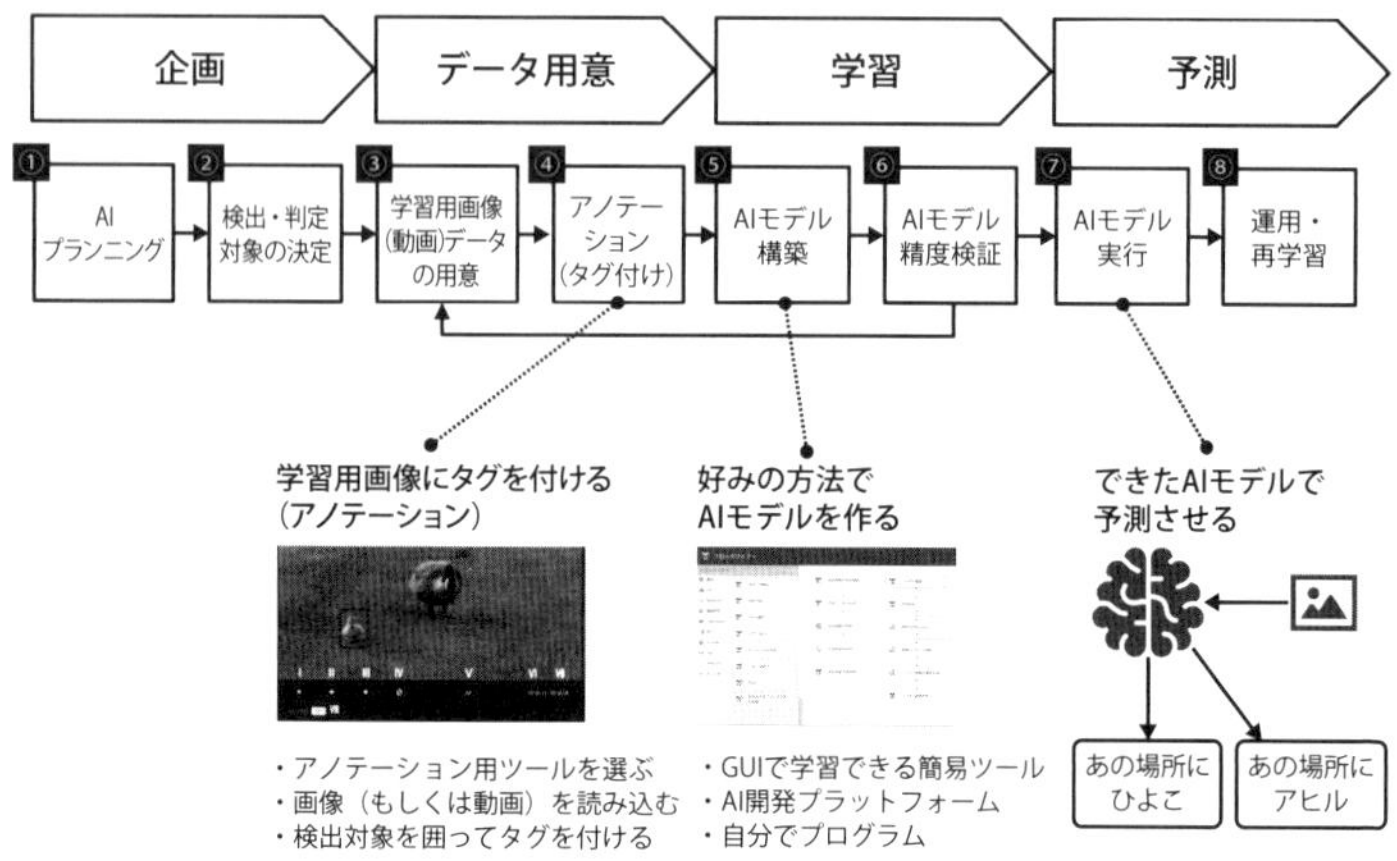

（出所）https://www.softbanktech.co.jp/special/blog/cloud_blog/2018/0043/

識別系ＡＩを作る流れ

識別系ＡＩには、大きく２つの機能があります。ひとつは物を見つけ出す「物体検出」、もうひとつは検出した物体がなんなのかを当てる「画像判定」です。

物体検出では、画像や動画から特定の物体を見つけ出す
画像判定では、画像からなんの物体なのかを当てる

識別系ＡＩの作り方の大まかな流れは、予測系ＡＩの作り方とおおよそ同じです。

ただし、識別系ＡＩならではのステップも

あります。それでは識別系ＡＩの作り方の流れを見ていきましょう（図表4-18）。

企画

①ＡＩプランニング

②検出・判定対象の決定

データ用意

③学習用画像（動画）データの用意

④アノテーション（タグ付け）

学習

⑤ＡＩモデル構築

⑥ＡＩモデル精度検証

予測

⑦ＡＩモデル実行

⑧運用・再学習

識別系ＡＩは、主に人の目の代わりをします。また、時に人では見分けられないような対象物を正確に見極めることもできます。「①ＡＩプランニング」では、識別系ＡＩの特性を踏まえて、どのような目的でどんなＡＩの機能を作るかを計画します。

ＡＩプランニングで、大枠の方針を決めたら「②検出・判定対象の決定」をします。何をＡＩに見分けられるようにするのかを具体的に決めることになります。検出・判定対象の例は次の通りです。

- **特定の人物の顔の識別**
- **性別・年代の識別**
- **動物・生物の識別**
- **不良品の識別**
- **がん細胞の識別**

検出・判定対象が決まったら、次は「③学習用画像（動画）データの用意」です。物体を検出し、画像から判定する学習をするための材料になるデータを集めます。画像の検出・判定であれば画像データ群を用意し、動画から検出・判定させる場合は動画データを用意します。

学習用の画像（もしくは動画）データを準備できたら、「④アノテーション（タグ付け）」の

図表4-19　アノテーションツールの例（ABEJA Platform）

（出所）https://prtimes.jp/main/html/rd/p/000000033.000010628.html

作業に移ります。アノテーションとはもともと注釈・注記の意味をもつ単語ですが、AIの世界においては、学習データを作成するためのタグ付け作業のことを指します。タグとは、たとえば画像内にクルマがある場合、クルマの場所を囲って、「クルマ」と記していくことを指します（図表4-19）。アノテーションを行なうためのツールもいくつか公開されていますので、アノテーションツールを選択し利用します。このアノテーション作業は、ある程度の効率化も図れますが、人手と時間がかかることは覚悟したほうがよいでしょう。

なお、アノテーションツールには、識別系AIを作るためのGUIベースのAI構築環境（Google のAutoML Vision やABEJA Platform など）に組み込まれているケースと、アノテーションツール単体で存在しているもの（labelImgやMicrosoft/VoTTといった名称のツール）の2種類があります。

「④アノテーション（タグ付け）」は、識別系ＡＩにとってとても重要なステップです。識別系ＡＩが精度を上げるためには、学習データが大量に必要だからです。このアノテーション作業には人手と時間がかかるため、アウトソーシングすることが多い分野になります。

アノテーション済みの学習データが揃ったら、「⑤ＡＩモデル構築」に移ります。予測系ＡＩと同様に、ＡＩモデル構築には種類があり、「ＧＵＩベースのＡＩ構築環境」「コードベースのＡＩ構築環境」「スクラッチでＡＩを作る」の大きく3つの選択肢があります。「ＧＵＩベースのＡＩ構築環境」でいくとGoogleのサービスやその他サービスが複数あります。タグ情報を付与した画像（動画）データを元に、ＧＵＩ操作によってＡＩモデルを構築します。

ＡＩモデルができたら「⑥ＡＩモデル精度検証」です。識別系ＡＩも予測系ＡＩと同じで、精度検証にあたっては、正解率とＡＵＣを主に利用します。たとえば、ＡＩに学習させたデータとは別の写真を用意して、クルマの写真が画像１００枚に入っていたところ95枚がクルマであることを予測した場合、正解率は95％になります。また、クルマであることを当てられる率と、クルマ以外として判定する率が偏っていないかをＡＵＣで審査します。検出し判定したい物体ごとにこの正解率とＡＵＣを出していきます。全体としては、検出・判定する物体の合計値を平均で出すと、識別系ＡＩモデルとしての精度が数値で出てくることになります。

ＡＩモデル精度検証を経て、実用レベルになったと判断されれば、「⑦ＡＩモデル実行」に移ります。学習させていない画像や動画を書き出されたＡＩモデルに渡し、対象物を検出・判定させることになります。

ＡＩモデルの「⑧運用・再学習」では、日々のシステムとの連携を果たしたＡＩの運用保守や、学習したデータ群が古い状態になり、ＡＩモデルの精度が落ちているとわかった段階で、新しいデータによって再度学習をさせることになります。

「会話系ＡＩ」の作り方を理解する

会話系ＡＩの仕組み

まず、会話系ＡＩがどのような活用をされているのかを振り返ります。

図表4-20　会話系AIの仕組み（文字での対話）

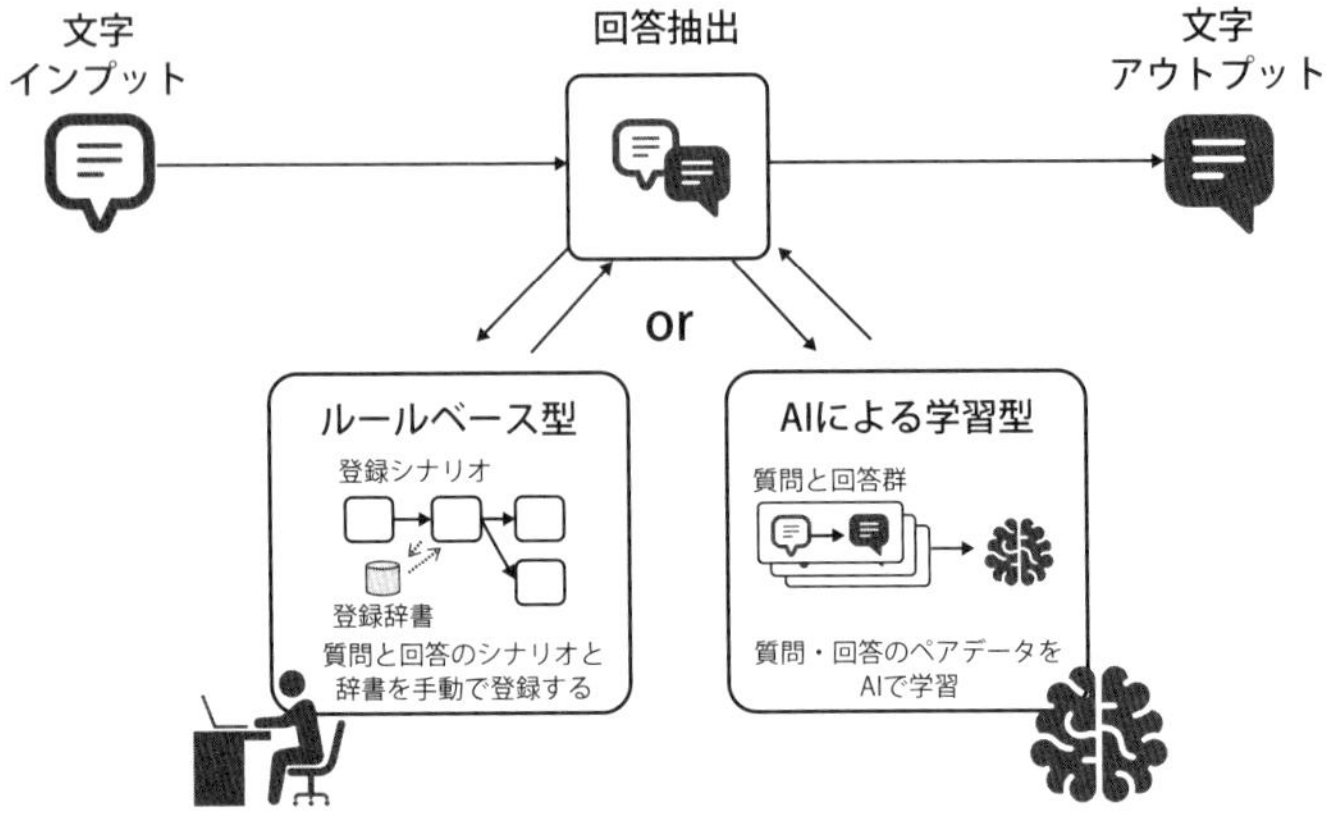

会話系×代行型ＡＩの活用例

- 施設内の会話による案内
- 音声による注文の対応
- チャットボットや音声対応によるコールセンター対応
- 社内内線電話の取り次ぎ
- 対話音声のテキスト化と要約

会話系×拡張型ＡＩの活用例

- 専門家の置き換え
- 対話による感情分析
- 多言語での対話

人とＡＩの対話を作り出す会話系ＡＩですが、もっとも代表的なのは文字による対話を制御するチャットボットでしょう。このチャ

図表4-21　ルールベース型用の対話シナリオの書き出しイメージ

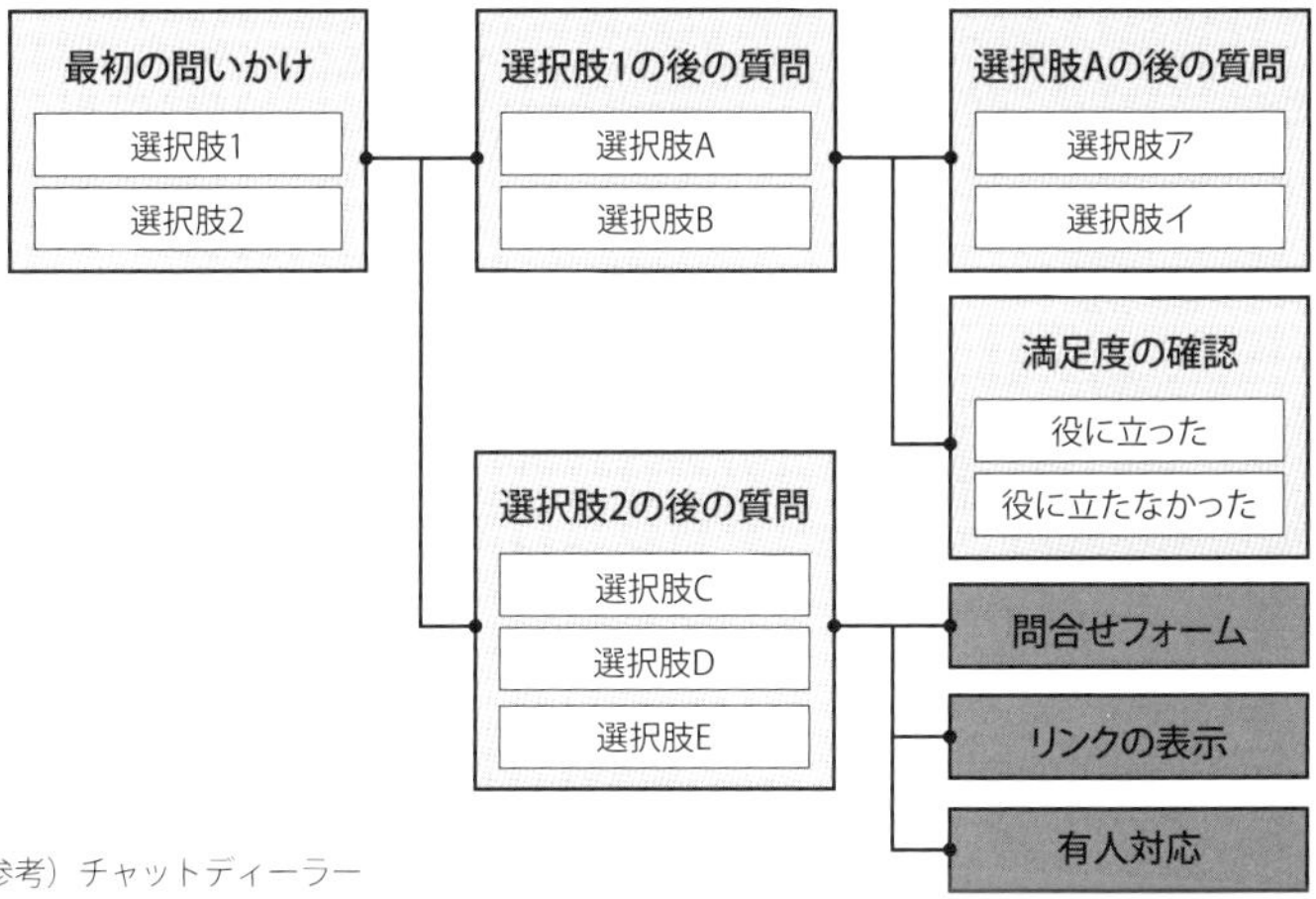

（参考）チャットディーラー

ットボットを軸にして会話系ＡＩの仕組みを見ていきます（図表4−20）。この会話系ＡＩは、ある質問のインプットがきたら、回答が抽出され、適切なアウトプットがなされるというものです。

会話系ＡＩの代表格であるチャットボットには大きく2つの種類があります。

ひとつは**ルールベース型**です。このタイプは人の手によって対話のシナリオを入力していきます。この質問がきたら、この回答を返すという情報を1つひとつ登録していきます。ひとつの質問が終わったら次にどんな対話を続けるかなども手動で登録していきます（図表4−21）。また、類義語を入力して単語辞書を登録することによって一定量の質問文内の

図表4-22　AIによる学習型用のペアデータの例

質問	回答
パスワードを忘れてしまったのですがどうすればいいですか？	IDとして登録したメールアドレスを「パスワードを忘れたら？」のページにご入力ください。
サイズが合わなかったので返品したいのですが、可能でしょうか？	返品されたい商品と、タグ、納品書を同封の上、以下の宛先までご郵送ください。

単語のゆらぎをカバーします。

一方、２つ目の種類の**ＡＩによる学習型**は、質問文と回答文のペアデータ[3]（図表４－22）をたくさん用意しＡＩに学習させるタイプです。質問文と回答文の大量のペアデータができ、言い回しの近い質問文や類義語の登録データも用意できたら、そのデータ群をＡＩに学習させます。

質問文と回答文のペアデータが大量にある場合は、**ＡＩによる学習型を採用することで、シナリオの１つひとつの入力の手間がなくなりますし、正しい回答率（正解率）も上がることが多い**です。ただし、質問文と回答文のペアデータが少ない場合は、質問と回答のシナリオを細かに制御できるので**ルールベース型による手動入力のほうが適している場合**があります。

さらにこの会話系ＡＩは、インプットとアウトプットが**音声である場合**もあります。その場合は、これまでお話しした仕組みを基本としながら、会話のインプットのデータを音声認識するＡＩと、会話を合成音声によって出力する仕組みが加わって

図表4–23　会話系AIの仕組み（音声での対話）

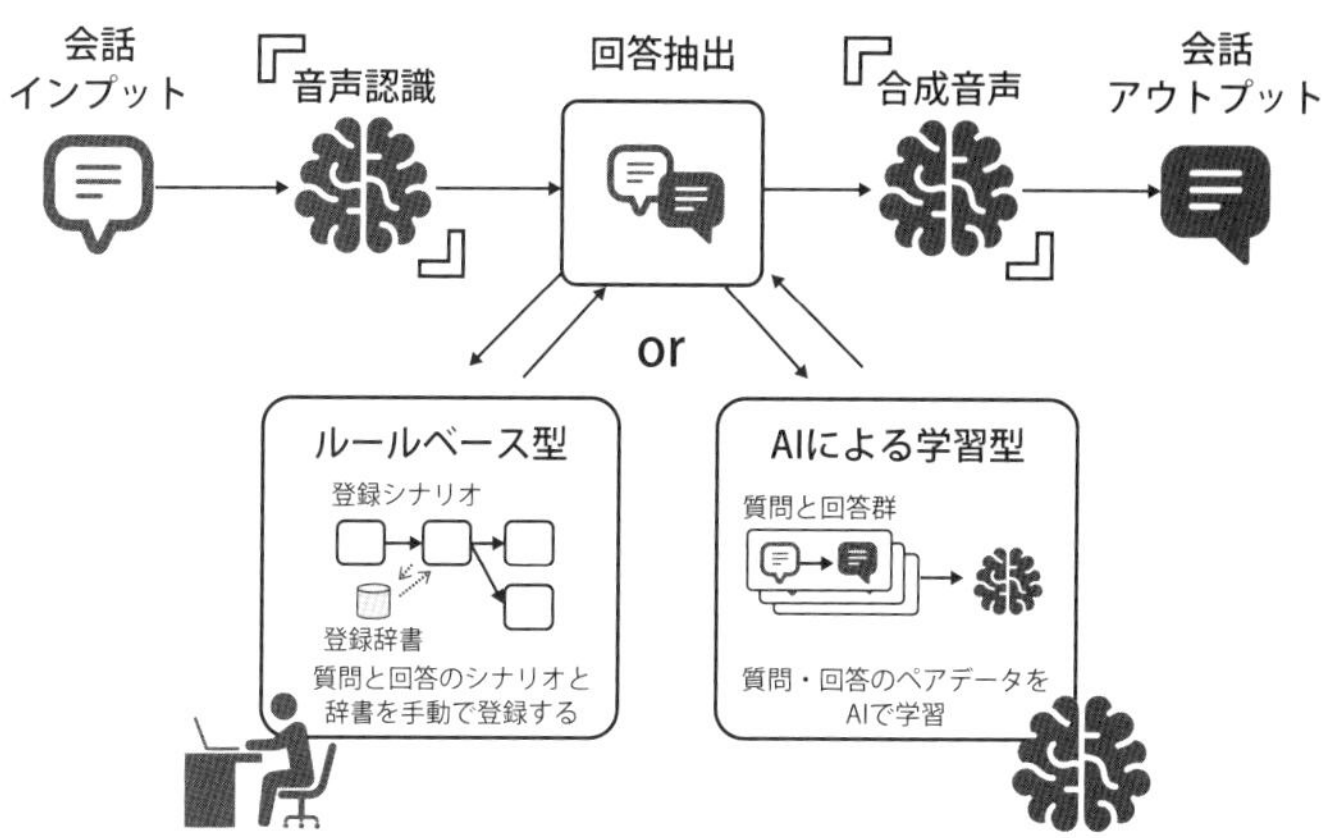

きます（図表4–23）。

会話系ＡＩを作る流れ

続いてＡＩによる学習型を取り上げて、会話系ＡＩの作り方の流れを説明します（図表4–24）。

企画

①ＡＩプランニング

②人へのエスカレーション設計

データ用意

③学習データ準備

④質問の似た言い回しと類義語の登録

（3）質問文と回答文が対になっているデータ

図表4-24　会話系AIの作り方（AIによる学習型）

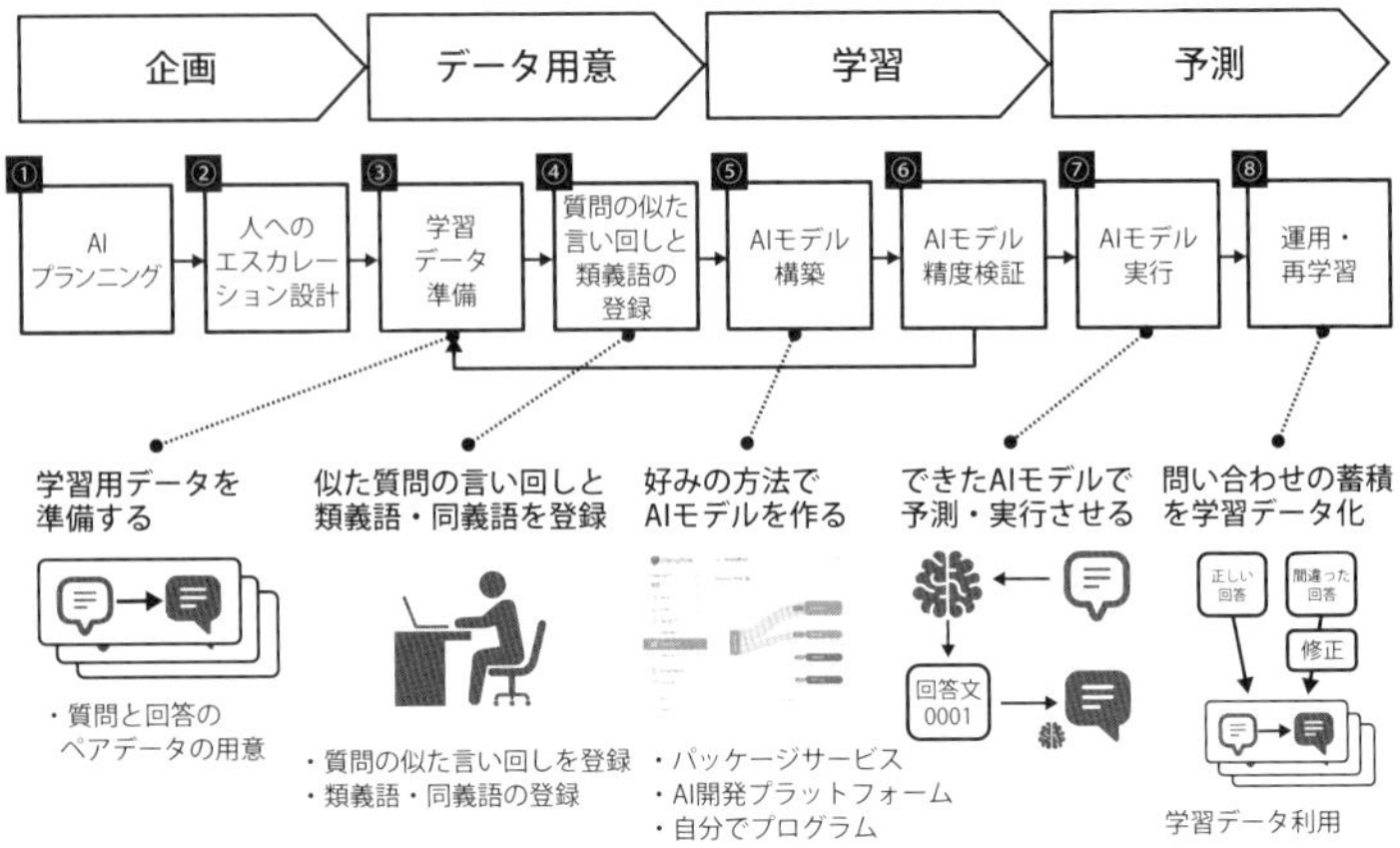

学習

⑤ＡＩモデル構築

⑥ＡＩモデル精度検証

予測

⑦ＡＩモデル実行

⑧運用・再学習

予測系ＡＩや識別系ＡＩと同様に、「①ＡＩプランニング」から開始します。作成する会話系ＡＩによって**どんな課題や不便を解決するのかを企画立案**します。ここで重要になるのは、「その時点の会話系ＡＩがどこまでができて、どこからができないのか？」を把握しておくことです。現代の会話系ＡＩは、複雑な質問とその回答を高い精度でやり取りすることや、まったく新しいタイプの質問への対応が苦手です。顧客とのミスマッチが生まれないように、計画段階で利用用途とできることと・できないことをすり合わせておきましょう。

「②人へのエスカレーション設計」では、「どこまでができてどこからができないのか？」を把握した上で、人間との「共働き設計」を行なっていきます。先ほど述べた通り、現段階の会話系ＡＩの多くは、複雑な質問や新しい質問に対して間違った回答をしてしまう、あるいは、そもそも聞き取りができずに質問を認識できないことがあります。

こうした場合に、**「ＡＩから人へ」と対応を引き継ぐ人へのエスカレーション**が必要になる場合があります。特に対話中のエラーが許されにくいコールセンター業務、注文業務、電話の取り次ぎ業務などは、会話系ＡＩが対応しきれないときのために一定量の人数がスタンバイしておき、会話系ＡＩが行なった途中までの対話内容を受け取って人による対応を行なう業務設計をしておくべきでしょう。

「③学習データ準備」では、質問と回答のペアデータを用意します。過去にやり取りが成立した質問と回答の記録をデータ化したり、ペアデータが足りないようだったら、想定する質問と回答のデータを新規で作成します。

「④質問の似た言い回しと類義語の登録」では、同じことを聞いているが**質問の言い回しが少し違う場合でも適切な回答を返す**ために、似た言い回しの質問文章を用意して登録します。

たとえば、「この前買った椅子を返品したいのですがどうしたらいいですか」という質問文に似た言い回しの「前に椅子を買ったのですが、返品したいです。どうしたらいいですか」「椅子を先週買ったのだけど返品したいです」など、同じ意味合いだけれども異なった言い回しの質問文を登録します。おおよその言い回しのパターンを入力できれば、AIやその他機能によって、**少しだけ異なるニュアンスで質問された内容についても正しく認識する**ことが可能になります。また、単語のユレもカバーするために類義語も登録します。

たとえば、「椅子」の類義語として「いす」「イス」「チェア」「スツール」などを登録していきます。特に、会話系AIを導入するサービスにおいて重要な単語について入力をしていきます。

データの用意ができたら、「⑤AIモデル構築」です。AIモデル構築は好みの方法を選んでいただけますが、今回のAIによる学習型の会話系AIは、実際の言語処理技術のハードルを考えると**すでにでき上がった「構築済みAIサービス」を使うのが現実的**です。マイクロソフトやGoogle、アマゾン、LINEといったプラットフォーマーや各種企業が提供するサービスを利用するのがよいでしょう。

AIモデルの構築が終わったら「⑥AIモデル精度検証」を行ないます。会話系AIでの精度検証は、学習には使っていないデータを使います。**用意された質問に対して、適切な回答を**

どれくらい返すことができたかの正解率で測ります。実際の運用の前は、想定される質問をランダムに作成し、適切な回答かどうかをチェックして測ります。運用後の精度検証は実際の顧客からの質問への適切な回答率を計測していきます。

精度の検証が終わり、公開可能なレベルに至ったら、「⑦ＡＩモデル実行」に移ります。「②人へのエスカレーション設計」にのっとり、会話系ＡＩが対応しきれないときの代替として人のスタンバイが必要な場合、人員の手配もしておきます。多くの場合は、元々人によって行なっていた業務を会話系ＡＩによって置き換えることになるとは思いますので、その場合は置き換えられる前の業務を行なっていた人をアサインするとよいでしょう。

「⑧運用・再学習」では、実際にサービスとして会話系ＡＩを組み込んで運用を行ないます。運用を開始した後は、**実際の顧客とのやり取りで生まれた質問と回答の実績データをさらなるＡＩの学習に活かしていきます。**正しいやり取りができた質問と回答のペアは、そのまま学習データとして取り込みます。また、誤った回答であった場合は、必要な修正をした上で、学習データとして利用することになります。

このような流れで会話系ＡＩができ上がります。特に言語処理の部分は人によって中身まで手をつけられる領域ではありませんので、**質問と回答のペアデータをどうやって大量に集める**

か、また、**人との共働き設計としてＡＩと人が手を組んだ業務フローをどのように最適に組み上げるか**が注力すべきポイントとなるでしょう。また、特に日本語の処理精度については、各サービスによって精度がまちまちではありますので、利用サービスの目利き力も重要になります。

「実行系ＡＩ」の作り方を理解する

実行系ＡＩは複数のＡＩの組み合わせ

最後に実行系ＡＩの作り方を紹介します。まず、実行系ＡＩにどのような例があったかをおさらいしましょう。

実行系×代行型ＡＩの活用例

- 自動運転
- 工場内作業
- 倉庫内作業
- データ入力作業
- ロボットによる店頭案内

実行系×拡張型ＡＩの活用例

- ドローンのＡＩによる拡張
- 自立型機械制御

実行系ＡＩは、これまで紹介してきた予測系ＡＩ、識別系ＡＩ、会話系ＡＩが組み合わされて作られることが多いです。たとえば、ロボットによる店頭案内の例で説明しましょう。カメラを通じて識別系ＡＩを使い、人の認識を行ない、性別や年代を推定し、過去のやり取りデータから次に求める内容を予測系ＡＩで割り出し接客内容を変え、会話系ＡＩによって音声対話を行ない、移動しながら顧客を誘導する。このような形で各ＡＩをコンビネーションさせていきます。

実行系ＡＩを制御する強化学習の仕組み

実行系ＡＩはさまざまなタイプのＡＩの組み合わせにより構成されることが多いですが、今回は前述している強化学習をメインで用いた、シンプルな形の実行系ＡＩの例を掘り下げます。実行系ＡＩでは、強化学習をメインで用いることで、物体を適切に動かすことを可能にしていきます。

強化学習による実行系ＡＩの例として、Amazon の AWS DeepRacer を使って、説明を進めていきたいと思います。AWS DeepRacer は、**強化学習によって駆動する１／18スケールの完全自走型レーシングカー**です。パソコン画面上の３Ｄレーシングシミュレーターによって学習が進められて、リアルな世界でもレースの大会が用意されています。なお、このレーシングカーは実用性があるわけでなく、あくまで強化学習を学ぶためのキットとして用意されているものです。

強化学習とはどんなものだったか、おさらいしてみましょう。

- 強化学習は、報酬と罰による学習法で「よい選択を繰り返させる」

- 強化学習は、複数の選択の組み合わせにより、結果として出る総合的な「答え」（結果としてのあるべき状態）を導く学習
- 強化学習では、「エージェント」が「行動を選択」することで「環境」から報酬を得る

1／18スケールのレーシングカーであるDeepRacerは、報酬と罰の概念を用いた強化学習によって、コース上を綺麗に走るようになります。このレーシングカーの例での**「エージェント」「行動」「環境」**は次のようになります。

- **エージェント**：レーシングカー
- **行動**：走行
- **環境**：コース上の世界

今回の例の場合、実行系ＡＩで使われる強化学習では、「レーシングカー（エージェント）」が「走行（行動）」を選択することで「コース上の世界（環境）」から報酬を得ることになります。強化学習の結果として、コース上を綺麗に走るようになっていきます（図表4-25）。

このレーシングカーは、コース上の世界の中で、スタート地点から走行を開始し、走行開始

図表4-25　強化学習の仕組み

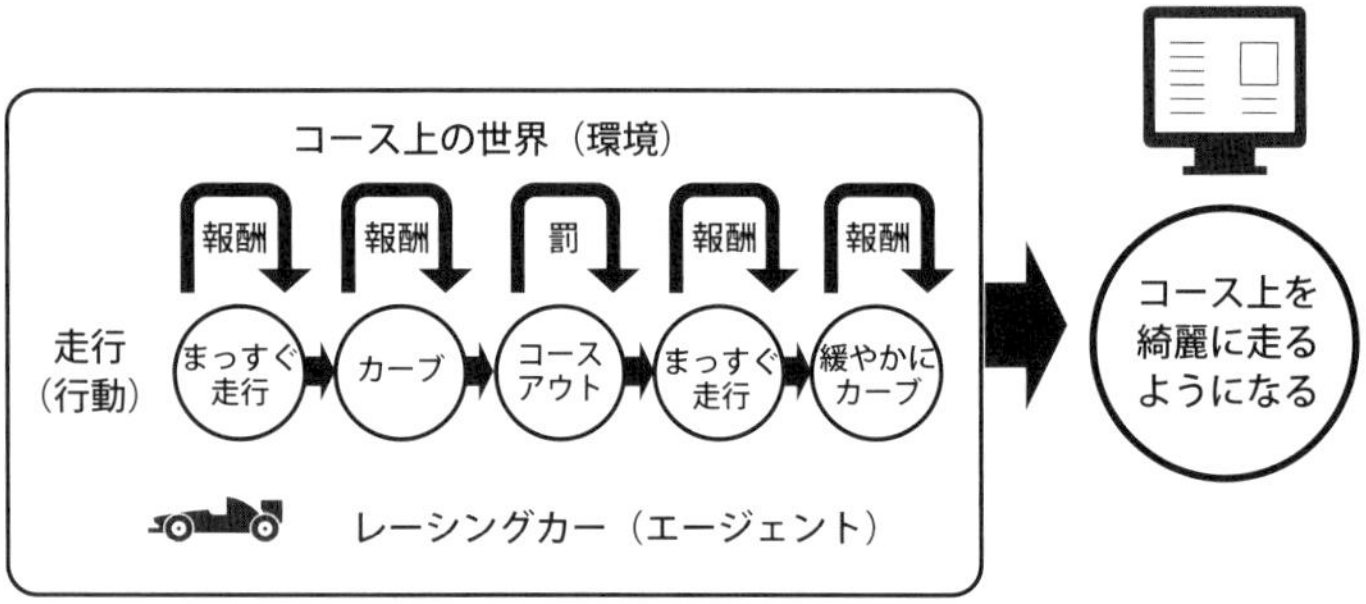

後はコース上でどの地点にどの状態でいるのかをカメラを通じて観測します。状態の観測を通じて、たとえば次のカーブに差し掛かるタイミングではどんな走行をすべきなのか（減速のタイミング、スピード調整、カーブの角度）などを決定し行動します。その行動の結果、コース上で適切な場所にいるかを判断し、もし**コースアウトしていたら罰を与えられ、コース内での最短距離ルートを取れていたら報酬が与えられます。**

このような報酬と罰を与えて学習させることによって、レーシングカーがコース上でどのような状態にいるかを観測して、その状態に合わせて適切な走行を選択できるようになっていきます。

実行系ＡＩを作る流れ

実行系ＡＩを作るための強化学習の概念は押さえて

図表4-26　実行系AIの作り方——自動運転を強化学習させる

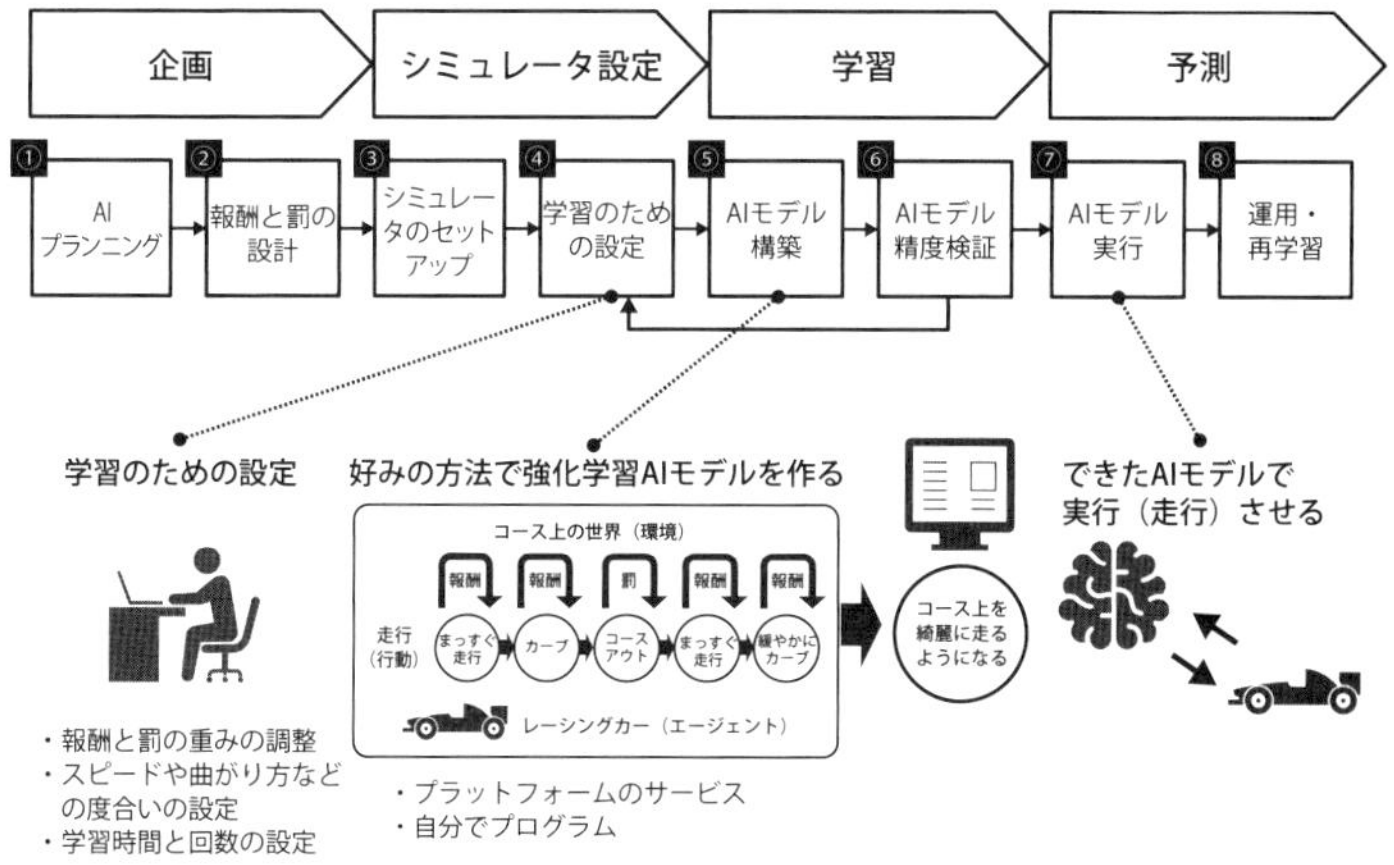

もらったと思います。続いては実行系ＡＩの作り方を流れに沿って見ていきます（図表４−26）。

企画

①ＡＩプランニング

②報酬と罰の設計

シミュレータ設定

③シミュレータのセットアップ

④学習のための設定

学習

⑤ＡＩモデル構築

⑥ＡＩモデル精度検証

予測

⑦ＡＩモデル実行

⑧運用・再学習

これらの流れを引き続き、レーシングカーの例を元に説明をしていきます。

「①ＡＩプランニング」では、実行系ＡＩを何に使うかを決めます。今回の例ではレーシングカーをコース上でより速く適切に走らせるために利用することになります。

「②報酬と罰の設計」では、どの状態になったら報酬を与えて、どの状態になったら罰を与えるかを決めます。また**報酬と罰、それぞれに対してどの状況のときにどんな重みをつけるのかなどの基本ルール**を決めておきます。

予測系ＡＩや識別系ＡＩ、会話系ＡＩと大きく異なるのは、シミュレータの存在です。**実行系ＡＩは実際の世界で稼働する前に、パソコン上でのシミュレータの中で動作を試験的に行ない**、学習精度を高めていきます。「③シミュレータのセットアップ」では、試験的に動作させ学習させる場所を用意します（図表4-27）。

「④学習のための設定」では、用意したシミュレータ環境の中で、よりよい結果を導けるように報酬と罰の重みづけの調整設定を行なったり、各種パラメータの値を調整していきます。パラメータの調整の例としては、コースインを続けた場合の報酬の重みやコースアウトしたときの罰の重さを決めたり、スピードの最大値や最小値、カーブのときの曲がり方の角度の最大値や最小値、学習の回数や時間の制限などを決めることがあげられます。

図表4-27　パソコン上のシミュレータ画面

（出所）https://aws.amazon.com/jp/deepracer/

「⑤ＡＩモデル構築」では、シミュレータ上で実際に学習をさせます。パソコン内のシミュレータ上の架空の環境において、エージェントであるレーシングカーを走らせます。まず何も学習していない状態でレーシングカーを走らせて、うまくコースインしている状態のときに報酬を与え、コースアウトした際に罰を与えるという学習を行ないます。この**シミュレータ上での学習を繰り返し行なう**ことによって、走行の精度を上げていきます。

「⑥ＡＩモデル精度検証」では、今回の例でいうと、決められたコースを「何秒でゴールできたのか」を指標として、そのスコアを確認します。また、コースアウトした回数なども精度検証の指標とすることになります。学習を繰り返すことによってどれくらいの改善がなされているかもチェックします。パラメータを変えずに学習を繰り返してもいつかは改善の上げ止まりがあります。学習の伸び代がなくなったと判断したら、各種設定値を変えることによってさらなる精度向上を目指すことになります。

「⑦ＡＩモデル実行」では、シミュレータで学習させたレーシングカーを実際のコースで走らせます。

「⑧運用・再学習」では、実際のコースで走らせた結果、「スコアがどうだったのか」「シミュレータでの走行との違いが出ていなかったか」などをチェックし、シミュレータで再度学習をさせて精度を上げていくということを繰り返し行なっていきます。

このような流れで強化学習を行ない、実行系ＡＩのメインである物体の制御を行なっていくことができます。

第5章　STEP③

AI企画力を磨く

How
AI & the Humanities
Work Together

AI企画の「100本ノック」

文系AI人材になるための「STEP①AIのキホン」「STEP②AIの作り方」を学んできました。続いて「STEP③AI企画力を磨く」に移ります。

「想像できることは実現する」と考えよう

10年前にAIがここまでの進化を遂げることを予想していた人はどれくらいいたでしょうか?

過去のSF映画で描かれてきた未来の想像が、現代のAIによって一部実現されてきています。また、今後のAIの発展や社会実装の進行によって、ますます過去の想像が現実の世界で実現されていくことでしょう。フランスの小説家であるジュール・ヴェルヌは「人間が想像できることは、人間が必ず実現できる」という言葉を残していますが、AIにおいても同じことがいえます。**人間が想像できるAIはいずれ実現されていく**ということを前提に、アイデアを小振りなものにしないことを念頭において、ＡＩ企画に取り組み始めましょう。

ＡＩによる新しい世界を自由に想像することから始めることによって、ＡＩ導入のインパクト・変化量をより大きなものにするアイデアが生まれやすくなります。

企画１００本ノックがおすすめ

ＡＩ導入によって顧客や企業、従業員などへの変化量を大きくするために、自由に想像することが重要なのですが、想像するアイデアの「数」も大事になってきます。ＡＩによってできることには多様性がありますし、「誰のためにＡＩを使うのか」「なんのために使うのか」などを考えれば考えるほど、たくさんのＡＩ活用アイデアが出てきやすくなります。

そこで、私がおすすめするのは**「ＡＩ企画の１００本ノック」**です。想像力を膨らまし、ＡＩでできることややるべきことをとにかく数を出しましょう。立場の違う複数人でアイデアを出し合い、さまざまな視点からの異なるアイデアを50～１００個ほど集めることができれば、量産されたそのアイデアの中に、世の中の変化量を大きくする金の卵が含まれてくることでしょう。

「変化量と実現性」を担保する

アイデアリストを変化量と実現性でスコア化する

出すことができたＡＩアイデアをリスト化して管理しましょう。まずは、想像からＡＩ活用案を自由発想で膨らまし、アイデア拡散して数を確保できた後は、実現に向けてアイデアを収束していきます。

- ＡＩ導入後の変化量
- 実現性

リスト化したアイデアに対して、「ＡＩ導入後の変化量」と「実現性」の欄を設けて、それぞれスコアをつけていきます。たとえば、アイデア１は導入後の変化量が◎で実現性が△、アイデア２は導入後の変化量が○で実現性が○、など想定される状態をスコアとして入れていきます。いくら社会への変化量が大きいＡＩアイデアであっても実現性が低いものであれば、短期的にはそのＡＩアイデアは深追いできないことになります。また、実現性が非常に高くても、ＡＩ導入後の変化量が乏しいアイデアも導入コストに対する期待効果が低いと予想されますので、こちらも深追いしてはいけないアイデアになります。

このようにして、変化量と短期導入における実現性を担保していきます。

ここでポイントとなるのが、**「ＡＩを過大評価も過小評価もしない」**ということです。

本書ではＡＩの基本を知り、さらにはＡＩの作り方までを理解してもらってきました。さらに後に続く章で具体的な事例もインプットしてもらいます。漠然としか理解できていなかったＡＩという存在が、よりくっきり鮮明に見えてくると思います。ＡＩをよく知ることによって、**ＡＩはなんでもできると過大評価をすることが少なくなる**ことでしょう。現代のＡＩで実行するにはあまりにも現実味がないといったことを企画することがなくなることで、実際に実装できるＡＩを作り出しやすいＡＩのアイデアが生まれてきます。

一方で、繰り返しのメッセージになりますが、ＡＩの基本知識や作り方、事例の情報を十分に取り込むことによって、知っている範囲内だけで思考し、ＡＩ活用のアイデアを小振りなものに留めてしまうことは避けなければいけません。ＡＩを知ることの副作用として、ＡＩ企画の幅を狭め、中長期で展開するＡＩアイデアを制限してしまうことがあるのを認識し、その上

図表5-1　AI企画を小ぶりにしないコツ

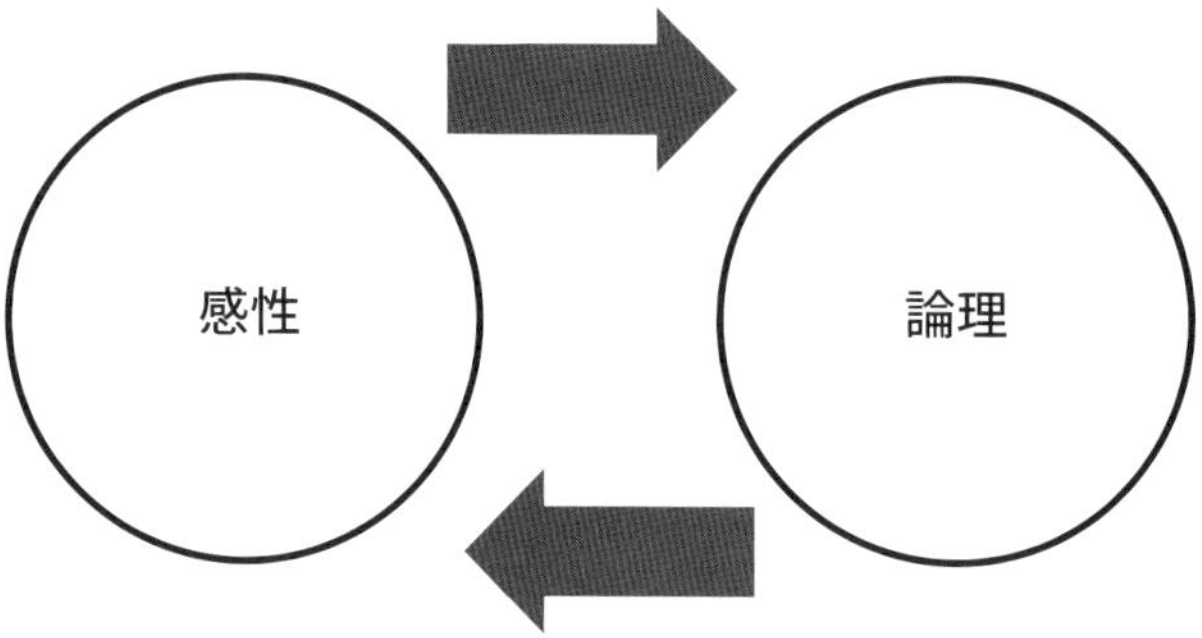

で変化量の大きい大胆な案を多く出してください。現時点のＡＩの実装例だけでできることを限定せず、**ＡＩを過小評価もしないように気をつけていきましょう。**

感性と論理を行き来する

説明してきた通り、ＡＩについて過大評価も過小評価もしないことで、最終的に変化量と実現性の両方を満たすアイデアにたどり着きやすくなります。言い換えるとＡＩ企画においては、感性と論理を行き来する必要があるということです。ＡＩは新しいテクノロジーであり、現時点のＡＩ活用ではＡＩの実力のまだまだ一部しか引き出していない状態でもあります。既存の事例範囲にとどまらず、感性によってアイデアの幅を広げ、またＡＩ知識をインプットし論理的に判断できるようになりましょう。

感性と論理の行き来でＡＩ企画を小ぶりにしない

このバランス感を用いた両利き型によって、ＡＩ導入プロジェクトの価値を高めることができるようになるでしょう（図表５－１）。

ＡＩ企画の「解像度を上げる５Ｗ１Ｈ」

感性と論理の両面のアプローチがＡＩ企画にとって重要であるとお話をしてきましたが、ＡＩ企画を深掘りして、計画の解像度を上げるための具体的なステップを続いて紹介していきます。ＡＩ企画を詳細化する大きなステップは図表５－２のような５Ｗ１Ｈで表すことができます。

ＡＩ企画を量産しとにかくアイデアを出した段階においては、それらのＡＩ企画はまだまだ

図表5-2　AI企画の5W1H（再掲）

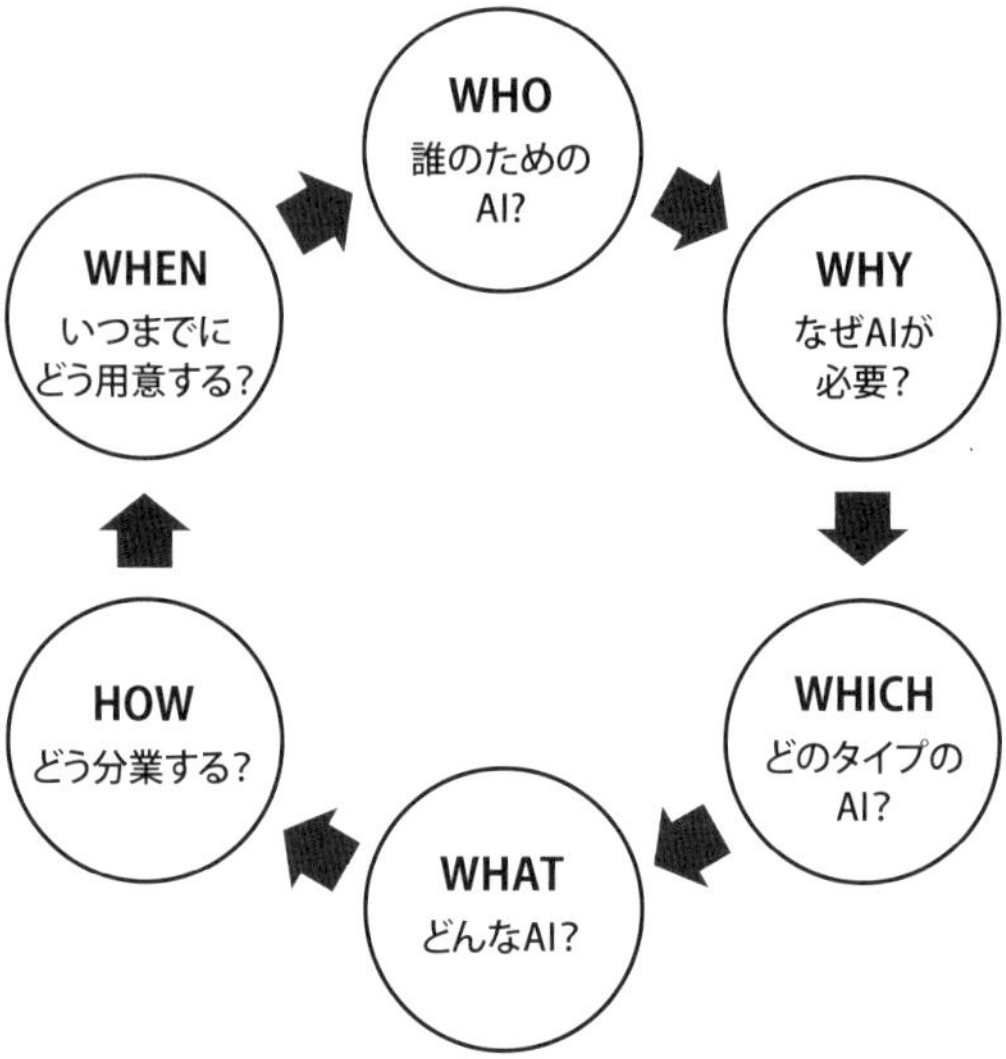

解像度が低い状態です。この5W1Hを具体化することによって、AI企画をぼんやりとしたものでなく、解像度が高い状態にすることができます。解像度が高くなればなるほど、関係者の理解も進んだり、プロジェクトのリスクや不確実性を浮かび上がらせることもできるようになります（図表5-3）。

WHO「誰のためのAI?」

AI企画の解像度を上げる際に、まず「誰のためのAI?」から定義していきます。企業視点でいくと、まず大きな枠組みとして「顧客」「取引先」「従業員」の3つのうち誰を対象としたAIにする

図表5-3　5W1Hの詳細マップ

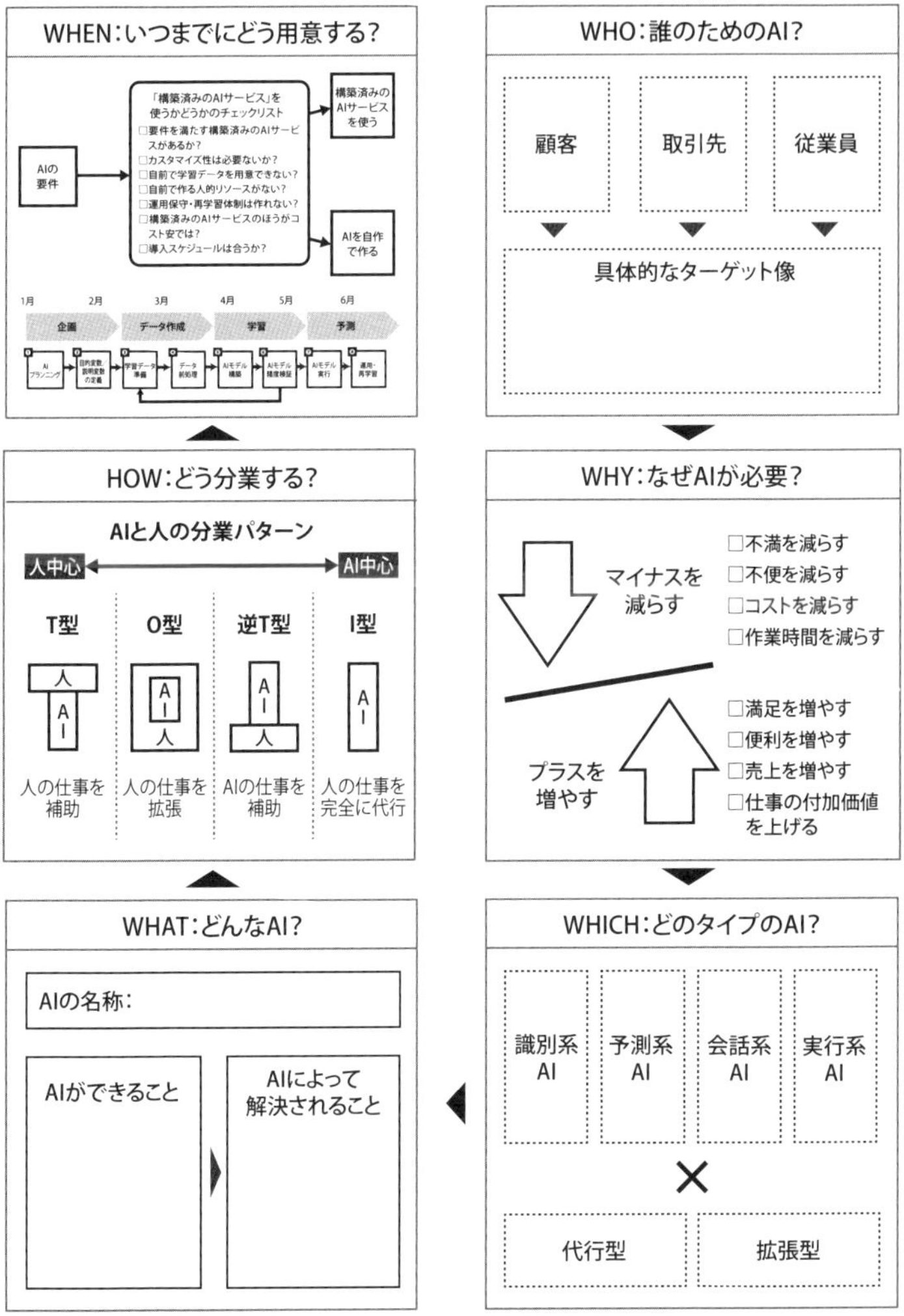
WHEN：いつまでにどう用意する？
AIの要件
「構築済みのAIサービス」を使うかどうかのチェックリスト
□要件を満たす構築済みのAIサービスがあるか？
□カスタマイズ性は必要ないか？
□自前で学習データを用意できない？
□自前で作る人的リソースがない？
□運用保守・再学習体制は作れない？
□構築済みのAIサービスのほうがコスト安では？
□導入スケジュールは合うか？
構築済みのAIサービスを使う
AIを自作で作る
1月
2月
3月
4月
5月
6月
企画
データ作成
学習
予測
AIプランニング
目的変数/説明変数の定義
学習データ準備
データ前処理
AIモデル構築
AIモデル精度検証
AIモデル実行
運用・再学習
WHO：誰のためのAI？
顧客
取引先
従業員
具体的なターゲット像
WHY：なぜAIが必要？
マイナスを減らす
□不満を減らす
□不便を減らす
□コストを減らす
□作業時間を減らす
プラスを増やす
□満足を増やす
□便利を増やす
□売上を増やす
□仕事の付加価値を上げる
WHICH：どのタイプのAI？
識別系AI
予測系AI
会話系AI
実行系AI
×
代行型
拡張型
WHAT：どんなAI？
AIの名称：
AIができること
AIによって解決されること
HOW：どう分業する？
AIと人の分業パターン
人中心
AI中心
T型
O型
逆T型
I型
人
AI
人の仕事を補助
人の仕事を拡張
AIの仕事を補助
人の仕事を完全に代行

図表5-4　WHO：誰のためのAI？

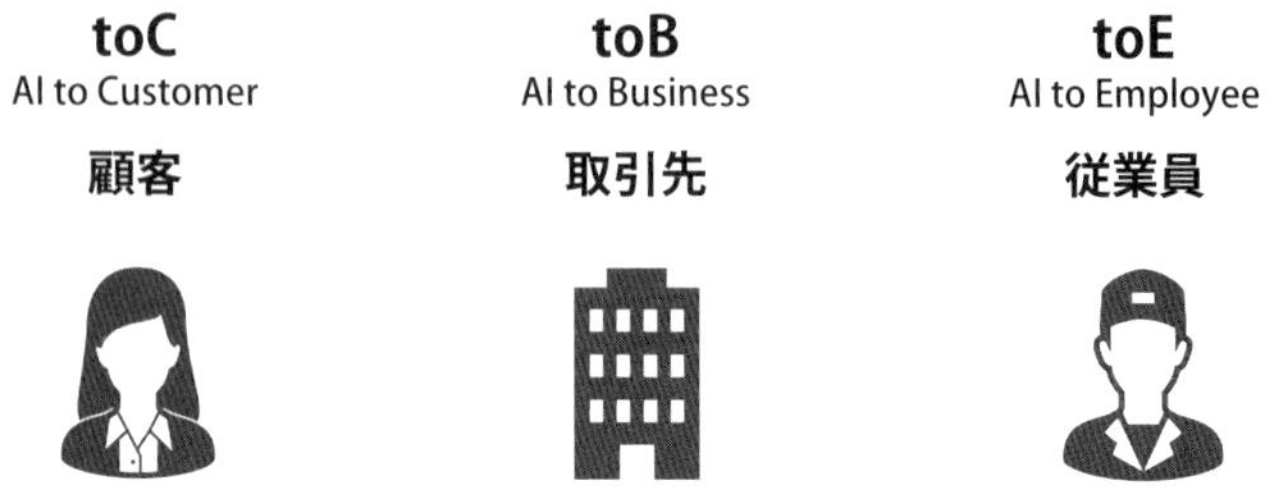

のかを定めます。

- **顧客のため**
- **取引先のため**
- **従業員のため**

toC（Customer／顧客）、toB（Business Client／ビジネスの取引先）、toE（Employee／従業員）とも言い換えることができますが、これら企業が抱えるステークホルダー（利害関係者）の誰を対象とするかを決めましょう（図表5-4）。

「顧客」「取引先」「従業員」のいずれかの対象に絞ったとして、さらに対象をフォーカスしていきます。たとえば「顧客」を対象としたならば、顧客の中でも特にどういった人にAIによる価値を提供したいのか、どの人の課題や不便を解決したいのか？　を明確にしていきます。「コールセンターに問い合わせをしてくださる昔からのお客様」や「商品を買うのに迷っている「お客様」などのレベルで想定しておくのもよいでしょう。

「取引先」であれば、「新規の取引先企業」や「取引先の中の取り扱い上位20％の企業」など、重要な企業へフォーカスをするのもよいでしょう。

また、「従業員」のためのAIを企画する場合は、「誰のためのAIなのか」をよりていねいに考えましょう。従業員のためのAIを導入した場合、AIとの共働きの考え方をお伝えしたように、AIによって人の働き方が大きく変わることがあります。特に代行型AIは、現従業員の仕事の一部もしくはすべてを担うことがありますので、その点も想定した上でプランニングを進めましょう。

また、公共施設や学校、その他企業以外のためのAI企画の場合でも、各組織の関係者のうち、誰を対象にAIを提供するのかを起点としてプランニングを始めましょう。

WHY「なぜAIが必要？」

企業の場合の「顧客」「取引先」「従業員」の大きな区分やさらに詳細な対象者のフォーカス、もしくは企業以外の場合の対象者の選定を行なった後は、「なぜAIが必要？」を考えていきます。

図表5-5　WHY：なぜAIが必要？

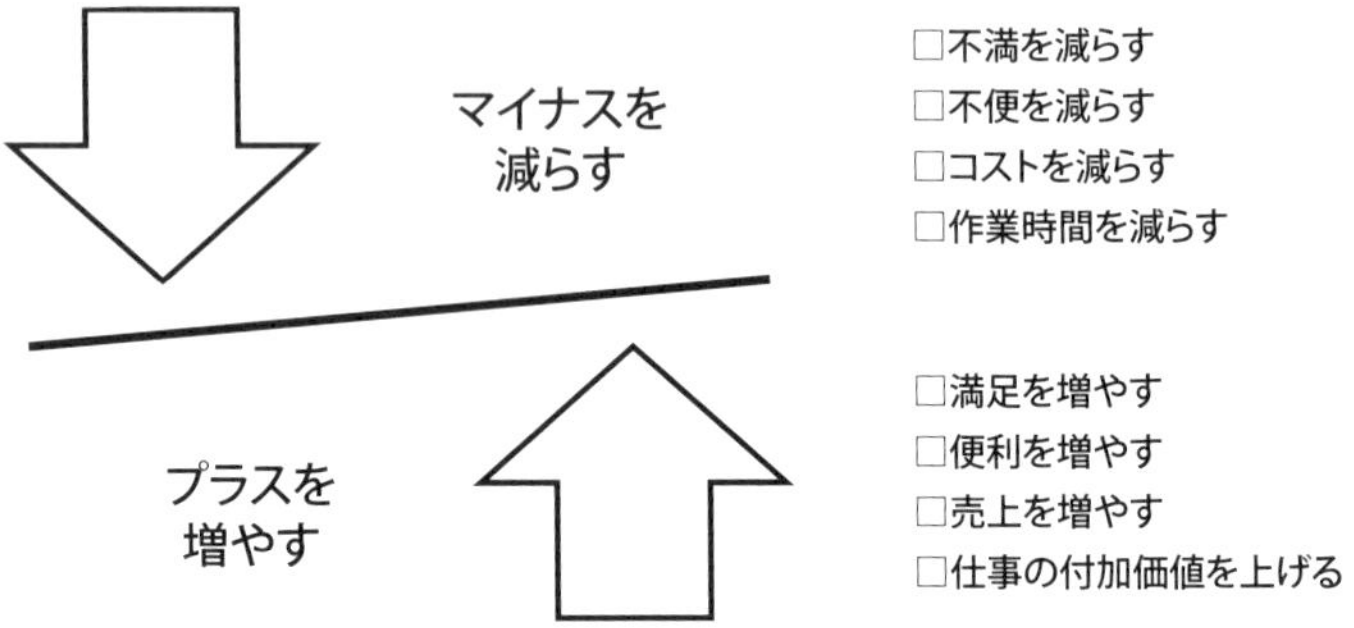

まず、シンプルな思考法として、**AIによって「マイナスを減らす」のか「プラスを増やす」のかを考えます**（図表5-5）。

「マイナスを減らす」では、不満を減らす、不便を減らす、コストを減らす、作業時間を減らす、といったことをあげることができます。一方の「プラスを増やす」では、満足を増やす、便利を増やす、売上を増やす、仕事の付加価値を上げる、などをあげることができます。

AIのような新しい技術を使う際には、どうしても手法論から考えてしまい、小手先のアイデアに留まってしまいがちです。アイデアが小さくまとまらないようにするためにも、AI企画を考えていくにあたり、「なぜAIが必要なのか？　なんのために必要なのか？」を根本から考えましょう。そのときは、

「誰のために」×「なぜ？　なんのために」AIを使うのか？

というように、かけ合わせて考えるのがよいです。すると、「なぜ」がはっきりしてきます。

- 顧客の不満を減らすために
- 顧客の便利を増やすために
- 取引先企業のコストを下げるために
- 取引先企業とのビジネスの売上を増やすために
- 従業員の作業時間を減らすために
- 従業員の仕事の付加価値を上げるために

また、「マイナスを減らす」「プラスを増やす」という現状に対する変化の考え方では当てはまらないような、たとえば「新しいものをゼロから作りあげる」といったような発想で企画するのもよいでしょう。

誰のために、「なぜ？　なんのために」AIを使うのかを企画していくわけですが、そもそも課題を解決するために、「AIでないとダメなのか？」も再度考えておきましょう。AIよりも優れた解決法があるかもしれません。ＡＩありきで考えすぎずに、たとえばルールベースのプログラミングのほうが簡単でアウトプットも優れているのであれば、そちらを採用すべきでしょう。

マイナスを減らすであれ、プラスを増やすであれ、期待される変化量が小さければ、ＡＩの出せる価値が小さいということになります。ＡＩの導入によって**変化量が大きくなるお題を探しましょう。**もしＡＩを導入しても変化量が小さいと判断される企画であれば、企画段階で実施を見送ることも必要です。**ＡＩを入れることを目的化せずに、「なぜＡＩが必要か？　本当に必要なのか？」**を自問自答しながら企画を練っていきましょう。

大きな社会課題や企業課題、多くの人の不便を解消するために、ＡＩが活用できることがわかれば、そのＡＩ企画はたくさんの支持を集め、実現に向けて多くの人から背中を押されるでしょう。ですので、

できるだけ大きな変化量を生み出せるＡＩを企画する

ということを心がけてください。企業や社会の中での課題の大きさや優先度を加味して、ＡＩという新しいテクノロジーを使うことで解決すべき内容の精査を行ないましょう。企業内や社

会の中での重要度・緊急度が高い課題で、かつ生み出せる変化量が大きいテーマを探し出してください。

図表5-6　WHICH：どのタイプのAI？

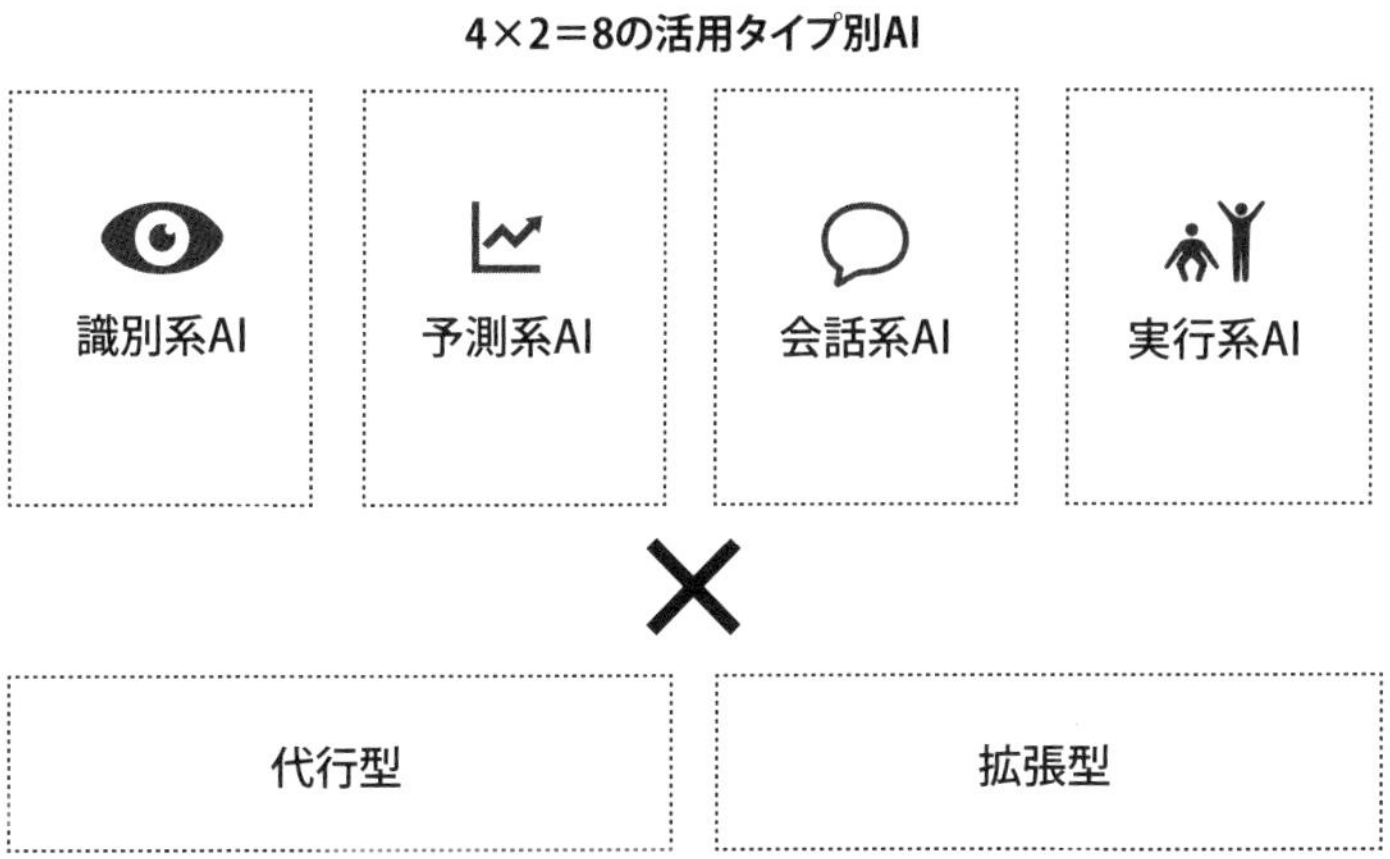

WHICH「どのタイプのAI？」

WHOとWHYが決まったら、次はどのタイプのAIを使うのかを決めます。解決する課題の種類によって活用できるAIのタイプが自然と絞られてきます。前に紹介した「識別系AI」「予測系AI」「会話系AI」「実行系AI」の分類と、「代行型」「拡張型」を掛け合わせた8つのAIタイプ（図表5-6）から、適したAIタイプを指定してみましょう。たとえば、

・顧客の不満を減らすために、「実行系×代行型ＡＩ」を使う
・顧客の便利を増やすために、「会話系×拡張型ＡＩ」を使う
・取引先企業のコストを下げるために、「識別系×代行型ＡＩ」を使う
・取引先企業とのビジネスの売上を増やすために、「予測系×代行型ＡＩ」を使う
・従業員の作業時間を減らすために、「会話系×代行型ＡＩ」を使う
・従業員の仕事の付加価値を上げるために、「予測系×拡張型ＡＩ」を使う

などになります。このように

「誰のために」×「なぜ？ なんのために」×「どのタイプの」ＡＩを使うのか？

を考えると、企画はさらに深まってきます。

ここまでくると、ＡＩのイメージがだいぶ湧いてきますね。次のステップではさらにどんなＡＩなのかを決めていきます。

図表5-7　WHAT：どんなAI ?

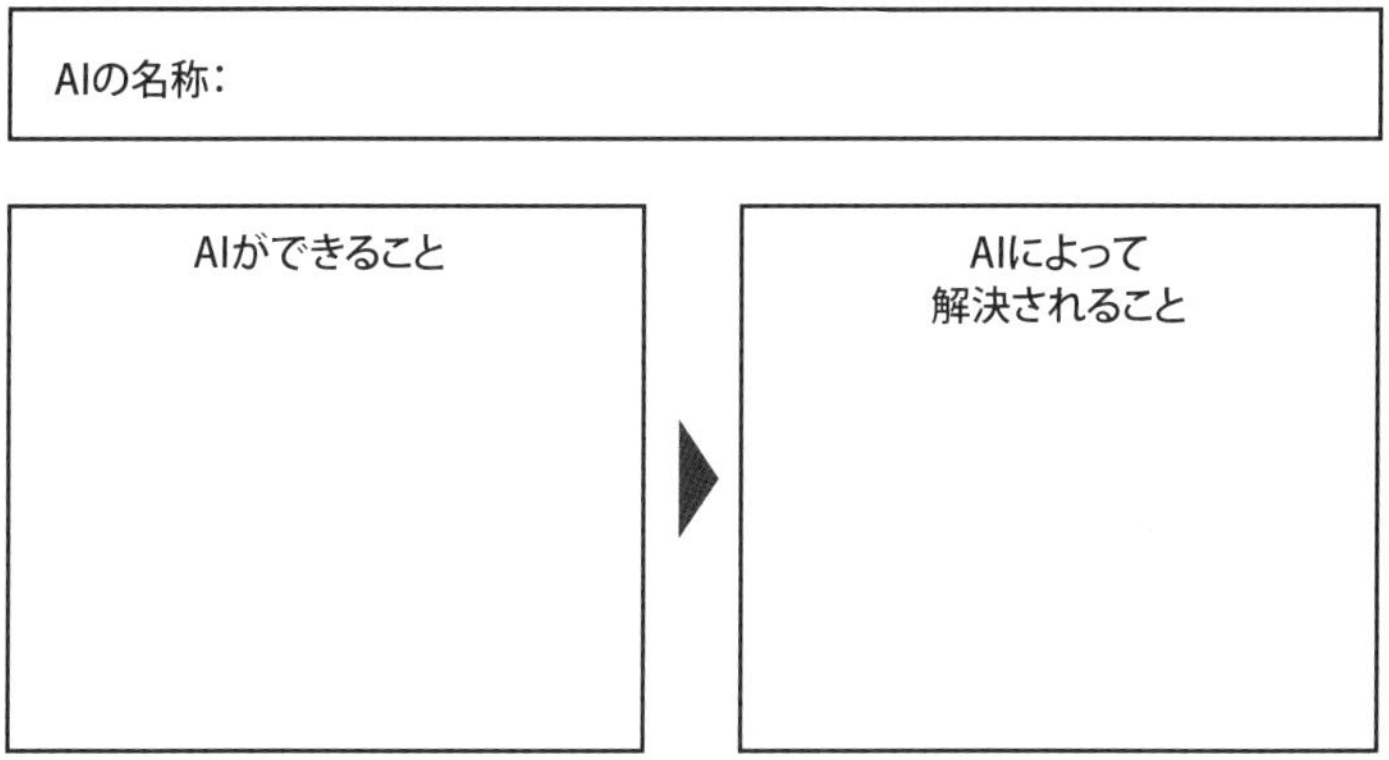

WHAT「どんなＡＩ？」

「どのタイプのＡＩ」を作るかまで計画できたら、具体的に「どんなＡＩか？」を具体化していきます。具体化をするために「ＡＩの名称」「ＡＩができること」「解決されること」を書き出していきます（図表5－7）。

どんなＡＩか？　を書き出していく

①ＡＩの名称
②ＡＩができること
③ＡＩによって解決されること

たとえば、「従業員の仕事の付加価値を上げるた

図表5－8　WHAT：どんなAI ？の例

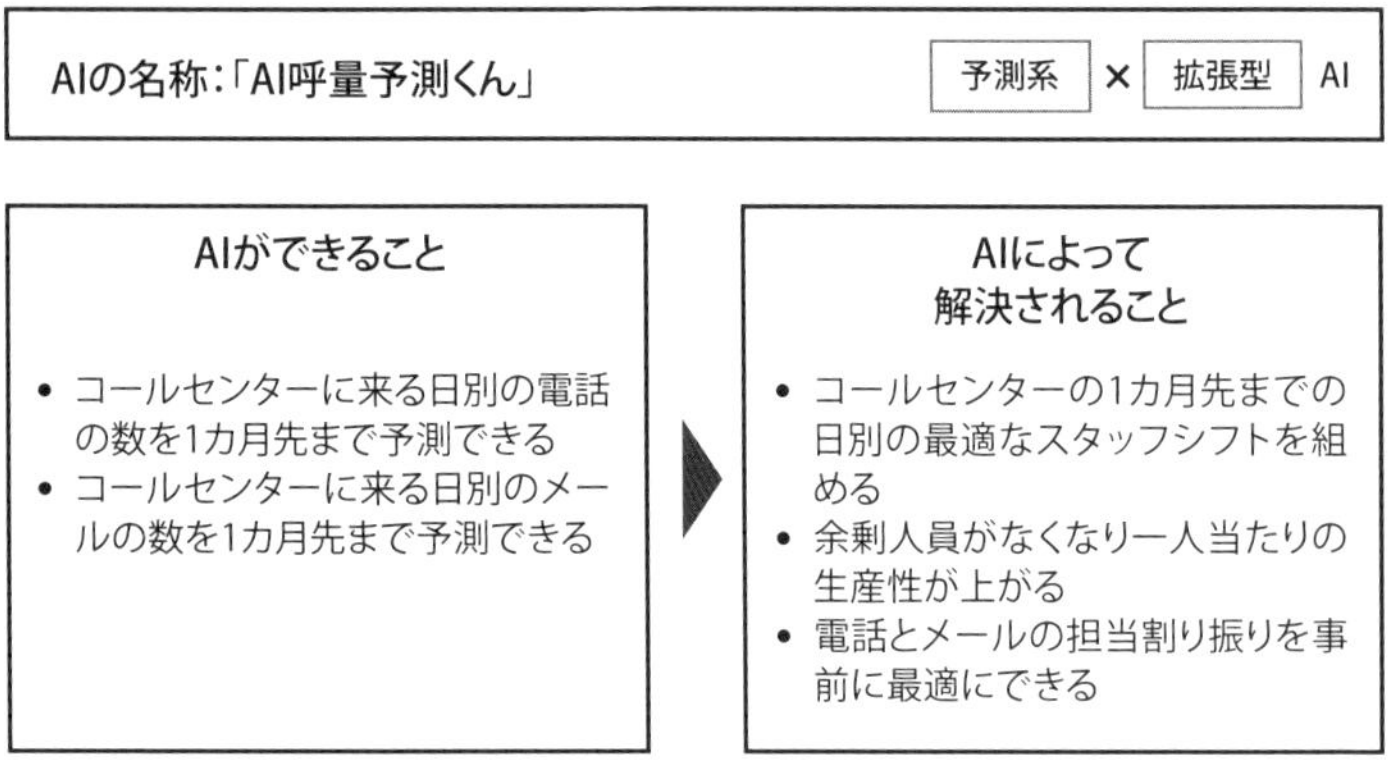

AIの名称：「AI呼量予測くん」
予測系
×
拡張型
AI
AIができること
• コールセンターに来る日別の電話の数を1カ月先まで予測できる
• コールセンターに来る日別のメールの数を1カ月先まで予測できる
AIによって解決されること
• コールセンターの1カ月先までの日別の最適なスタッフシフトを組める
• 余剰人員がなくなり一人当たりの生産性が上がる
• 電話とメールの担当割り振りを事前に最適にできる

めに、予測系×拡張型ＡＩを使う」という案の場合、次のような内容になります（図表5－8）。

コールセンターの呼量予測をするＡＩなのですが、名称を「ＡＩ呼量予測くん」と名づけました。私はよくＡＩのことを擬人化して命名をします。キャッチーな名前が与えられたＡＩは現場でも馴染みやすいので、ＡＩに親しみやすい名前をつけてもらえたらと思います。

名称をつけたら次は**「ＡＩができること」**を書きます。何ができるＡＩなのかをできるだけ細かく書き上げていきます。予測系ＡＩの場合はどの単位でいつまでの予測ができるのかなども、細かく定義しておきます。

「ＡＩができること」が書き上がったら、**「ＡＩによって解決されること」**を書いていきます。定義したターゲット（ＷＨＯ）や、なんのためにＡＩを作

図表5-9　HOW：どう分業する？

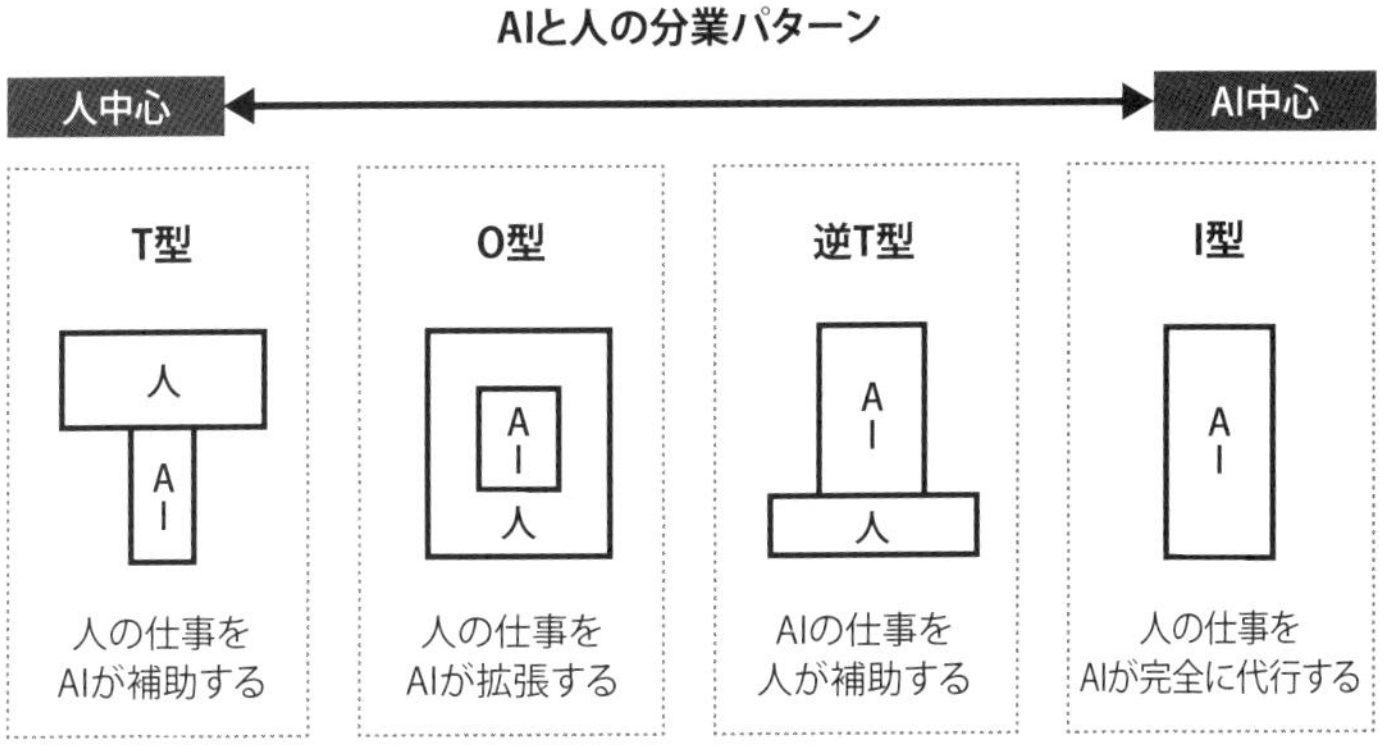

るのか？（ＷＨＹ）と照らし合わせ、それらが満たされるのかどうかも確認しておきます。

　このステップでは、できるだけ多くの案を複数出します。「どんなＡＩか？」を考える上では、「何をどこまでできるＡＩを作ればいいのか？」をできるだけ具体的に出すようにしましょう。具体的な案をたくさん出すことによって、新しいアイデアが生まれますし、また同時に実現性を加味してアイデアを絞り込んでいく場合に有力な案の数を確保することもできるからです。

HOW「どう分業する？」

　「どんなＡＩか？」がはっきりしてきたら、ＡＩが人と「どう分業するのか？」を決めておきます。

　ＡＩと人の分業はＡＩに任せる度合いによって複数

図表5-10　人の仕事をAIが補助する場合（T型）
――チャットボット一次受け対応AIの事例

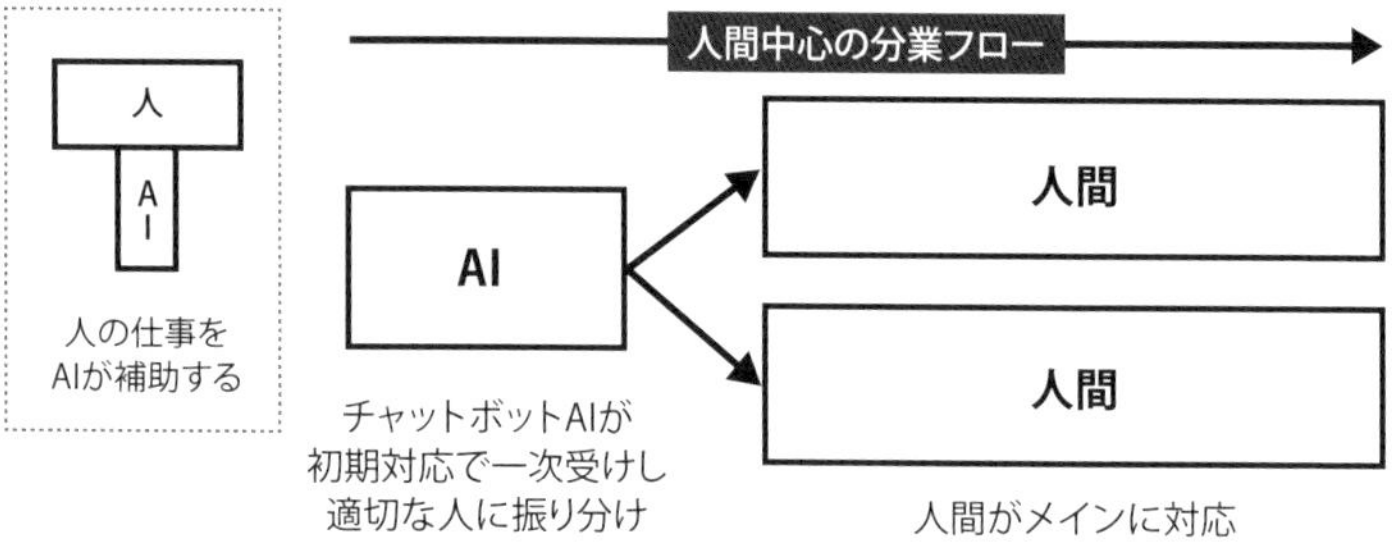

のパターンがあることを前にも紹介しましたが、ＡＩが業務に入る場合のパターンは図表5-9になります。

Ｉ型以外は、人とＡＩが共同で作業することになります。どこまでを人が行ない、どこからＡＩで行なうか。この業務の分業のイメージをつけておきましょう。そうすれば、すべての業務をＡＩによってカバーさせるような設計をしなくてもよくなり、ＡＩの実運用のハードルも低くなります。また、ＡＩの精度を上げることについても限界はありますので、現実的に可能な水準で精度を上げ、足りない精度分は人が補う業務の設計をしておけばよいのです。

T型、O型、逆T型、I型について、人とAIの分業のフローを具体的な例で紹介しておきます（図表5-10、図表5-11、図表5-12、図表5-13）。

図表5-11　人の仕事をAIが拡張する場合（O型）
——運搬トラック用最適ルートAIの事例

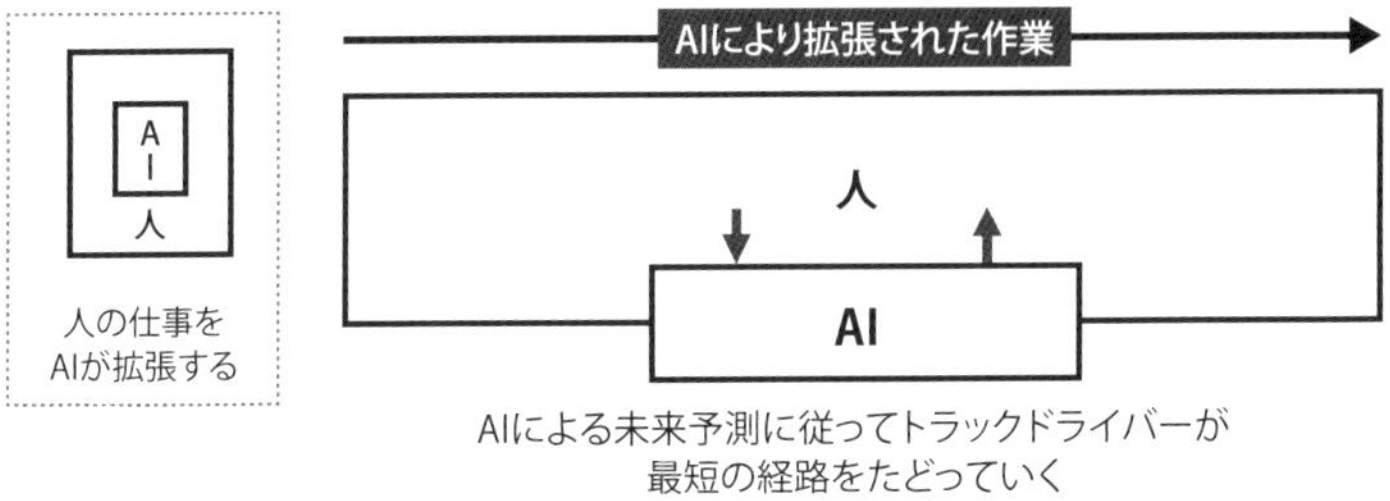

図表5-12　AIの仕事を人が補助する場合（逆T型）
——音声の文字起こしAIの事例

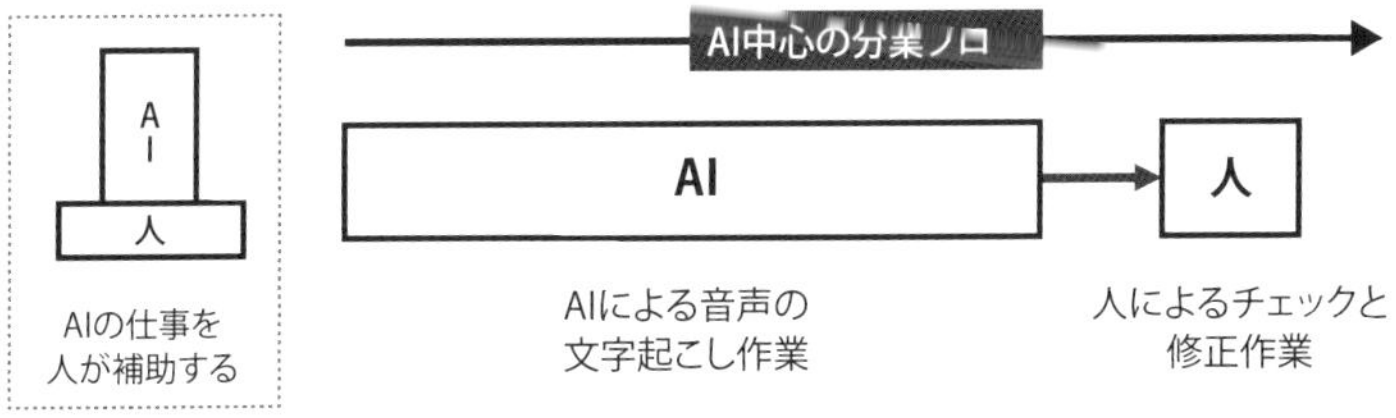

図表5-13　人の仕事をAIが完全に代行する場合（I型）
——深夜帯の監視業務AIの事例

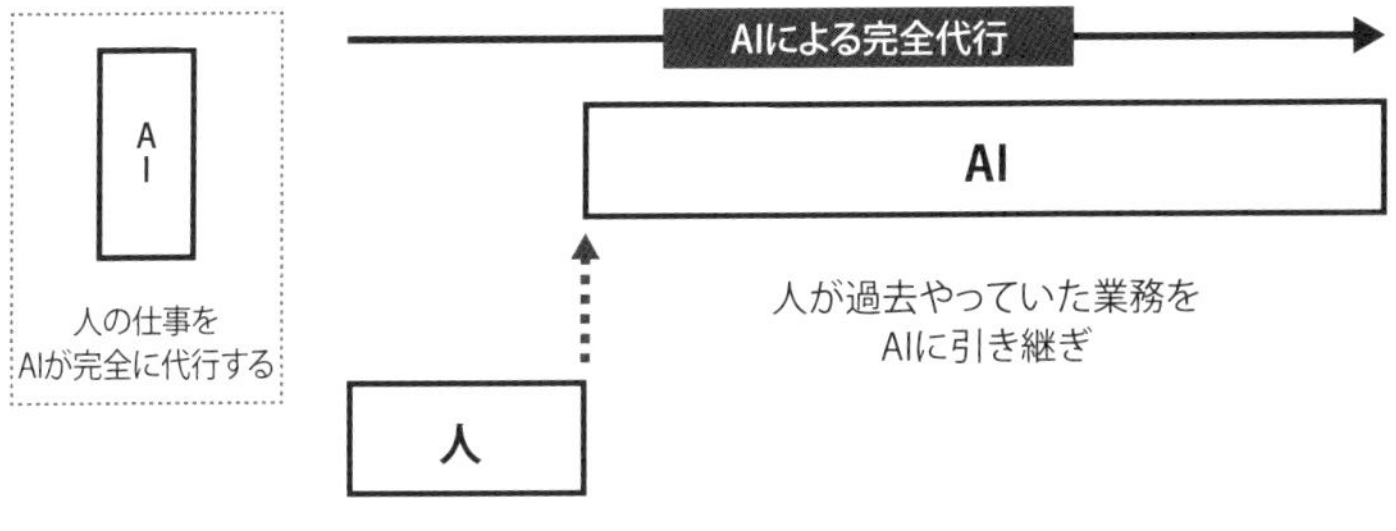

図表5-14　WHEN：いつまでにどう用意する？

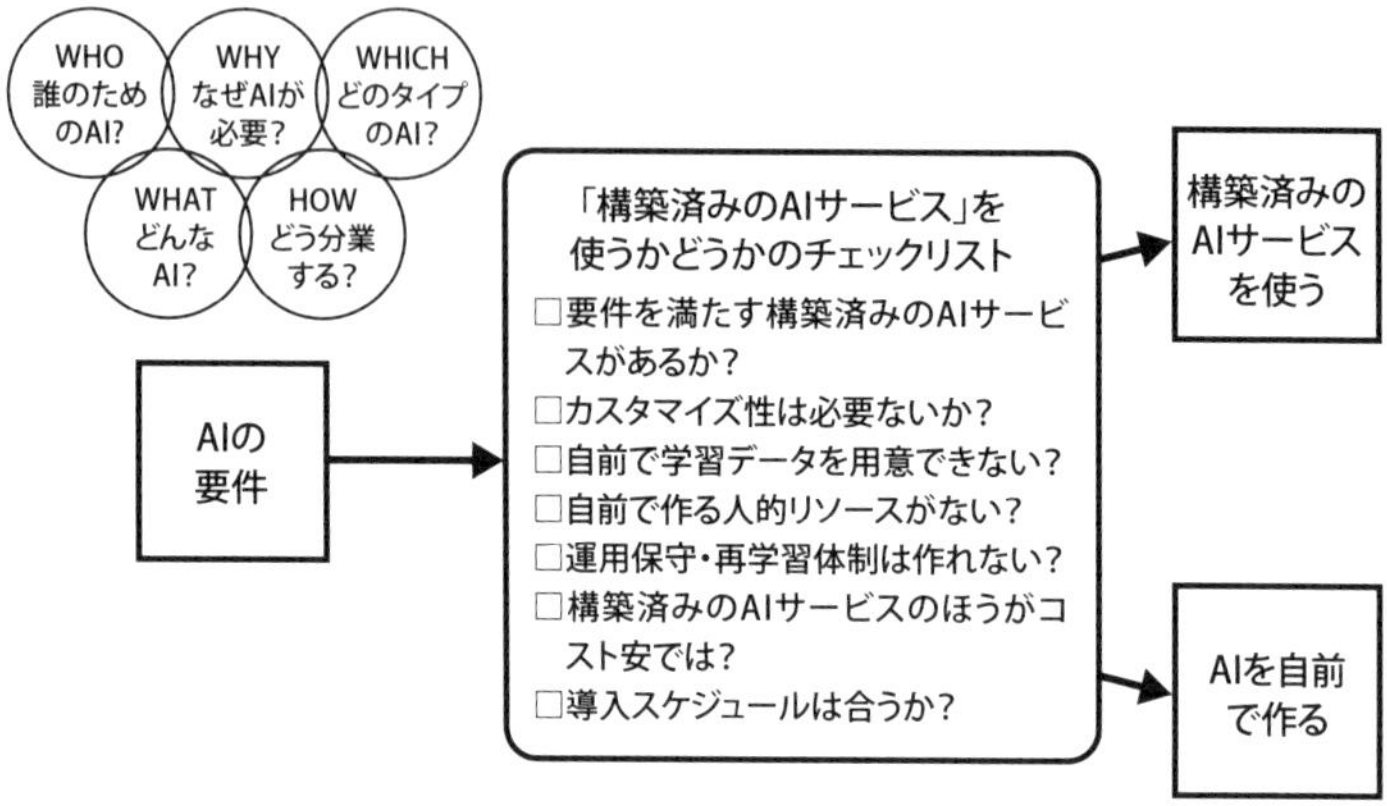

WHEN「いつまでにどう用意する？」

最後にWHEN「いつまでにどう用意する？」を計画します。

まず、**「使うのか、作るのか」の方針を決める**必要があります。

すでにサービス提供されている「構築済みのAIサービス」を使うのか？
もしくはAIを自前で作るのか？

を決めます。

これまでに企画を練ってきた内容にそのまま当てはまる「構築済みのAIサービス」がもしあるのであれば、そのサービスを検討しましょう。

ＡＩの仕様がやりたいことと一致している「構築済みのＡＩサービス」は初期構築費や運用費が安く済むことが多いですし、再学習などの定期メンテナンスもサービス供給者に頼ることができるので安心してＡＩの導入ができることが多いです。

「構築済みのＡＩサービス」を使うか、ＡＩを自前で作るかを検討する際は、図表5−14のような「チェックリスト」を確認するとよいでしょう。

ＡＩを作る場合、自作でプログラミングしてＡＩモデルを作るのか、ＧＵＩツールでＡＩモデルを作るのかで、難易度やスケジュールも異なってくるのでＡＩの要件と自社の状況に合わせて選択をしましょう。

ＡＩを使う場合、さまざまな選択肢が出てきます。各社の「構築済みのＡＩサービス」で何ができるのか、コストはどれくらいなのかを把握し、自社にとって最適な選択ができるようにしましょう（図表5−15はAmazonのサービス例）。

ＡＩをどう用意するかを決めることができたら、**スケジュールを立てましょう。**既製品ＡＩ（構築済みのＡＩサービス）の場合は、各サービスの導入ステップや期間に沿って計画を立てることになります。既製品ＡＩのサービス提供会社さんと相談をしてください。

一方で、自前でＡＩを作る場合は、自らプロジェクトのスケジュールを組み立てる必要が出てきます。まずは、ＡＩ構築プロジェクトの概算スケジュールを図表5−16のようなレベル感

図表5-15　Amazonの「構築済み」のAIサービス例

	識別系AI	予測系AI	会話系AI
代行型	**画像識別** Amazon Rekognition（画像） 画像を分析し、対象物、人、テキスト、シーン、アクティビティ、それに不適切なコンテンツまで検出。顔認識・顔分析も。 **AIによるOCR** Amazon Textract わずか数時間で、テキストとデータを何百万というドキュメントから自動で抽出し、手作業を減らします。	**AIによる感情解析** Amazon Comprehend 自然言語処理を使用して、もの（エンティティ）の抽出や感情分析を。非構造化テキストからインサイトと関係性を抽出。	**文章を音声に変換** Amazon Polly **音声のAIテキスト変換** Amazon Transcribe 音声のテキスト変換機能。例：AIを活用したお問い合わせセンター。 **対話型エージェント** Amazon Lex 対話型エージェントを簡単に構築。コンタクトセンターの効率を改善。
拡張型	**動画識別** Amazon Rekognition（動画） 動画を分析し、シーンに含まれる複数の人物の動線をとらえることができます。例えば、スポーツ選手の試合中の動きを検出して、試合後のプレイの分析に使用。	**需要予測エンジン** Amazon Forecast Amazon.comで使用されているのと同じ機械学習予測技術に基づいて、正確な予測モデルを構築します。 **パーソナライゼーション** Amazon Personalize Amazon.comで使われているのと同じレコメンデーションを使用し、顧客に合わせてパーソナライズします。	**自動翻訳** Amazon Translate 効率的かつ費用対効果の高い翻訳によって、多言語で相手にアプローチすることができます。

図表5-16　AI構築プロジェクト概算スケジュールの例

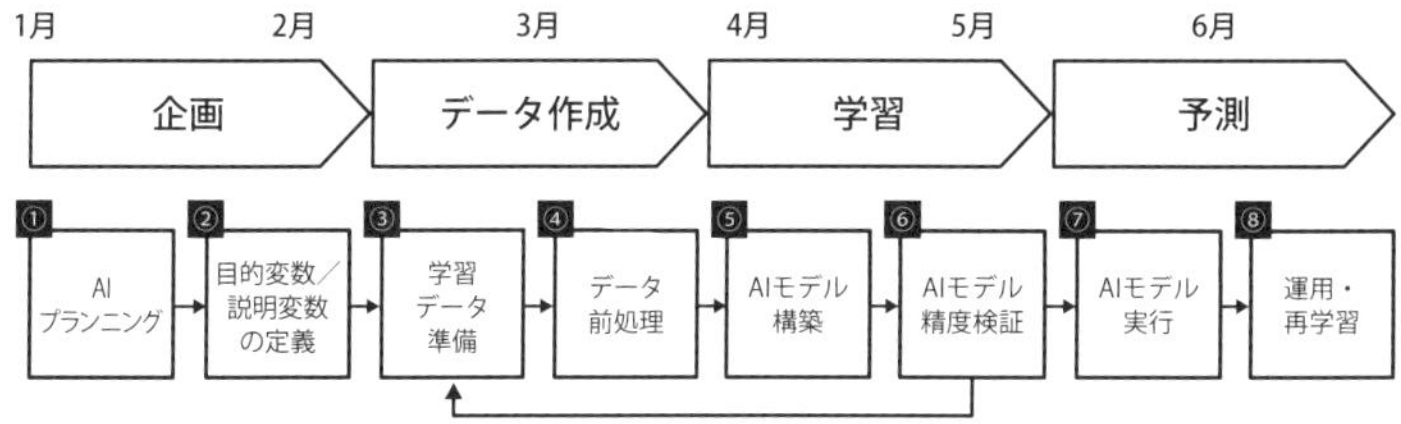

で組み立てましょう。

　さらに、プロジェクトの進行を行なうにあたっては、図表5－17のような詳細レベルでのスケジュールを組み立てるようにしてください。

　企画を考える5W1Hのステップを通して、AI企画を実際に行なう術を学んでいただきました。必要とするAIによって、少し過不足などあるかもしれませんが、スタンダードなAI企画を作る上でのステップとして読んでいただけたらと思います。

　なお、AI企画を行なう上で、考え始めるきっかけがたとえば「WHICH：どのタイプのAI？」であることもあるでしょう（図表5－18）。その際は、「どのタイプのAI？」を起点にしながら、ぐるっと一周、5W1Hについてもれなく考えていただければOKです。

　そもそも誰のためにどんな目的でAIを導入するのか、といった視点を抜かさないために、すべての観点で企画をチェックして

図表5-17　AI構築プロジェクト詳細スケジュールの例

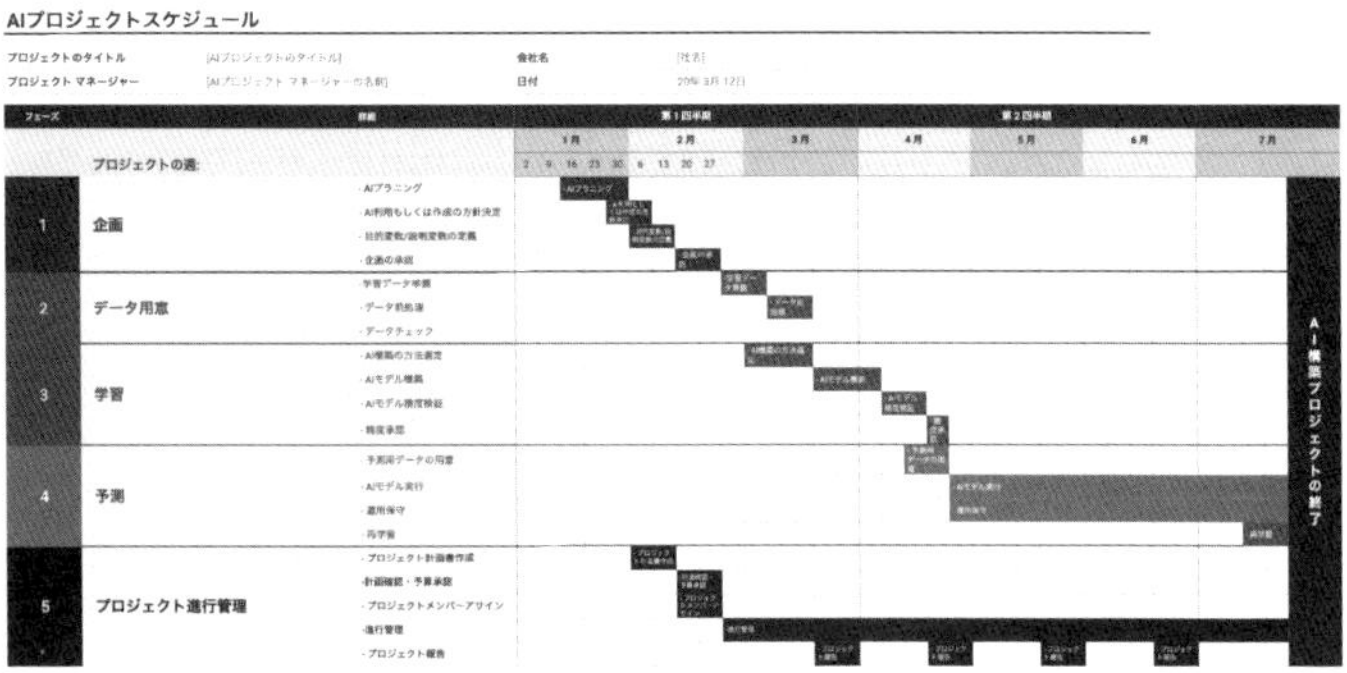

みてください。

ここまで「文系ＡＩ人材」になるため、「ＳＴＥＰ①ＡＩのキホンは丸暗記で済ます」「ＳＴＥＰ②ＡＩの作り方をザックリ理解する」「ＳＴＥＰ③ＡＩ企画力を磨く」の３ステップをこれまでの章で学んできました。総仕上げとして「ＳＴＥＰ④ＡＩ事例をトコトン知る」に入りたいと思います。

「ＡＩ事例を知る」ことは、「文系ＡＩ人材」になるための最終準備です。また、具体事例を通じて、これまでの３つのステップの理解を深めてもらうこともできるでしょう。

次章では業種別と活用タイプ別ＡＩで分類した事例たちを紹介します。また、「ＡＩ企画力を磨く」でも紹介したＡＩ企画を考える際の要素である「ＷＨＡ

図表5-18　どこから考え始めたとしても、一周ぐるっと回す

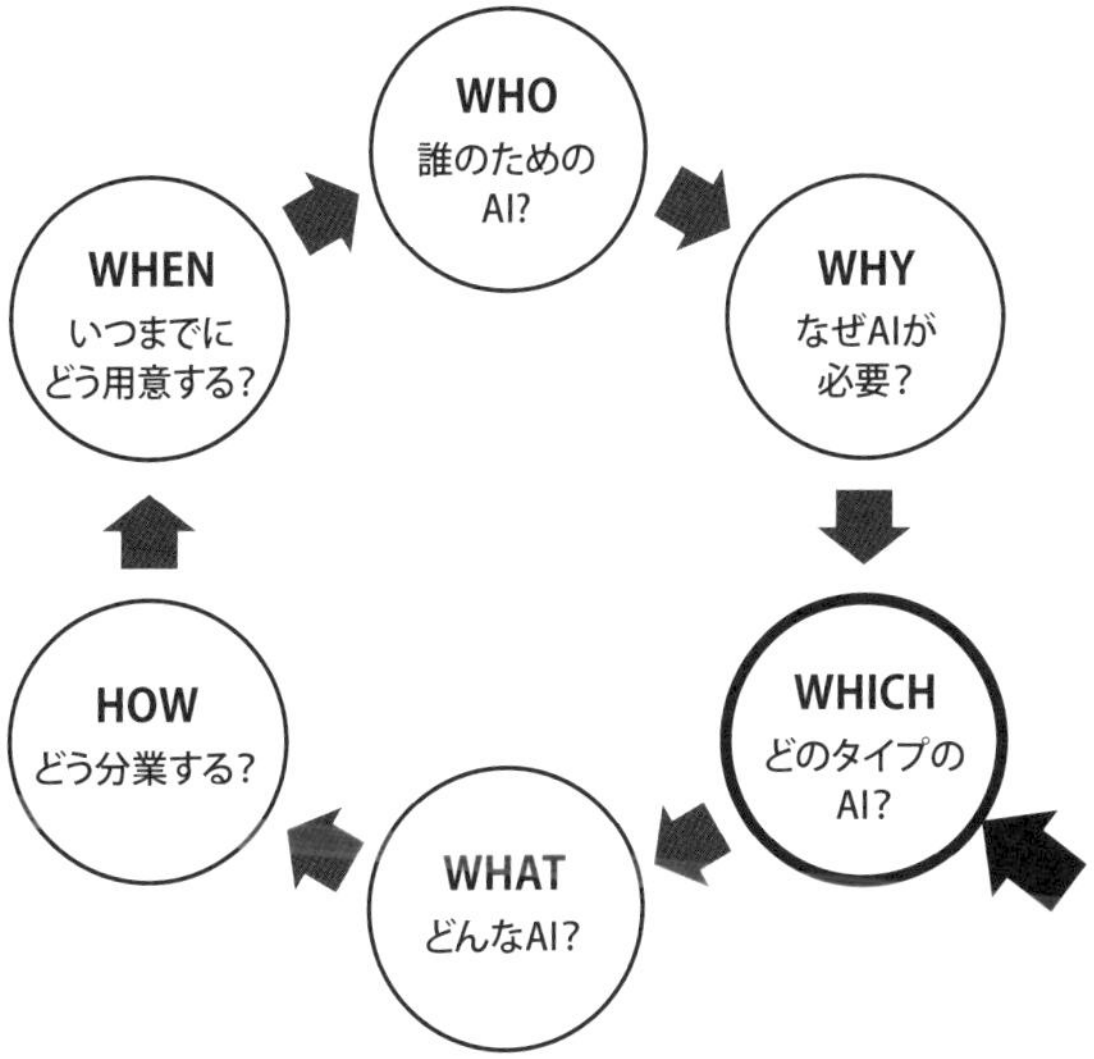

T：どんなＡＩ？」「ＷＨＯ：誰のためのＡＩ？」「ＷＨＹ：なぜＡＩが必要？」「ＷＨＩＣＨ：どのタイプのＡＩ？」についての解説も加えながら、事例について学習を深めてもらおうと思います。

第6章 STEP④

AI事例をトコトン知る

——業種別×活用タイプ別の45事例

How
AI & the Humanities
Work Together

	識別系AI	予測系AI	会話系AI	実行系AI
外食・食品・農業	●キユーピー、AIによる原料検査装置で不良品を特定 ●電通、天然マグロの品質をAIが判定	●ソフトバンク出資のPlenty、AI屋内農場で作物の風味調整	●LINE、レストランの予約対応を行なう日本語音声AIサービス	●京東(JD.com)、調理・配膳・注文・会計までをロボットで自動化
金融・保険	●セブン銀行、顔認証AI搭載の次世代ATM	●JCB、保険営業をAIで支援。利用履歴から見込み客を絞り込む ●みずほ銀行、AIを活用したパーソナライズドサービス検証		
医療・介護・専門		●エクサウィザーズ、神奈川県と要介護度予測AIの実証 ●AI-CON、AIによる契約書レビュー・作成支援サービス	●Ubie、医療現場の業務効率化を図るAI問診	
人材・教育		●ソフトバンク、AI新卒採用業務でAIを利用し効率化 ●atama plus、1人ひとりの学習を最適化	●イーオンら、英語発音をAIで評価	
コールセンター		●かんでんCSフォーラム、AIによるコールセンター呼量予測 ●トランスコスモス、退職予備軍を予測し、半年で離職者を半分に	●カラクリ、正答率95%保証のAIチャットボット ●ソネット、音声認識AIを導入しオペレーター業務を効率化	
生活サービス・警備・公共	●さいたま市、固定資産税調査に航空写真照合AIを利用 ●ALSOK、困っている人を自動検知するAI	●日本気象協会、1時間単位での降水量予測		

図表6-1　業種別と活用タイプ別AIで分類した事例一覧

	識別系AI	予測系AI	会話系AI	実行系AI
流通・小売	●トライアル、独自生産のAIカメラでユーザー識別による販売促進と欠品補充 ●JINS、似合うをAIでレコメンド	●ローソン、AIによる新規出店判断		●三菱商事とローソン、AIでコンビニを節電
EC・IT	●ZOZO、AI活用した「類似アイテム検索機能」で滞在時間4倍		●LOHACO、チャットボット「マナミさん」で5割の問い合わせに対応	
ファッション	●仏Heuritech、SNS画像からファッショントレンド予測 ●米The take AI、動画内の服を検出して似たアイテムを表示。購入も可能に	●ストライプ、需要予測AIで在庫を8割まで圧縮 ●ZOZOUSED、古着の値づけにAIを導入		
エンタメ・メディア	●日経、100年分の新聞記事をAIで読み取り。精度95%	●福岡ソフトバンクホークス、リアルタイムで価格が変わるAIチケット販売	●中国国営メディア新華社、AI合成による女性アナウンサー	●富士通、AIによる記事の自動要約システム
運輸・物流	●佐川急便、AIで配送伝票入力を自動化	●日立製作所と三井物産、AIで配送計画するスマート物流		●京東（JD.com）、物流倉庫の自動化。人の10倍の処理能力
車・交通		●NTTドコモ、AIタクシーを展開、93～95%精度で乗車予測		●トヨタ、自動運転と高度安全運転支援で二重に安全を確保
製造・資源	●JFEスチール、人物検知AIで作業者に安全を	●LG、家電向けAIで生活を補助		●ブリヂストン、AI工場で品質担保しタイヤを量産
不動産・建設			●大京グループ、AI管理員導入を計画	●西松建設、生活習慣を覚えるスマートハウスAI導入

流通・小売

トライアル、独自生産のAIカメラでユーザー識別による販売促進と欠品補充

識別系 × 代行型

事例の概要

- トライアルカンパニーは、福岡県を本社に置くディスカウント業態を中心に展開
- 2018年からディスカウントストア内に700台の**AIカメラ**を設置
- AIカメラでは**人の動きや商品棚**などを分析
- **オリジナルのAIカメラ**も開発
- **男女識別や大型カートを持っているかの識別**で店内サイネージに最適な広告を表示
- AIカメラを使った**欠品管理・補充**といった従業員作業の効率化も
- セルフレジ機能とタブレット端末を搭載した**スマートレジカートも100台以上**導入
- スマートレジカートの効果は他店比較で**人件費を20%抑制**
- 過去購入履歴から**クーポン発行**も可能

解決できること　**来場者1人当たりの購入単価向上／従業員の作業効率アップ**

（出所）https://www.itmedia.co.jp/business/articles/1904/24/news020.html

図表6-2　独自で開発されたAIカメラ

（提供）トライアルカンパニー

図表6-3　店内のスマートレジカートでクーポン情報も確認できる

（提供）トライアルカンパニー

図表6-4　トライアルカンパニー「独自のAIカメラ」

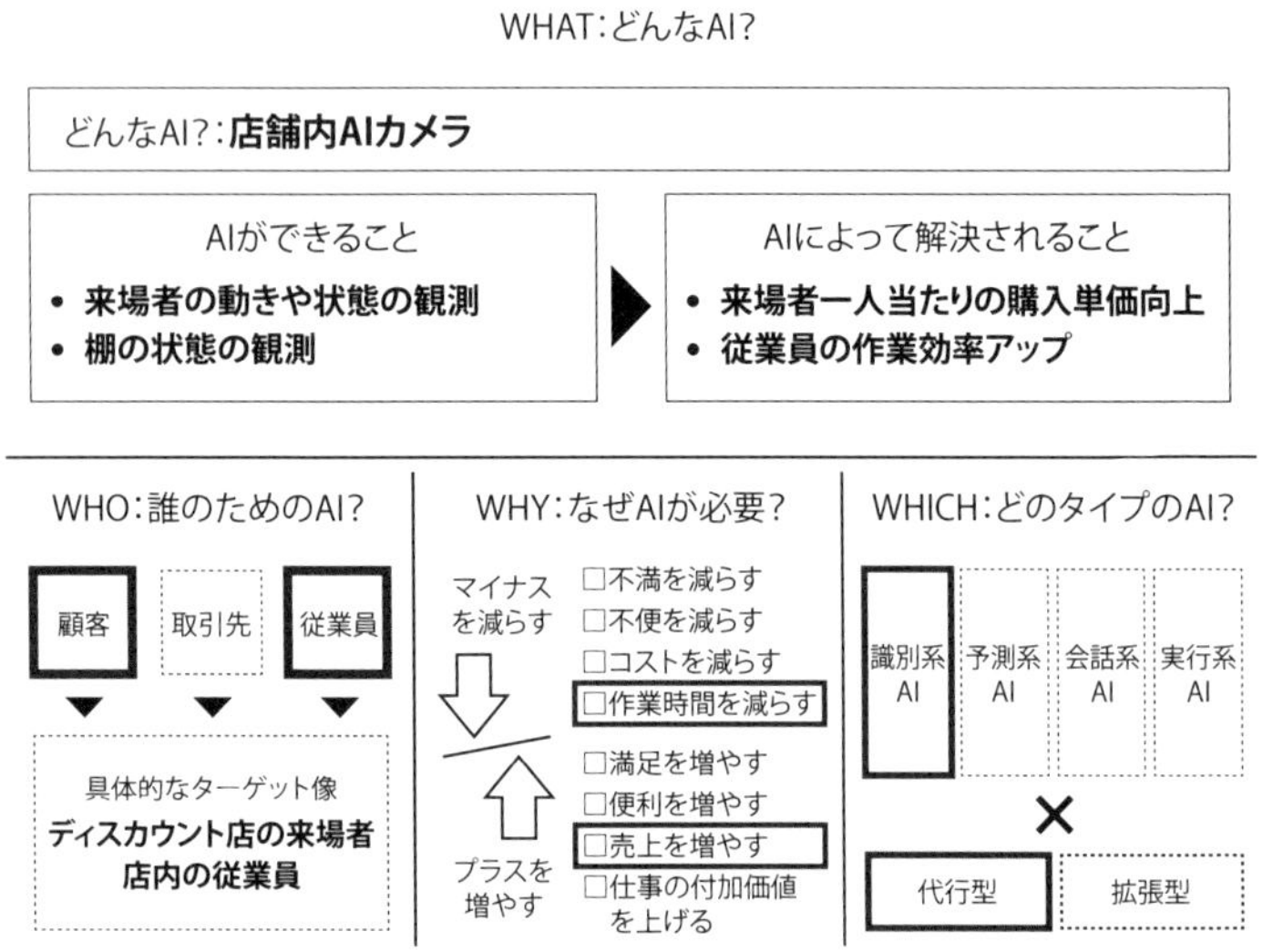
WHAT：どんなAI?
どんなAI?：店舗内AIカメラ
AIができること
• 来場者の動きや状態の観測
• 棚の状態の観測
AIによって解決されること
• 来場者一人当たりの購入単価向上
• 従業員の作業効率アップ
WHO：誰のためのAI?
顧客
取引先
従業員
具体的なターゲット像
ディスカウント店の来場者
店内の従業員
WHY：なぜAIが必要?
マイナスを減らす
□不満を減らす
□不便を減らす
□コストを減らす
□作業時間を減らす
□満足を増やす
□便利を増やす
□売上を増やす
□仕事の付加価値を上げる
プラスを増やす
WHICH：どのタイプのAI?
識別系AI
予測系AI
会話系AI
実行系AI
×
代行型
拡張型

流通・小売

ローソン、AIによる新規出店判断

予測系 × 拡張型

事例の概要

- ローソンの出店はこれまで、人による情報収集と判断で行なわれていた
- AIが人口、交通量、学校・病院を学習し、**1日当たりの店舗売上高を予測**
- 類似店舗の売上も参考にしながら**AIが採算性を予測**

解決できること　**コンビニ新店舗の売上が高い場所を探すことができる**

「ローソンの出店は現在、担当者が時間と労力をかけて地元の情報を集め、採算が合うかどうかを判断している。AI導入後は、周辺人口や居住世帯の傾向、交通量、学校や病院の配置といったデータを読み込み、1日当たりの店舗売上高を予測する。分析結果は立地に適した売り場づくりにも活用し、予想売上高が一定の水準に満たない場合は出店を見送る。

現在約1万3000店を展開するローソンは、2万店超のセブン-イレブン・ジャパンや約1万7000店のファミリーマートに比べて規模で劣る。全国のコンビニ店舗数が昨年12月時

図表6-5　ローソンの「採算予測・出店可否判断」

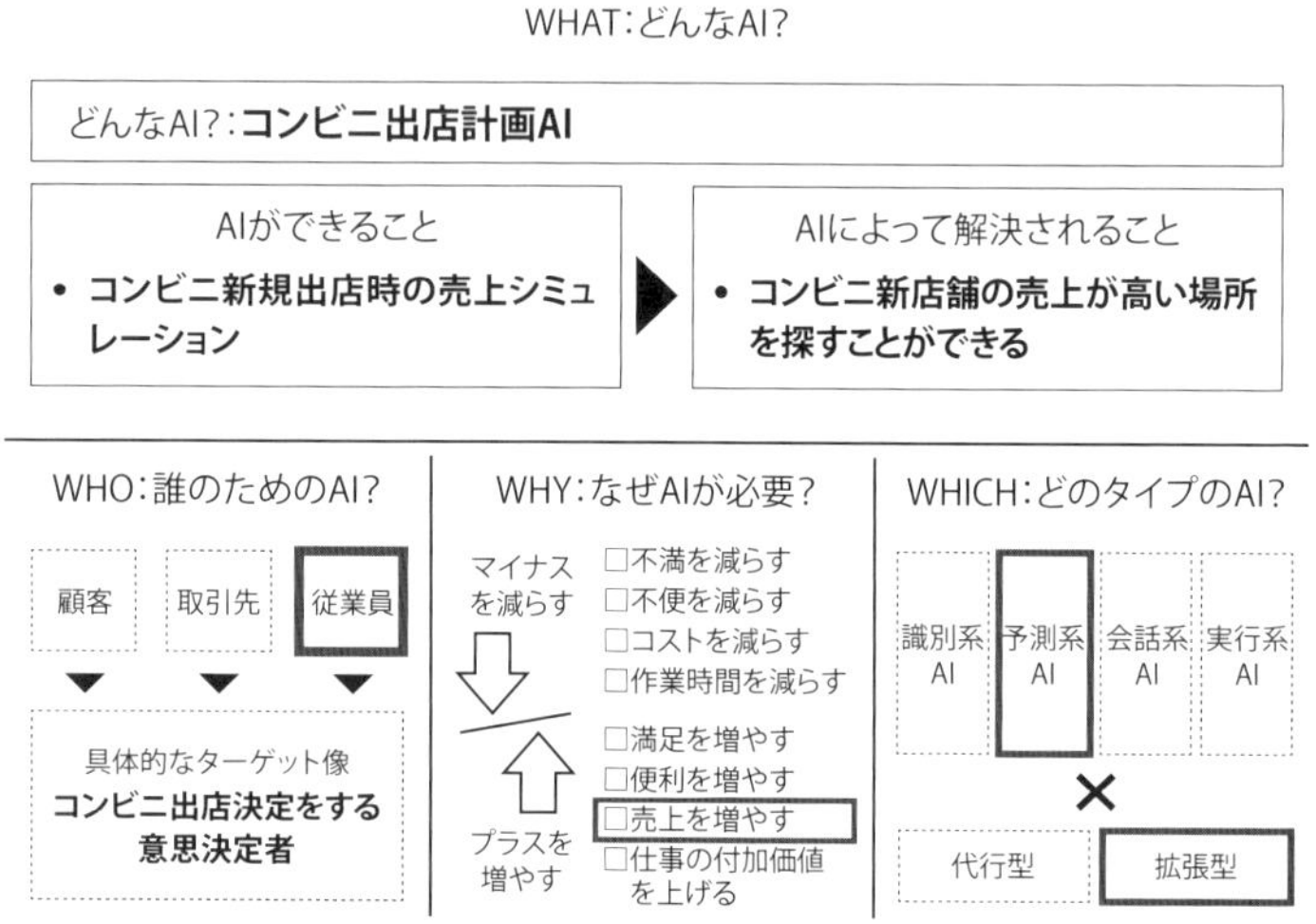

点で約5万5000店に達し、新規の出店余地が狭まる中、AIを使った効果的で迅速な店舗開発により競合他社を追い上げたい考えだ」

（出所）SankeiBiz 2018年2月20日（共同通信配信）
https://www.sankeibiz.jp/business/news/180220/bsd1802200500006-n1.htm

流通・小売

JINS、似合うをAIでレコメンド

識別系 × 代行型

事例の概要

- ディープラーニングを駆使した**メガネのレコメンド**「JINS BRAIN」を設置
- 3000人のスタッフが30万件のデータを評価しAI化
- **似合い度判定**サービスを提供
- 全店舗の店頭にてiPadで展開
- 上野店には大型のスマートミラー設置

解決できること　**自分にあったメガネを探すことができる**

（出所）https://www.jins.com/jp/topics_detAIl.html?info_ID=150

図表6-6　JINS BRAIN

（提供）JINS

図表6-7　JINS「AIで似合うを数値化」

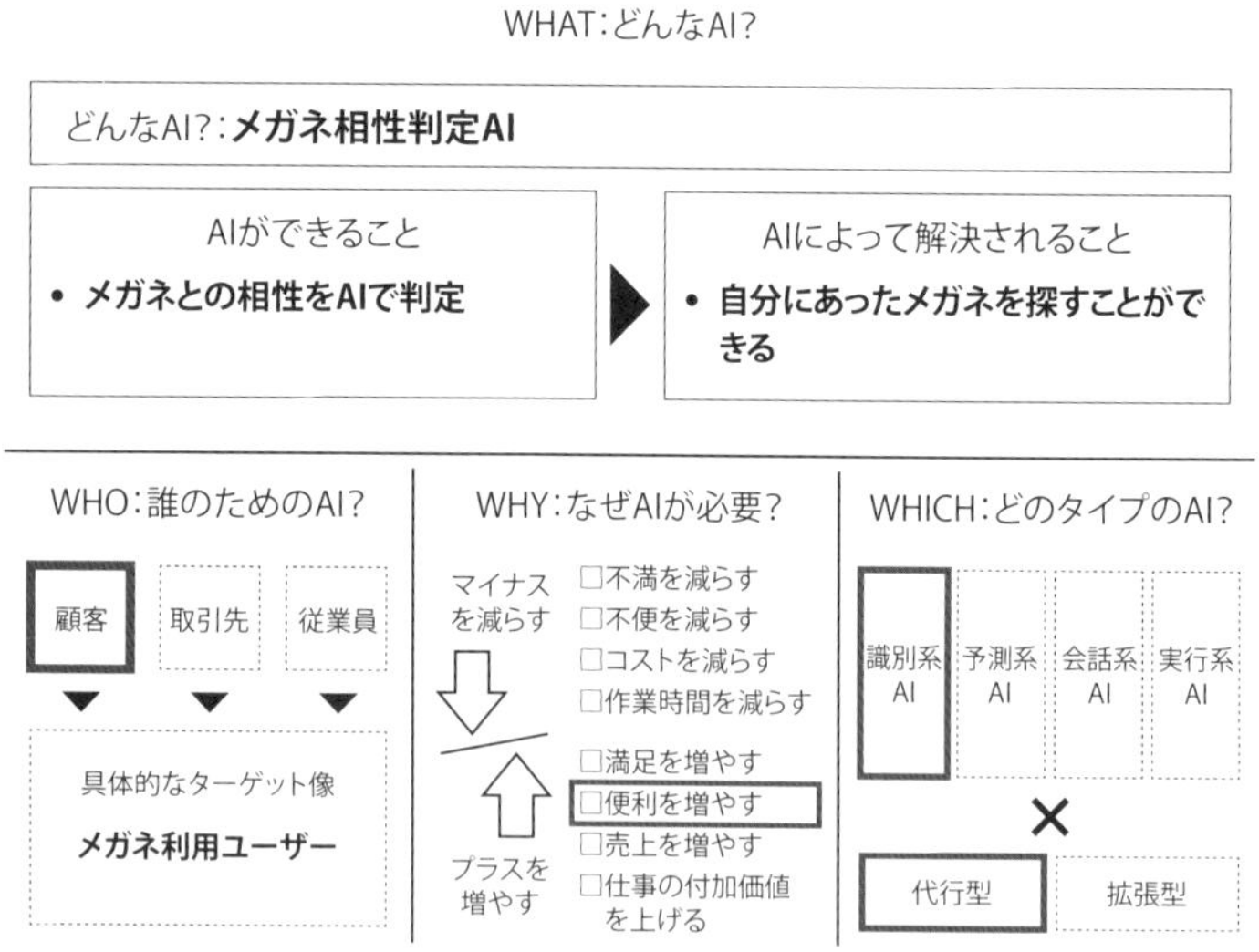

流通・小売

三菱商事とローソン、AIでコンビニを節電

実行系 × 代行型

事例の概要

- 電力需要の**予測AI**で、各店舗に節電を指示
- AIは**過去の電力使用状況や天気予報**などにより学習
- **店舗の照明を暗くしたり、空調の設定温度を変える**
- 節電開始前に**各店舗タブレットに通達**。受諾するか拒否するかを決められる
- 20年度末までに全国の5000店に広げ、電気代の**削減額が年間数億円**を目指す

解決できること　**コンビニの電気代の節約**

「三菱商事とローソンはコンビニエンスストアの電力使用を集中制御し、電気代を抑制する取り組みを始める。2020年度末までに5000店を通信回線で結び、人工知能（AI）を活用して空調や照明の電力使用を抑制するシステムを整える。電気代の削減額は年間数億円とみられる。加盟店の電力使用をまとめて管理し、効率的な店舗運営につなげる狙いだ。

図表6-8　三菱商事とローソン「5000店舗のコンビニ節電」

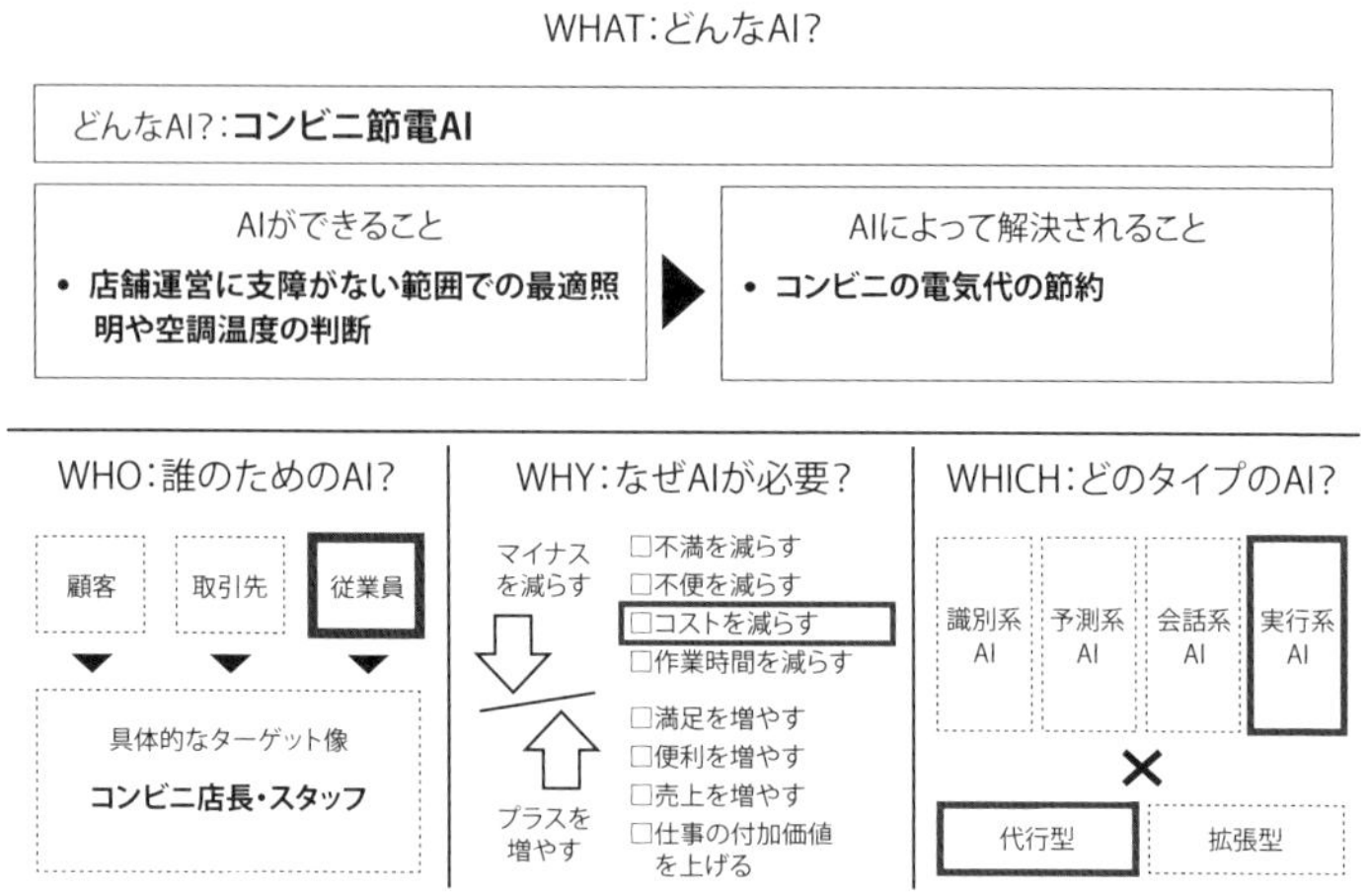

三菱商事とローソンは共同出資の新電力、ＭＣリテールエナジー（東京・港）を通じて各店舗に電力供給している。同社が開発した電力需要の予測システムを用いて、各店舗に節電を指示する。ＡＩが過去の電力使用状況や天気予報などを分析。店舗運営に支障がない範囲で店舗の照明を暗くしたり、空調の設定温度を変えたりする。

指示は節電開始の10分前に各店舗のタブレット端末に届く。店舗の運営者はその場で受諾するか拒否するかを決める。受諾すれば自ら操作しなくても、自動的に空調や照明の設定が切り替わる。小売店チェーンで複数店舗の節電を集中制御する仕組みは珍しい」

（出所）『日本経済新聞』２０１８年10月30日朝刊

EC・IT

ZOZO、AI活用した「類似アイテム検索機能」で滞在時間4倍

識別系 × 代行型

事例の概要

- ZOZOTOWNに**類似アイテム検索機能**が搭載された
- 利用ユーザーの**滞在時間が4倍**に
- 閲覧中の商品の形・質感・色・柄などをもとに、**AIが似ている商品を検出**し、一覧で表示
- 色やキーワードなどの検索だけでは、イメージする**商品にたどり着けないシーンをカバー**

解決できること **似たアイテムの推薦による買い物体験の向上／これまで見つけにくかったアイテムの発見による売上の向上**

（出所）ryutsuu.biz/it/1082719.html

図表6-9　類似商品をワンタップで検索できる

画面上の画像検索アイコンをタップ　　　似ている商品が一覧で表示されます

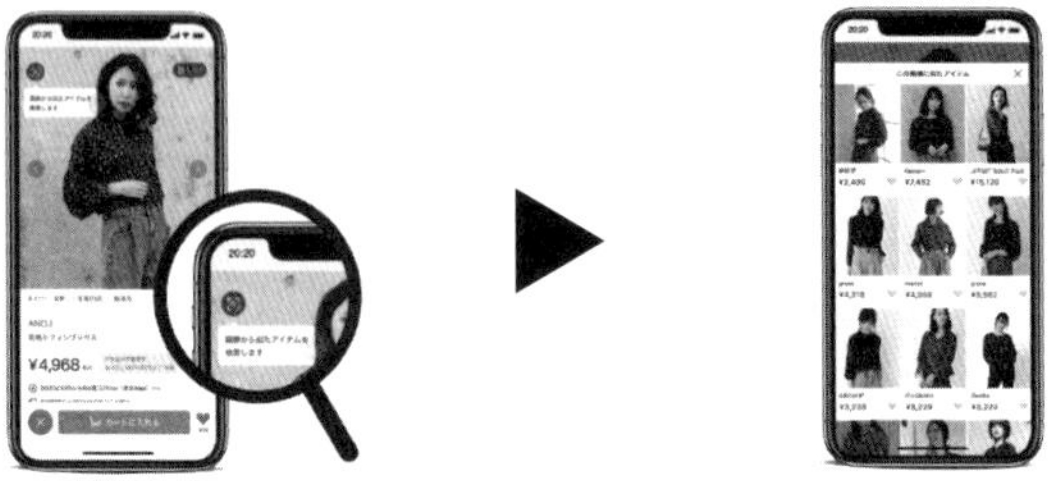

（提供）ZOZO

図表6-10　ZOZO「類似アイテム検索機能」

WHAT：どんなAI？

どんなAI？：**類似アイテム検索AI**

AIができること		AIによって解決されること
• **色や形などで似たアイテムを探すことができる**	▶	• **似たアイテムの推薦による買い物体験の向上** • **これまで見つけにくかったアイテムの発見による売上の向上**

WHO：誰のためのAI？

顧客（選択）／取引先／従業員

具体的なターゲット像

ファッション好きユーザー

WHY：なぜAIが必要？

マイナスを減らす
- □不満を減らす
- □不便を減らす
- □コストを減らす
- □作業時間を減らす

プラスを増やす
- □満足を増やす
- □便利を増やす（選択）
- □売上を増やす（選択）
- □仕事の付加価値を上げる

WHICH：どのタイプのAI？

識別系AI（選択）／予測系AI／会話系AI／実行系AI

×

代行型（選択）／拡張型

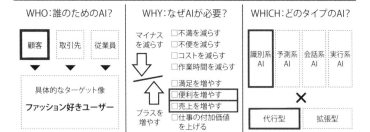

EC・IT

LOHACO、チャットボット「マナミさん」で5割の問い合わせに対応

会話系 × 代行型

事例の概要

- LOHACOのチャットボット導入初期は**ユーザーの利用率が低かった**が、独自キャラクター「マナミさん」採用により**利用率を改善**
- 電話・メールを含めた**問い合わせ総数の5割**をマナミさんが対応
- センターの**対応時間外や深夜帯**も対応
- 電話オペレーターの仕事に換算すると**月10人分以上**
- 入力された質問から**マッチする回答を選び出す**ルールベースの仕組み
- 質問に対しての回答を示すことができたかという指標**「ヒット率」の目標は92%**
- LINEチャットの場合、回答後満足度が低いアンケート入力があると**有人チャットに切り替える仕組み**も用意

解決できること　**スタッフの作業時間を減らす／深夜帯の対応**

（出所）https://xtrend.nikkei.com/atcl/contents/18/00130/00001/

図表6-11 「マナミさん」によるチャット対応

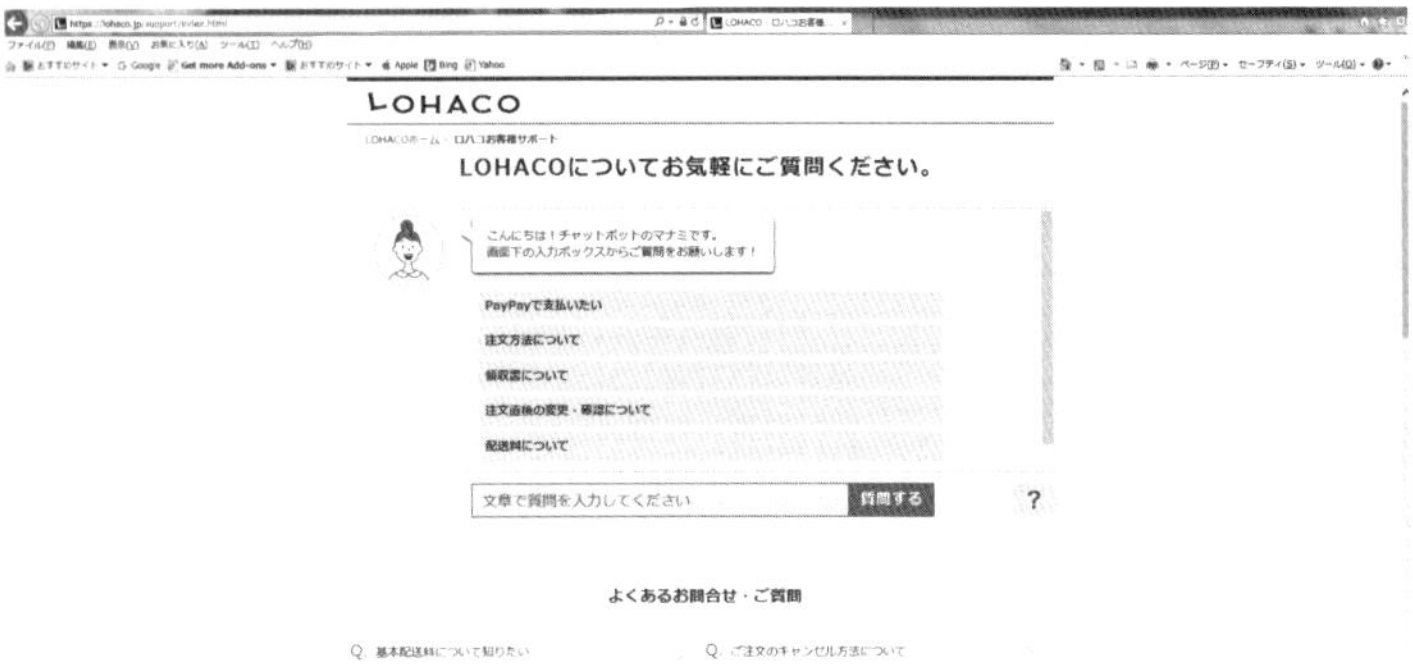

（出所）https://lohaco.jp/support/index.html

図表6-12 LOHACO「人材不足を救うチャットボット」

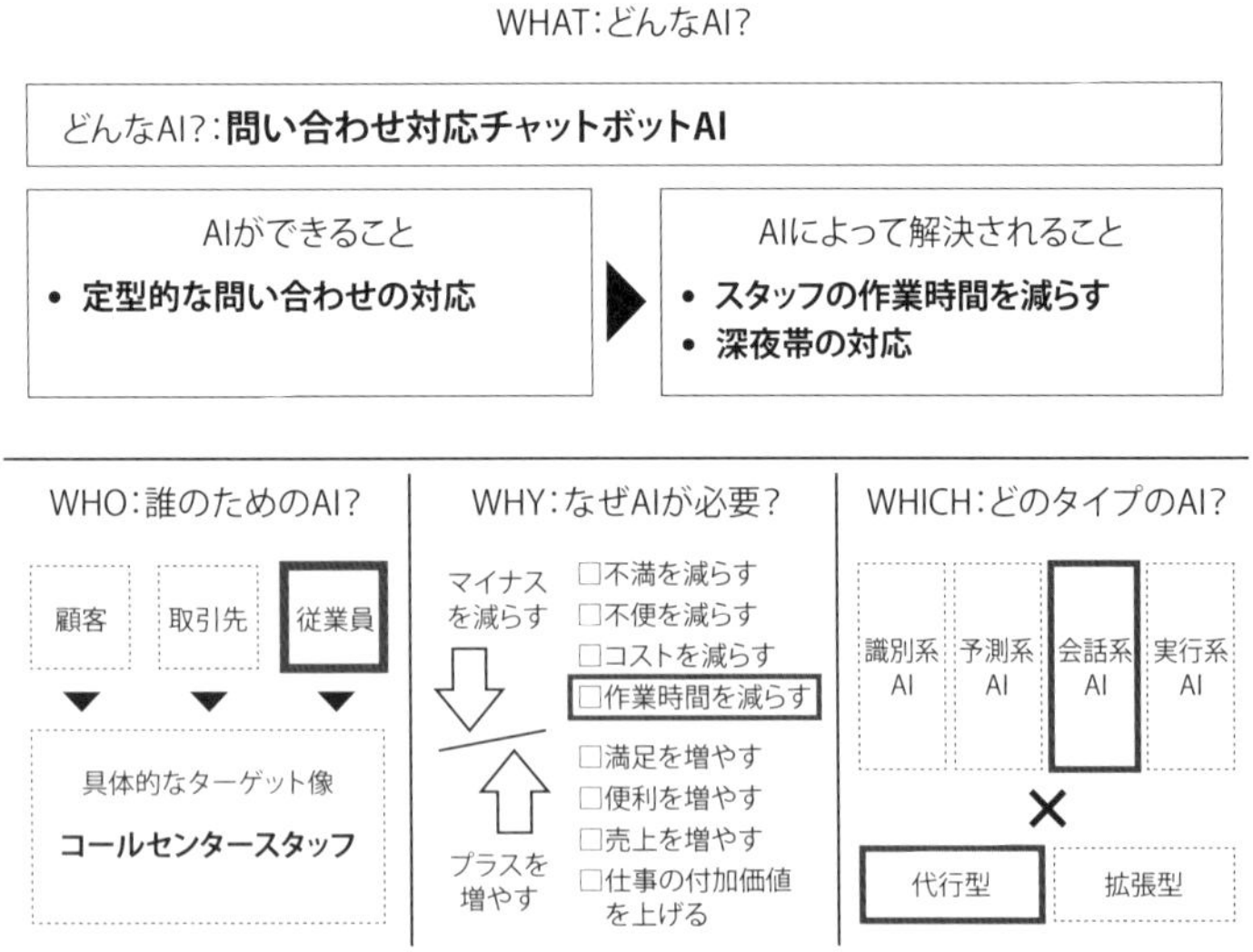

ファッション

仏Heuritech、SNS画像から ファッショントレンド予測

識別系 × 拡張型

事例の概要

- 仏Heuritech、ＳＮＳやブログなどの**ソーシャルメディアの毎日の投稿**を分析
- 写真・テキストデータから、**ブランドや商品、インフルエンサー**を抽出
- **ファッショントレンドを予測**するＡＩシステムを開発
- スカートの**売上が12％増加**した例もあり、ルイ・ヴィトンやディオールなど多くの企業が顧客になっている

解決できること　**ファッショントレンドの観測と予測**

（出所）https://ftn.zozo.com/n/nf9404a0b17fb?creator_urlname=831mo917
https://fashnerd.com/2019/01/french-startup-heuritech-wants-to-help-fashion-brands-make-clothes-that-customers-want/

図表6-13　ソーシャルメディアの投稿を分析

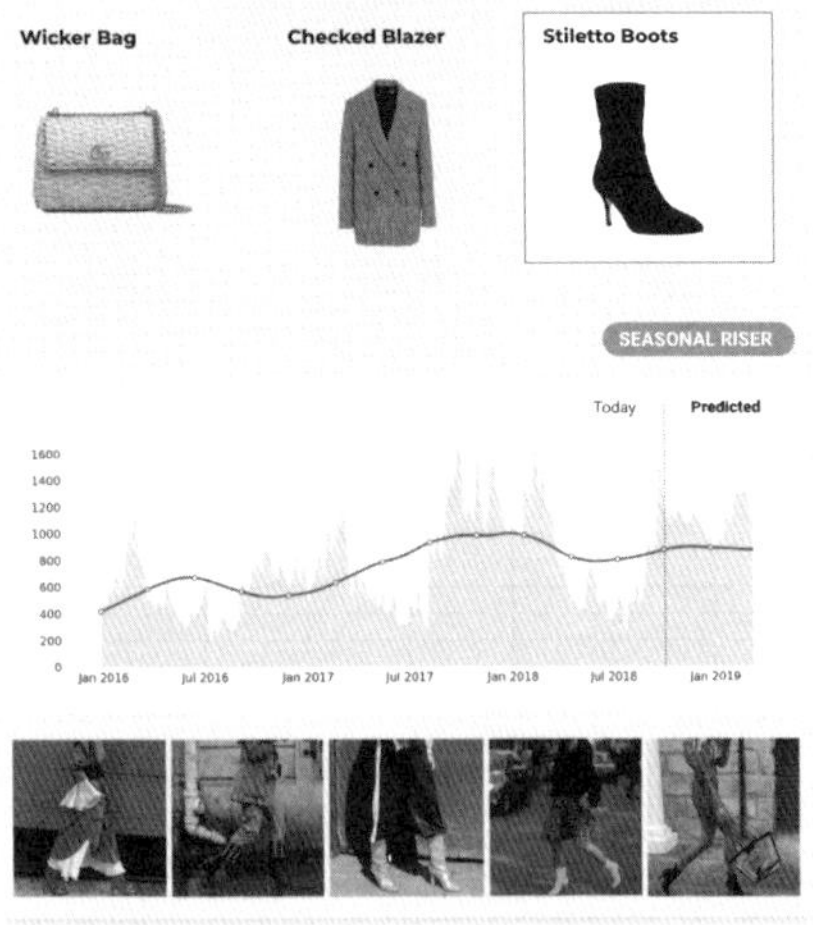

（提供）Heuritech

図表6-14　仏Heuritech「SNS画像からファッショントレンド予測」

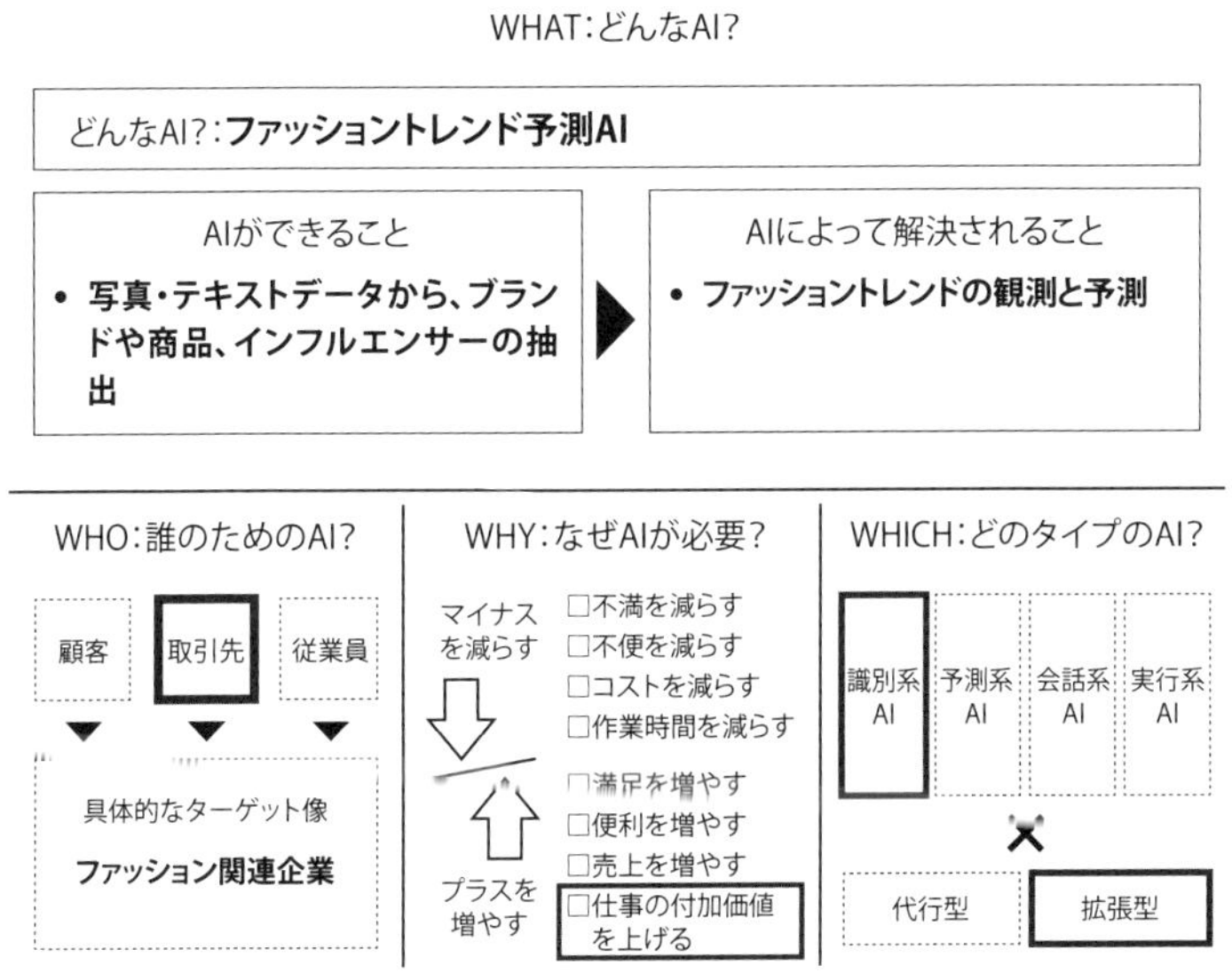

ファッション

米The take AI、動画内の服を検出して似たアイテムを表示。購入も可能に

識別系 × 拡張型

事例の概要

- 「The take AI」は、動画にいる人物を検出し、それぞれの**人物が着ている服を検出**
- 検出した服に**似ているアイテム**を表示する
- **動画内に映る人物ごと**に着用類似アイテムを表示することができる
- 表示されたアイテムを**購入するアプリ**も提供されている

解決できること 動画内の登場人物が着ている服に似たアイテムを知ることができる／アイテムを購入することができる

（出所）https://thetake.ai/

図表6-15　動画内の人物が着用している服に類似した商品を提示

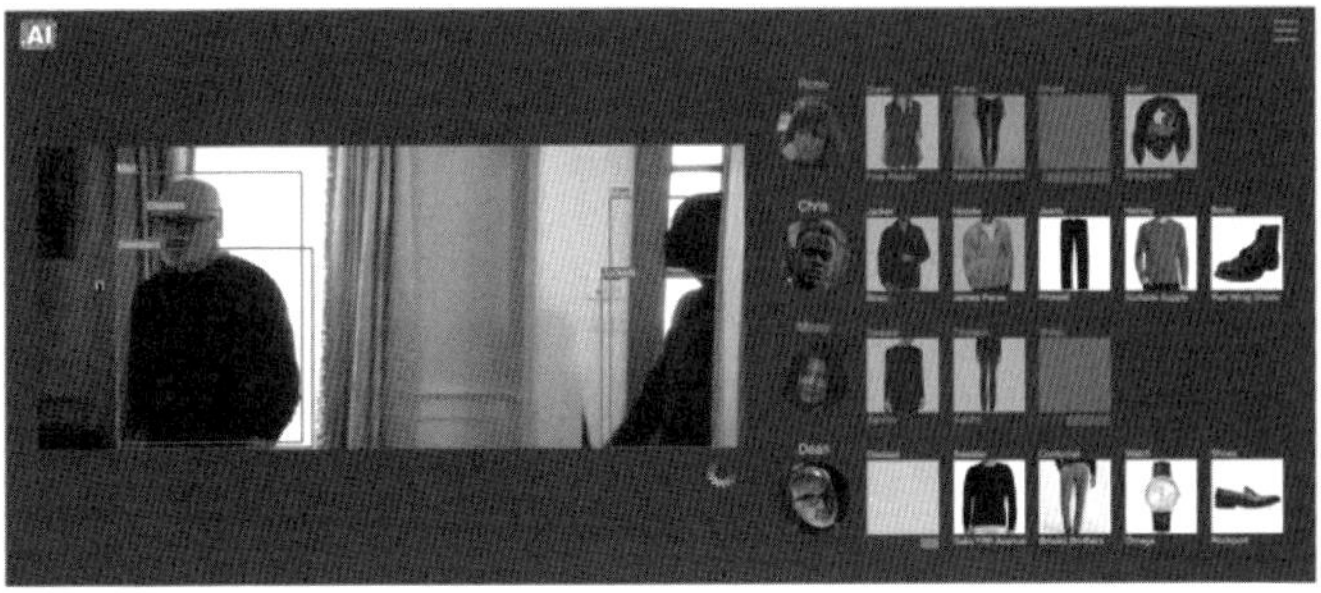

（出所）https://thetake.ai/

図表6-16　米The take AI「動画内の服を検出するAI」

WHAT：どんなAI？

どんなAI？：**動画内ファッションアイテム検出AI**

AIができること
- **動画内の着用類似アイテムの表示**

▶

AIによって解決されること
- **動画内の登場人物が着ている服に似たアイテムを知ることができる**
- **アイテムを購入することができる**

WHO：誰のためのAI？

顧客　取引先　従業員

具体的なターゲット像
ファッション好きユーザー

WHY：なぜAIが必要？

マイナスを減らす
□不満を減らす
□不便を減らす
□コストを減らす
□作業時間を減らす

プラスを増やす
□満足を増やす
□便利を増やす
□売上を増やす
□仕事の付加価値を上げる

WHICH：どのタイプのAI？

識別系AI　予測系AI　会話系AI　実行系AI

×

代行型　**拡張型**

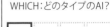

ファッション

ストライプ、需要予測AIで在庫を8割まで圧縮

予測系
×
拡張型

事例の概要

- ストライプは、アースミュージック&エコロジーで**AIによる在庫圧縮の実験**を実施
- **値引き率が14ポイント改善して54%。**タイムセール時間も**4割減る**などを立証した
- 店舗ごとの商品配分も、従来は都心型と郊外型の2パターンしかなかったが、AI分析実験により**8つにまで細分化**できた
- 在庫を**8割まで引き下げ、仕入高350億円を削減**する計画

解決できること　**不要在庫の圧縮によるコストカット**

「ストライプインターナショナルグループは、AI（人工知能）分析による在庫圧縮を軸にした2020年1月期の事業戦略を発表した。（中略）基幹ブランド『アースミュージック&エコロジー（EARTH MUSIC&ECOLOGY以下、アース）』では、実験的に18年8月からAIでのデータ分析による在庫圧縮を開始。その結果『アース』の19年1月は、セール期ではある

図表6-17　ストライプ「需要予測で在庫圧縮」

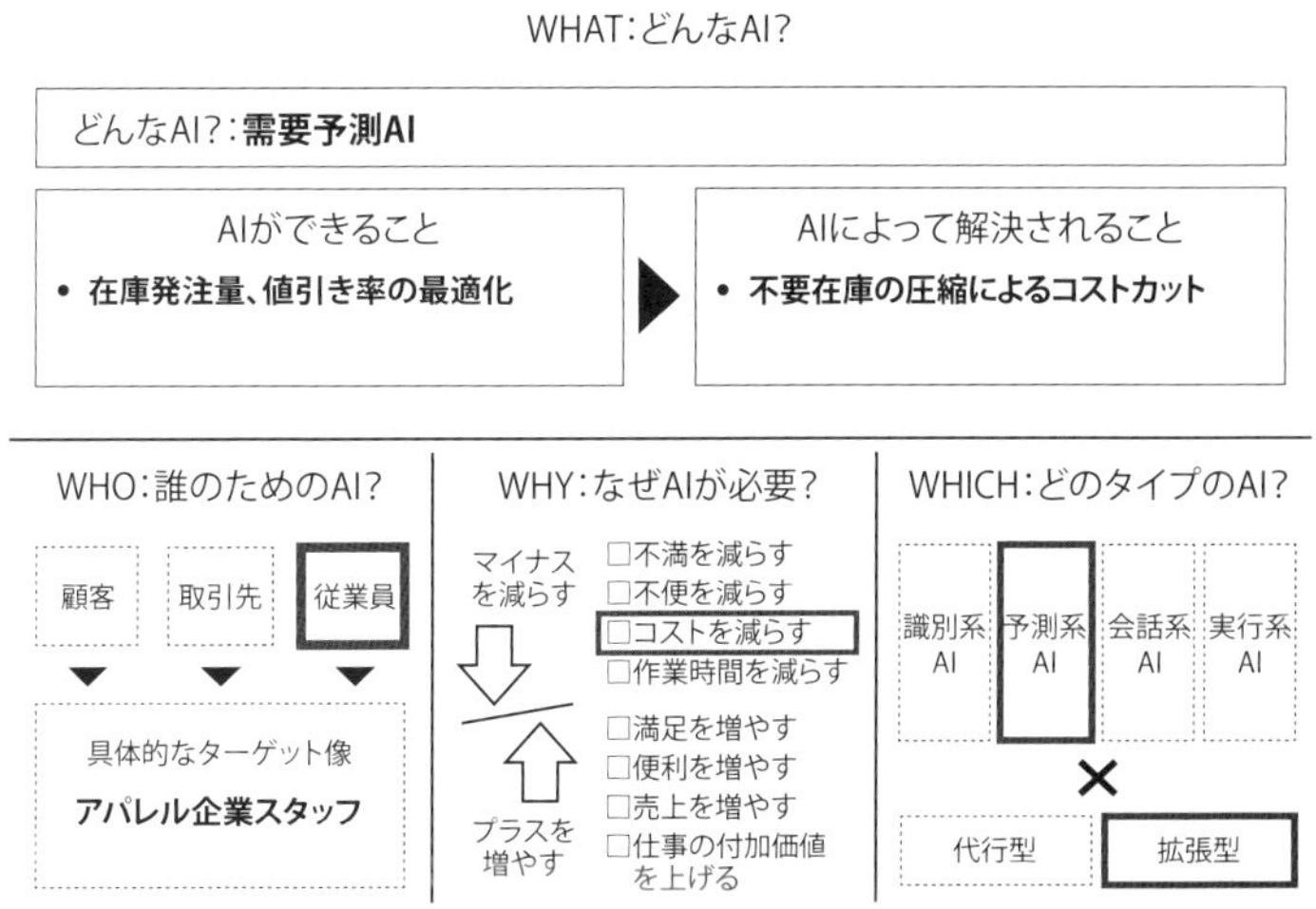

ものの『値引き率が14ポイント改善して54%になった。タイムセール時間も4割減った』。(中略)

実験で在庫発注量、値引き率の最適化には一定の手応えを得たため、2月から国内全ブランドにAI分析を広げる。仕入高350億円削減という数字は、AIがはじき出したものだ。店舗ごとの商品配分についても、従来は都心型と郊外型の2MDしかなく、非効率を生んでいたが、『アース』のAI分析実験ではこれを8つに細分化

(出所)WWD「ストライプ20年1月期はAI分析で在庫を8割まで圧縮 音楽事業にも進出」2019年1月31日
https://www.wwdjapan.com/articles/786161

ファッション

ZOZOUSED、古着の値づけにAIを導入

予測系 × 代行型

事例の概要

- ZOZOUSEDは、商品管理情報が少ない**古着における値づけ課題**をAIで解決
- ZOZOグループ内の**ビッグデータを活用**してAIモデルを構築
- 以前はブランドやカテゴリー、コンディションなどの情報でのみ値づけを行なっていたが、AIモデルの導入で高精度な値づけが可能になった
- AIモデル導入後、値づけの**的中率はAI導入前の約1・5倍**に上がった
- **平均買取単価は200〜300円上昇**し、売り手のモチベーションを高めた

解決できること **買取価格のアップと古着を売りたいユーザーのモチベーションの向上**

（出所）https://news.mynavi.jp/article/20190709-848562/

図表6-18　販売データから古着の値づけを予測

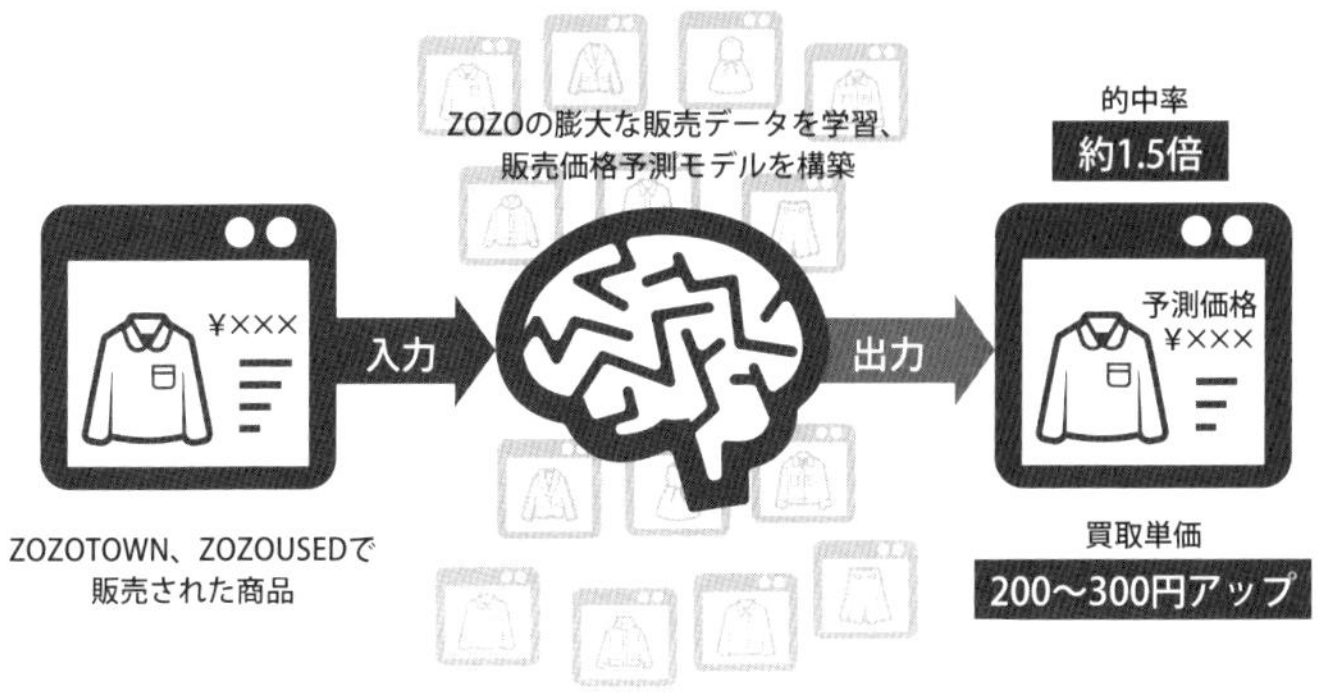

（提供）ZOZO

図表6-19　ZOZOUSED「古着の値づけ」

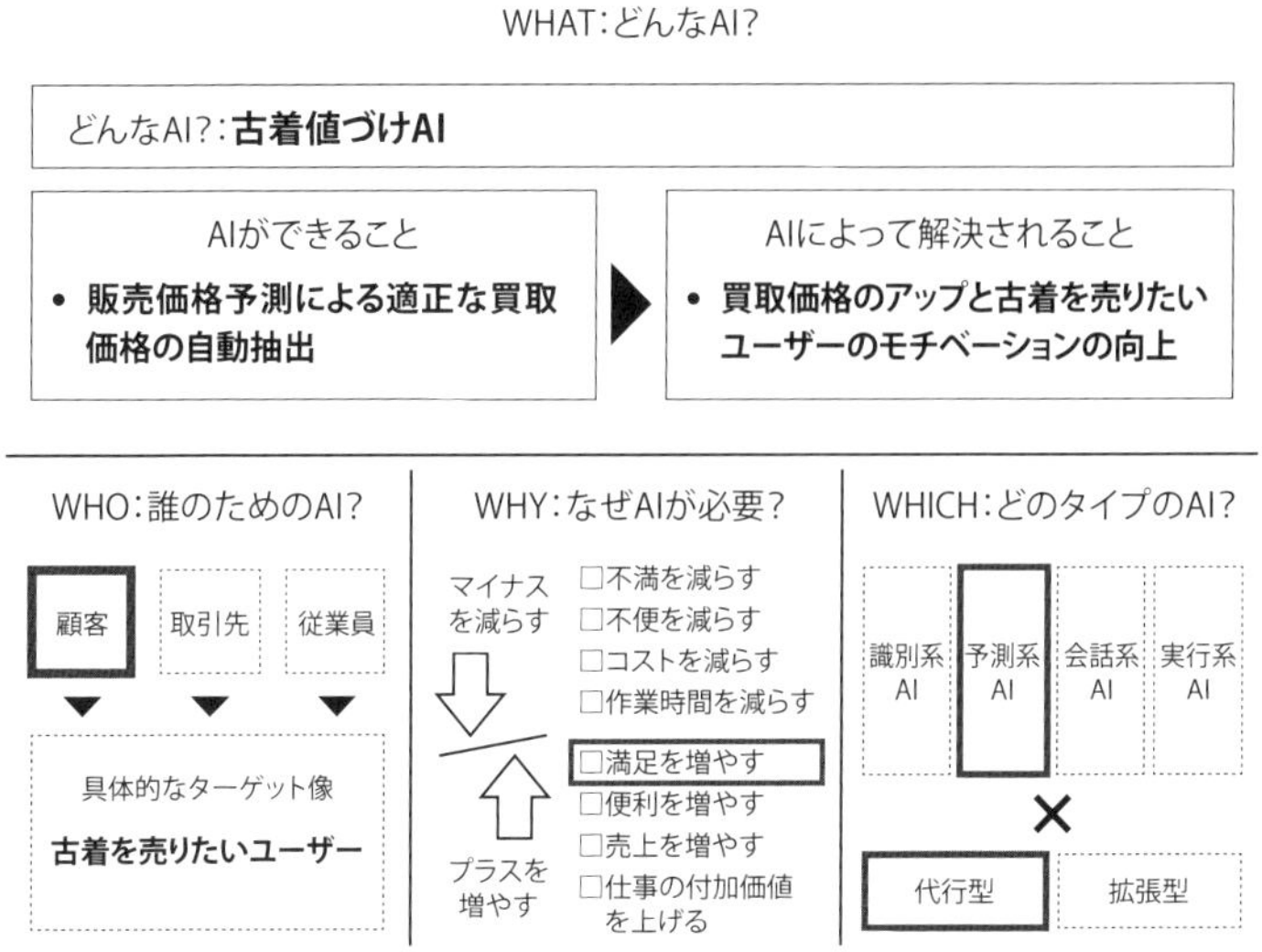

エンタメ・メディア

日経、１００年分の新聞記事をＡＩで読み取り。精度95％

識別系 × 代行型

事例の概要

- １８７６年の創刊から１９７０年代までの**約１００年分の新聞記事**をテキストデータ化
- これまでは原本をスキャンしたイメージデータだけを保存していたが、**ＡＩによるテキストデータ化**に乗り出した
- 文字の画像データとその文字をテキストにした**データの組を５万字分作成**し学習データ化
- 当初読み取り精度が75％に留まっていたが工夫を凝らし**読み取り精度を95％**までに
- **古い新聞の文字**は読み取りが難しいとされていたが、自動で読み取れるＡＩ技術を確立
- 精度を上げることで**人手による修正の手間を大幅に省ける**ようにした

解決できること　**１００年分の新聞記事を文字で検索できるようになる**

（出所）https://tech.nikkeibp.co.jp/atcl/nxt/column/18/00001/02028/

図表6-20 日本経済新聞の前身「中外物価新報」

中外物價新報

AI OCRの読み取り対象にする新聞のスキャンデータの例。日本経済新聞の前身である「中外物価新報」の第1号。1876年12月2日に発行された

(出所) 日本経済新聞社

図表6-21 日本経済新聞「100年分の記事をAI OCRで読み取り」

WHAT:どんなAI?

どんなAI?:**新聞記事の読み取りOCR AI**

AIができること
- **古い新聞の画像データをテキストデータとして読み取る**

▶

AIによって解決されること
- **100年分の新聞記事を文字で検索できるようになる**

WHO:誰のためのAI?

顧客 / 取引先 / **従業員**

具体的なターゲット像

記者、過去記事の参照者

WHY:なぜAIが必要?

マイナスを減らす
- □不満を減らす
- □不便を減らす（選択）
- □コストを減らす
- □作業時間を減らす

プラスを増やす
- □満足を増やす
- □便利を増やす
- □売上を増やす
- □仕事の付加価値を上げる

WHICH:どのタイプのAI?

識別系AI（選択） / 予測系AI / 会話系AI / 実行系AI

×

代行型（選択） / 拡張型

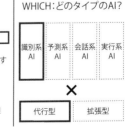

エンタメ・メディア

福岡ソフトバンクホークス、リアルタイムで価格が変わるAIチケット販売

予測系 × 代行型

事例の概要

- 福岡ソフトバンクホークスは**AIチケットを販売**
- AIチケットでは**需要に応じて価格が変動**するダイナミックプライシングを採用
- 過去の販売実績、順位、対戦成績、試合日時、席種、席位置、チケット売れ行きなどから**AIで需要予測し価格を決定**
- AIシステムを活用し**リアルタイムで価格が変動**する仕組みに

解決できること **空きが多いときはより安価で買いやすく／人気試合でも金額次第で入手可能に／結果、売上の向上**

（出所）https://about.yahoo.co.jp/pr/release/2019/01/24a/

図表6-22　福岡ソフトバンクホークス「チケット販売サイト」

（出所）https://www.softbanks.co.jp/news/list/0/00000002/index.html

図表6-23　福岡ソフトバンクホークス「リアルタイムで価格変動するAIチケット販売」

WHAT：どんなAI？

どんなAI？：**ダイナミックプライシングAI**

AIができること
- **需要に合わせた最適価格の設定**

▶

AIによって解決されること
- **空きが多いときはより安価で買いやすく**
- **人気試合でも金額次第で入手可能に**
- **結果、売上の向上**

WHO：誰のためのAI？

［顧客］　取引先　従業員

具体的なターゲット像
野球観戦者

WHY：なぜAIが必要？

マイナスを減らす
□不満を減らす
□不便を減らす
□コストを減らす
□作業時間を減らす

プラスを増やす
□満足を増やす
［□便利を増やす］
［□売上を増やす］
□仕事の付加価値を上げる

WHICH：どのタイプのAI？

識別系AI　**［予測系AI］**　会話系AI　実行系AI

×

［代行型］　拡張型

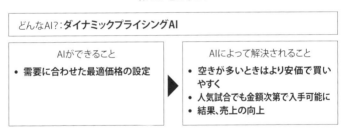

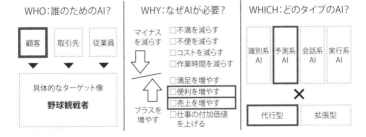

エンタメ・メディア

中国国営メディア新華社、AI合成による女性アナウンサー

会話系 × 代行型

事例の概要

- 中国国営メディア新華社は、ＡＩで合成された女性がコメントを読み上げる「**AIアナウンサー**」を開発した
- 同社は先駆けて男性ＡＩアナウンサーを発表していたが**女性版も追加発表**
- 実際に存在するアナウンサーの**容姿そっくりにAIで合成**
- ＡＩアナウンサーによる**読み上げもスムーズ**に行なうことができる

解決できること　**アナウンサーの24時間365日の代行**

（出所）https://www.huffingtonpost.jp/entry/story_jp_5c7cc6aee4b0e5e313cc6a5f

図表6-24　AI合成による女性アナウンサー

（出所）https://www.huffingtonpost.jp/entry/story_jp_5c7cc6aee4b0e5e313cc6a5f

図表6-25　中国国営メディア新華社「AI合成の女性アナウンサー」

WHAT：どんなAI？

どんなAI？：**AIアナウンサー**

AIができること		AIによって解決されること
• **間違いのないニュースの読み上げ**	▶	• **アナウンサーの24時間365日の代行**

WHO：誰のためのAI？

- **顧客**（選択）
- 取引先
- 従業員

具体的なターゲット像

ニュース番組視聴者

WHY：なぜAIが必要？

マイナスを減らす
- □不満を減らす
- □不便を減らす
- □コストを減らす（選択）
- □作業時間を減らす

プラスを増やす
- □満足を増やす
- □便利を増やす
- □売上を増やす
- □仕事の付加価値を上げる

WHICH：どのタイプのAI？

- 識別系AI
- 予測系AI
- 会話系AI（選択）
- 実行系AI

×

- 代行型（選択）
- 拡張型

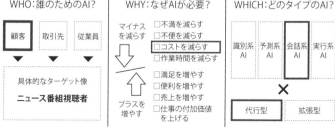

エンタメ・メディア

富士通、AIによる記事の自動要約システム

実行系 × 代行型

事例の概要

- 富士通は、記事全文から短文への要約を行なう**自動要約ＡＩ**を開発
- 記事全文から文体などを変えずに１８０字以内の**要約記事を作成する重要文抽出**と、54文字以内の**短文を作成する生成型要約**（研究中）の２つの機能がある
- ニュースの要約、ＳＮＳ投稿用の短文、電光掲示板やサイネージ配信用ニュースなどでの利用を想定している

解決できること **人が行なっていた要約業務の効率化／多くの文章の要約化**

（出所）https://japan.zdnet.com/article/35139603/

図表6-26　記事の自動要約システム

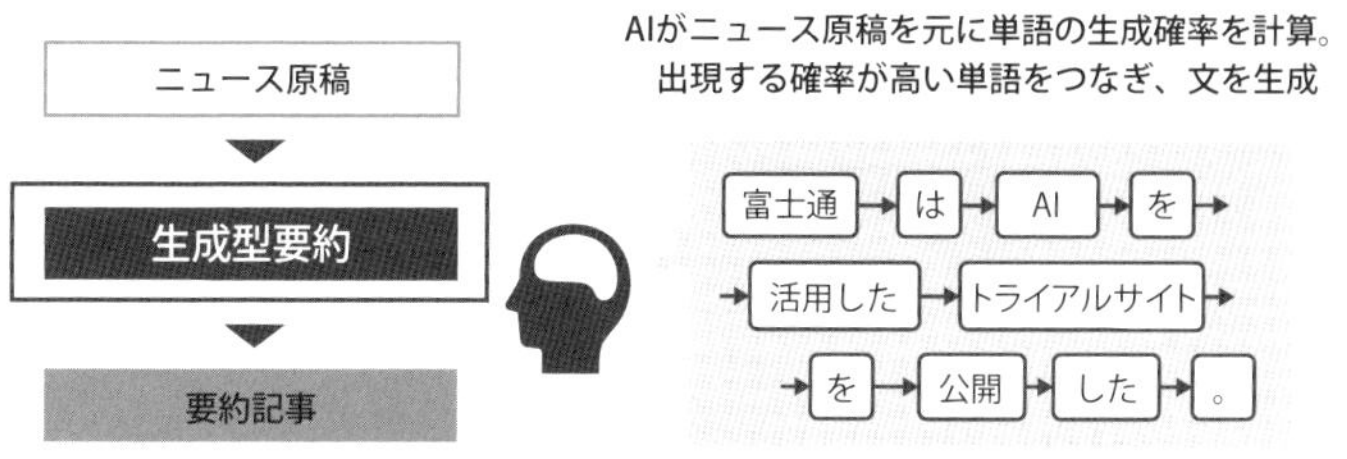

（提供）富士通

図表6-27　富士通「記事の自動要約システム」

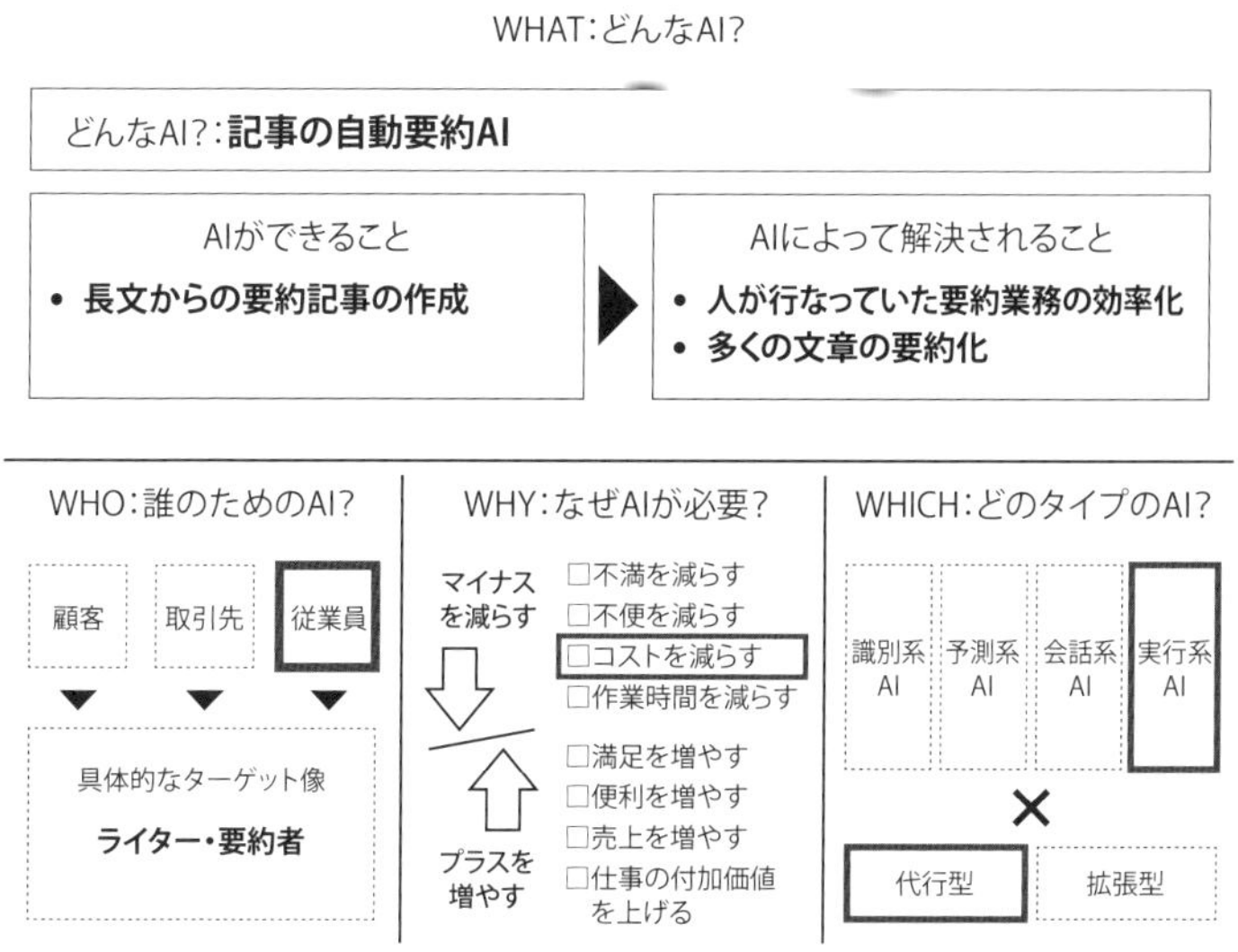

運輸・物流

佐川急便、AIで配送伝票入力を自動化

識別系 × 代行型

事例の概要

- 佐川急便は、AIにより**配送伝票の入力業務を自動化**
- 繁忙期には**1日に100万枚**の配送伝票の情報を人手によって入力
- AIによる配送伝票入力によって、**月換算で約8400時間相当の作業**を削減
- ディープラーニング技術により手書き数字の**認識精度を99.995%以上**に
- 「〇」で囲まれた数字や取消線で**修正された数字、文字の擦れや傷**にも対応
- さまざまな業務で「**人とAIの協働**」を推進していくとしている

解決できること　**大量の単純作業の置き換えによるコストダウン**

（出所）https://japan.zdnet.com/article/35140897/

図表6-28　手書きにも対応する伝票自動入力システム

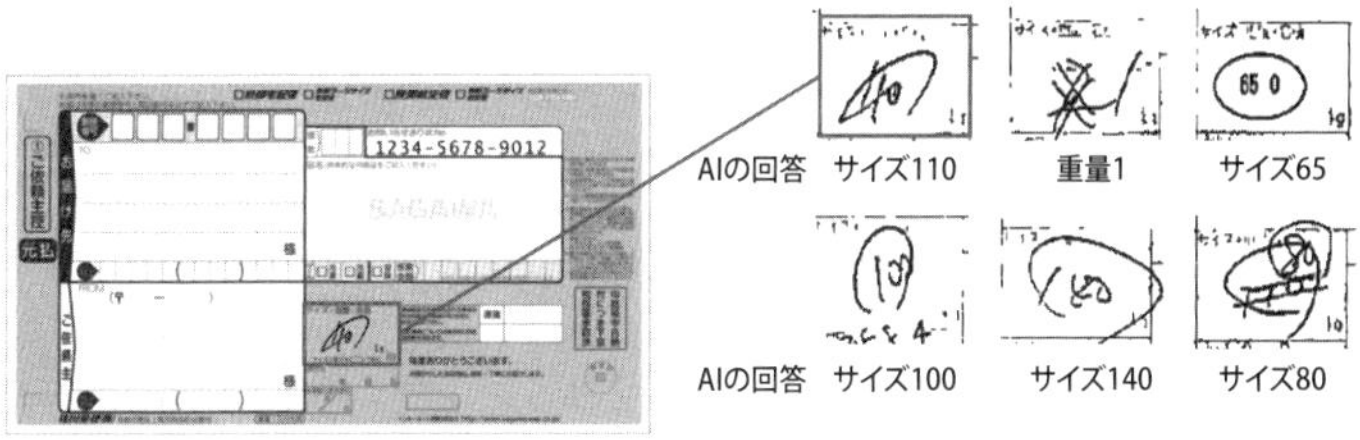

目視では読み取りづらい手書き数字（これに基づき料金が決定される）も、今回のAIシステムでは正確に読み取ることができる

（提供）フューチャーアーキテクト

図表6-29　佐川急便「配送伝票の読み取りAI」

WHAT：どんなAI？

どんなAI？：**配送伝票読み取りAI**

AIができること

- **配送伝票の入力を自動化**

▶

AIによって解決されること

- **大量の単純作業の置き換えによるコストダウン**

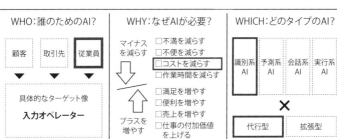

WHO：誰のためのAI？

顧客　取引先　従業員

▼　▼　▼

具体的なターゲット像

入力オペレーター

WHY：なぜAIが必要？

マイナスを減らす

□不満を減らす
□不便を減らす
□コストを減らす
□作業時間を減らす

プラスを増やす

□満足を増やす
□便利を増やす
□売上を増やす
□仕事の付加価値を上げる

WHICH：どのタイプのAI？

識別系AI　予測系AI　会話系AI　実行系AI

×

代行型　拡張型

運輸・物流

日立製作所と三井物産、AIで配送計画するスマート物流

予測系 × 代行型

事例の概要

- 日立製作所と三井物産は、AIによる**配送最適化サービス**を開発
- 熟練者が数時間から1、2日かけていた**配送計画作業を数分～1時間程度でAIが代行**
- 車両ごとの**配送先・配送日時の割り付けや配送ルートの策定**などを自動立案
- 納品日時、物流センター・拠点の位置、走行ルートと時間、渋滞、積荷・滞店時間などに加え、**熟練者の経験**（配送候補日の調整など）を分析の変数として取り入れた
- 配送車の**走行記録をGPSで取得**することで、配送実績の作成も自動化
- 車両・ドライバーごとの配送時間・ルート・作業内容、コスト、遅延率などを可視化

解決できること　**熟練者しかできなかった高度な計画作業をAIが代行／配送計画を1～2時間で作成可能に**

（出所）https://it.impressbm.co.jp/articles/-/17525

図表6-30　配送計画を自動立案

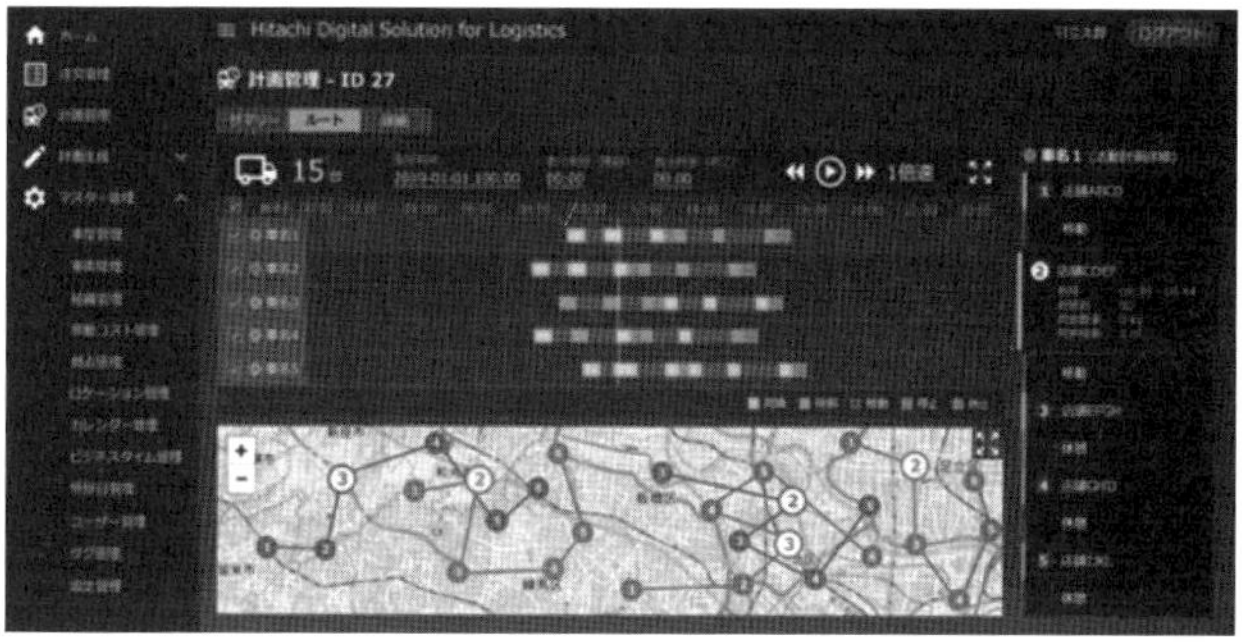

（出所）日立製作所

図表6-31　日立製作所と三井物産「配送計画を自動立案するスマート物流」

WHAT：どんなAI？

どんなAI？：**配送計画立案AI**

AIができること
- **車両ごとの配送先・配送日時の割り付けや配送ルートの策定**

▶

AIによって解決されること
- **熟練者しかできなかった高度な計画作業をAIで代行**
- **配送計画を1～2時間で作成可能に**

WHO：誰のためのAI？

顧客　取引先　**[従業員]**

具体的なターゲット像
配送運転手

WHY：なぜAIが必要？

マイナスを減らす
- □不満を減らす
- □不便を減らす
- □コストを減らす
- **[□作業時間を減らす]**

プラスを増やす
- □満足を増やす
- □便利を増やす
- □売上を増やす
- **[□仕事の付加価値を上げる]**

WHICH：どのタイプのAI？

識別系AI　**[予測系AI]**　会話系AI　実行系AI

×

[代行型]　拡張型

運輸・物流

京東（JD.com）、物流倉庫の自動化。人の10倍の処理能力

実行系 × 拡張型

事例の概要

- 京東（JD.com）は、**全工程を無人化したスマート倉庫**を上海郊外で運用
- **ロボットアーム**による自動搬入や**搬送ロボット**による自動仕分け
- 人手で処理する従来の倉庫の**10倍の処理能力**
- 大規模なセールが実施される「独身の日」（11月11日）において、京東は**90％以上の注文を受注当日または翌日まで**に消費者まで届けることに成功
- 自動仕分け精度は99・99％。**1時間で4000袋を識別**し、**作業効率は5倍**以上改善

解決できること

人に頼らない倉庫作業の実行／人件費のコストカット／処理時間の高速化・24時間稼働

（出所）https://tech.nikkeibp.co.jp/atcl/nxt/mag/nc/18/071000059/071000003/
https://www.sangyo-times.jp/article.aspx?ID=2990

図表6-32　京東（JD.com）のスマート倉庫

（提供）京東（JD.com）

図表6-33　ロボットアームの作業風景

（提供）京東（JD.com）

図表6-34　自動搬送ロボットが配送先ごとに仕分け

（提供）京東（JD.com）

図表6-35　京東（JD.com）「物流倉庫の自動化」

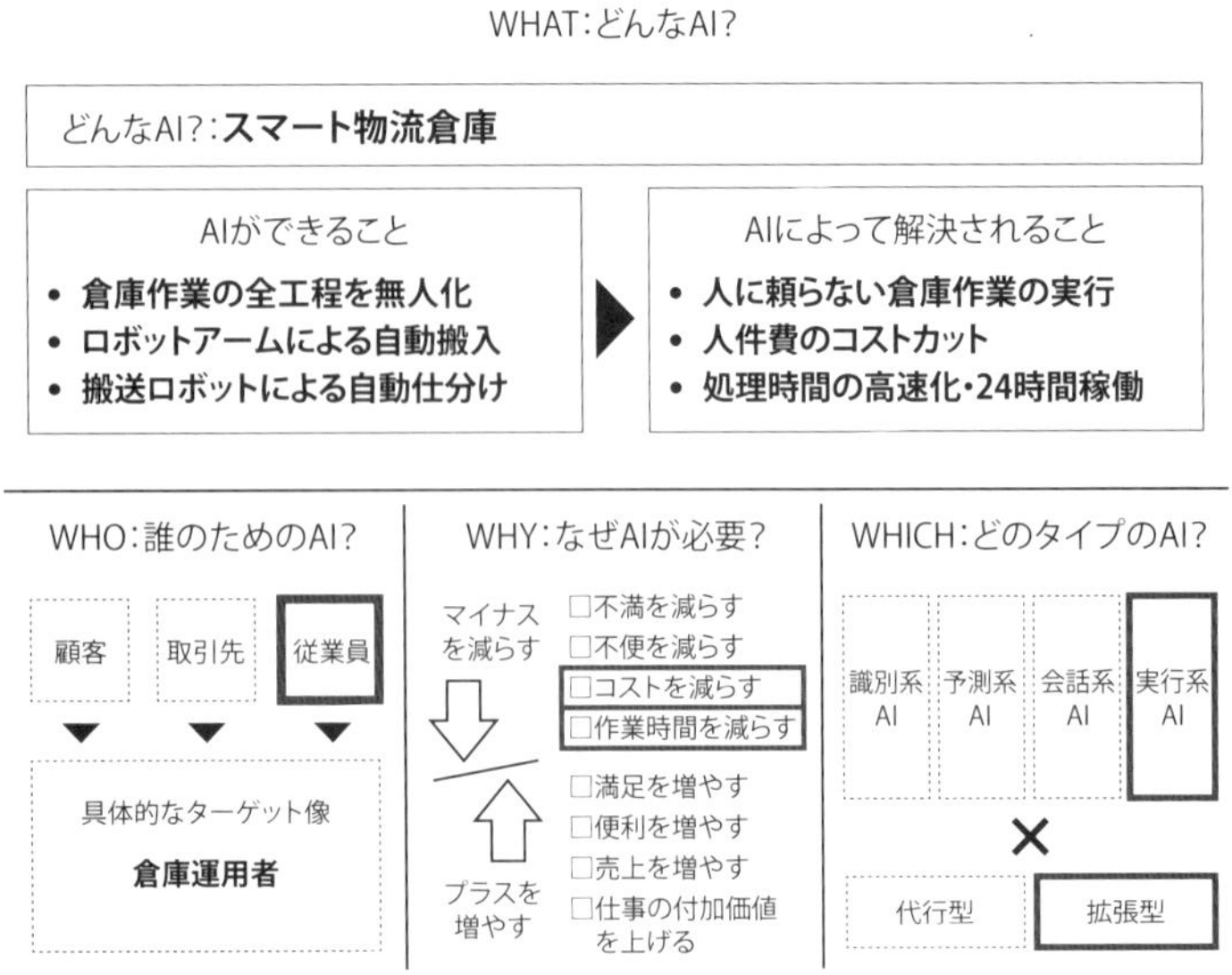

車・交通

NTTドコモ、AIタクシーを展開、93〜95％精度で乗車予測

予測系 × 拡張型

事例の概要

- NTTドコモは、タクシーの乗車台数を予測する**AIタクシーのサービス**を提供
- 携帯電話の電波からエリア人口を**リアルタイムに予測**しAI予測に活用
- 500m×500mの**エリアごと、時間帯ごと**に予測
- エリア人口に加えタクシー運行データ、雨量などの気象データ、イベント会場や駅、病院、学校などの施設データなどを**予測データとして活用**
- 2つのAIシステムを併用し、過去予測精度に基づき使い分ける**ハイブリッド予測**
- 予測精度は**93〜95％と高精度、30分後までの乗車台数を予測**。更新は10分単位
- **新人ドライバーでも**普通のドライバー並みの乗車回数を達成可能に
- 1台あたり年間約28万円の売上向上。**全台導入すると年数億円規模の売上向上**が見込める

解決できること　**ドライバーの業務効率アップ／売上の向上**

（出所）https://nissenad-digitalhub.com/articles/ai-for-taxi/

図表6-36　NTTドコモ「AIタクシー93〜95%精度で乗車予測」

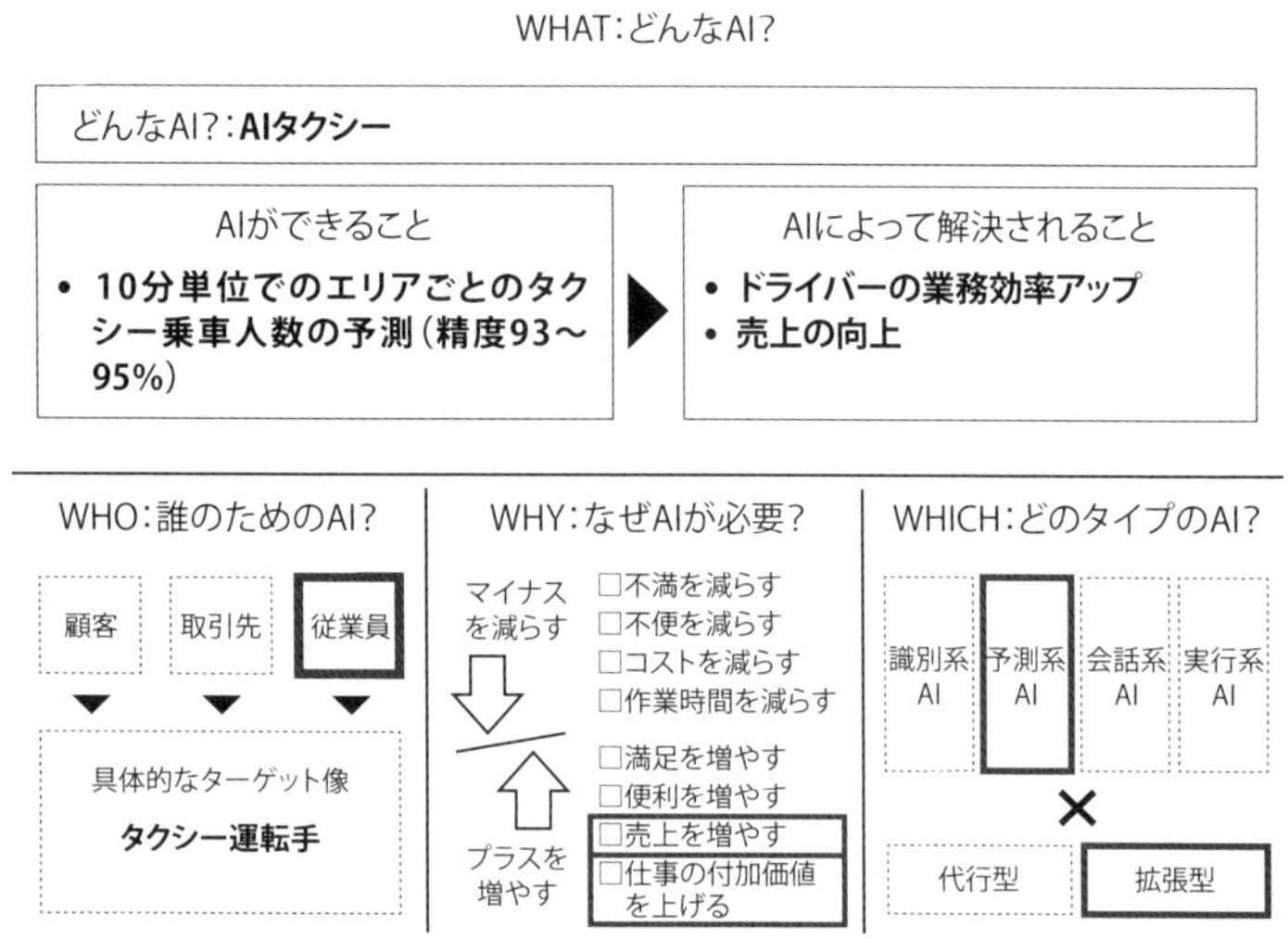

車・交通

トヨタ、自動運転と高度安全運転支援で二重に安全を確保

実行系 × 代行型

事例の概要

- トヨタは、自動運転と「**ガーディアン（高度安全運転支援）**」の二軸でＡＩ活用を展開
- ガーディアンは**運転の支援が主眼**として置かれ、運転操作の主体はドライバー
- 衝突被害軽減自動ブレーキや車線はみ出し警告を含む、**さまざまな安全支援**を行なう
- 能力が上がれば、後方からの追突を検知して、**自動で避けられる**可能性も
- 自動運転システムがトラブルを起こしたときにガーディアンがセーフティネットにもなり、**二重に安全を確保**できる
- トヨタ以外の自動運転システムを利用することが可能。ＵＢＥＲをはじめとした**外部会社への提供**も

解決できること　**運転時の二重の安全確保**

（出所）https://ascii.jp/elem/000/001/928/1928972/

図表6−37　トヨタ「自動運転と高度安全運転支援」

WHAT：どんなAI？
どんなAI？：高度安全運転支援AI
AIができること
• 運転支援AIによる人の運転の支援
• 運転支援AIによる自動運転の支援
AIによって解決されること
• 運転時の二重の安全確保
WHO：誰のためのAI？
顧客
取引先
従業員
具体的なターゲット像
ドライバー／自動運転AI
WHY：なぜAIが必要？
マイナスを減らす
□不満を減らす
□不便を減らす
□コストを減らす
□作業時間を減らす
プラスを増やす
□満足を増やす
□便利を増やす
□売上を増やす
□仕事の付加価値を上げる
WHICH：どのタイプのAI？
識別系AI
予測系AI
会話系AI
実行系AI
×
代行型
拡張型

製造・資源

LG、家電向けAIで生活を補助

予測系 × 代行型

事例の概要

- 冷蔵庫内の温度の低下や冷気の循環不足など問題がないかなど、**家電利用に関連した状態をAIが確認**
- 誤用や故障、必要とされる**メンテナンスも検知**
- 冷蔵庫内の温度の変動、フィルターの交換時期や、洗濯機の排水問題などの**異常を検知**
- 問題がある場合は、**事態が悪化する前にアプリ**に通知を送る

解決できること　**家電利用時の満足度向上**

（出所）https://japan.cnet.com/article/35141994/

図表6-38　家電の利用状況、メンテナンス、トラブルを察知する

（提供）LGエレクトロニクス

図表6-39　LG「家電向けAI」

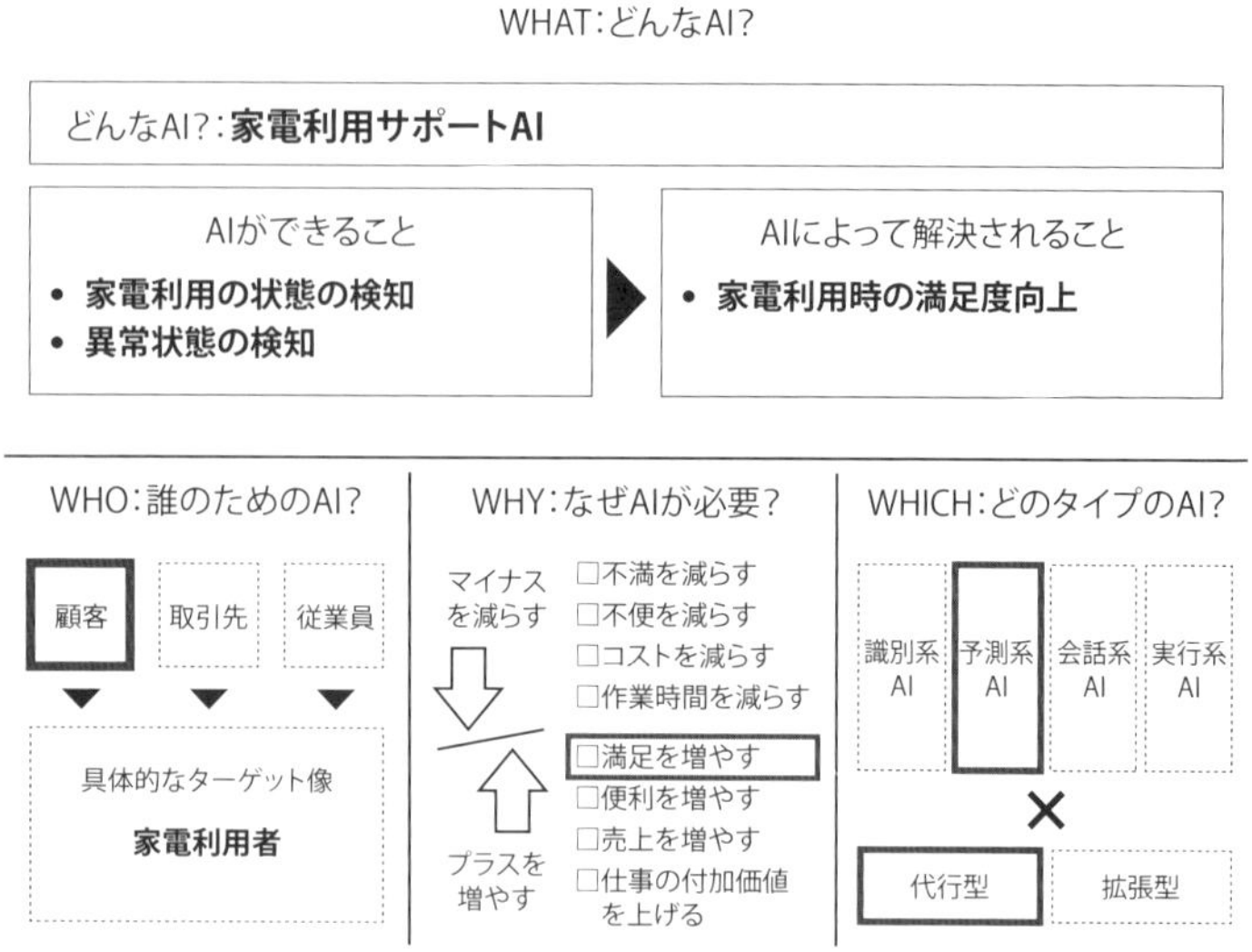

製造・資源

ブリヂストン、AI工場で品質担保しタイヤを量産

実行系 × 代行型

事例の概要

- ブリヂストンは、生産のボトルネックとなっていた**タイヤ成形工程をAIにより自動化・自動制御**
- 数百のセンサーからゴムの位置や形状変化の状況などのデータを収集し、**独自開発のAI**により精度の高いタイヤ成形を実現
- 以前は**多くの人手が必要でボトルネックとされていた工程**の品質精度をAIが管理
- **警告音が鳴ったときのみ**人手を要するだけに

解決できること　**ボトルネック工程の解消／生産性は2倍、品質は15％向上**

（出所）https://toyokeizai.net/articles/-/153287
https://monoist.atmarkit.co.jp/mn/articles/1701/10/news035.html

図表6-40　ボトルネックになっていたタイヤ成形工程を自動化・自動制御

センサーにより品質保証する

（提供）ブリヂストン

図表6-41　部材工程から製品検査工程までを自動化

（提供）ブリヂストン

図表6-42　ブリヂストン「AI工場で品質担保し生産性倍増」

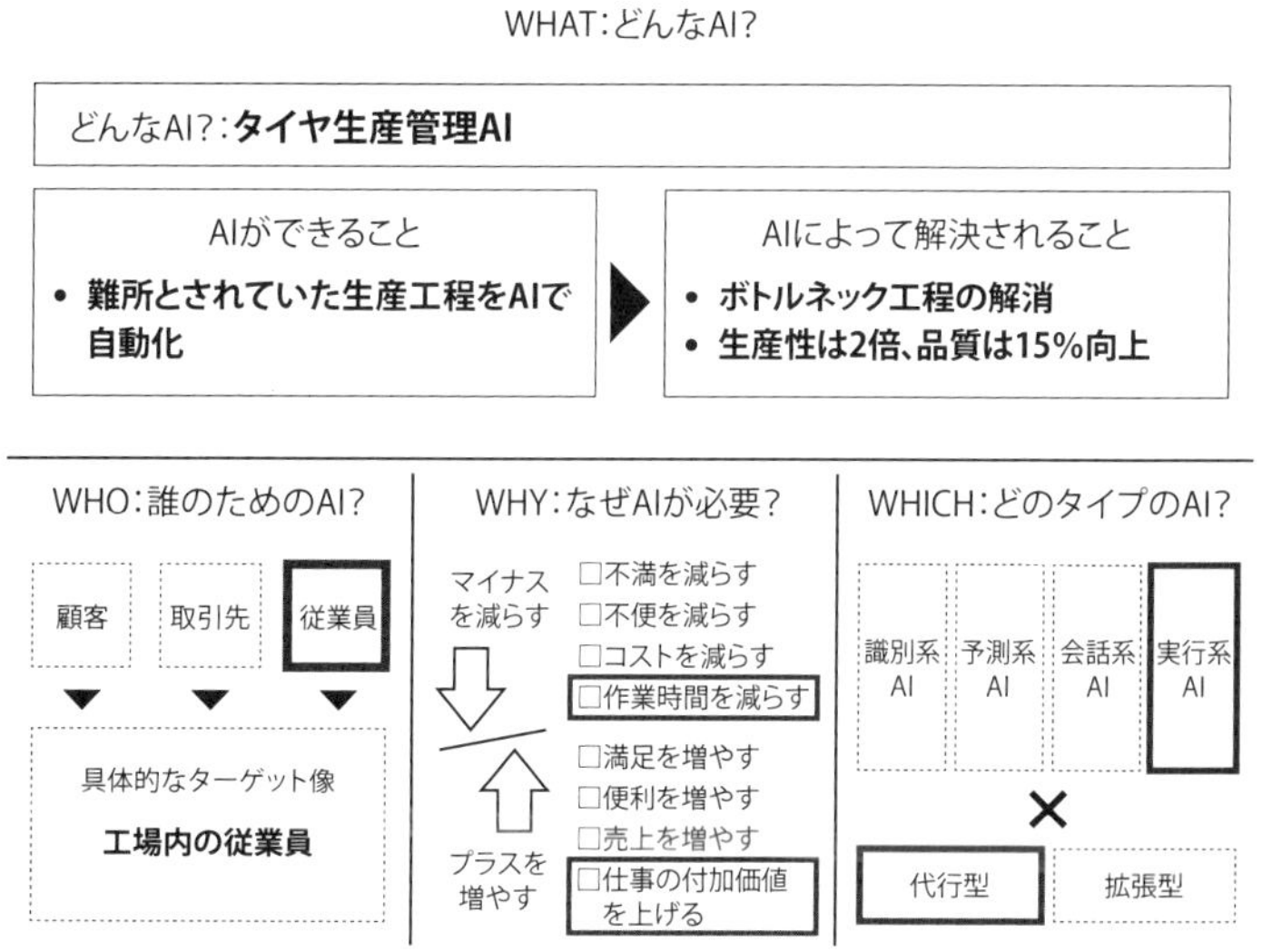
WHAT：どんなAI？
どんなAI？：タイヤ生産管理AI
AIができること
• 難所とされていた生産工程をAIで自動化
AIによって解決されること
• ボトルネック工程の解消
• 生産性は2倍、品質は15％向上
WHO：誰のためのAI？
顧客
取引先
従業員
具体的なターゲット像
工場内の従業員
WHY：なぜAIが必要？
マイナスを減らす
□不満を減らす
□不便を減らす
□コストを減らす
□作業時間を減らす
□満足を増やす
□便利を増やす
□売上を増やす
□仕事の付加価値を上げる
プラスを増やす
WHICH：どのタイプのAI？
識別系AI
予測系AI
会話系AI
実行系AI
代行型
拡張型

製造・資源

ＪＦＥスチール、人物検知ＡＩで作業者に安全を

識別系 × 代行型

事例の概要

- ＪＦＥスチールは、ＡＩ画像認識技術を**製鉄所の安全行動サポート**に活用
- 製鉄所内は照明条件と作業者の作業姿勢も多様で**人物検知が困難**だった
- ＮＥＣのＡＩ画像認識技術をベースに、大量の人物画像をディープラーニングで学習させ**実用レベルの人物検知**を実現
- **立ち入り禁止エリア**のＡＩによる認識
- 立ち入り禁止エリアに作業者が侵入したら**ＡＩが警報を発し、同時にラインを自動停止**させるシステムも構築

解決できること　**従業員の安全確保**

（出所）https://monoist.atmarkit.co.jp/mn/articles/1901/07/news013.html

図表6-43　AI画像認識による安全行動サポート

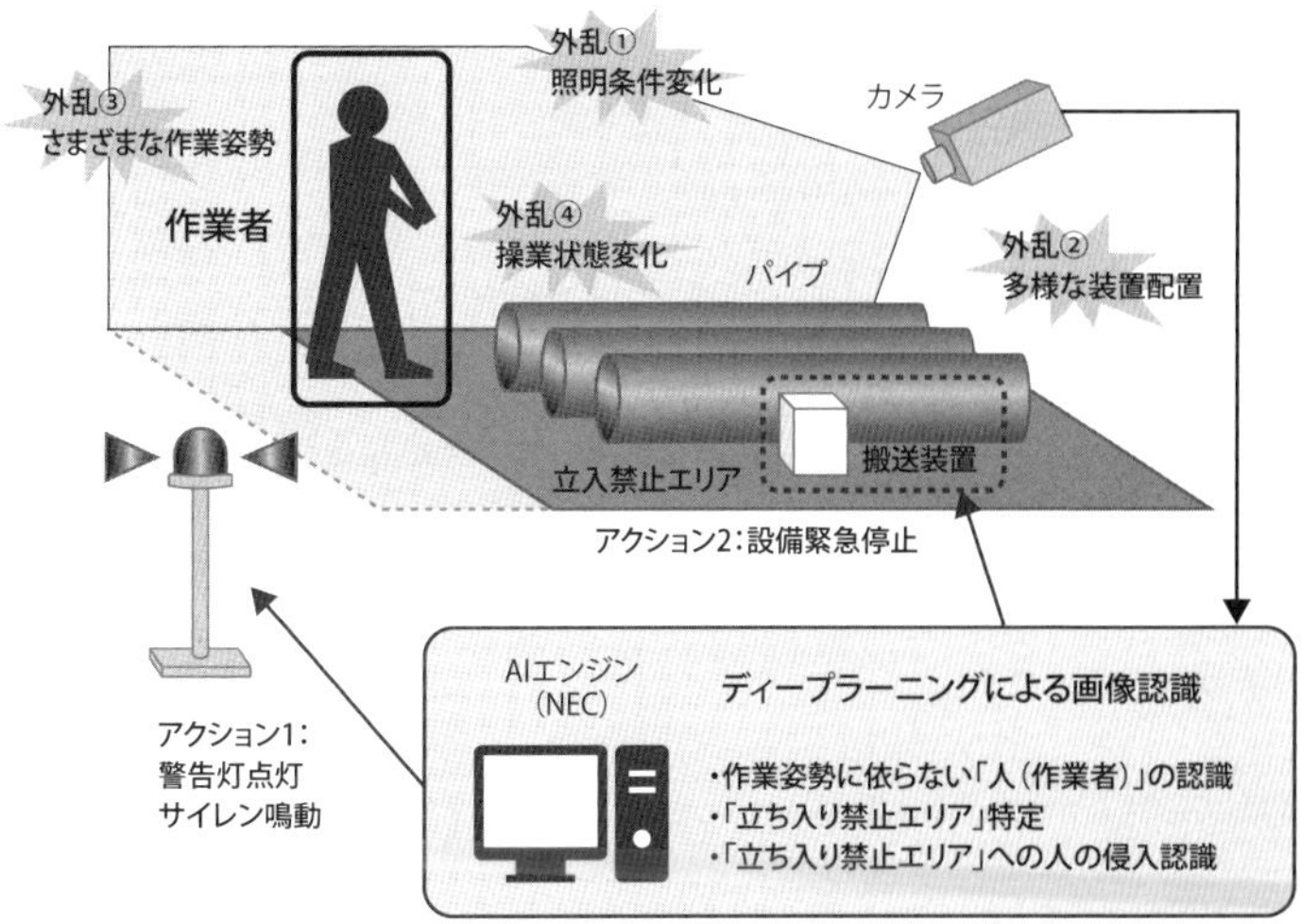

（出所）JFEスチール

図表6-44　大量の画像をディープラーニングで学習

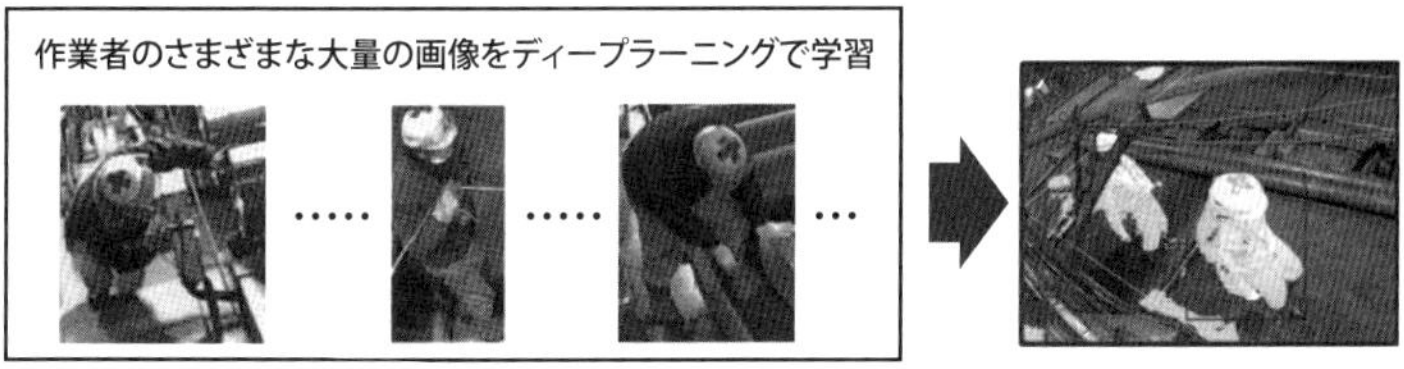

（出所）JFEスチール

図表6-45　JFEスチール「人物検知AIで製鉄所の安全確保」

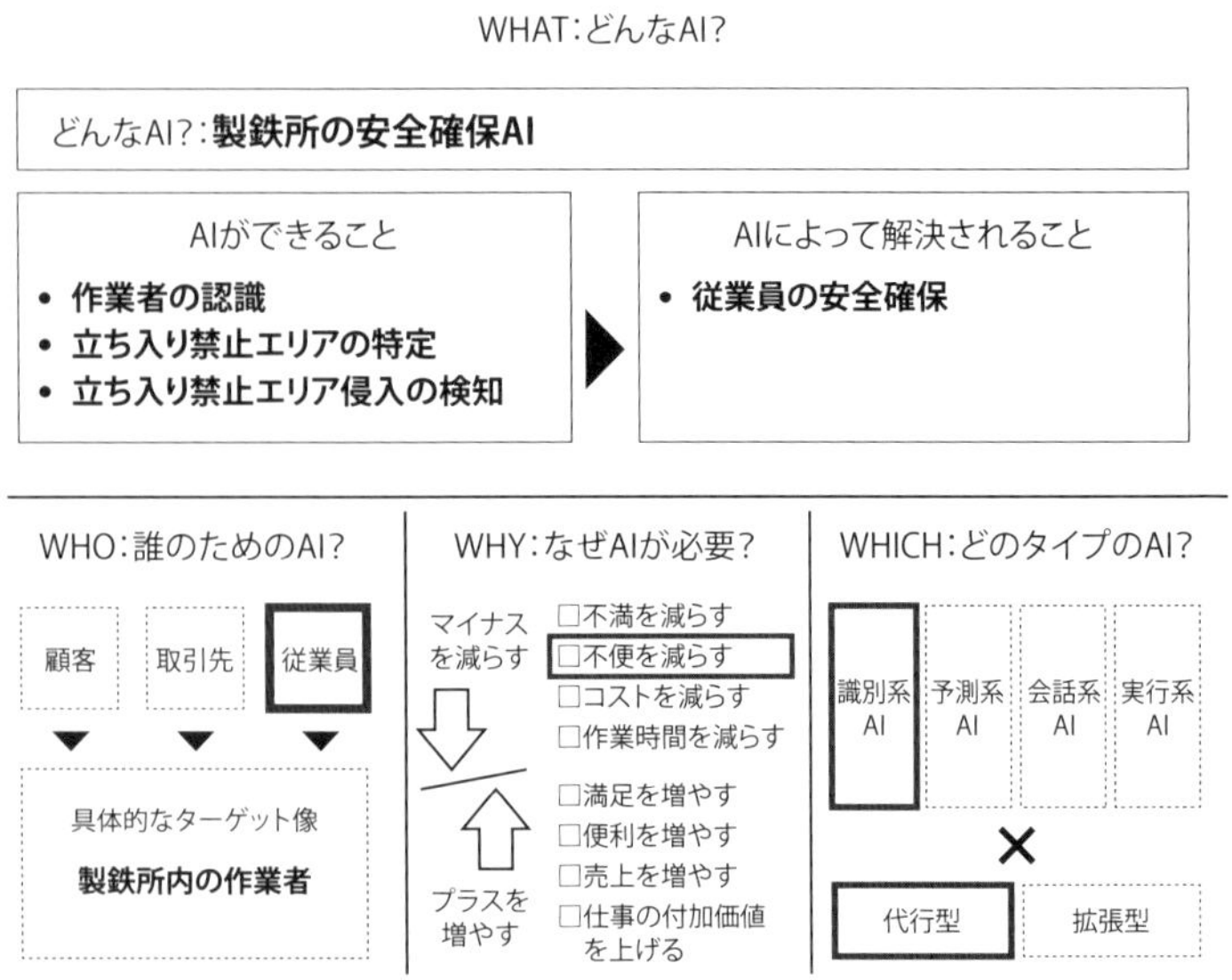

不動産・建設

大京グループ、AI管理員導入を計画

会話系 × 代行型

事例の概要

- 大京グループがマンション共用部のデジタルサイネージに、AI音声対話機能を組み合わせた「AI INFO」（AI管理員・スマートインフォメーションボード）導入
- **デジタルサイネージ**にAI搭載音声対話機能「AI管理員」を組み込み、マンション居住者の問い合わせに対応する仕組みを用意
- 高齢化と人材不足が深刻な**管理人の負担軽減**に活用
- 共用部設備の不具合やゴミの分別方法・収集日といった**ベーシックな回答**が可能
- **AIとの分業**で管理人の勤務時間を変えずにサービスの質を向上する効果を期待

（「AI管理員」はファミリーネット・ジャパンの商標登録。「AI管理員」はファミリーネット・ジャパンが提供する音声対話サービスを採用）

解決できること　**管理人の業務の代行／深夜帯の対応**

（出所）『日刊工業新聞』（2018年12月6日）https://newswitch.jp/p/15532　大京グループ

図表6-46　デジタルサイネージにAI管理人が登場

（提供）大京グループ

図表6-47　大京グループ「AI管理人導入を計画」

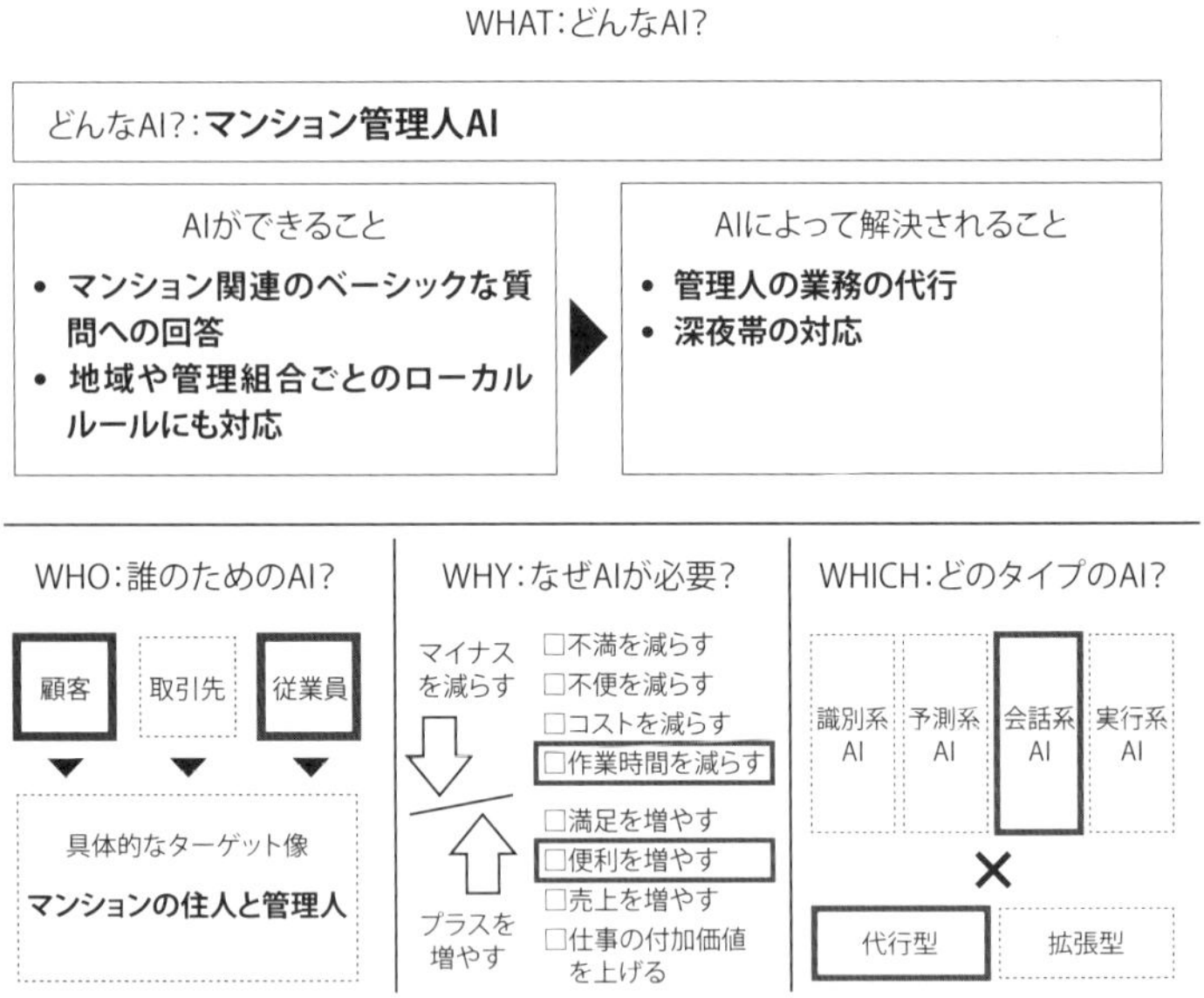

不動産・建設

西松建設、生活習慣を覚えるスマートハウスAI導入

実行系 × 代行型

事例の概要

- 西松建設は、自社の社宅に**スマートハウスAI**を導入
- AIは音声、映像、動作、振動、温度、湿度、照度、紫外線を測定
- 居住者が**どこにいて、何をしようとしているのか**をAIが認識
- 自動でエアコンの温度や照明の色など室内の**家電をコントロール**して最適化
- 居住者自身がスマホやタブレットを利用して操作する必要がなく**AIが独自で判断**して操作する
- 帰宅の時間帯に合わせたエアコン操作、起床時間のカーテン、外出時に人がいない場合の施錠などをAIが行なう
- その他さまざまな生活習慣、タイミングなどの**学習を繰り返す**ことができる

解決できること　**居住者の生活を便利に**

（出所）https://built.itmedia.co.jp/bt/articles/1904/03/news035.html

図表6-48　スマートハウス

（提供）西松建設

図表6-49　西松建設「生活習慣を覚えるスマートハウス」

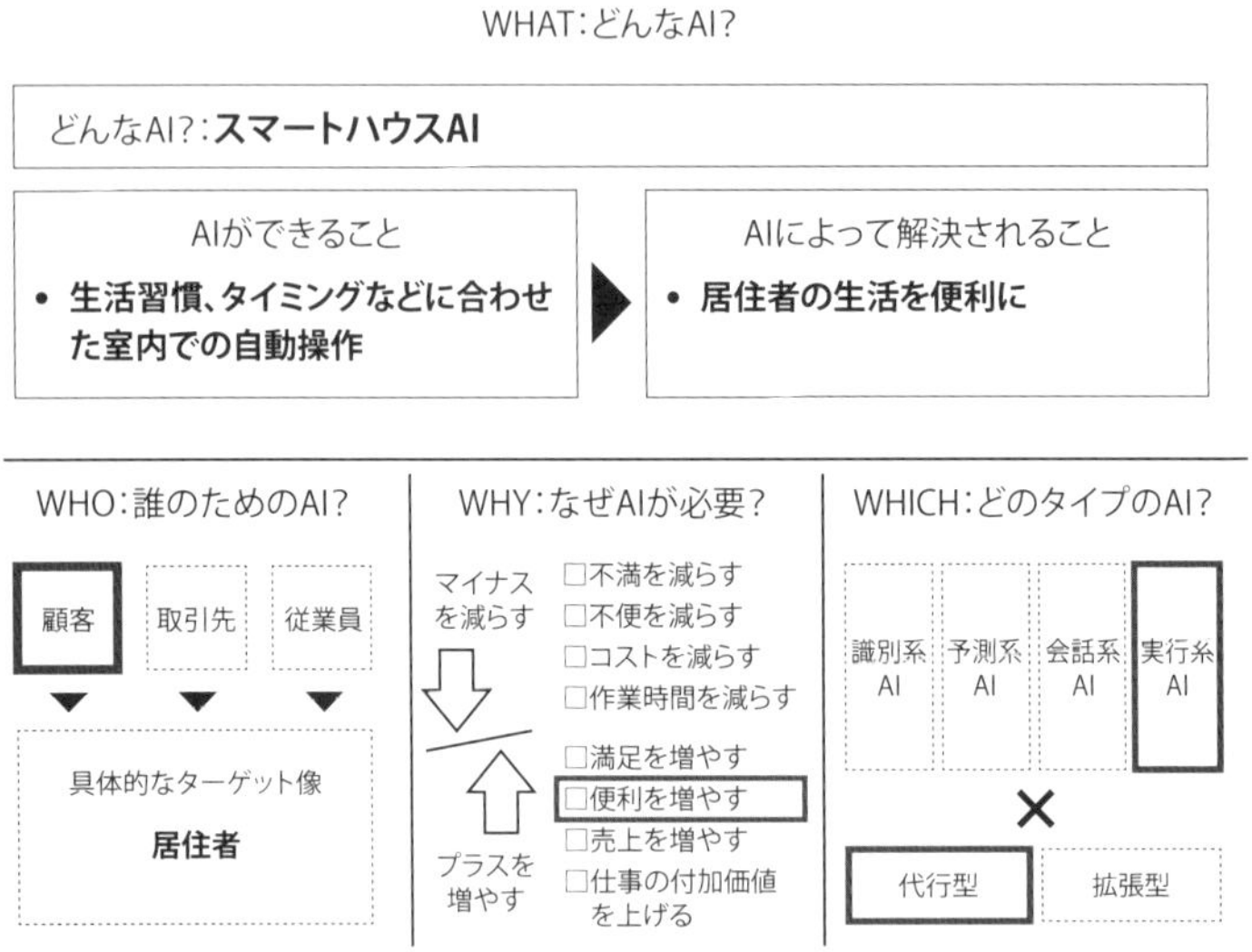

外食・食品・農業

キユーピー、AIによる原料検査装置で不良品を特定

識別系
×
代行型

事例の概要

- キユーピーは、惣菜の原料となるカット野菜の検査に**AIによる原料検査装置**を活用
- これまで**人の目による検査は身体的負担**が大きかった
- ディープラーニングを活用した、画像解析による**良品選別のメカニズム**を採用
- **良品を識別できるAIを作り、不良品を特定する**アプローチで実用化を遂げた
- いちょう切りのニンジンなど**カット野菜の検査工程**に導入
- **「働く人にやさしい」**工程に進化させる狙い

解決できること **作業効率の向上／従業員にやさしい職場作り**

（出所）https://www.ryutsuu.biz/it/l022142.html

図表6−50　原料検査装置

（提供）キユーピー

図表6−51　キユーピー「原料検査装置を開発・導入」

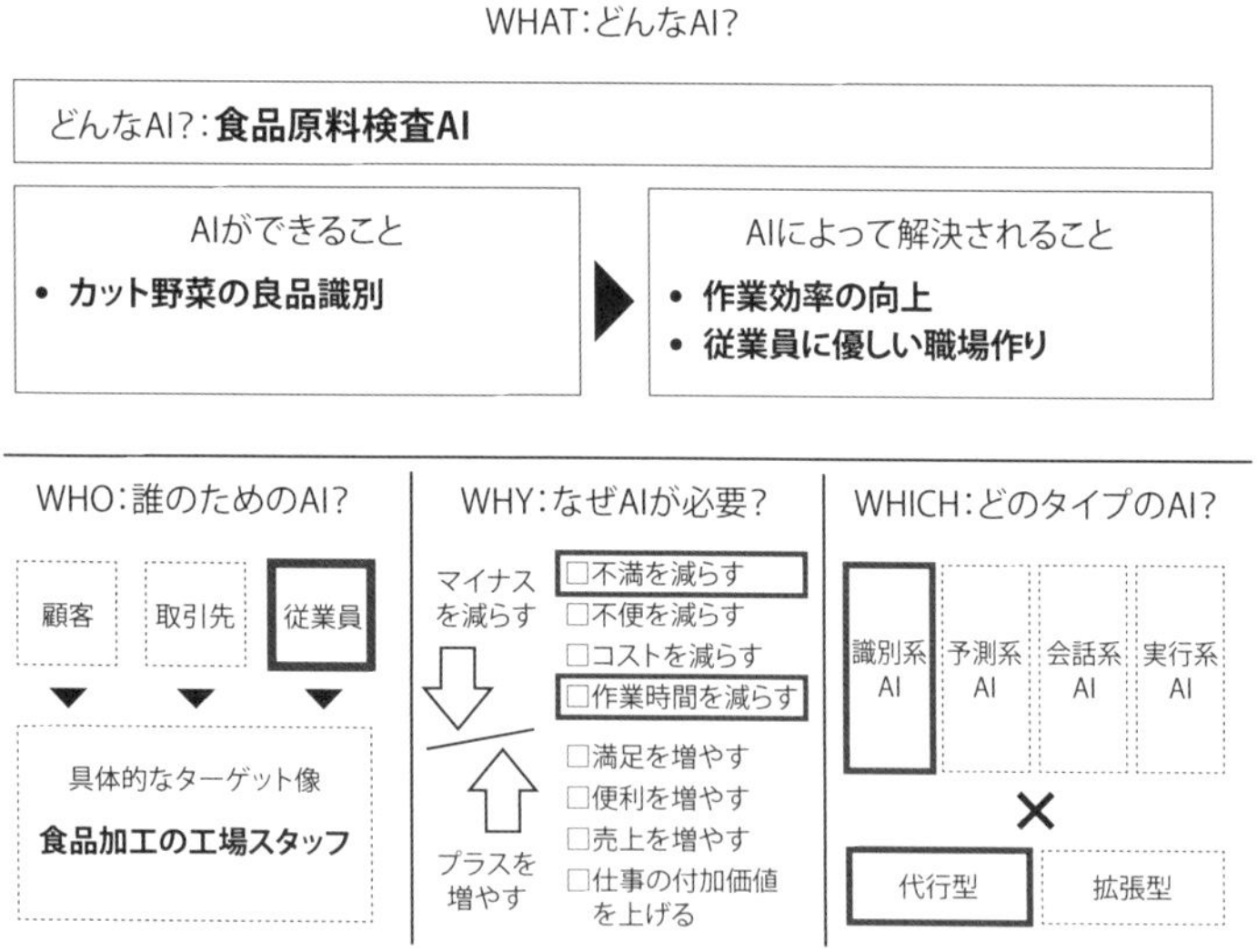

外食・食品・農業

電通、天然マグロの品質をAIが判定

識別系 × 代行型

事例の概要

- **天然マグロの品質**をＡＩが判定
- 目利き職人によるマグロ品質評価とＡＩの**評価が85％一致**
- マグロの目利きで一人前になるには**約４０００匹の目利き**が必要とされている

解決できること　**熟練した職人業務の代行**

「水産加工業者がマグロの検品業務に使用したところ、判定結果の約85％が目利き職人の評価と一致した。職人の後継者が不足する中、勘と経験に基づく目利きの技術を後世に残す狙いがある。（中略）〝一人前〟になるには約４０００匹の目利きが必要とされ、最低10年はかかるという」

（出所）ITmedia NEWS「『天然マグロ』の品質、ＡＩ判定 職人の目利きと約85％一致」２０１９年5月30日
https://www.itmedia.co.jp/news/articles/1905/30/news124.html

図表6-52　スマホを用いてマグロを診断

（提供）電通

図表6-53　電通「天然マグロの品質判定」

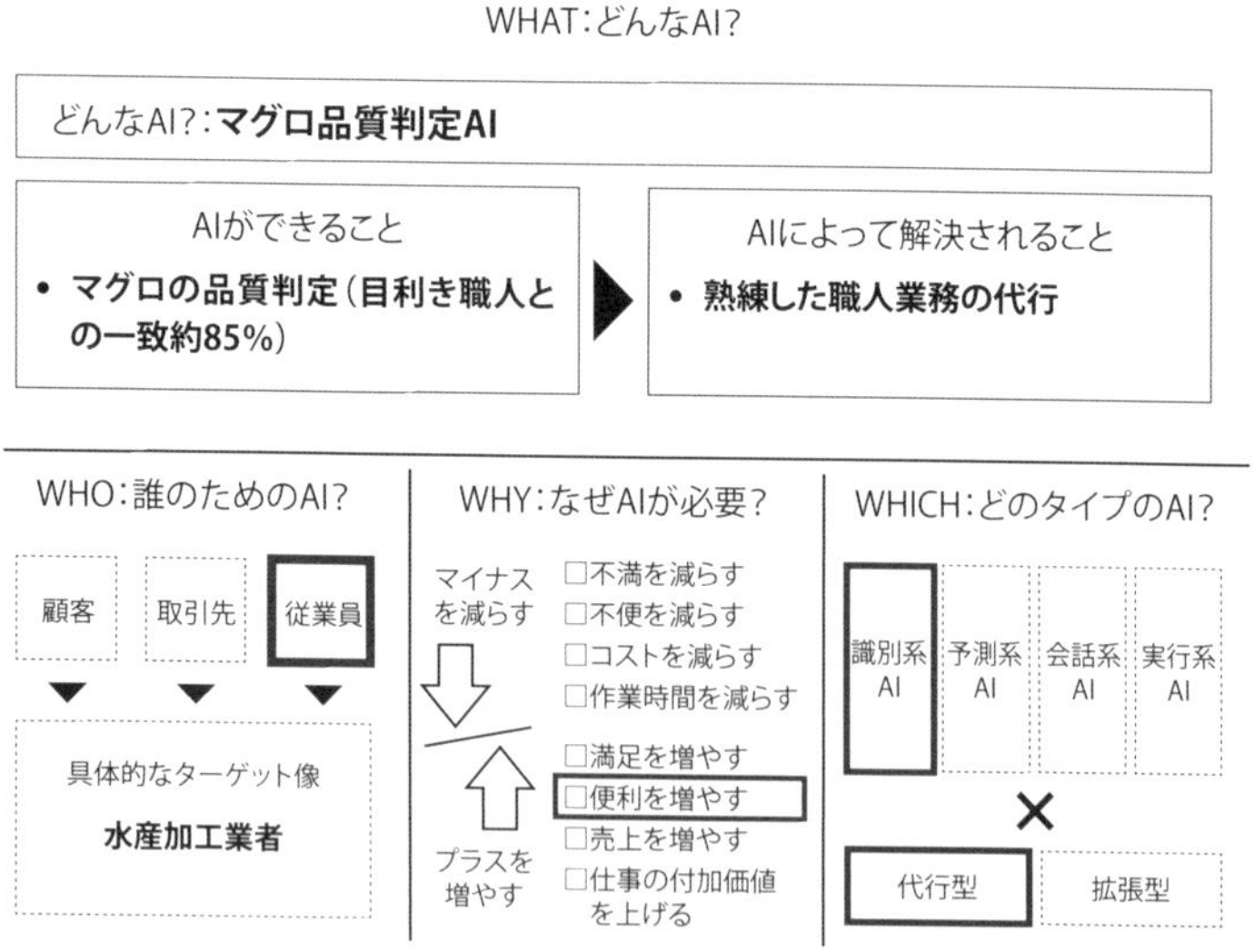

外食・食品・農業

ソフトバンク出資のPlenty、AI屋内農場で作物の風味調整

予測系 × 拡張型

事例の概要

- ソフトバンク・ビジョン・ファンドなどが2億ドルを投じる米Plenty社は、**AIによる屋内農場**を開発する農業スタートアップ
- 屋内農場では、制御可能な**30種類のパラメーター**を用意
- **700種類もの作物**について、気候などの条件に合わせて最適なパラメーターを調整するAIを開発
- AIによって野菜や果物の**風味を調整**
- 生産性においても大きく改善。**ある作物の収穫量の増分は過去300年間の収穫量の増分**に匹敵する結果になった

解決できること　**農作物の風味の改善／農作物の安定供給**

（出所）「日経BP xTECH」2019年8月20日
https://tech.nikkeibp.co.jp/atcl/nxt/column/18/00908/081900004/

図表6-54　屋内農場のイメージ

（出所）「日経BP xTECH」2019年8月20日
https://tech.nikkeibp.co.jp/atcl/nxt/column/18/00908/081900004/

図表6-55　ソフトバンク出資のPlenty「風味を調整する屋内農場」

WHAT：どんなAI？

どんなAI？：**屋内農場AI**

AIができること
- **野菜や果物の風味を調整**
- **生産量の向上**

▶

AIによって解決されること
- **農作物の風味の改善**
- **農作物の安定供給**

WHO：誰のためのAI？

顧客　取引先　従業員

▼

具体的なターゲット像
生活者

WHY：なぜAIが必要？

マイナスを減らす
□不満を減らす
□不便を減らす
□コストを減らす
□作業時間を減らす

プラスを増やす
□満足を増やす
□便利を増やす
□売上を増やす
□仕事の付加価値を上げる

WHICH：どのタイプのAI？

識別系AI　**予測系AI**　会話系AI　実行系AI

×

代行型　**拡張型**

外食・食品・農業

LINE、レストランの予約対応を行なう日本語音声AIサービス

会話系 × 代行型

事例の概要

● LINEは、**レストランの予約などをAIが対応**する店舗向けサービスを発表

● 予約注文をする人との会話から予約システムに記録するといった一連の予約対応を自動で行なう**日本語対応の音声AIサービス**

● **音声認識、音声合成、チャットbot**を組み合わせて実現

● レストランやコールセンターでの**電話応対の自動化**を目指す

解決できること **レストランの予約電話の自動AI対応／コールセンター電話の自動AI対応／スタッフの作業時間とコストカット**

（出所）https://www.itmedia.co.jp/news/articles/1906/27/news136.html

図表6-56　レストランの予約対応を行なう日本語音声AI

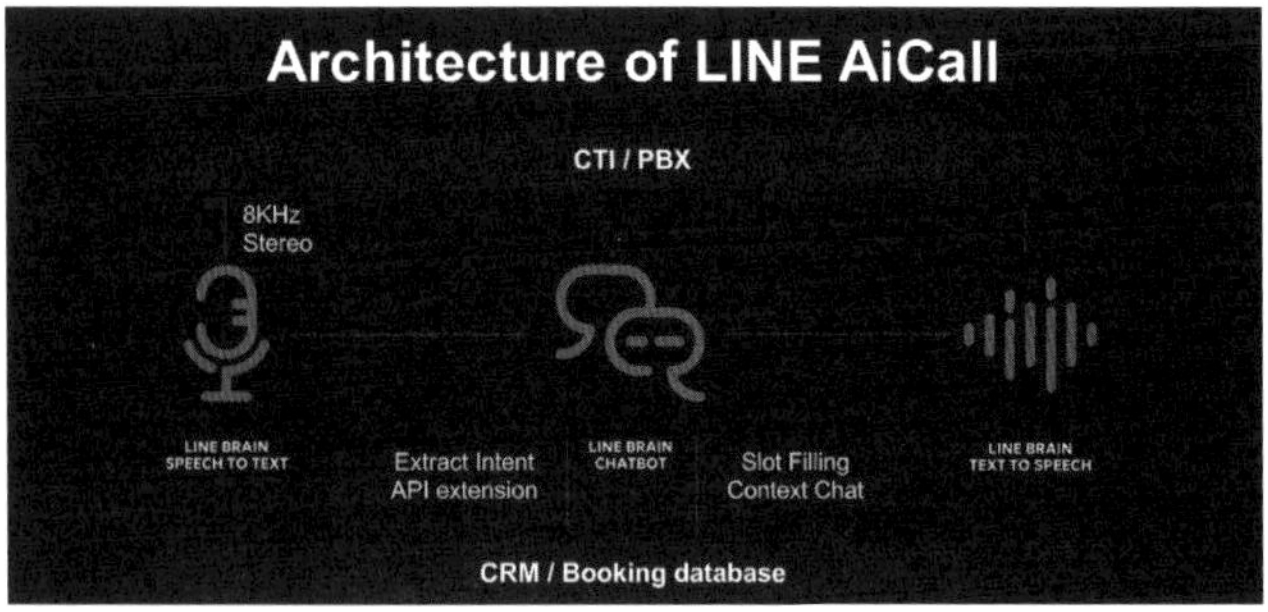

（提供）LINE

図表6-57　LINE「レストランの予約対応を行なう日本語音声AI」

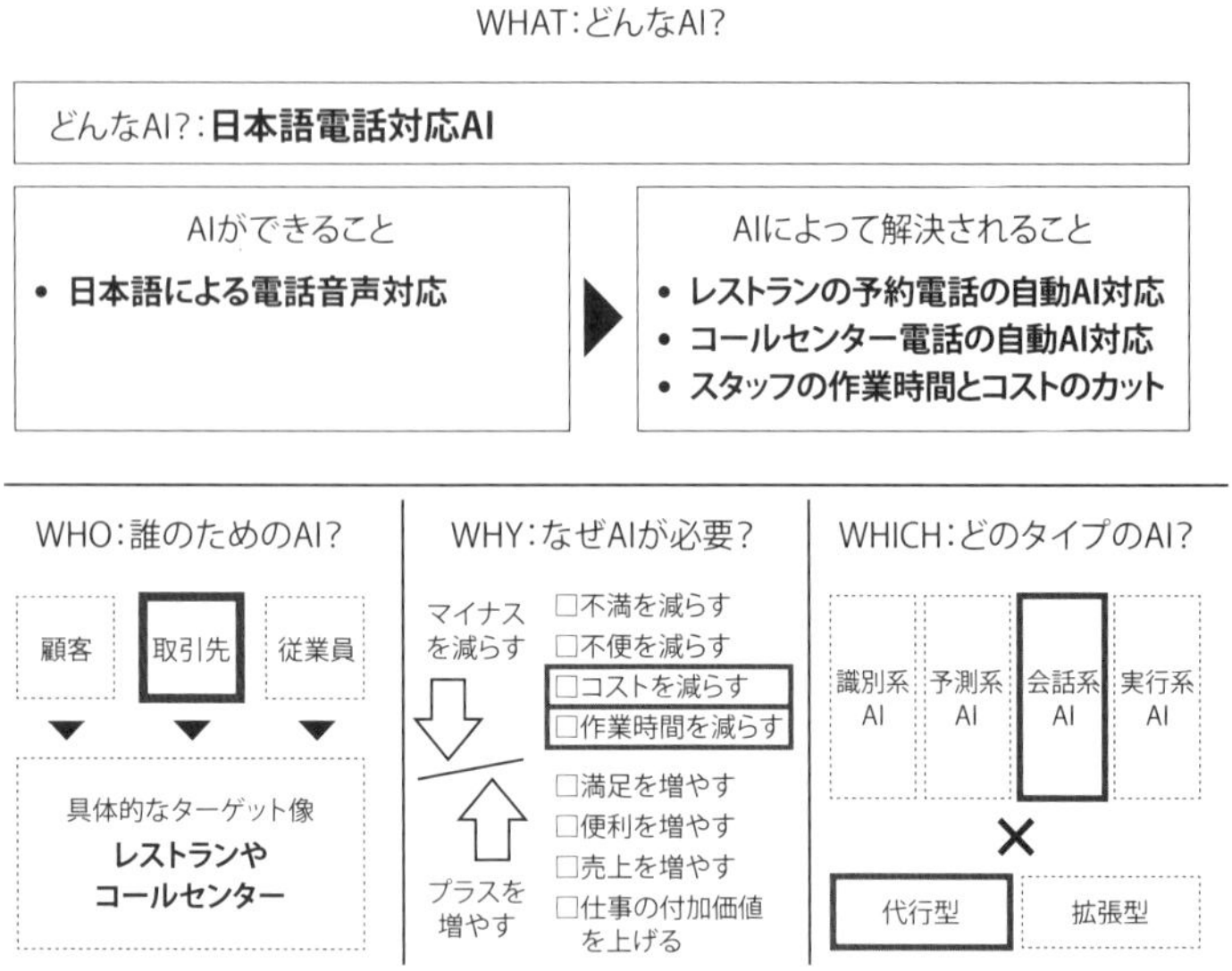

外食・食品・農業

京東（JD.com）、調理・配膳・注文・会計までをロボットで自動化

実行系 × 代行型

事例の概要

- 京東（JD.com）は**全工程をロボットで実施する**「京東×未来レストラン」をオープン
- 注文・会計だけでなく、**調理や配膳までロボット**で行なう
- **中国料理の40種**を扱っており、5台の調理ロボットで調理を実施
- 有名シェフが監修したレシピに基づきロボットが調理
- 調理ロボットは**1日に600食以上を調理**。注文された**料理は平均15～30分**で揃う
- 料理を運ぶ**配膳ロボットは自動で配膳ルートを計算**し、1日500回以上テーブルに料理を運び、1日に約20キロを移動

解決できること　**レストランをロボットで自動化／新しい外食体験の提供／コストカット**

（出所）https://robotstart.info/2019/01/21/china-robot-restraunt.html

図表6-58　1日に約20キロを移動する配膳ロボット

（出所）京東（JD.com）

図表6-59　京東（JD.com）「調理・配膳・注文・会計までを自動化」

WHAT：どんなAI？

どんなAI？：**調理AIと配膳AI**

AIができること
- **ロボットによる調理**
- **ロボットによる配膳**

▶

AIによって解決されること
- **レストランをロボットで自動化**
- **新しい外食体験の提供**
- **コストカット**

WHO：誰のためのAI？

顧客　取引先　従業員

具体的なターゲット像

レストランの顧客

WHY：なぜAIが必要？

マイナスを減らす
- □不満を減らす
- □不便を減らす
- **□コストを減らす**
- □作業時間を減らす

プラスを増やす
- **□満足を増やす**
- □便利を増やす
- **□売上を増やす**
- □仕事の付加価値を上げる

WHICH：どのタイプのAI？

識別系AI　予測系AI　会話系AI　**実行系AI**

×

代行型　拡張型

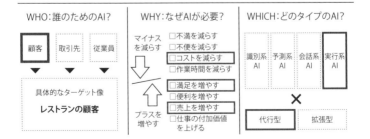

金融・保険

セブン銀行、顔認証AI搭載の次世代ATM

識別系 × 代行型

事例の概要

- セブン銀行、**AIを活用した次世代ATM**の提供
- **顔認証を活用して**ATMの操作だけで口座を開設できるようにする
- 口座開設に必要な情報は、スマホで事前に入力。出力されたQRコードをATMに読み込ませ、ATMで本人を確認した後、口座を開設（実証実験中）
- 本人確認書類の顔画像と、ATMのカメラで読み取った**顔画像を照合**する（実証実験中）
- キャッシュカードを持たずに**顔認証によるカードレス入出金**をさせることも検討中

解決できること **ATMにおける便利な利用体験の提供**

（出所）https://it.impressbm.co.jp/articles/-/18538

図表6-60　顔認証技術を搭載した次世代ATM

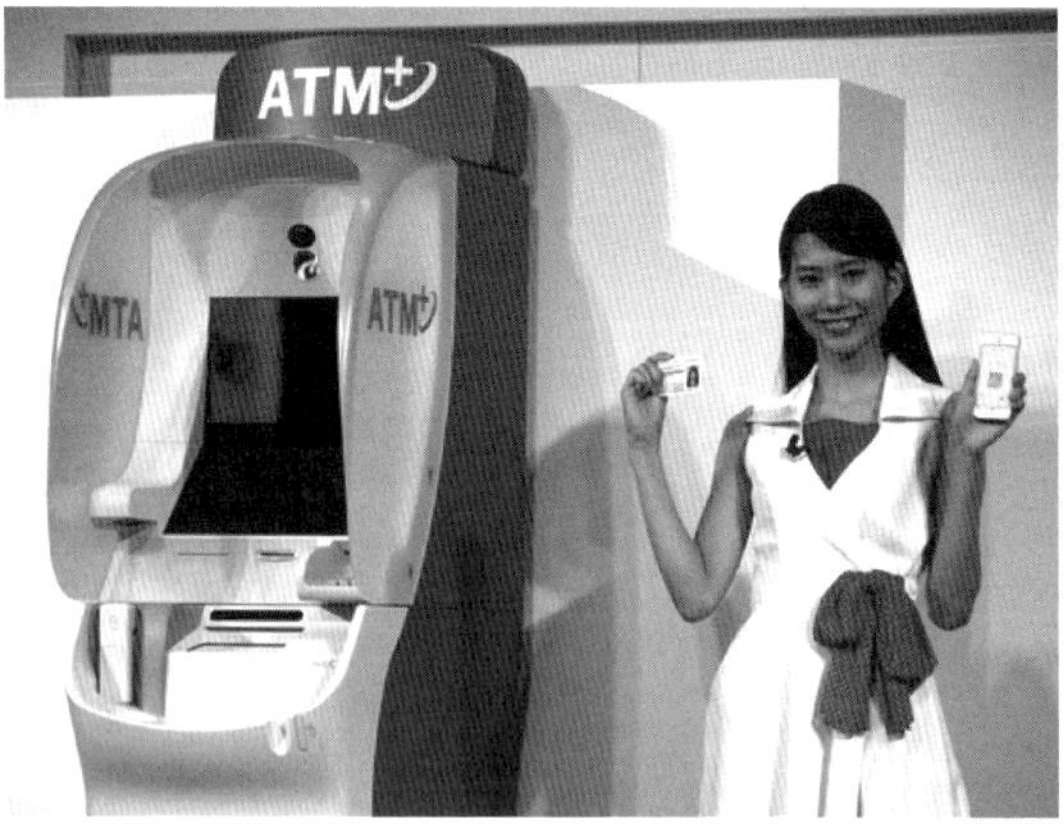

（写真提供）株式会社インプレス「IT Leaders」
https://it.impressbm.co.jp

図表6-61　口座開設時の本人認証に顔認証を利用

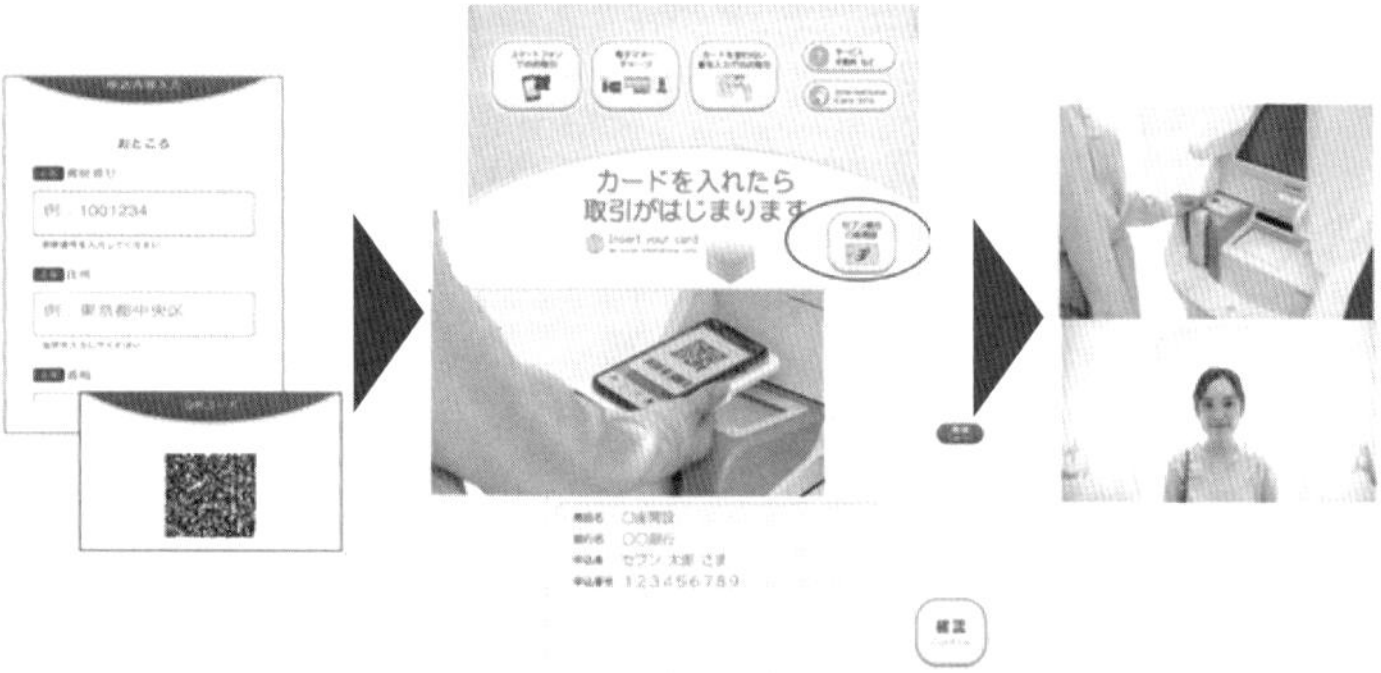

（提供）セブン銀行

図表6-62　セブン銀行「顔認証対応の次世代ATM」

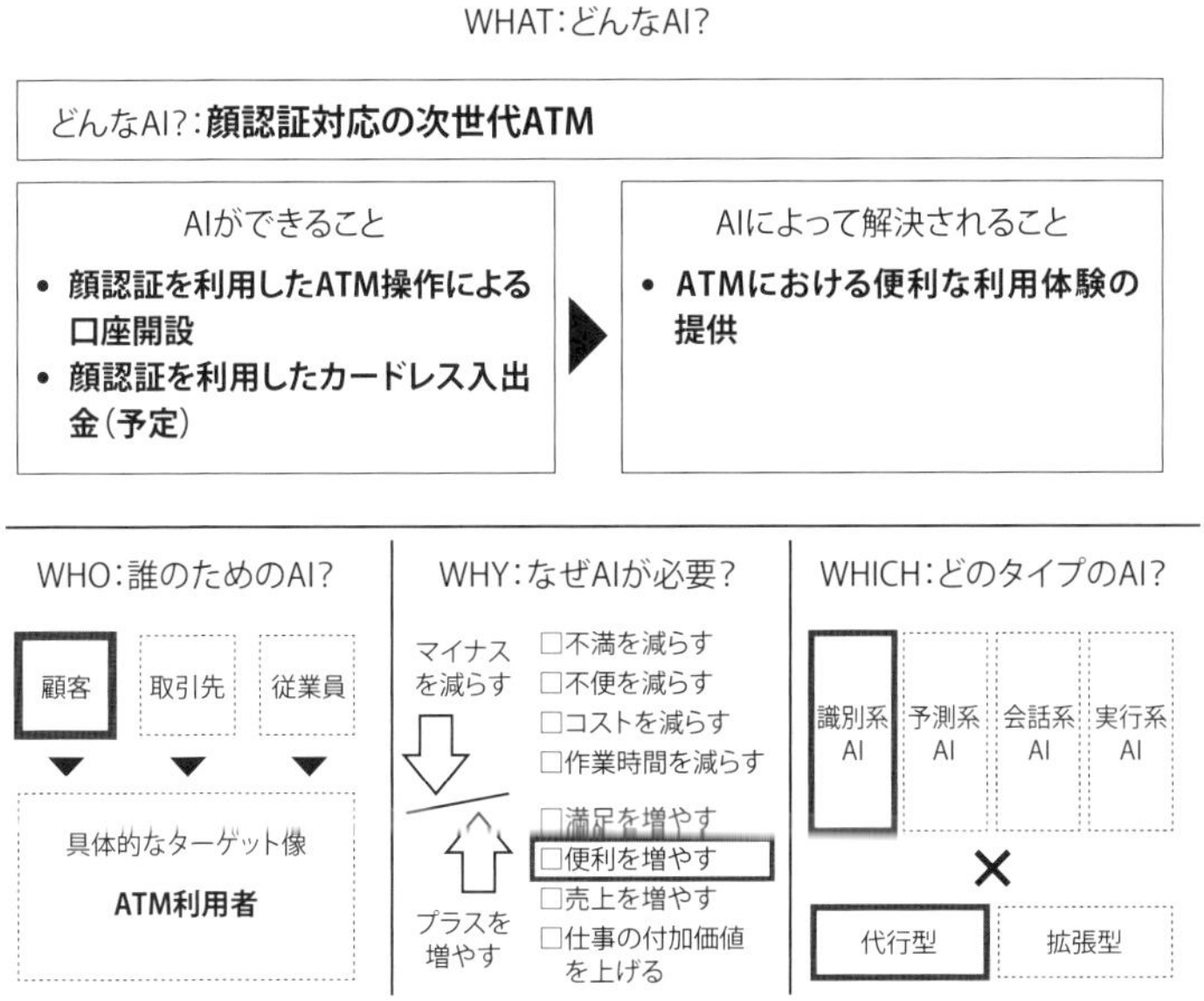
WHAT:どんなAI?
どんなAI?:顔認証対応の次世代ATM
AIができること
• 顔認証を利用したATM操作による口座開設
• 顔認証を利用したカードレス入出金（予定）
AIによって解決されること
• ATMにおける便利な利用体験の提供
WHO:誰のためのAI?
顧客
取引先
従業員
具体的なターゲット像
ATM利用者
WHY:なぜAIが必要?
マイナスを減らす
プラスを増やす
□不満を減らす
□不便を減らす
□コストを減らす
□作業時間を減らす
□満足を増やす
□便利を増やす
□売上を増やす
□仕事の付加価値を上げる
WHICH:どのタイプのAI?
識別系AI
予測系AI
会話系AI
実行系AI
×
代行型
拡張型

金融・保険

ＪＣＢ、保険営業をＡＩで支援 利用履歴から見込み客を絞り込む

予測系 × 拡張型

事例の概要

- ＪＣＢは、生命保険販売や損害保険の**加入案内業務にＡＩ**を利用
- カードの利用履歴などから**加入する確率が高い顧客**を絞り込み
- **最適なタイミング**で営業ができる
- 少ない人員で**効率的に営業**することができる

解決できること **保険営業の効率化／営業人員の削減**

（出所）https://www.nikkei.com/article/DGXMZO49411430U9A900C1LX0000/

図表6-63　保険営業を効率化

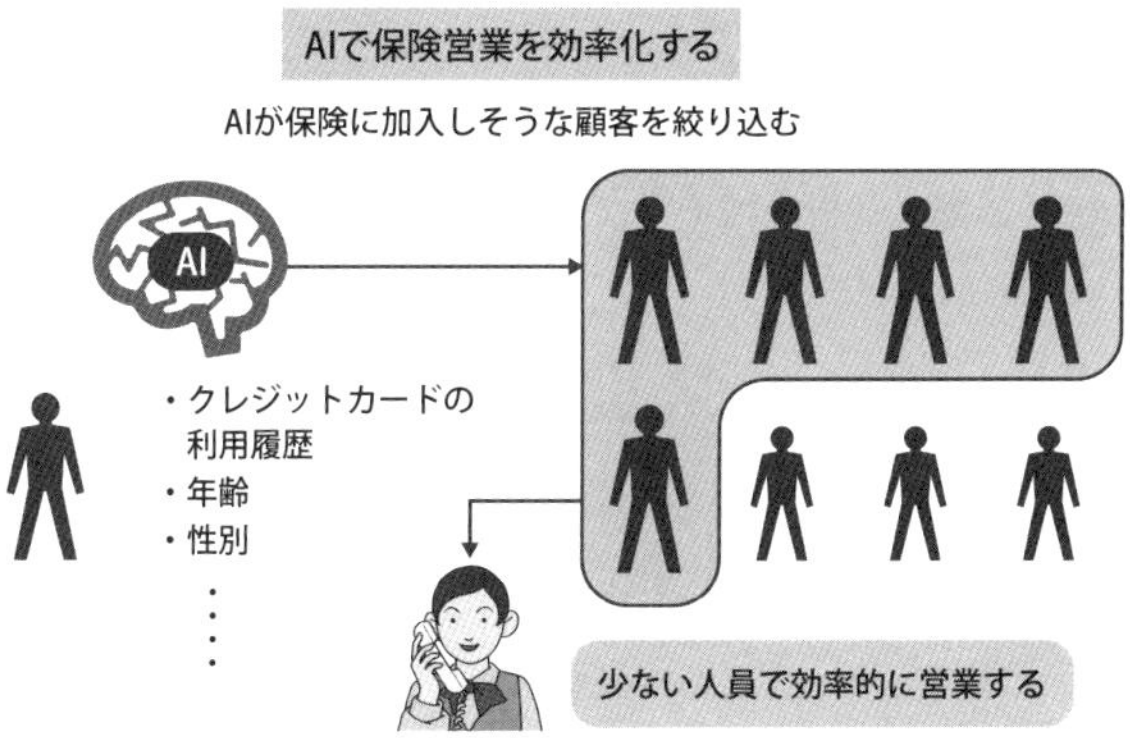

（出所）『日本経済新聞』電子版、2019年9月5日

図表6-64　JCB「保険営業支援」

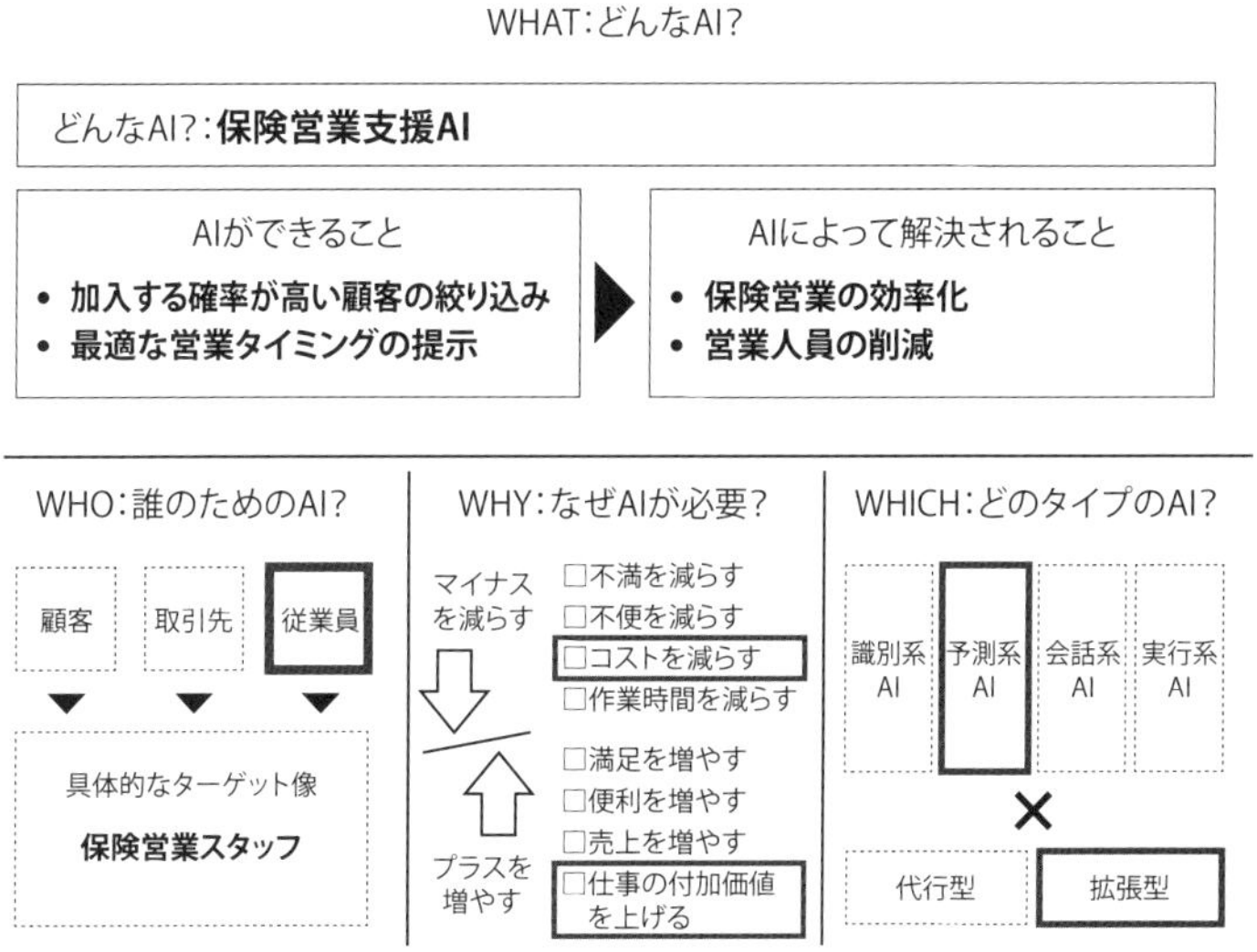

金融・保険

みずほ銀行、AIを活用したパーソナライズドサービス検証

予測系 × 拡張型

事例の概要

- みずほ銀行は、お金にまつわる**パーソナルアドバイス**を行なうＡＩを検証
- インプットデータは、利用者の残高や入金明細、クレジットカード利用明細、支出や収入のカテゴリー分類、任意のアンケート情報など
- 消費行動や金融状況パターンを把握して、**1人ひとりへのアドバイス**をＡＩが実施
- **家計健全化、資産形成や生活向上**につながるアドバイスなどを行なう

解決できること　**1人ひとりへパーソナライズされたアドバイスの提供が可能に**

（出所）https://japan.zdnet.com/article/35142585/

図表6-65　個人に最適化した情報を提供

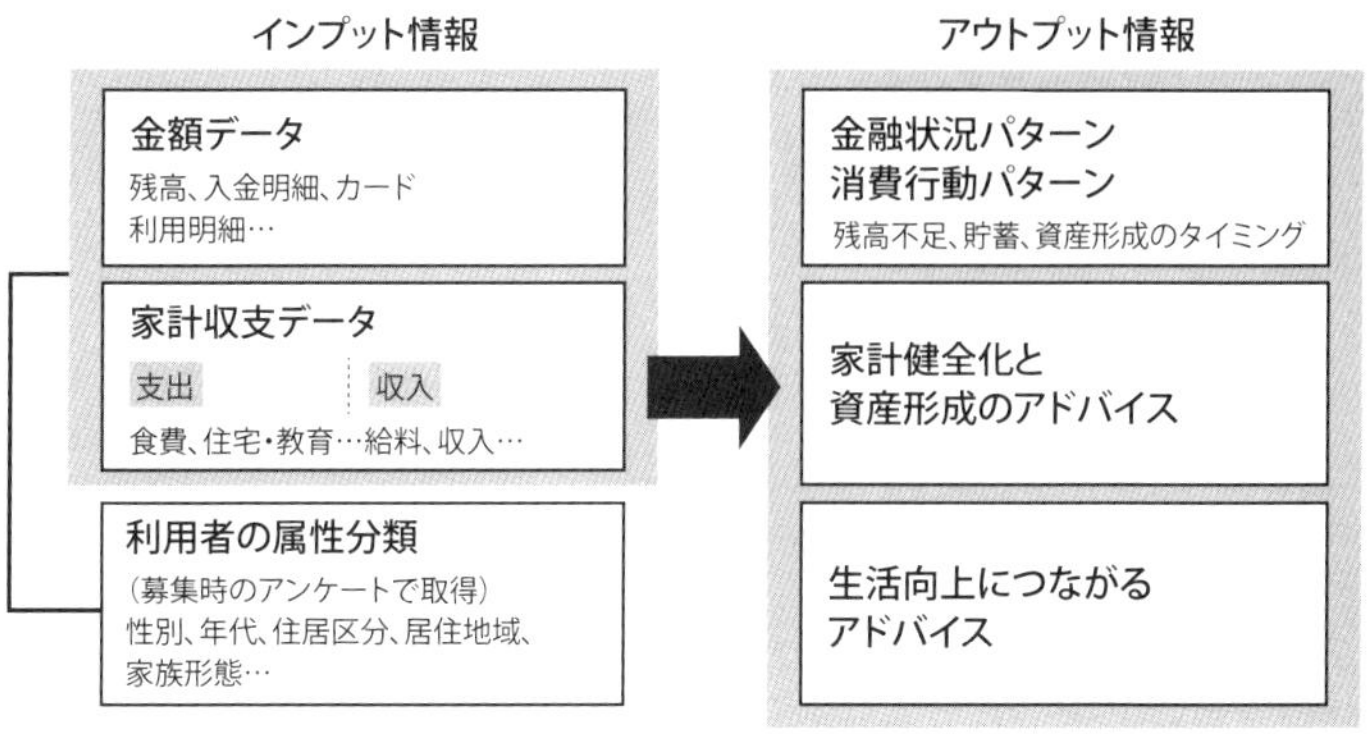

（出所）みずほ銀行、Blue Lab、富士通プレスリリースより作成

図表6-66　みずほ銀行「パーソナライズドバンキングサービス」

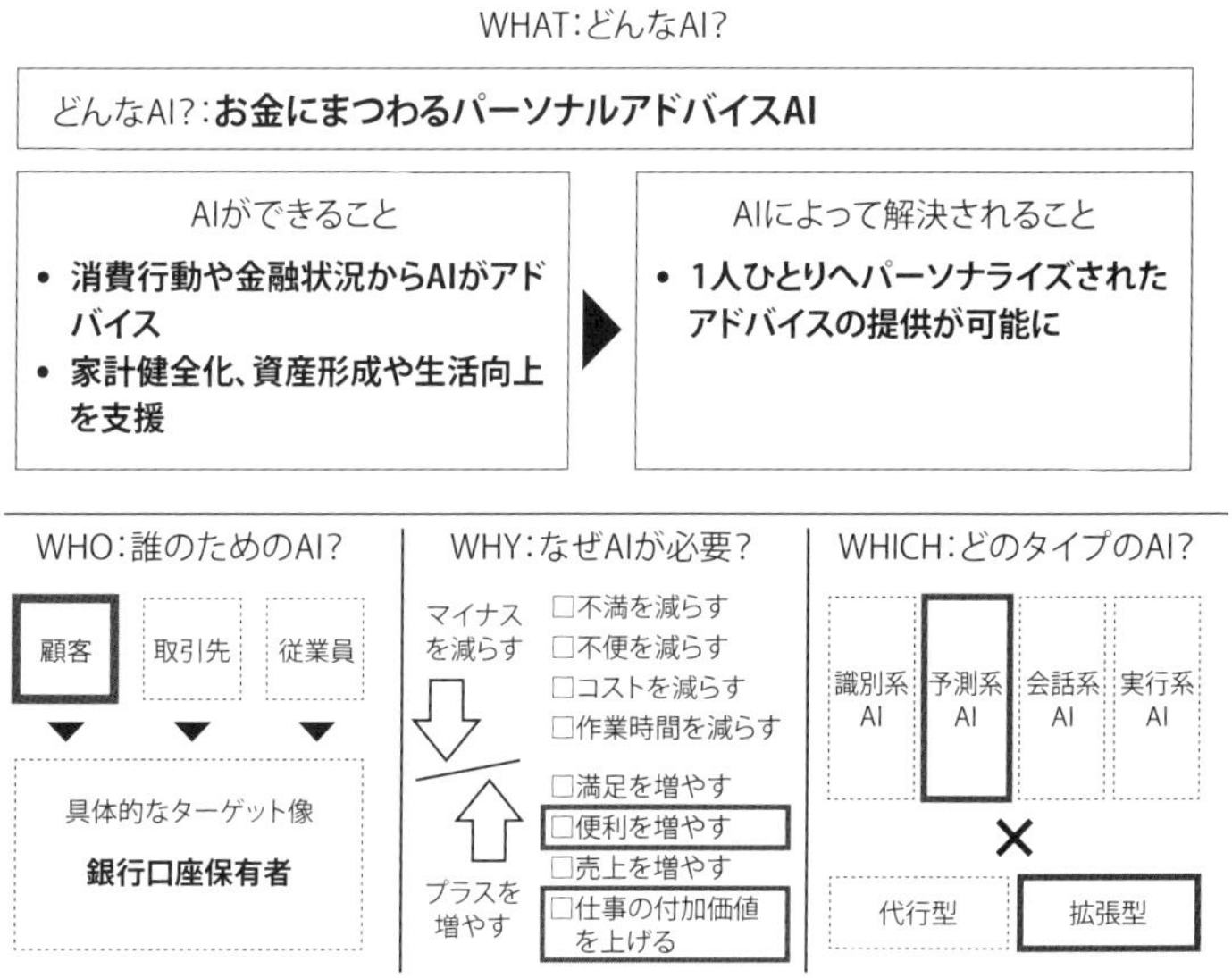

医療・介護・専門

エクサウィザーズ、神奈川県と要介護度予測ＡＩの実証

予測系 × 拡張型

事例の概要

- エクサウィザーズは、**要介護度の将来予測**をするＡＩを開発
- 神奈川県の自治体が保有する**介護判定データ**、**介護給付金データを利用**し実証
- 介護関連データをＡＩに学習させることで住民１人ひとりの**要介護度と介護費を予測**
- このまま状態推移すると**将来どのように変化するか**を予測
- 要介護度のスコアの記録により、**対策施策の効果**があったかどうかを確認できる
- 将来的には費用対効果の高い**介護施策の効率的な立案**に貢献

解決できること **予測にしたがった計画的な施策実行／費用対効果の高い介護施策の発見**

（出所）https://exawizards.com/archives/3282

図表6-67　要介護度予測サービス

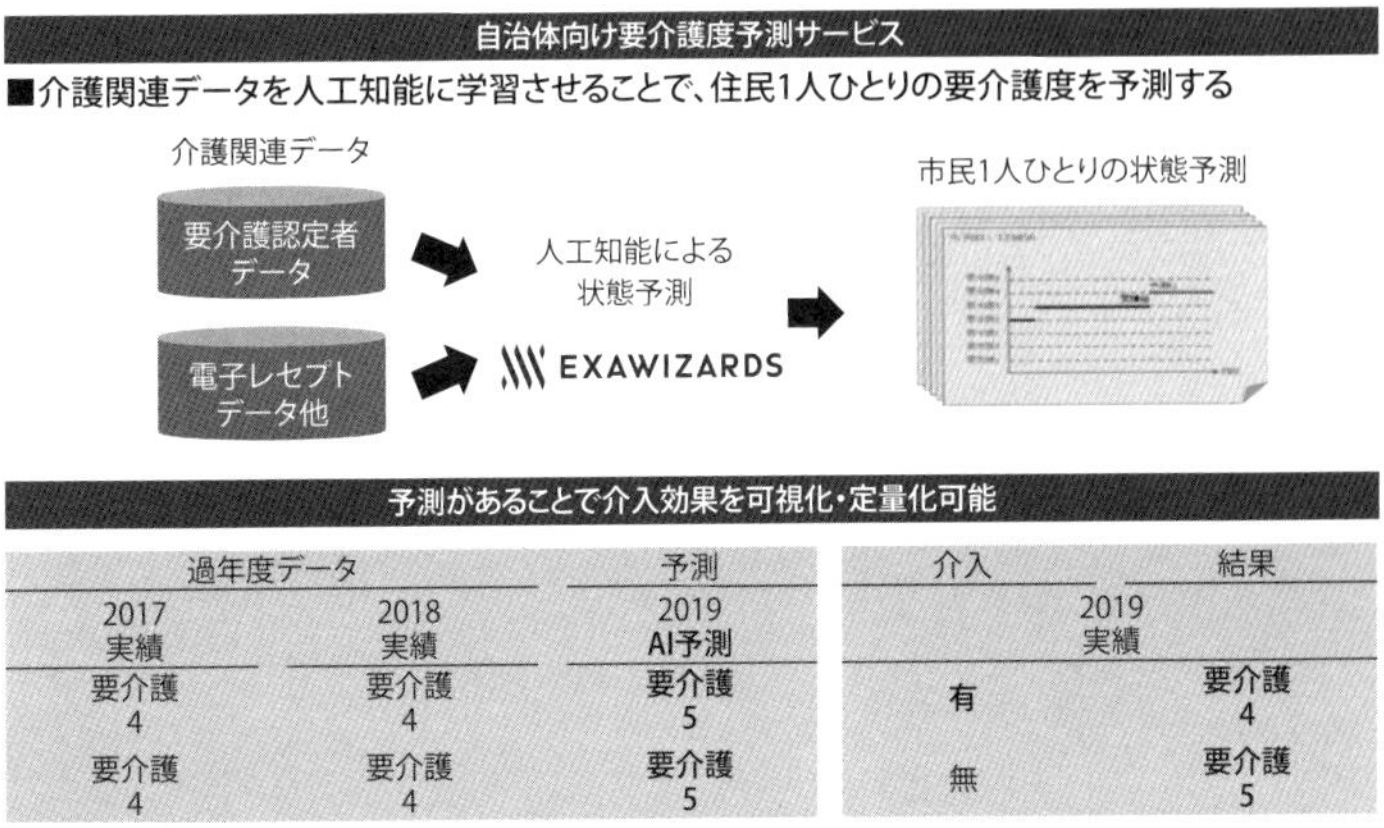

（提供）エクサウィザーズ

図表6-68　エクサウィザーズ「神奈川県と要介護度予測AIの実証」

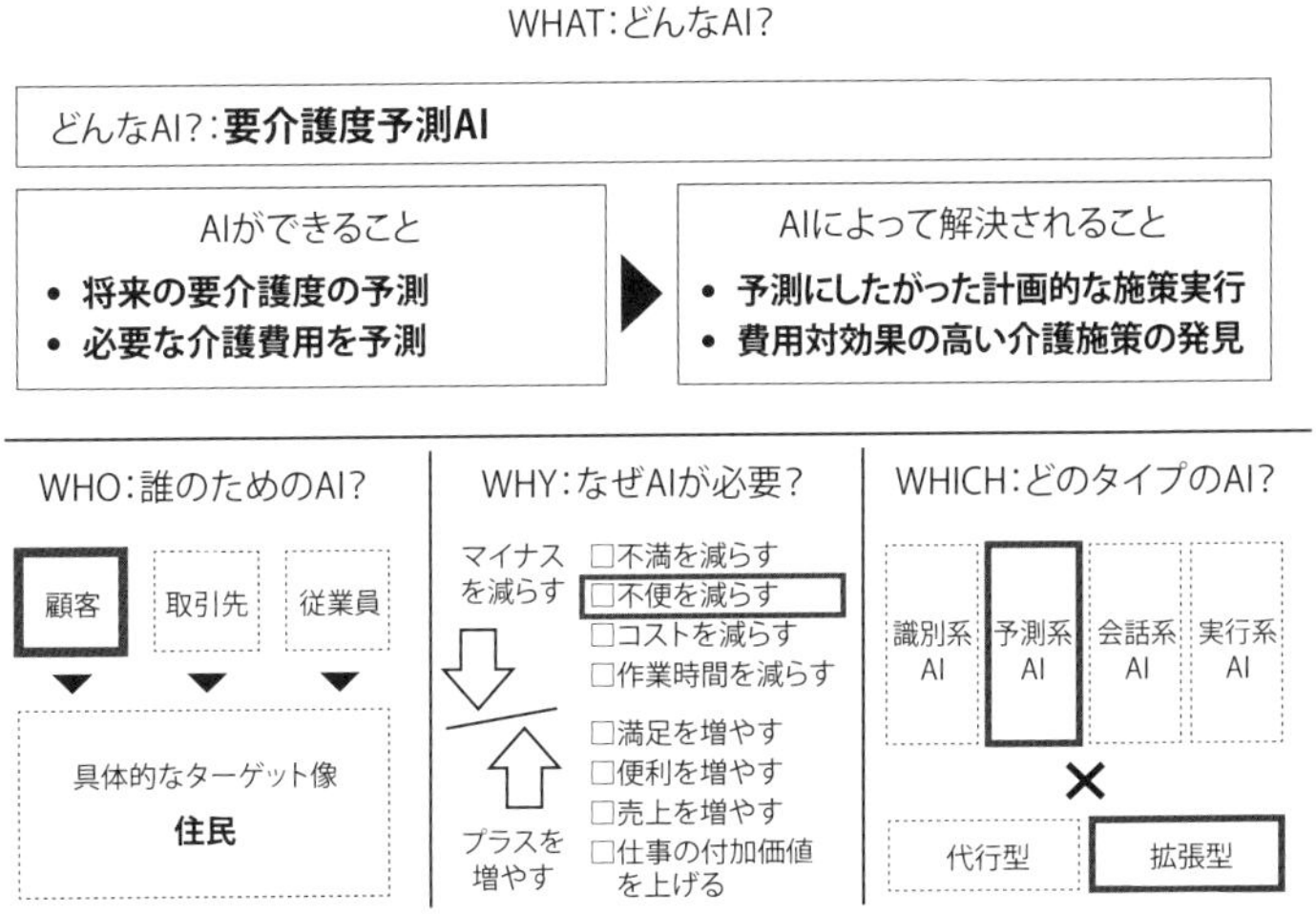

医療・介護・専門

Ubie、医療現場の業務効率化を図るAI問診

会話系 × 代行型

事例の概要

- これまでは患者が書いた紙の問診票と、診察室での電子カルテ記載用の問診が**二重発生**
- AI問診では、患者が入力した内容が医療用語に変換され**カルテに自動入力**
- **現役医師**とエンジニアが開発
- 約5万件の論文データに基づき、AIが**患者1人ひとりの症状や地域・年代に合わせた質問を自動で生成**
- 患者はタブレットから出てくる質問に沿ってタッチするだけで、**およそ3分で入力が完了**
- 大病院13施設を含む**およそ100件の医療機関に導入済み**
- 医師の事務作業が削減され、**外来の問診時間が約3分の1に短縮**できた病院も

解決できること　**医師不足の解消／患者ケアの時間を増やす**

（出所）https://ledge.ai/ubie-ai-medical-interview/

図表6-69　タブレットからの質問に答える

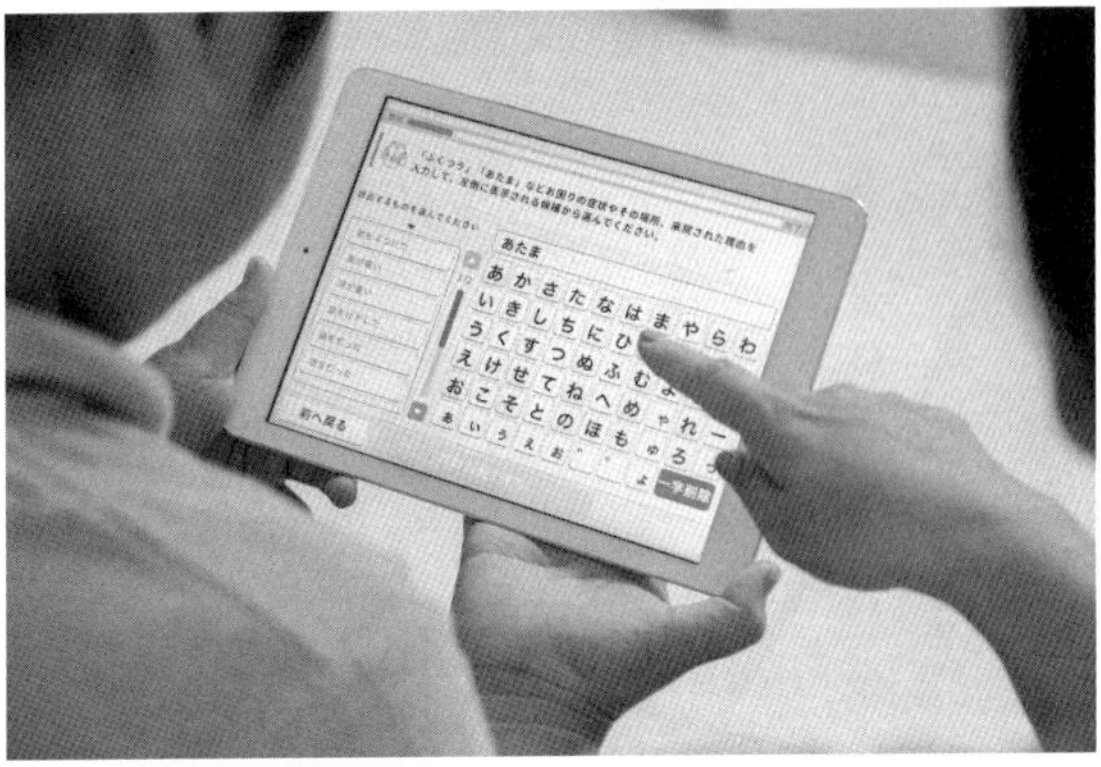

（提供）Ubie

図表6-70　Ubie「医療現場の業務効率化を図るAI問診」

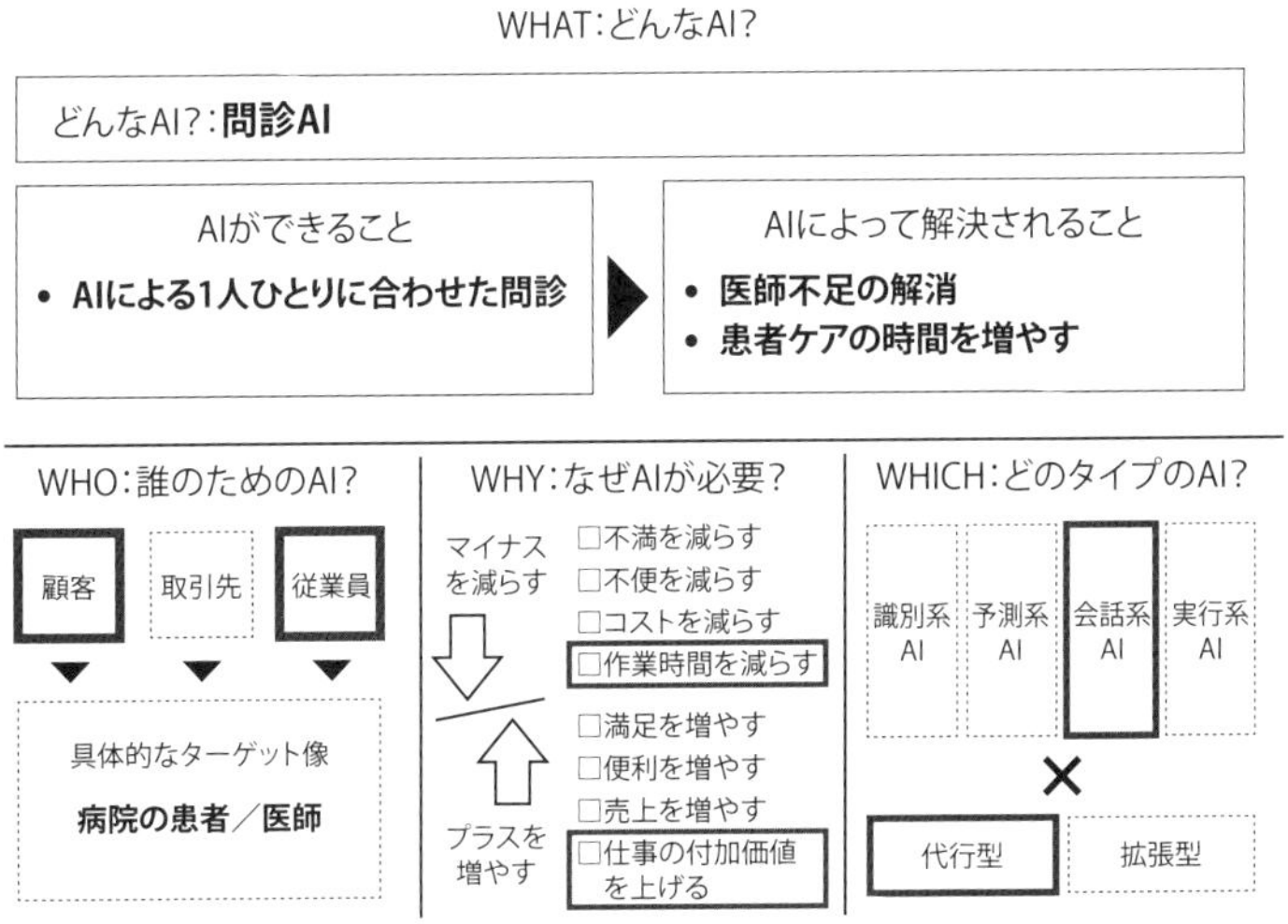

医療・介護・専門

AI-CON、AIによる契約書レビュー・作成支援サービス

予測系 × 代行型

事例の概要

- AI-CONでは**AIによる契約書レビュー・作成**を支援
- 弁護士のこれまでの**経験を元に作成した**AIサービス
- **契約書ドラフト作成、レビュー、交渉メール作成**の3つの機能がある
- 複数の質問にYES、NOで答えていく。**法的な要となる設問に返答**することで項目が反映され、大量の条文の中から組み合わせた契約書が完成する
- 契約書アップロードにより、立場による「有利、やや有利、中間、やや不利、不利」の5段階で**有利・不利の判定レビュー**が出る
- 契約書の修正内容から**交渉用メールが自動**で作られる

解決できること　**弁護士・司法従事者不足の解消**

（出所）https://ledge.ai/theai-3rd-gva-tech/

図表6-71　AIと契約業務の共通性

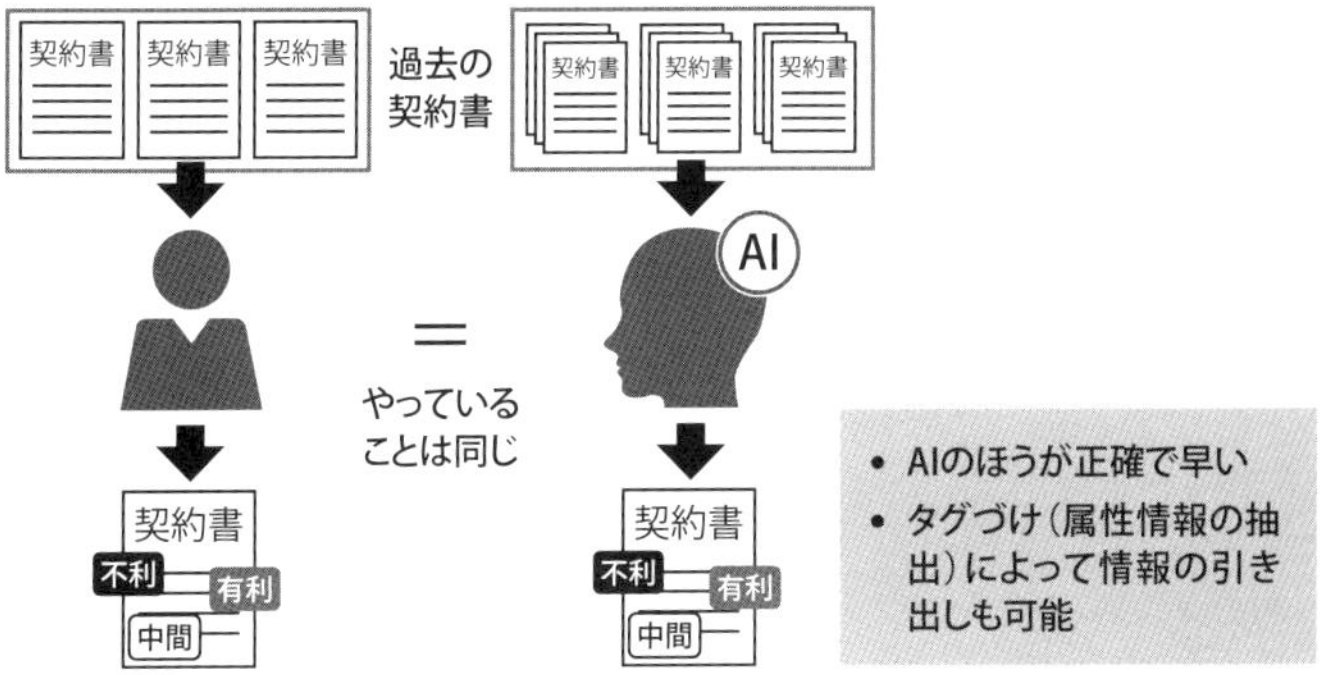

（提供）GVA TECH

図表6-72　AI-CON「契約書レビュー・作成支援サービス」

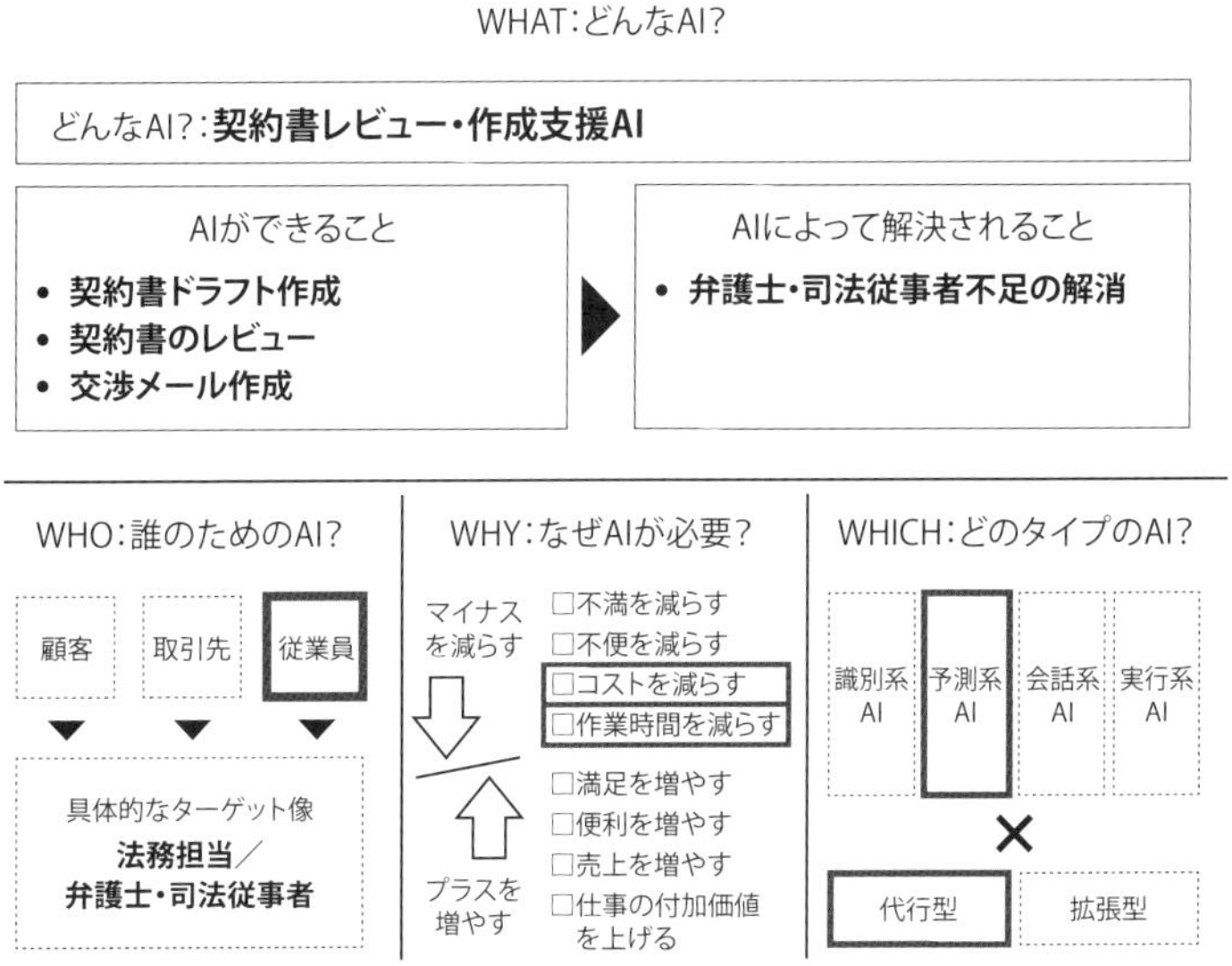

人材・教育

ソフトバンク、新卒採用業務でＡＩを利用し効率化

予測系 × 代行型

事例の概要

- ソフトバンクは**新卒採用業務でＡＩを活用**
- 過去の**エントリーシートをすべて学習**させてＡＩモデルを構築
- エントリーシートを**ＡＩが合否判定**
- 不合格判定のエントリーシートは**人がチェック**
- 作業時間を**従来の４分の１**に削減
- 年間ベースに換算すると**６８０時間を１７０時間に短縮**

解決できること　**採用担当スタッフの作業時間削減**

（出所）https://special.nikkeibp.co.jp/atcl/NBO/17/ibm_softbank/

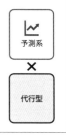

図表6-73　エントリーシートの合否判定

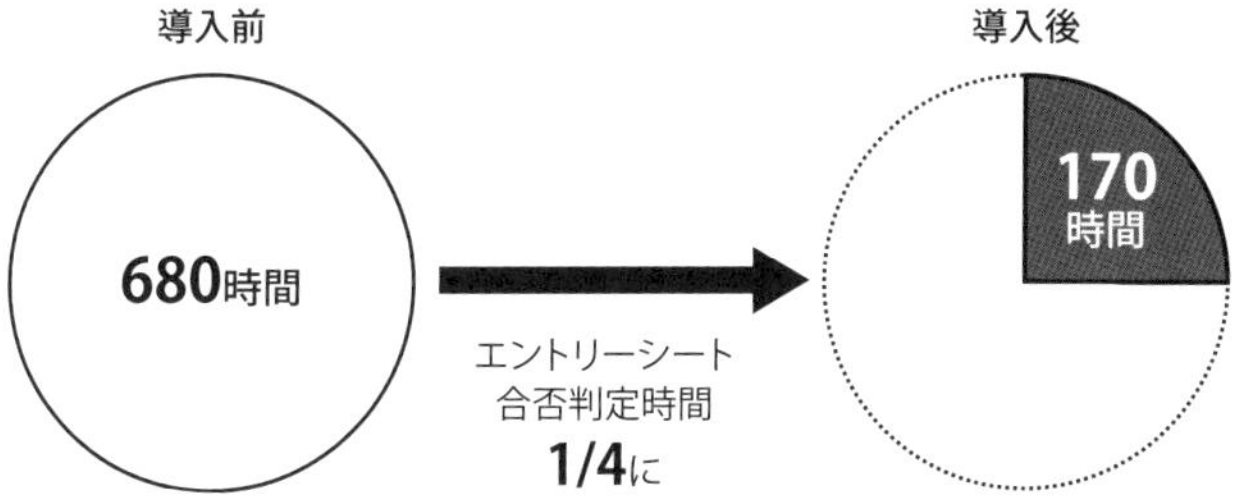

図表6-74　ソフトバンク「エントリーシート判定」

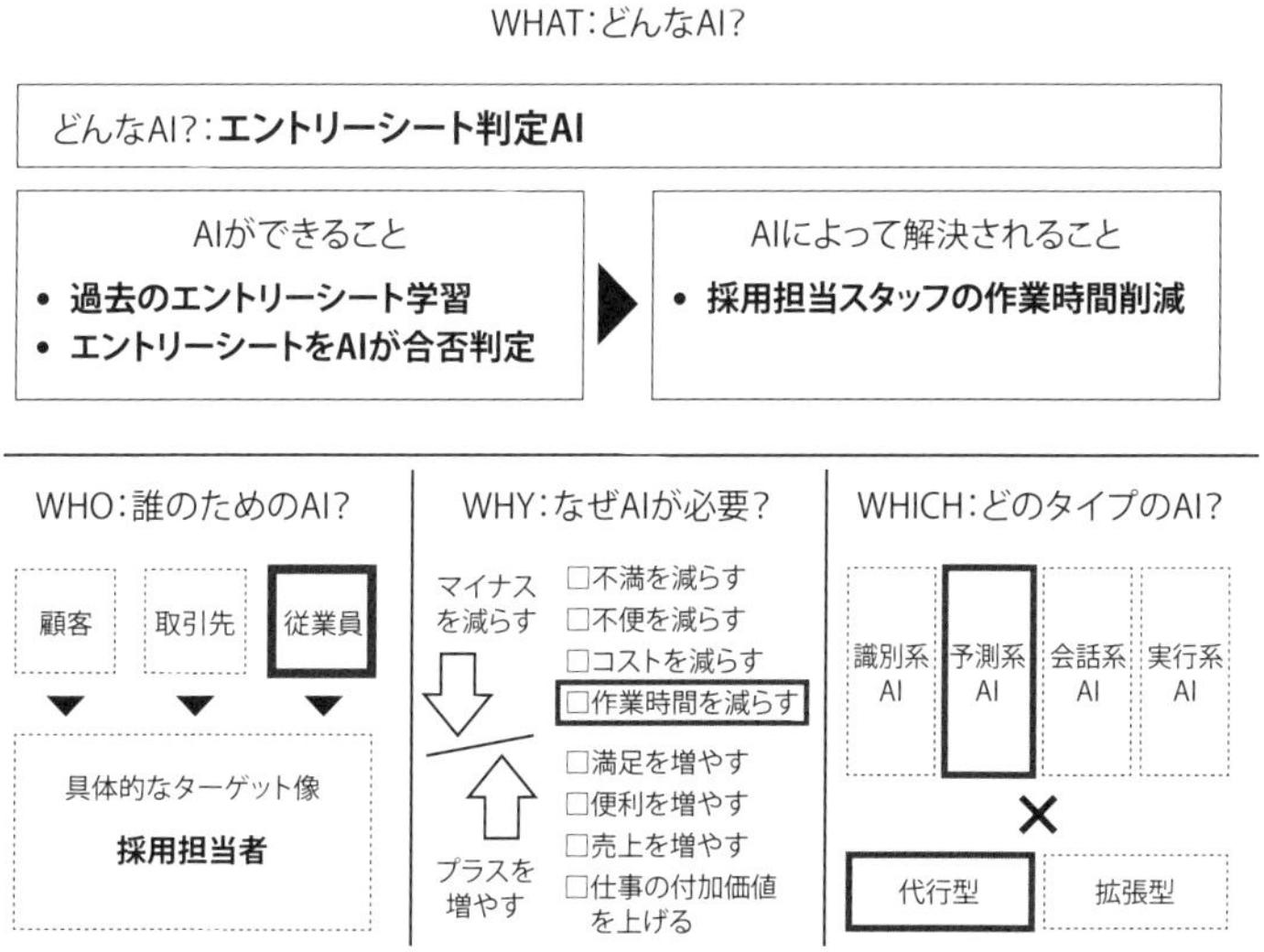

人材・教育

atama plus、1人ひとりの学習を最適化

予測系
×
代行型

事例の概要

- atama plusはAIを使って「**自分専用レッスン**（学習）」を提供
- 得意、苦手、伸び、つまずき、集中状態、忘却度に合わせてカリキュラムを最適化
- **AIが解けない原因を診断テストから特定し、**原因を解消するように勉強させる仕組み
- カリキュラムパターンは「**10の3807乗パターン以上**」

解決できること

学習指導力の向上／1人ひとりに合わせた指導

「ある生徒は数Ⅰ・数Aを「atama＋」で19時間45分学習したところ、100点満点中43点だったテストが83点まで上がりました。（中略）冬期講習で数Ⅰ・数Aを約2週間勉強してもらった結果、センター試験本番で平均1・5倍も点数が伸びたという報告があります」

（出所）エドテック「AIの『アタマ先生』が1人ひとりの学習を最適化」（2019年9月27日）
https://edtechzine.jp/article/detail/2560

図表6-75　つまずきの原因に戻って学習する

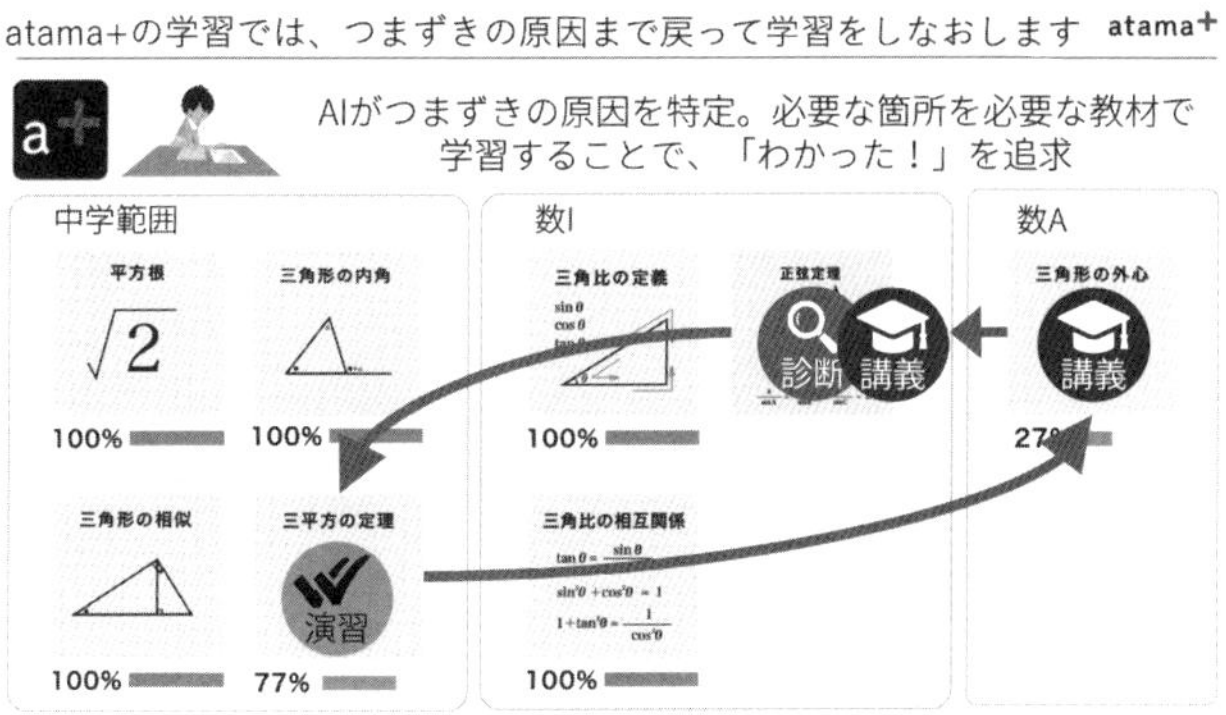

（提供）atama plus

図表6-76　atama plus「1人ひとりの学習カリキュラム最適化」

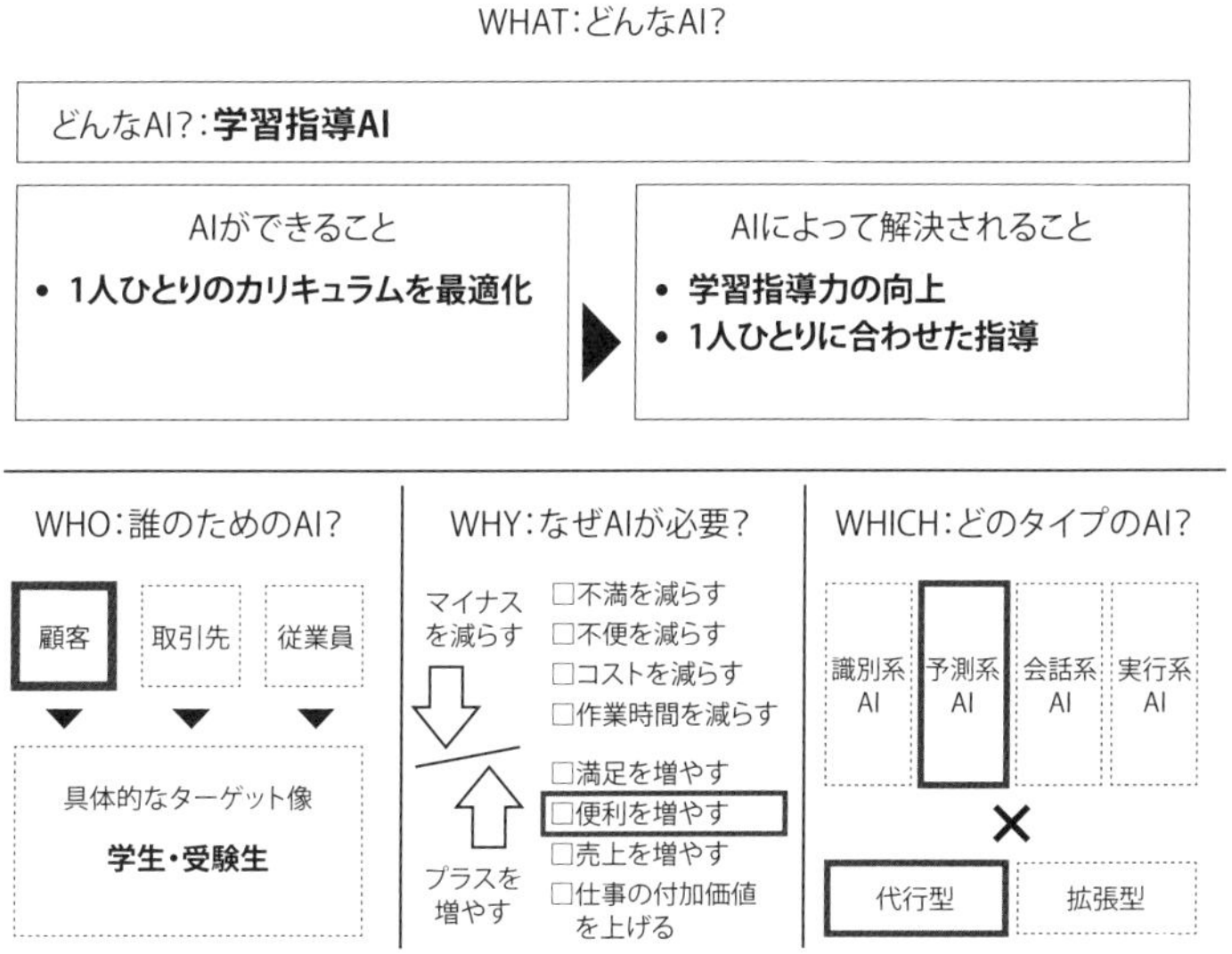

人材・教育

イーオンら、英語発音をAIで評価

会話系 × 代行型

事例の概要

- イーオンとKDDI総合研究所はAIによる日本人向けの**英語発音評価システム**を開発
- 英文の発音を**AIで解析し評価**する
- **204のフレーズを生徒250人に発音**してもらった音声データに教師による評価をつけ「教師ありデータ」として利用
- 総合評価とイントネーション（2単語連携での変化）、リズム、発音の正確さの4項目で評価し、改善点がわかりやすくなっている
- イーオンの一部の生徒に向けて**自宅学習用として提供**を始めている

解決できること　**発音指導の体系化**

（出所）「CNET Japan」2019年11月23日
https://japan.cnet.com/article/35129120/

図表6-77　英語発音評価システム

（提供）イーオン

図表6-78　イーオンとKDDI総合研究所「英語発音評価システム開発」

WHAT：どんなAI？

どんなAI?：**日本人向け英語発音評価AI**

AIができること
- **英語発音を複数項目で定量的に評価**

▶

AIによって解決されること
- **発音指導の体系化**

WHO：誰のためのAI？

顧客　取引先　従業員

具体的なターゲット像
日本の英語学習者

WHY：なぜAIが必要？

マイナスを減らす
□不満を減らす
□不便を減らす
□コストを減らす
□作業時間を減らす

プラスを増やす
□満足を増やす
□便利を増やす
□売上を増やす
□仕事の付加価値を上げる

WHICH：どのタイプのAI？

識別系AI　予測系AI　会話系AI　実行系AI

×

代行型　拡張型

コールセンター

かんでんCSフォーラム、AIによるコールセンター呼量予測

予測系 × 拡張型

事例の概要

- かんでんCSフォーラム（関西電力の100%子会社）は、コールセンターへの**問い合わせ量を予測する**AIを構築
- エネルギー系企業提供の**約4000万のデータ**を利用
- **約5年半の呼量データ**を学習データとして利用
- センター単位で呼量予測するAIを構築
- ユニーク呼量と呼ばれるリダイアルを除くコール数を予測した

解決できること　**コールセンタースタッフの最適なシフト計画立案／コストの最適化**

（出所）http://www.kcsf.co.jp/contact/ai.html

図表6-79　コールセンター呼量予測

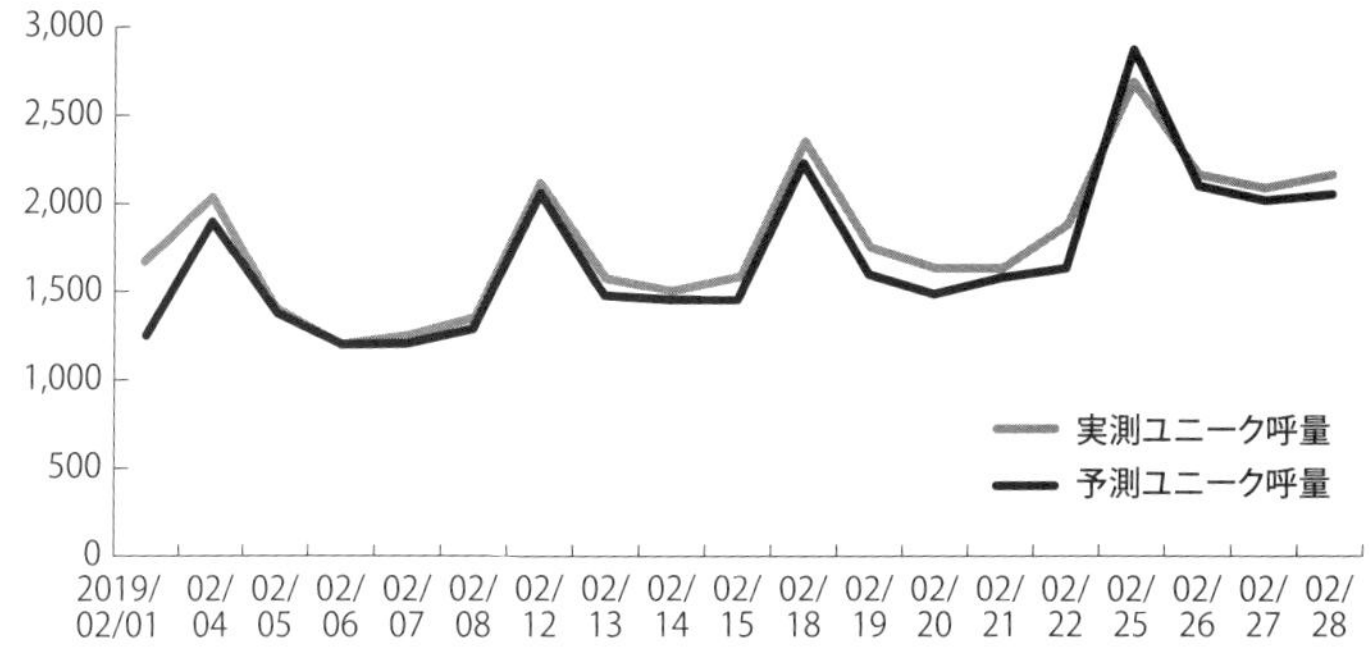

（提供）かんでんCSフォーラム

図表6-80　関西電力「コールセンター呼量予測」

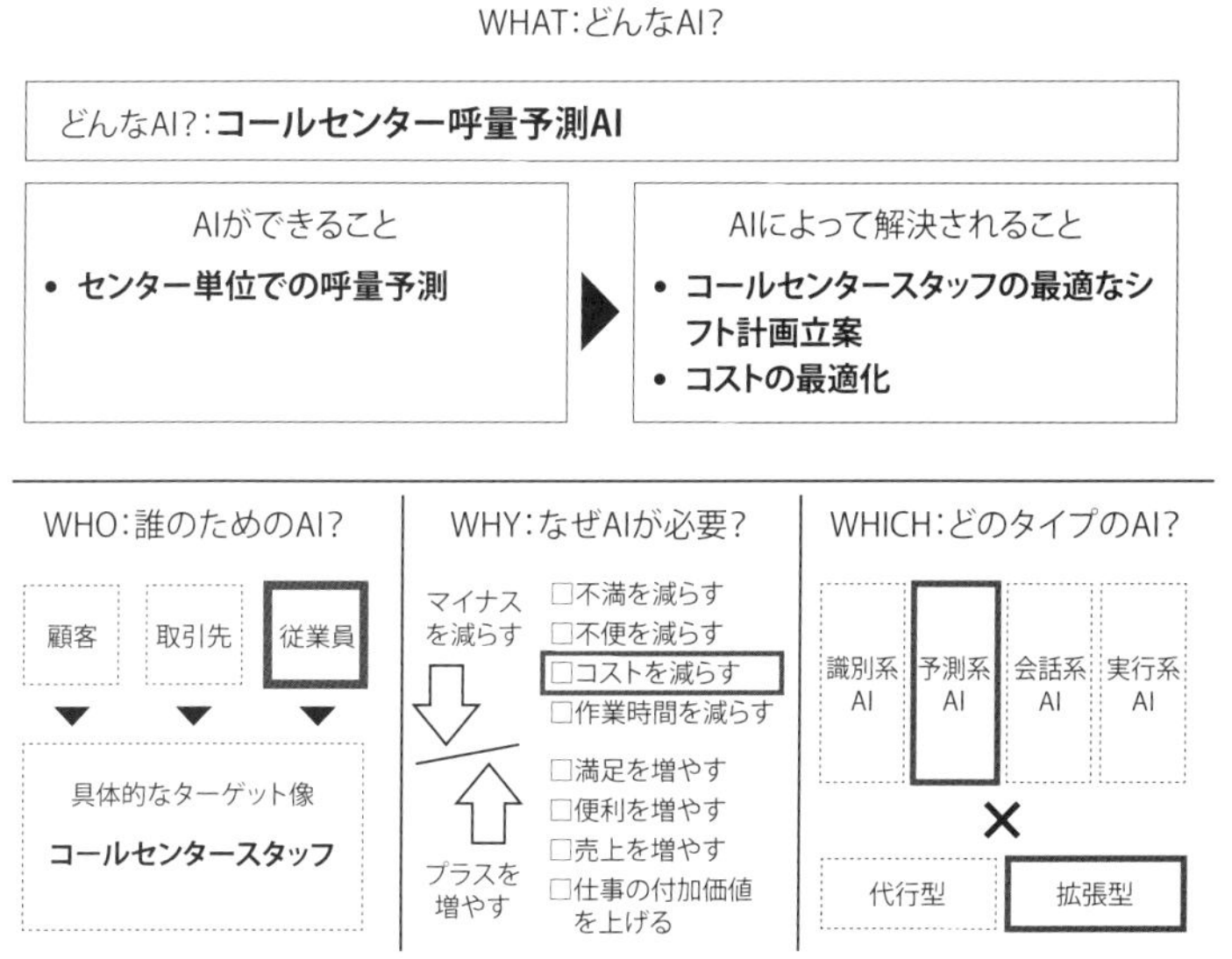

コールセンター

トランスコスモス、退職予備軍を予測し、半年で離職者を半分に

予測系 × 拡張型

事例の概要

- トランスコスモスはコールセンタースタッフの**退職予備軍をAIで予測**
- **オペレーター属性、勤怠、パフォーマンス**等によって退職を予測
- **予測精度95%**を達成
  退職予備軍に**事前予防策**を実施
- **半分近いオペレーターの離職を抑止**することに成功

解決できること　**事前の予防策実施が可能に／退職率の改善**

（出所）https://www.itmedia.co.jp/enterprise/articles/1809/05/news001.html

図表6-81　オペレーター退職予測モデルと離職予防スキーム

■全国のコールセンター拠点から集めた学習用データ（オペレーターの属性、勤怠、パフォーマンス等）で予測モデルを構築。高スコアの退職予備軍リスト化と退職理由を毎月レポーティング。それを使って現場管理者が毎月面談を実施。

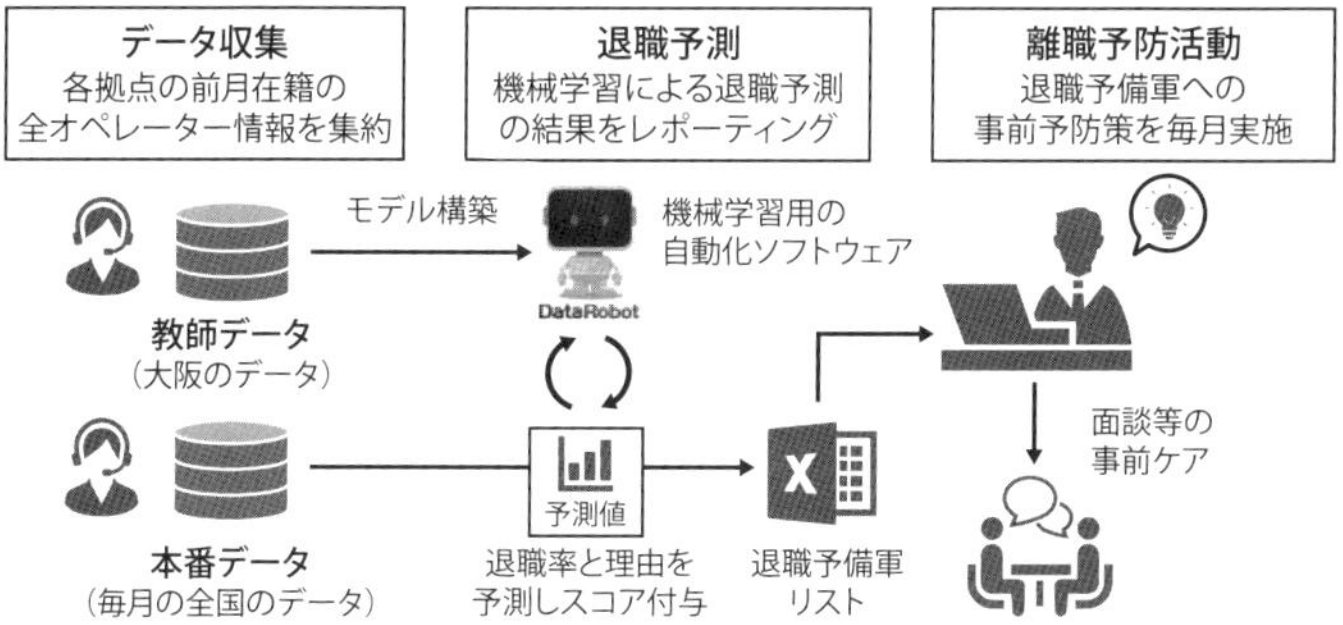

（提供）トランスコスモス

図表6-82　トランスコスモス「退職予備軍を予測」

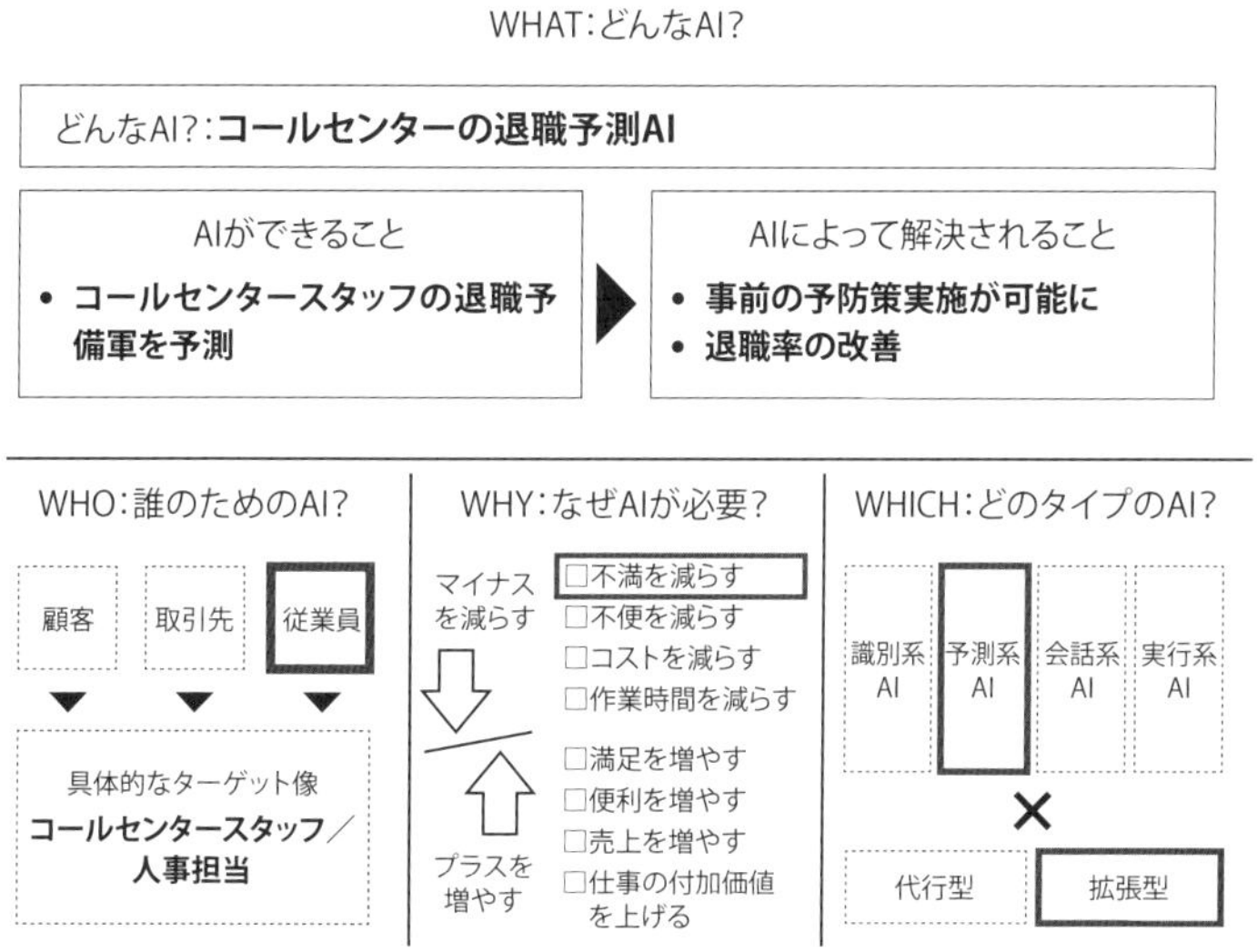

コールセンター

カラクリ、正解率95%保証のチャットボット

会話系 × 代行型

事例の概要

- カラクリは**正解率95%保証**のAIチャットボットサービスを提供
- **AIによる学習型**のサービス
- 全体の8割ほどが単純な質問で単純な回答が繰り返されることもあり、コールセンターの現場では、**約50%のオペレーターが入社したその月に辞めてしまう**
- 単純な質問への回答を**AIチャットボットへ代行**させる
- 質問への**正解率が95%を超えた時点**でAIをコールセンターに納品する
- 複数会社へ提供しているサービスだからこそ、**教師データを業界ごとに共通化**することが可能で、精度を上げやすい

解決できること **定型的対応の代行／スタッフのモチベーション維持／コストカット**

（出所）https://industry-co-creation.com/catapult/32608

図表6-83　正解率95%のAIチャットボットのカラクリ

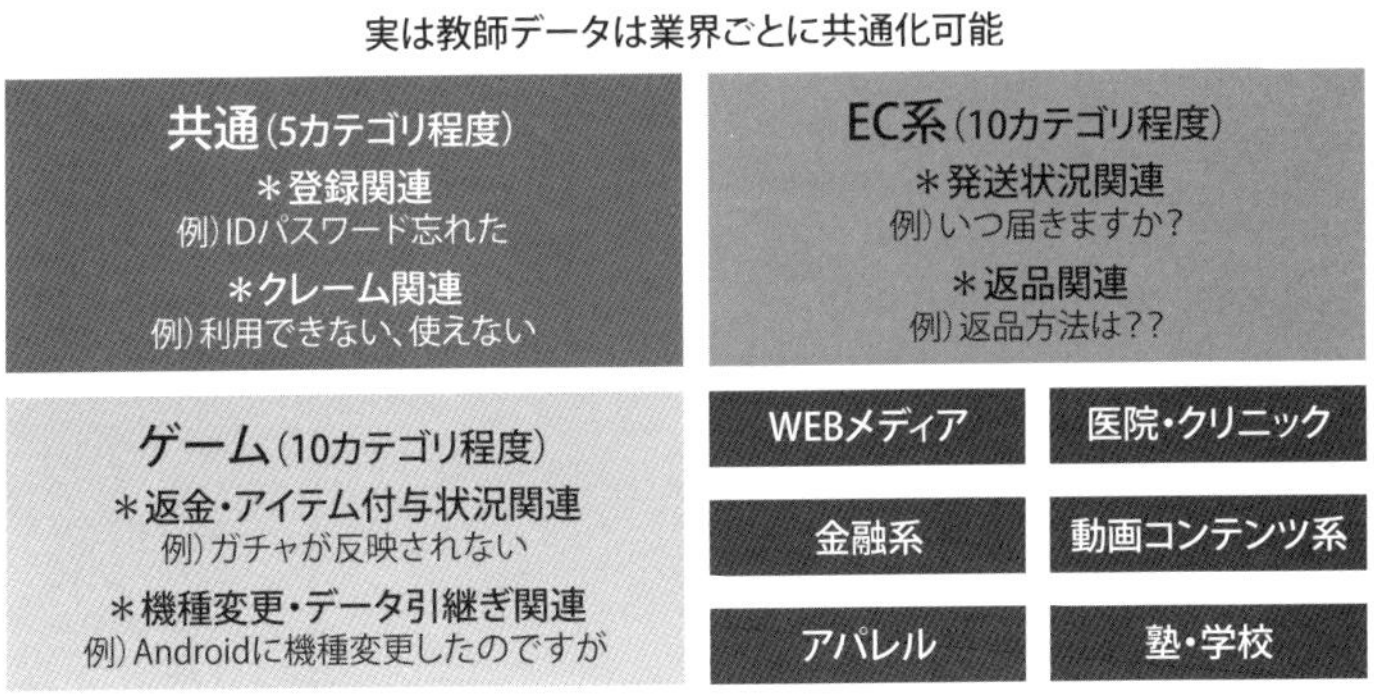

（提供）カラクリ株式会社

図表6-84　カラクリ「正解率95%保証のAIチャットボット」

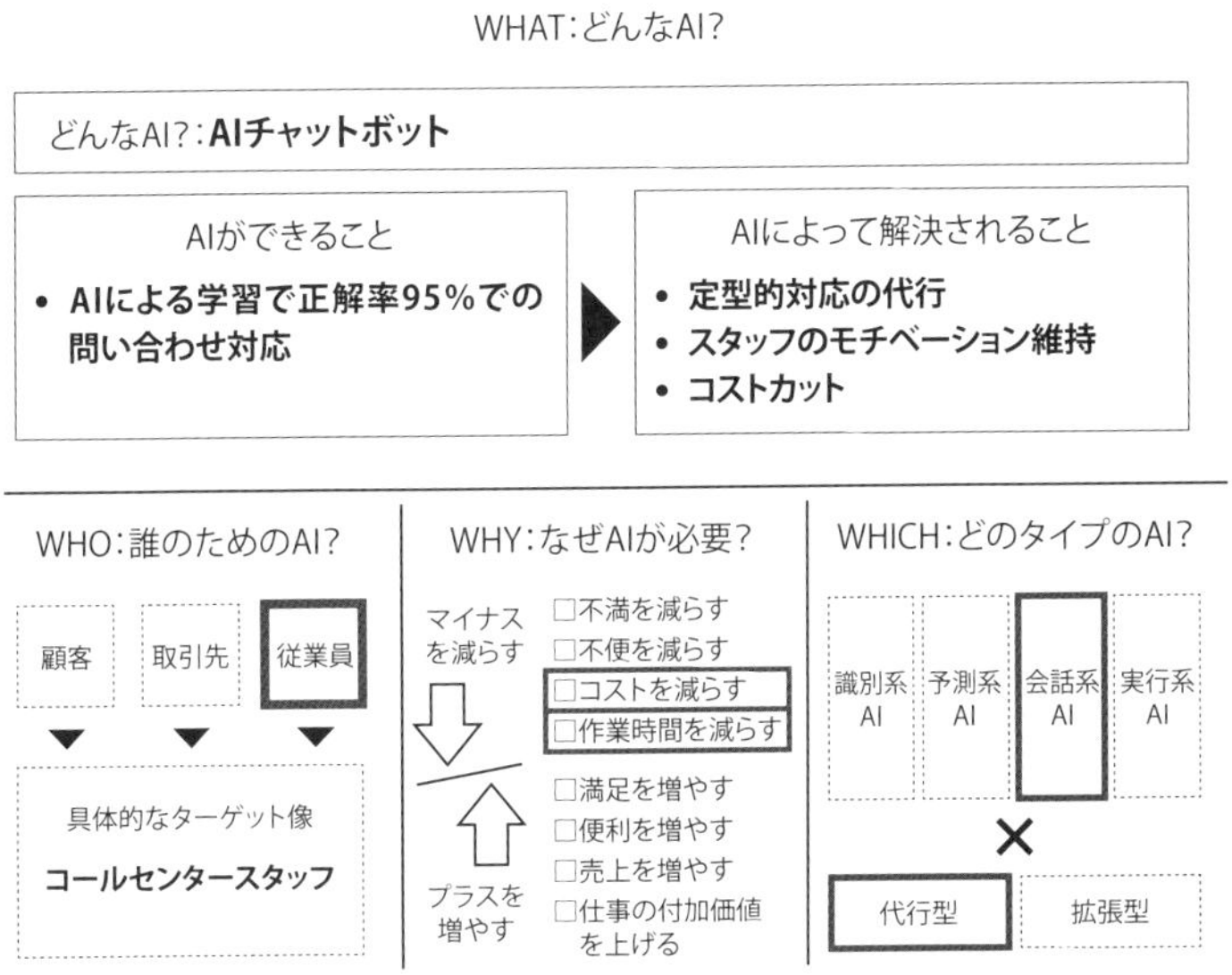

コールセンター

ソネット、音声認識AIを導入しオペレーター業務を効率化

会話系 × 代行型

事例の概要

- ソネット（ソニーネットワークコミュニケーションズ）は、**コールセンターにAI音声認識システム**を導入
- AI音声認識システムにより**音声をテキストデータ**として記録
- 問い合わせ対応後の**後処理時間が1件につき90秒短縮**
- 通話の見える化によって**応対品質の向上・均一化**も
- **人件費の削減**を見込むことができる

解決できること　**オペレーターの業務効率化／コストカット**

「同社は全国8拠点1400席のコールセンターを運営しており、サービス利用方法やトラブルシューティングなどお客様からの問い合わせに対応しております。同社は、コールセンターの応対品質やパフォーマンスのばらつきを抑え、オペレーターの人材不足の市場でも安定的

図表6-85　ソネット「音声認識AIでオペレーター業務を効率化」

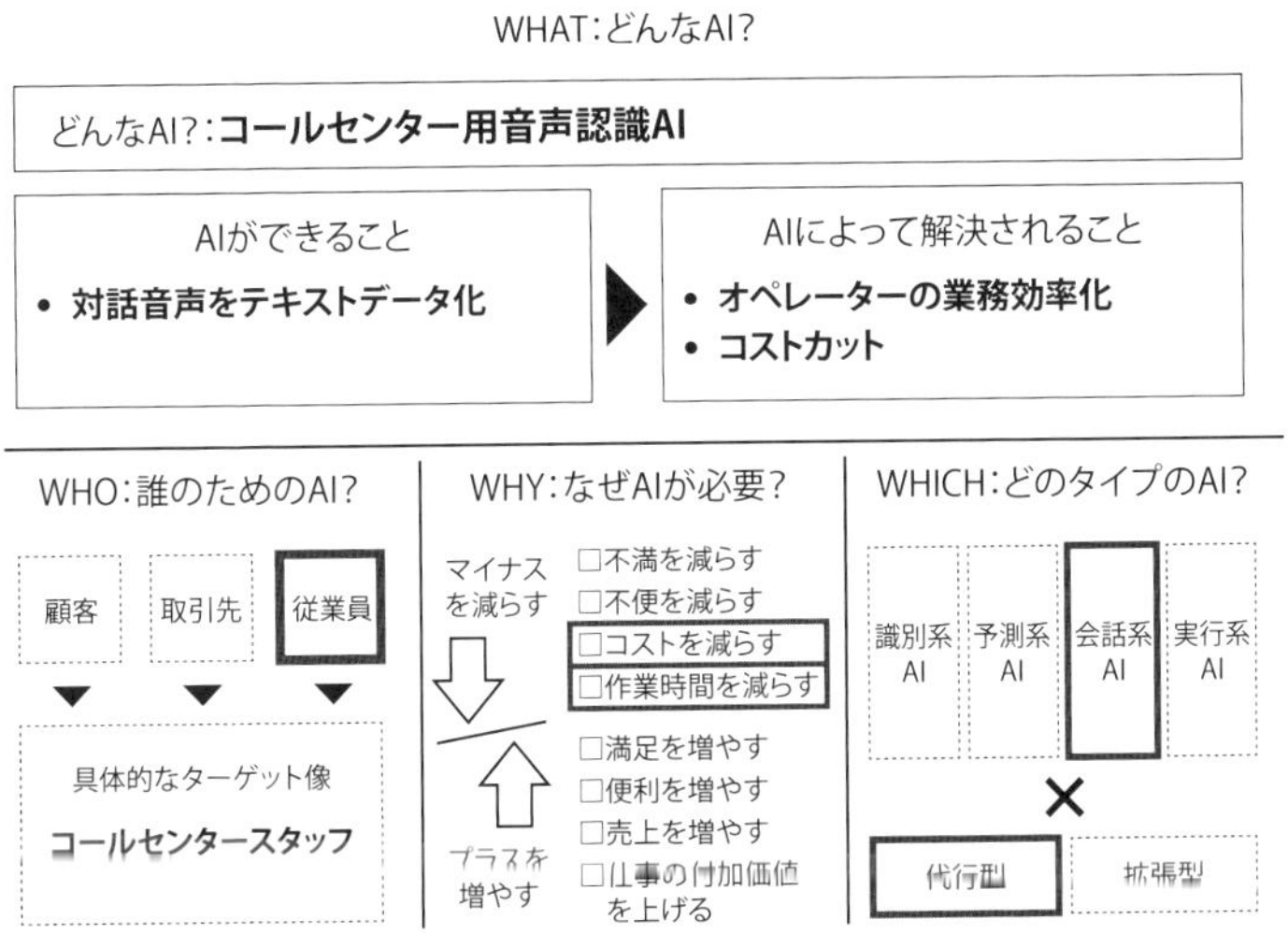

なセンター運営を目的とし、ＡＩ音声認識システムを導入しています。

ＡＩ音声認識システム導入により、オペレーターの業務が効率化され、後処理時間90秒短縮による人件費の大幅な削減が見込まれ、通話の見える化によって応対品質の向上・均一化が可能になるなどの効果も期待されます」

（出所）CCplusforbiz「3．導入事例：ソニーネットワークコミュニケーションズでのＡＩ音声認識システム活用方法とは」

https://callcenternavi.jp/ccplus/forbiz/10539/

生活サービス・警備・公共

さいたま市、固定資産税調査に航空写真照合AIを利用

識別系 × 代行型

事例の概要

- さいたま市は、**従来は人が1枚ずつ航空写真を見比べて**家屋にかかる固定資産税の額を決める調査にＡＩを導入することを決定
- ＡＩに航空写真を学習させ、新築や増築の可能性がある家屋を識別
- これまで人が2人がかりで3日かけていた作業が、**わずか数十分**で完了
- **作業時間の9割を削減**
- 調査の対象外施設の**除外も自動化**できた

解決できること　**市職員の作業時間のカット**

（出所）https://www3.nhk.or.jp/news/html/20190903/k10012060981000.html

図表6-86　さいたま市「固定資産税調査に航空写真照合AI」

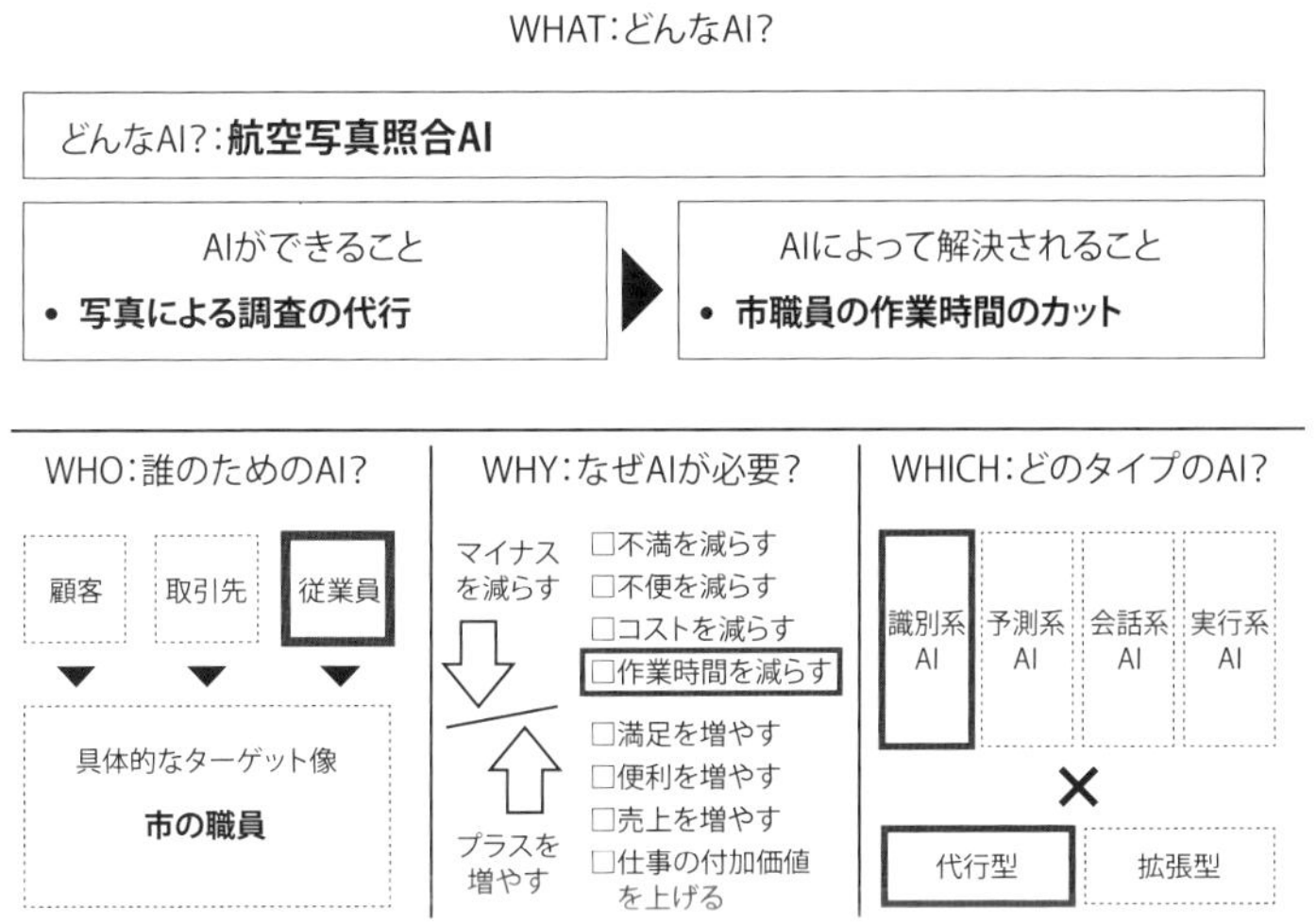

生活サービス・警備・公共

ALSOK、困っている人を自動検知するAI

識別系 × 代行型

事例の概要

- ALSOK（綜合警備保障）は、**「困っている方」の行動を自動検知**するAIを実証実験
- 道に迷い辺りを見渡している、体調が悪くしゃがみこんでいる等の困っている人をAIで自動検知
- 体調が優れない方などを**検知し警備員のスマホ**に通知
- パトロール要員の目視での**「見回り」をAIで補助する**ことにより、よりきめ細かな状況把握を可能に
- エリアの**セキュリティ向上、各種事故**防止につなげる狙い

解決できること　**助けが必要な人の検知率の向上**

（出所）https://www.alsok.co.jp/company/news/news_details.htm?cat=2&id2=898

図表6-87　困っている人とそうでない人を見分ける

（出所）三菱地所、PKSHA Technology、ALSOK

図表6-88　警備員のスマホへ情報を送信

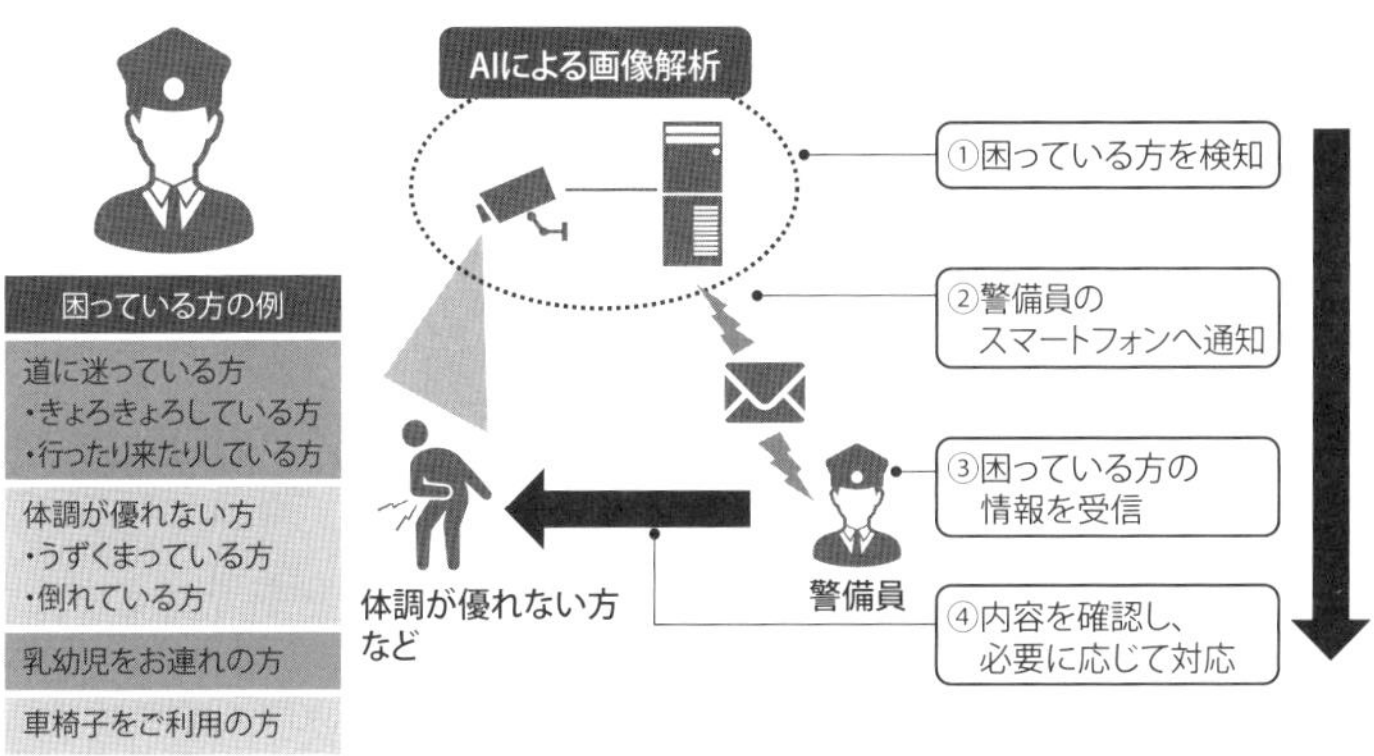

（出所）三菱地所、PKSHA Techology、ALSOK

図表6-89　ALSOK「困っている人を検知するAI」

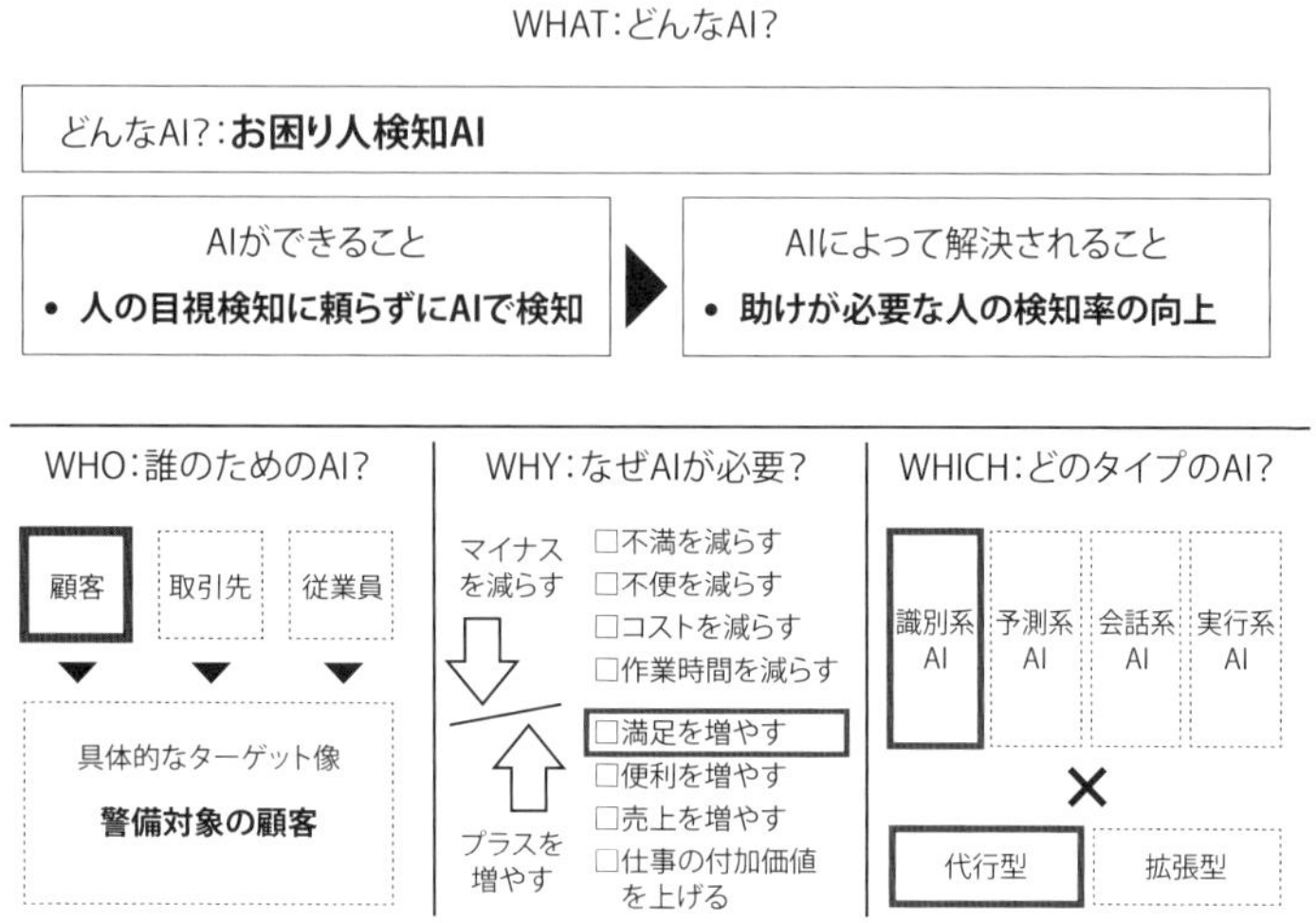
WHAT：どんなAI?
どんなAI?：お困り人検知AI
AIができること
• 人の目視検知に頼らずにAIで検知
AIによって解決されること
• 助けが必要な人の検知率の向上
WHO：誰のためのAI?
顧客
取引先
従業員
具体的なターゲット像
警備対象の顧客
WHY：なぜAIが必要?
マイナスを減らす
プラスを増やす
□不満を減らす
□不便を減らす
□コストを減らす
□作業時間を減らす
□満足を増やす
□便利を増やす
□売上を増やす
□仕事の付加価値を上げる
WHICH：どのタイプのAI?
識別系AI
予測系AI
会話系AI
実行系AI
×
代行型
拡張型

生活サービス・警備・公共

日本気象協会、1時間単位での降水量予測

予測系 × 拡張型

事例の概要

- 日本気象協会は、天気予報精度を**ディープラーニングで大幅改善**
- スーパーコンピューターなしでも**短時間でくわしい降水予測**を実現
- **3時間単位から1時間単位**へと予測対象時間の短縮も実現
- また、20キロ四方範囲から5キロ四方へと**予測対象範囲も詳細化**
- 今後は風の予報などにも広げ、**防災や減災に役立てる狙い**

解決できること　**より詳細化・高精度化された天気予報の実現**

（出所）https://www.itmedia.co.jp/news/articles/1308/30/news112.html

図表6-90　降水量を予測

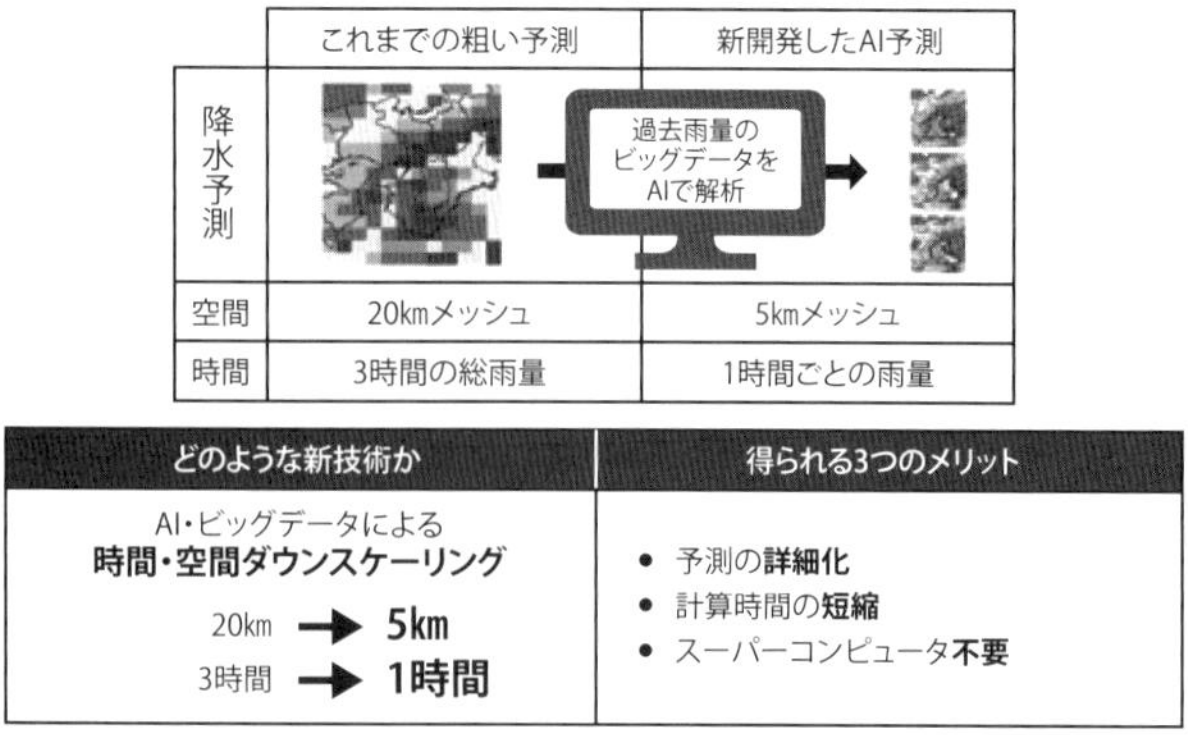

※GSMモデルの場合で解説をしています。空間・時間ダウンスケーリング手法は他の予測モデルへの横展開も可能です。

（提供）日本気象協会

図表6-91　日本気象協会「1時間単位での降水量予測AI」

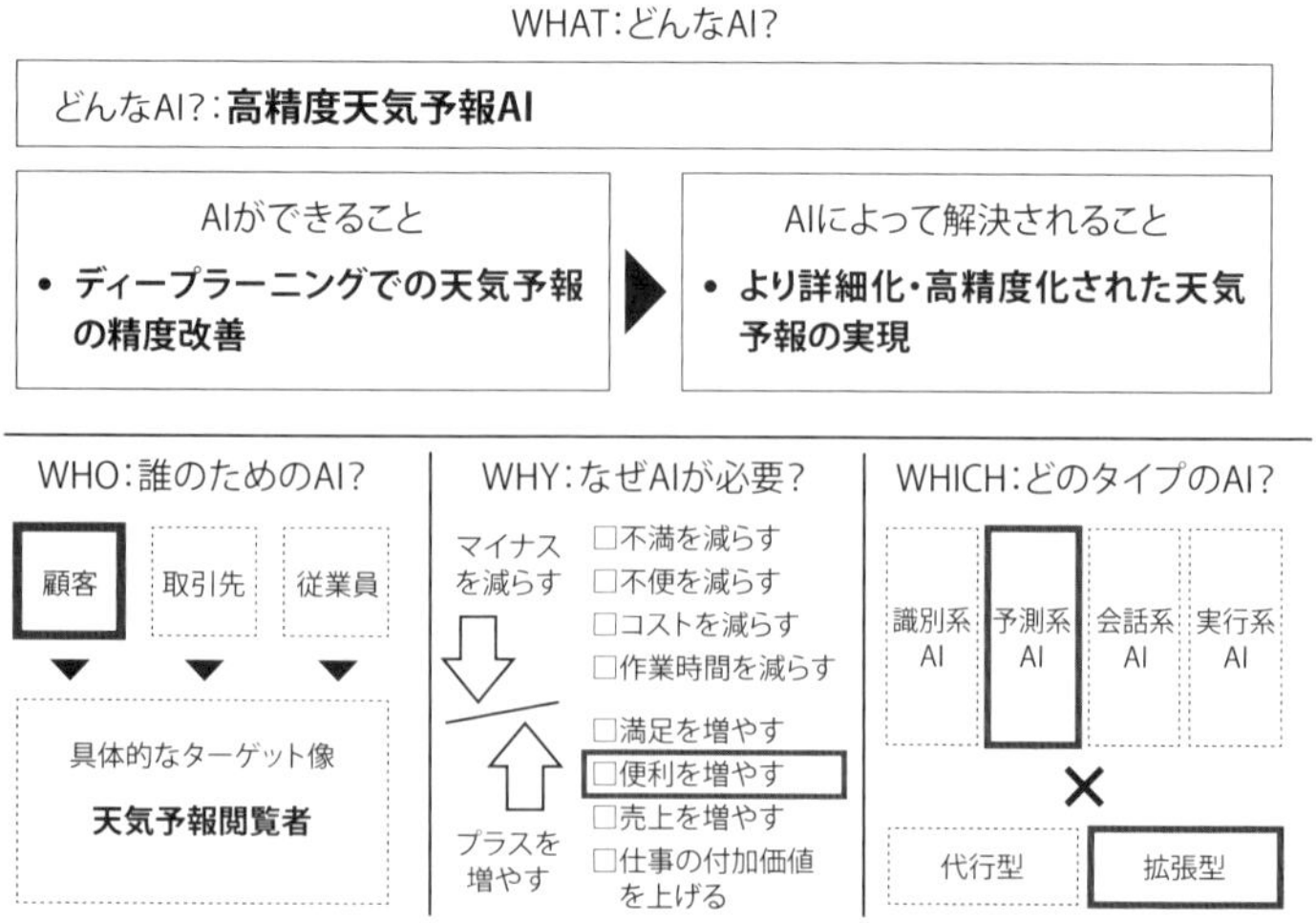

第7章
文系AI人材が社会を変える

How
AI & the Humanities
Work Together

AIによる「消費者、会社、働き手」への変化

AIによる3つの変化

AIのキホン、AIの作り方、AI用語、AI事例を学んできた読者の皆様にとって、AIはより身近な存在になったと思います。AIのことを知れば知るほど、その可能性の大きさを感じ取っているのではないでしょうか。

さまざまな可能性をもつAIは、私たちが属する社会を大きく変えていきます。具体的には**「消費者、会社、働き手」に対して大きな変化を起こしていく**のです（図表7－1）。

AIによる社会変化を後押しするかのように、インターネットやデータ環境も大きく飛躍します。インターネット環境は5G（新しい通信規格）によりスピードが大きく飛躍します。また、いろんなモノにインターネットがつながるIoTも普及します。世の中は「データですべてがつながる社会」へと発展していくのです。

「高速にデータがつながる社会」が何を生み出すか？　もう皆様はお気づきかもしれません。

図表7-1　AIによる3つの変化

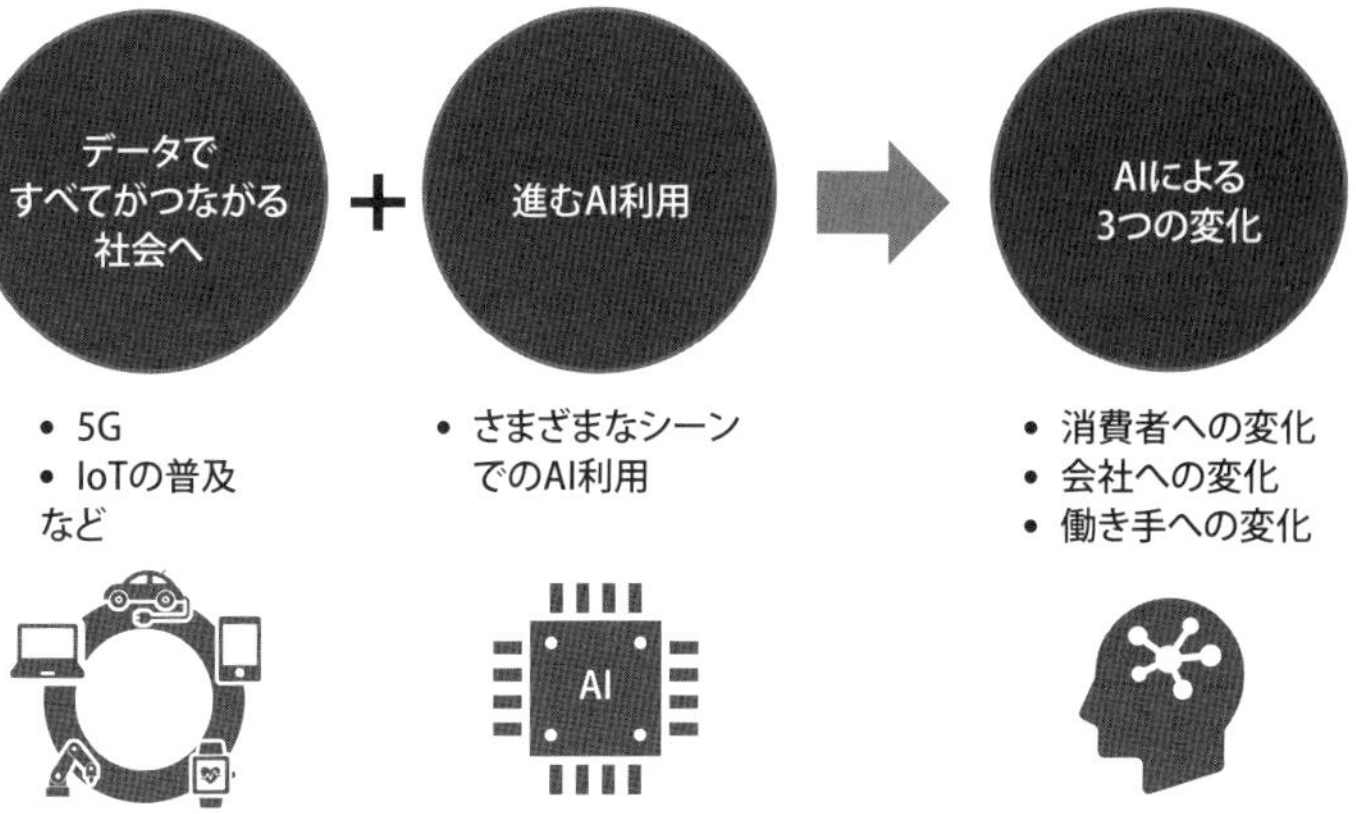

これは、**ＡＩのための学習データが量産されること**を意味するのです。データを学習することで成長するＡＩにとって、望ましい変化です。

５ＧやＩｏＴの後押しもあり、ＡＩの利用は進んでいきます。そしてＡＩ利用が進むにつれ「消費者、会社、働き手」の変化も加速していくのです。

ＡＩによる「消費者」への変化

ＡＩによる「消費者」への変化はどういったものでしょうか？　たとえば、

- ＡＩが家の中を制御し「快適に暮らせる」ようになる
- ＡＩが「自分のためだけに編成したニュー

ス」を毎朝読み上げてくれる

- ＡＩが自分に適した商品を「ＥＣカートに入れておいてくれる」
- 自分に適さないものを買おうとすると「ＡＩが止めてくれる」
- ＡＩ自動運転が進み「子供だけでも車に乗れる」
- 人間が対話する相手の「約半分がＡＩになる」

など、今だと考えられないようなことも含めて、近い未来には実現されてもおかしくないと思います。

また、身近な例でいっても一昔前とは大きく変わっていることもあります。たとえば、Amazon Alexaが声を認識していろんなニーズに対応してくれる。音楽は自分好みのものを自動で推薦してくれる。スマホアプリでは顔を認識してデコレーションして楽しませてくれる。学校行事の写真は自分が写っている写真だけをピックアップしてくれる。こういった現代の日常に溶け込んでいることも、ＡＩが後ろで動いているからこそ実現できているのです。

このように**ＡＩは、暮らし、情報取得、買い物の仕方、移動や対人コミュニケーションのあり方など消費者の生活のあらゆるシーン**で、今後はもっと大きな変化を生み出していくのです。

AIによる「会社」への変化

AIによる消費者への変化がどのようなものかを見てきましたが、次はAIによる会社への変化を見ていきましょう。少し前の時代のことを話すと、会社内でパソコンとインターネットが導入され始めた時代や、スマホやタブレットが使われ始めた時代がありました。パソコンとインターネット、そしてスマホが会社内で使われていない状態を想像することができないという世代も多くなってきましたが、仕事の業務はすべて手書きの書類と郵送・FAXで行ない、外出先では公衆電話を使ってやり取りをしていたのが、**たった30年前のこと**なのです。

はじめは抵抗感があるものの、一度馴染んでしまえば、当たり前どころかなくてはならない存在になるのが新しい技術というものです。現在におけるAIがまさにそれに当たります。

AIによる会社内における変化は次のようなことが考えられます。

- 社内において「AIがほとんどの工程で活用され」生産性が上がっている
- 重要な意思決定は「AI予測データを必ず確認」してからジャッジされる
- 会社内の「予算配分はAIによって」行なわれる

・人事評価は公平性を保つために「ＡＩによる採点をメインで」使用する
・社内の電話応答の「一次受けはすべてＡＩ」が担当する
・ＡＩを「搭載しない商品」はほぼ販売しなくなっている
・会社の健全性や将来性は、「ＡＩ活用度によって主に評価」される

など、ＡＩによる「会社」の変化もさまざま起こってくるでしょう。

ＡＩによる「働き手」への変化

会社も変われば、自ずと「働き手」にも変化が訪れます。ＡＩ社会で職を失わないためには、この働き手に対する変化にもっとも注目すべきかもしれません。なお、働き手の変化には大きく2種類あります。**ホワイトカラー**に及ぼす変化と、**ブルーカラー**に及ぼす変化です。

知能労働とされるホワイトカラーに及ぼす変化としては次のようなことが起こるようになります。

・メール対応はＡＩによる「自動返答でほとんど」済ませる

●営業電話は「ＡＩ音声電話」が代行してくれる
●ＡＩが「業務タスクの振り分けや優先度」をつけてくれる
●作成書類のチェックは上司でなく「ＡＩに任せる」
●ミーティングの「アジェンダ作成や議事録、ＴｏＤｏ管理」までをＡＩが行なう
●「数値管理や着地予測」はＡＩが代行してくれる
●ホワイトカラーの仕事の多くが「ＡＩ管理業務になる」

といった変化が起こる可能性があります。
また、ブルーカラーに及ぼす変化としては、

●「ＡＩの指示に沿って」作業をするのが大半になる
●「ＡＩとの共同作業」が多くなる
●「ＡＩ搭載装置を働き手が装着」することによって業務効率が高まるようになる
●「ＡＩ搭載ロボット」をメンテナンスする仕事が増える
●そもそもＡＩとロボットによって「仕事が激減する」

といったことが考えられます。

このようにＡＩは「消費者、会社、働き手」それぞれに大きな変化を及ぼしそうです。予想される変化ははるか遠い先の話でも、自分に関係ない話でもありません。**自分たちの生活や働き方にすぐに関係してくる**ことになるでしょう。

業種別×活用タイプ別ＡＩの事例でも見てきたように、すでに多くの企業や団体がＡＩによる変化を生み出しています。この本の最後として、ＡＩを活用して特に社会変化を生み出そうとしている企業・業界にフォーカスしていきます。「消費者、会社、働き手」の変化を具体事例と共に見ていきましょう。

AI社会を牽引するアマゾン

AI活用のリーディング企業

AIによる変化を生み出すリーダー企業の代表格として、Amazon.com（以下、アマゾン）をあげることができます。アマゾンは「消費者、会社、働き手」に対して次のような変化を起こしています。

アマゾンのAIによる消費者変化

- AIによるレジなし店舗Amazon Go
- 音声スピーカーAlexaによる声の操作の一般化
- Amazon.comのパーソナライズされた買い物体験

アマゾンのAIによる会社変化

- 需要予測AIによる仕入れ最適化

- ＡＩによるダイナミックプライス（動的価格）

アマゾンのＡＩによる働き手変化

- 物流倉庫のＡＩ化
- ドローンによる宅配

アマゾンは自社内でＡＩを使うだけでなく、他の企業にもＡＩ技術を広く使ってもらうための法人向けサービスも展開しています。本書でもすでに紹介していますが、ＡＩを作ってシステムと連携するためのプラットフォームを提供したり、アマゾンで利用しているパーソナライズや需要予測のＡＩをそのまま利用できるサービスも提供しています。

ＡＩによるレジなし店舗Amazon Go

アマゾンは日本でいうコンビニに近い店舗をレジなし店舗として出店しています（図表7－2）。Amazon Goのスマホアプリをダウンロードし、アマゾンのアカウントでログイン。ＱＲコードをスマホで表示し入場ゲートに読み取らせることで入店します。

Amazon Goの店舗ではたくさんのカメラとセンサーが設置されており、そのデータをＡＩ

図表7-2　Amazon GOの店舗の様子

（出所）gettyImages

に識別させることによって消費者がどの商品を何個買おうとしているのかを認識します。レジは存在せず、手に取った商品を持ってお店を出れば買い物が終了します。決済は出店後に自動的に行なわれ、スマホあてにレシートデータが送られる仕組みになっています。

　ここで使われているのは識別系のＡＩです。複数の人が入り混じる店内であっても、どの人が商品棚からどの商品を持っていったか、また商品棚に戻したかなどを正確に判断することができます。たとえば、同じ商品棚で２人が手をクロスさせて同時に別々の商品を取っても、ＡＩは正しく判断することができるそうです。

図表7-3　Amazon物流倉庫のAI化

（出所）ASCII.jp「アマゾン『ロボット倉庫』人間に残された仕事は？」2019年4月9日
https://ascii.jp/elem/000/001/842/1842748/

物流倉庫のＡＩ化

アマゾンは働き手にも変化をもたらしています。特にアマゾンの物流倉庫内の働き方には大きな変化を生み出しています。アマゾンはこれまで人間が行なっていた倉庫内での商品の移動作業を、ＡＩを搭載したロボットに行なわせています（図表7－3）。日本でも茨木の物流拠点などですでにこの方式が採用されており、働き手への変化を生み出しています。

棚出しや棚入れといった作業はまだ人間が行なっているものの、広い倉庫内の商品移動はロボットが担うようになっており、人間とＡＩ搭載ロボットの協業が日常になっています。これによって人間の働き手は基本的に定位置での作業となり、負担が軽減されているとのことです。また、ロボットをメンテナンスする仕事は新たに生まれた業務といえます。

ＡＩ×各業界で変革を作るソフトバンク

ＡＩ×各業界のリーダーと手を結ぶソフトバンクグループ

ＡＩ変化を創ろうとする日本企業の代表格として、ソフトバンクを紹介しないわけにはいきません。孫正義氏を中心に、ソフトバンクグループはＡＩによって多くの社会変化を生み出そうとしています。「交通」「ロジスティクス（物流）」「医療」「不動産」「金融」「最先端テクノロジー」「コンシューマー向けサービス」「法人向けサービス」といった業界ジャンルにおけるＡＩリーダー企業へ出資することで手を組み、本格的なＡＩ社会へと備えているのです。さまざまなインターネット企業を育ててきた孫正義氏は、次の狙いどころはＡＩ企業であると公言しており、ソフトバンクグループの投資先のほとんどがＡＩ企業へとシフトしています。業界ごとのＡＩトップリーダー企業たちと手を組み、また、その企業の横の連携力も強化しようとしています。

ＡＩ×中古車で業界を牽引する瓜子網（Guazi）社

ソフトバンクグループの投資先の中から、ＡＩ×中古車で業界を牽引する瓜子網（Guazi）社を紹介します。この会社は、ＡＩによって中古車業界を大きく変え、「消費者、会社、働き手」への変化を創ろうとしています（図表7－4）。

瓜子網（Guazi）社のＡＩによる消費者変化

- 店内カメラで誰が来たかを識別して接客をパーソナライズ
- 消費者の過去取引状況などからダイナミックプライシング

瓜子網（Guazi）社のＡＩによる会社変化

- ＡＩ×中古車業界のリーダーとしてのポジション確立

図表7-4　瓜子網（Guazi）社の3つの変化

消費者変化	会社変化	働き手変化
パーソナル接客・ダイナミックプライスによる**体験向上**	中古車販売数 **5倍** （月間販売数／人）	スタッフ生産性 **4倍** （月間査定数／人）

- ＡＩの導入で従業員一人当たり中古車販売数を5倍に
- 中古車査定の主業務はＡＩ搭載ロボットが実施
- 従業員はＡＩ搭載メガネ（スマートグラス）をかけて作業
- 査定に関する従業員一人当たりの生産性を4倍に

瓜子網（Guazi）社のAIによる働き手変化

従来だと中古車の査定においては、人が外面の塗装状態を細かくチェックしたり、エンジン内をくまなくチェックしたり、また車の下に潜って状態をこまめに見る必要がありました。Guazi社では査定の工程ごとに特化したＡＩ搭載ロボットを採用し働き手の変化を大きく生み出しています。その結果として会社の生産性や業界ポジションまでを変える結果となっています。

日本の銀行で起きているＡＩによる変化

「米証券大手ゴールドマン・サックスでは、２０００年に６００人いたトレーダーが、２０１７年にはわずか２人になった」

これは、ＡＩによる金融各社へ起こす変化は大きなものであることを物語るニュースでした。国内の金融機関でも、ＡＩによるたくさんの変化が起ころうとしています。

銀行のＡＩによる消費者変化

- 問い合わせ窓口をＡＩチャットボット化（千葉興業銀行）
- 住宅ローンの審査の一部をＡＩが代行（ＭＵＦＧ）
- 消費者ローンの融資可能額をＡＩが自動算定（新生銀行）

銀行のＡＩによる会社変化

- 銀行内デジタル文書検索をＡＩで実施（四国銀行）
- 支店からの電話対応の一部をＡＩが担当（ＭＵＦＧ）

- 中小企業向けのＡＩ融資判断サービス（みずほ銀行）

銀行のＡＩによる働き手変化

- ＯＣＲによる行員作業の代行（みずほ銀行）
- ＡＩによる個人向け投資ファンド（ＭＵＦＧ）
- 為替相場変動をＡＩで予測（ＭＵＦＧ）

実証実験中のものもありますが、このように国内の各銀行でもＡＩによる変化が起こっています。人が行なっていた窓口対応をＡＩ対応へシフトする動きが目立ちますし、ＡＩを使った文書検索や支店との電話応対などの内部業務もＡＩによって置き換えが進んでいます。また、投資トレンド判断や為替予測など、銀行内のスペシャリストが行なっていた高度な業務もＡＩによって置き換えられようとしています。

ＭＵＦＧのＡＩラボは、**「応答」「帳簿処理」「検索」「営業支援」「審査」の5つの業務**についてＡＩの活用を積極的に行なっていくと公表しています。銀行をはじめとした金融機関でも、ＡＩによる変化が止まる気配がありません。

文系ＡＩ人材が社会をリードする

紹介してきたような社会変化は、発展したＡＩ技術だけあれば進んでいくわけではありません。新しい技術を使う側の人間たちのアイデアと実行力によって着実に推進されていきます。そう、**私たち文系ＡＩ人材がＡＩによる社会変化を引っ張っていくのです。**

先日、ある大手企業の幹部と会話した際、こんな話が出ました。

「うちはデータサイエンティストが１５０名くらいいるんだけど、もう十分すぎるから採用止めてるんだよね」

ひとつの企業にデータサイエンティストが１５０名いることが日本では珍しいことはさておき、この会話で論点になったのはデータサイエンティストを導くことができる「文系ＡＩ人材の少なさ」でした。

会社や社会では、さまざまな役割の人がいてはじめて上手くいくことがたくさんあります。

ＡＩの活用においても、同じことがいえるのだと思います。

新しい技術分野においては、コア技術を磨くことや技術の中身の議論に偏ってしまうことがありますし、教育環境においてもその偏りがそのまま反映されることもあります。ここ最近、日本では先行して「ＡＩを作る」専門家だけが増えていく傾向にあったのは仕方がないことかもしれません。

しかし、これからの本格的なＡＩ社会では、「ＡＩを作る」専門家だけでなく、ＡＩのことをよく理解し、的確に「ＡＩを使う」人材も重要なポジションを担うことになります。特に社会経験が豊富で、難しい局面も乗り越えてきたタフさをもった文系人材がＡＩネイティブになった際の推進力ははかり知れないものがあるでしょう。

この本を読んでくれたみなさんは、**すでに「文系ＡＩ人材」の基礎を身につけています。**

ＡＩを使う側に立ち、これからのＡＩ社会を引っ張っていただきたい。そう願っています。

おわりに

「これからのビジネス人生をすべてＡＩに注ごう」

こう決心した後、学生の頃に近いことを学んでいたとはいえ、現代のＡＩの技術や使い方をほぼゼロから習得し直し、ＡＩ活用の最前線に行くまでの道のりは少し大変でしたが、ただただ楽しいものでした。

まだまだ発展途上の領域だからこそチャレンジしがいがありますし、「ＡＩはここまでできるのか！」という新しい発見も日々感じさせてくれる素敵なテーマに出合えたことを、とても感謝しています。

この楽しさや喜びを、もっと多くの人に感じてほしい。さらにはＡＩに振り回される側でなく、ＡＩを使いこなす側の人材をもっともっと増やしたい。そんな想いで本書を書かせていただきました。

この本を書くことができたのは、猪突猛進するこんな私を温かく見守ってくださったたくさんの人たちのおかげです。学生の頃からお世話になった前職の株式会社イー・エージェンシーの甲斐社長や永井会長、そしてOBを含めたすべての役員・社員の皆さん、株式会社ZOZOの澤田社長や皆さん、株式会社ZOZOテクノロジーズのくぼぱんさんや金山さん、役員・社員の皆さん、また、事例収集に協力してくれた福岡明彦さんや、ちゃんもさん、部のみんな、そして東洋経済新報社の皆さん、父、芳子さん、妻や家族のみんな、本当にありがとうございました。

一億総AI職時代に、「文系AI人材」になり、後世に続く社会をよいものにしていきましょう!

【著者紹介】
野口竜司（のぐち　りゅうじ）
ZOZOテクノロジーズ VP of AI driven business
アラタナ 取締役
立命館大学政策科学部卒業。自身も「文系AI人材」として、さまざまなAIプロジェクトを推進。AIビジネス推進や企業のAIネイティブ化に力を入れる。大学在学中に京都発ITベンチャーに参画。子会社社長や取締役として、レコメンド・ビッグデータ・AI・海外コマースなどの分野で新規事業を立ち上げ、その後、ZOZOグループに。大企業やスタートアップ向けのAI研修やAI推進アドバイザリーも提供。

Twitterアカウント：@noguryu

文系AI人材になる
統計・プログラム知識は不要

2020年1月2日　第1刷発行
2020年2月7日　第4刷発行

著　者――野口竜司
発行者――駒橋憲一
発行所――東洋経済新報社
〒103-8345　東京都中央区日本橋本石町 1-2-1
電話＝東洋経済コールセンター　03(6386)1040
https://toyokeizai.net/

装　丁……………新井大輔
D T P……………アイランドコレクション
印　刷……………ベクトル印刷
製　本……………ナショナル製本
編集担当…………黒坂浩一

ISBN 978-4-492-76251-6

「もうもたない…」折れそうでも大丈夫

カタツムリ精神科医
鹿目将至
Kanome Masayuki

青春出版社

はじめに

最近の患者さんを見ていると、様子が少し変わってきているように思います。

単純な不安だけではなく、**「不安と焦《あせ》り」がセットになっている**のです。

仕事は続けていけるのだろうか。

お金はもつだろうか。

このまま孤独に暮らしていて、自分は大丈夫なんだろうか。

……そう思うと、どうしようもなく焦ってしまう、ソワソワする、落ち着いていられない、と外来で訴える方が増えています。

僕は精神科医として働いています。強い不安を抱えた患者さんと一緒に、少しでも楽に生きられる方法を、日々考えています。

いつ終わるともしれない不安と、このままではいられないという焦り。この2つを、どうしたら和らげることができるのでしょう?

あらためて**「いつも通り」の、普通の生活が大事になると、僕は思っています。**

たとえば、朝起きて、ご飯を食べて、日中は動いて、夜はきちんと寝る。

たくさん笑う。

野菜を多く食べる。

お酒を飲みすぎない。

大好きな音楽を聴く。

そんな普通の生活習慣が、僕たちの不安と焦りをほぐしてくれるんです。

自分らしい生き方を、思い出させてくれるんです。

それは、これから世界がどうなっても、変わらないことです。

「その〝普通〟が大変なんだ！」という気持ち、わかります。

かくいう僕は度を越した心配性。人にとっては「どうでもいい」些細《ささい》なことが気になって気になって仕方がありません。

それでついたあだ名が「カタツムリ男」。あれもこれもと、いらない荷物でパンパンにふくらんだリュックを、いつも背負っている、おかしな感じだからです。

でも、そんな「普通のことができない」僕だからこそ、もがき悩みながら、普通に生きる方法を見つけることができました。不安と焦りから自分を解放し、心を軽くする方法を発見することができました。

そうしてできたのが、この本です。

Point card
ずっしり…

不安という言葉は、古くはラテン語で「ango」といいます。

これは「首を締《し》める」とか「窒息《ちっそく》させる」という意味です。

そう知ってしまうと、ちょっと怖い気がしませんか?

でも、そう表現したくなるのもわかる気がします。不安で息ができなくなる、あの感じ。ただ生きているだけで疲れてしまう、あの苦しさ。

不安にもいろいろ種類はあるのですが、専門的なことは後にしましょう。

本来不安というものは、これは不安だ、あれは不安じゃないと、杓子定規《しゃくしじょうぎ》に測れるものではありません。自分自身の心が「不安でつらい!」と思ったら、そこにはもう、不安という症状が表れているのだと思います。

「もう、もたないかも……」。そんなふうに、不安と焦りで心がいっぱいになっている皆さんに、この本が届くことを願っています。

「もうもたない…」折れそうでも大丈夫

目次

1章

〝大丈夫なフリ〟はNGです

2章 “ぐるぐる”が止まるコツ

3章 人間関係は〝距離〟が9割

目次

4章 「いったん保留！」という魔法

執筆協力　東　雄介
カバーイラスト　平澤　南
本文イラスト　福田玲子

1章

〝大丈夫なフリ〟はNGです

不安には意味がある

不安って、心があなたに送る「アラーム」なんです。

「ほら、命が脅《おびや》かされているよ！」って。

信号機でいうと、黄色信号みたいなもの。赤になる一歩手前です。これが赤に変わったら、超大変。メンタルは不調をきたし、生活も健康も危うくなります。

そうならないよう、心が警告してくれているんですね。「今のうちに対処しておけよ！」「無理すんなよ！」って。それが不安の役割です。

だから**「不安じゃないフリ」「大丈夫なフリ」は厳禁です。**それは信号無視と同じぐらい、危ないこと。心も車も、安全運転で行きましょう。

そのままストレスを受け続けたら、どうなるか。

黄色信号が、元の青信号に戻らなくなってしまうんです。不安の種がなくなったとしても心に黄色信号が灯《とも》ったまま。モヤモヤ、ザワザワとした不安が、いつまでも消えません。

こうなると、自分ではどうしようもありません。心の中の信号機が壊れてしまっていて、感情の交通渋滞状態に。日常生活でもあちこちで支障が生じてきます。


精神科でいう**「不安障害」**が、それなんです。

その人の性格や行動パターンによって症状もちがいますが、症状が一度表れると自力で治すのはなかなかむずかしく、きちんとした治療が必要です。その治療だって簡単ではありません。お薬を飲めばキレイさっぱり元通りとはいかず、治すのにも時間がかかります。

脅《おど》かすようでごめんなさい。でもそのぐらい、不安って怖い症状だということを、わかっていただきたいと思います。

だから、大切なのは早め早めの対処です。心の中に黄色信号が点滅しているうちにきちんとケアをして、青信号に戻しましょう。

そう考えると、「不安ってありがたいな……」と思いませんか？

不安は、僕たちが生き延びるために必要なものです。不安を感じたら、まずは「自分を守ってくれてありがとう」と感謝したいですね。

《精神科医のまじめな話》

さまざまな不安障害

不安障害として、次のような症状が知られています。

突然、目の前が真っ白になって、息苦しくなってしまうパニック障害。

広い場所が怖くなってしまい、家から出られなくなってしまう広場恐怖。

他人の目が気になる視線恐怖。

自分の目線は相手にイヤな印象を与えるのではないかと怖くなってしまう自己視線恐怖。

いつもソワソワ落ち着かず、モヤモヤとした不安がつきまとう全般性不安。

自分の手は汚いのではと、手洗いが止まらなくなってしまうような強迫性不安。


不安障害は女性に多く、おおむね女性は男性の2倍から3倍なりやすいとされていて、3人に1人が一生のうちにかかる可能性があります。不安障害と関連のあるうつ病は、女性の5人に1人が一生のうちにかかる可能性があります。

「女性脳」は、多くの感情や物事を処理するのに優《すぐ》れているといわれています。

それはマルチな感情コントロールが無意識のうちに行われているからなのですが、その分、不安も感じやすく、そのコントロールがうまくいかなくなると不安障害やうつ病になると考えられています。

「まだ大丈夫」3回で病院にGO！

不安は心の黄色信号。なのに僕たちは普通、こう思っちゃうんですよね。

「自分はまだ大丈夫だ」って。責任感が強いがんばり屋さんほど、そうです。

僕からのお願いです。

「まだ大丈夫」を3回使ったら病院へGO！　です。

精神科では、「気持ちの落ち込みが2週間以上続いているとき」や「週に3日以上眠れない状態が、数週間続いているとき」は、うつ病や不眠症が疑われるので受診してください、とおすすめしています。

でも、なかなか自分では判断がつかないと思います。

だから「困ったな」「どうも気になるな」の時点で、病院を利用してほしいんです。「まだ大丈夫」と思っても、その時点でイエローカード。

そして「まだ大丈夫」3回で、レッドカードです。

たぶんその時点では、症状が出ていたとしても軽症だと思います。「まだ大丈夫」の言葉も嘘ではないのでしょう。でも「まだ大丈夫」な軽症のうちに受診するから、意味があるんです。受診が早いほど治りも早い。逆に、症状が重たくなればなるほど、治るのにも時間がかかります。

心も体も早期発見・早期治療ができるに越したことはありません。

僕は先日、歯科クリニックを受診しました。そうしたら言われちゃいました。「もっと早く来れば、虫歯も深くならなかったのに」

そう、歯が痛いのは数カ月前からだったんです。気のせいだろうと思い込んで受診しない間に、虫歯はずんずん進行。「まだ大丈夫」の時点で受診していれば、歯もお財布も痛まずにすんだのに……。

「まだ大丈夫」カードを300回くらい使った、ダメな僕でした。トホホ……。

《精神科医のまじめな話》

不安のメカニズム

不安なんてものを感じずにすむなら、どんなに楽に生きられることでしょう。僕だってそう思います。でも、不安や恐怖は、生命が生き残るために必要なものです。捨てられるものではありません。

不安や恐怖を感じなければ、車を運転するときも時速100キロでも200キロでも平気で出し、いつか事故で死んでしまうでしょう。不安や恐怖を感じるからこそ、自分を抑え、安全運転できるんです。

脳の中でも、不安や恐怖を司る部分は、とりわけ深いところにあります。記憶に関係する扁桃体《へんとうたい》や海馬、生命の維持活動を担《にな》う脳幹といった場所です。不安を感じる出来事が起こると、扁桃体が活性化し、扁桃体と連絡を取り合う脳幹部からノルアドレナリンという活力ホルモンが分泌されます。ノルアドレナリンはアドレナリンと兄弟のようなもの。自律神経に作用し、心拍数や呼吸数を上げて「逃げろ!」「気をつけろ!」と、体が心に訴えるわけです。

同時に、その出来事は、扁桃体の隣《となり》にくっついている海馬というハードディスクに記憶されます。そのため、後日同じような出来事が起きると、「またあれだ! ヤバい!」とわかるのです。

これが不安の正体です。

それだけならいいのですが、一度活性化し、興奮状態となった扁桃体をそのままにしていると、ずっと不安を感じ続けてしまいます。

ここで登場するのが、セロトニンという「幸せホルモン」です。脳幹部からセロトニンが放出されて、不安を抑えてくれるのです。このセロトニンが減ったりすると、うつになったり、不安になったり、眠れなくなったりします。

決壊しない心にはワケがある

僕はなにも、ストレスを100％の悪者にしたいわけじゃないんです。ストレスには、いい面もあれば、よくない面もあります。

一般的に、ストレスとは「精神的な負荷」のことです。

筋力トレーニングを例に考えてみましょう。筋力をアップさせるには、ウエイトトレーニングなど、筋肉に負荷をかける運動が欠かせません。

筋トレはつらいです。しんどいです。でも、つらい思いをするだけのメリットがあります。**腰痛や肩こりを改善できますし、風邪をひいてからの回復力もアップします。**若いころに筋力を鍛えておくと、お年寄りになっても寝たきりになりにくく、床ずれもできにくいことが知られています。

逆に、もし地球が無重力で、筋肉に負荷がかからないとしたら？ 体は軽く、動きやすくて快適かもしれませんが、筋力はつかず、足腰もふにゃふにゃ。感染症などであっという間に死んでしまいそうです。

ストレスは、この筋トレのようなものです。

つまり、一定の精神的なストレスは、人の心を筋肉質に成長させるものです。

それは、日常生活のストレスを徹底的に避けた場合のことを考えると、わかると思います。好きな人とだけ好きなようにすごすことに慣れると、ちょっと知らない人と触れ合っただけで、ものすごく消耗することでしょう。普通の人なら何でもないストレスが気になり、眠れなくなるかもしれません。

以上が、ストレスの「いい面」です。ストレスが僕たちを鍛えてくれるんです。

……えぇー、だけどさぁ、と思いますよね。そうなんです。ストレスをガマンすればするほど強くなれる、という簡単な話ではない。

少しなら薬になるストレスも、あまりに強くなると毒に。心の病の原因になると考えられています。これを精神科では「ストレス脆《ぜい》弱《じゃく》性仮説」といいます。

たとえるなら、心は「ダム」なんです。

心がダムなら、雨水はストレスです。放っておけばダムは水でいっぱいになってしまいますが、定期的にダムから水を放出すれば、大丈夫。でも放出しなければ、やがてダムは決壊してしまうことでしょう。パッと見には「まだまだ大丈夫、まだまだ貯《た》められる」と思えるかもしれませんが、実はけっこう水が貯まっていて、堤防がグラグラしているかも？

心も同じです。生きていれば、心にストレスがたまっていくのはごく自然なこと。ただし、**定期的なストレスの発散が欠かせません。**さもないと、ダムが決壊するように、心も壊れてしまうんです。

そして、心の堤防が決壊するのは、決まって弱い部分から。**その人の弱い部分から症状が現れてきます。**

ストレスが原因で「イライラする人」「気持ちが落ち込む人」「眠れなくなる

ストレス
ストレス
定期的な発散が必要！

人」「手洗いが止まらなくなる人」「不安が強くなる人」などさまざまですが、これは、人それぞれの弱い部分がちがうことを意味しています。

じゃあ、どうしたら心が壊れるのを食い止められるのでしょうか？

もう一度、ダムのたとえで考えてみます、ダムを決壊させない方法は、おおまかにいえば、次の3つです。

①雨水を少なくする、②定期的に水を放出する、③堤防を高くする

これを、それぞれ心のケアに置き換《か》えてみると、こうなります。

①雨水を少なくする＝受けるストレスを減らす

対策：イヤな人と距離をとる、仕事量を調節する　など

②定期的に水を放出する＝ストレスを発散する

対策：体を動かす、おいしいものを食べる、日記を書く、誰かに話す　など

③堤防を高くする＝ストレス対応力を高める

対策：**医療的な面**（薬を飲む、カウンセリングを受ける、サポートしてくれる人の輪を広げる）、**鈍感力を磨く**（「気にしない」を意識する）、**規則正しい生活**（食事、睡眠をたっぷりと）、**「わからない」「いったん保留！」を活用する**（後述）、**認知行動療法**（＝堤防の強度を強くする）**で自己肯定感を高める**　など

こうしてみると、ストレス対策をきれいに整理できますよね。

本書で紹介している「これが心に効く！」というコツも、①〜③のどれかにあてはまるものです。

《精神科医のまじめな話》

治療よりも予防が大事

僕を指導してくれた先生のお一人は、心を「花瓶《かびん》」に例えておられました。

花瓶は硬く、ちょっとやそっとのことではなかなか割れないけれど、一度割れたら元の状態には戻りません。壊れた部分をつなぎ合わせて、元と同じ形に戻せたと思っても、割れた部分のつぎはぎはもろく、外からストレスがかかるとまた壊れてしまいます。

心も同じで、一度うつ病や不安障害を発症してしまうと、なかなか治りません。やっと治っても、発症前の心と完全に同じではなく、ストレスが加わると同じように症状が出てしまいます。それを繰り返すうち、ちょっとのストレスにも耐えられなくなり、薬の量は増え、症状も消えなくなります。

だから、まずは花瓶のような心を壊さないようにするのが大事。先生はそうおっしゃっていました。

これは「治療よりも予防が大事」という話でもあります。

病気の早期発見・早期治療も大事ですが、理想をいえば、予防が一番。

そのためにも、心と体の発するメッセージを無視しないことが大切です。

2章

〝ぐるぐる〟が止まるコツ

へこんだ夜に「ぐるぐる日記」

精神科医は心の専門家だからメンタルが強いはず、と言われることがあります。そんな話、誰が広めたんでしょう?

僕のメンタルはしょっちゅうへこみます。というより、**へこんでいる状態が僕の通常モード。**

劣等感の塊《かたまり》なので、他の人と自分をすぐ比べてしまいます。とりわけ、すごいパワーをもった人、何か自分にないものを持った人に出会うと、圧倒されちゃいます。

すごいなぁ、いいなぁ、うらやましいなぁ。それに引き換え自分は、なんてつまらない、取るに足らない人間なんだ……そう思って、へこむんです。

学生時代からそうでした。僕は勉強についていくのに精一杯なのに、同級生はみなスポーツしたり遊んだり、青春を謳歌《おうか》していました。それでいて、試験前にちょっと対策するだけで僕よりいい点数を取るんです。そんな彼らを見るたび、「俺ってダメだ……ダメ人間なんだ」……が始まります。

何をするにも「ゆっくり」「まったり」な僕は、医師になってからもテキパキ仕事をする同僚とよく比較されました。指導医の先生からは「もっと速く！」「要領が悪いんだよ！」「なんでさっさとできないんだ！」「昼前までにやっとけって言っただろ！」と、叱られてばかり。

もう泣きたくなります。実際、指導医の言う通りですから、反論もできません。でも、できない。できないものはできないんだ！！！

こうなると、自分を責めるばかりになって、負のスパイラルに落ち込んでしまいます。頭の中で、イヤな感情、イヤな考えがぐるぐる、ぐるぐる。

そんなとき、僕が取り出すのは、どこでにも持ち歩いている日記帳です。

紙とペンを取り出して、頭の中の「ぐるぐる」を正直に、ありったけ書きなぐります。

スマホのメモアプリでもかまいませんが、僕は紙派ですね。

「何でそんなことを、あの指導医の先生は言うんだよ！」

「できないものはできないんだ！」

「僕だって好きでノロノロしているわけじゃないんだ！」

「僕だってテキパキとやりたいんだ！」

「そこまで言う必要ないじゃないか！」

誰に見せるわけでもないので、どんな言葉を書いても大丈夫。自分が納得するまで、心が落ち着くまで、ひたすら書きなぐります。

僕は過去に、一度怒られただけでノート1冊埋《う》めたこともあります。グチグチ、ネチネチ、イヤな気持ちを延々と……暗いですか？　そうですか……。

でも、僕はこれでいいんです。誰かに迷惑をかけるわけでもないし。

まあ「すっごく楽しいから、皆やろうよ！」とおすすめするようなものではないのですが、**頭の中の「ぐるぐる」を止める効果は約束します。**


さて、「ぐるぐる日記」は、書いたものを読み返すところまでが1セットです。

勢いよくグチを吐き出したあと、ふと気持ちが落ち着いたときに読み返してみると、気がつくことがよくあるんです。


あれ、前にも同じことで悩んだこと、なかった？


これ、大事な気づきです。

そこで止まらず、先を考えてみましょう。

どうして同じことで悩むんだろう。何が苦手なのかな。こないだはあっちが、今回はこっちができなかった。でも前回できなかったところは、今回はできた。今度はこっちに気をつければ、怒られる回数が減るかもしれない……。

この感覚を、ぜひ体験していただきたいと思います。

書き出す前の頭の中は、ぐちゃぐちゃに絡《から》まった糸のよう。それが一本一本ほどけていき、ちょっとずつ冷静になっていきます。

すると、次にどうしたらいいか、解決の糸口が見えてきます。

自然と、気持ちもポジティブに変わっていきます。次はこうしてみよう、ああしてみよう。これを試してみよう。ここに気をつけてみよう。それまで後ろ向きに自分を責めるばかりだった気持ちが、前に向かっていきます。

きっと今度はうまくいく。

そう思えたら、ぐるぐるも止まります。

発表！「あのとき私、えらかった」

とはいえマイナス思考って、なかなかしつこいんです。

どうして自分はこんなこともできないんだろう。どうして自分はいつもこうなんだろう。自分はダメな人間だ。何をやってもうまくいかない。こんなダメな自分なんて、いない方がいいんだ……。気持ちが沈めば沈むほど、悲観的な考えがいくらでもわいてきて、自分を責めるいっぽうに。

よく、「気持ちを切り替えよう」「スイッチを切り替えよう」といいますが、こんな状態では、何が気持ちを切り替えるスイッチになるのか、探している余裕なんてありません。

だから元気なうちに、ありとあらゆるスイッチを「仕込んで」おくといいです。いざというとき、自分の気持ちをマイナスからプラスに切り替えてくれるスイッチを事前に用意しておく、ということです。

ここでは、過去のちょっとした成功体験や困難を乗り越えた記憶をうまく使います。

あのとき自分は本当にがんばったな、えらかったな。そう思える出来事を携帯のメモやノートにたくさん書いておき、へこむたびに見直すと効果的です。

僕の場合はこんな感じです。

【あのとき僕は、えらかった！ 人生ベスト5】

（1）大学入試センター試験で受ける教科を間違えた！ よくあのとき、途中で試験を投げ出さずに最後まで席に座って、やり通した。泣きたい気持ちをこらえて、よくがんばった。結果は出なかったけど、耐えた自分はえらい！

(2)高校3年生の大学受験の当日朝、試験会場に向かう途中でお腹を壊してパンツなしで受験した！　よくあのとき、心折れずにやり切った！　うまくはいかなかったけど、あきらめなかった自分はえらい！

(3)大学6年生のとき、彼女に振られて成績が全国最下位になったけど、その後1年間、よくがんばった！

(4)研修医のとき、循環器内科と救命センターでの研修がキツくて、途中あまりに苦しすぎて休んだ時期もあったけれど、それでもなんとか乗り切った自分はえらい！

(5)精神科医になって、1週間に4日も当直があって、身も心も爆発しそうになったけど、周りの助けを借りながら何とか後期研修医をやり切った！　よくがんばったよ、自分！

と、こんな具合です。胸を張って公開できるものではないですね……。でも、ともかく僕にはこれが効くんです。

あなたの「人生ベスト5」は、なんですか？

気持ちが落ち込んだときの気分転換法も、やはり元気なうちにリストにしておくといいんです。僕のベスト5はこれです。

【僕の「オススメ気分転換ベスト5」】

（1）今すぐ外に出て、新鮮な空気をいっぱい吸い込む！　深呼吸10回！

（2）そのままコンビニへ散歩にGO！　何も持たなくていい、買わなくていい。とにかくコンビニへ行って、お菓子コーナーを眺《なが》める！　アイスクリームの品ぞろえをチェック！

（3）イライラしたら、キャベツを山盛り食べる！　イヤな上司の顔をキャベツと思って、思いっきりむしゃむしゃ、キャベツにかじりつく！

（4）大好きな音楽を聴く！（僕の場合は）ビートルズの「LET IT BE」とRADWIMPSの「スパークル」で元気回復！

（5）大好きなお肉を、お腹いっぱい食べる！

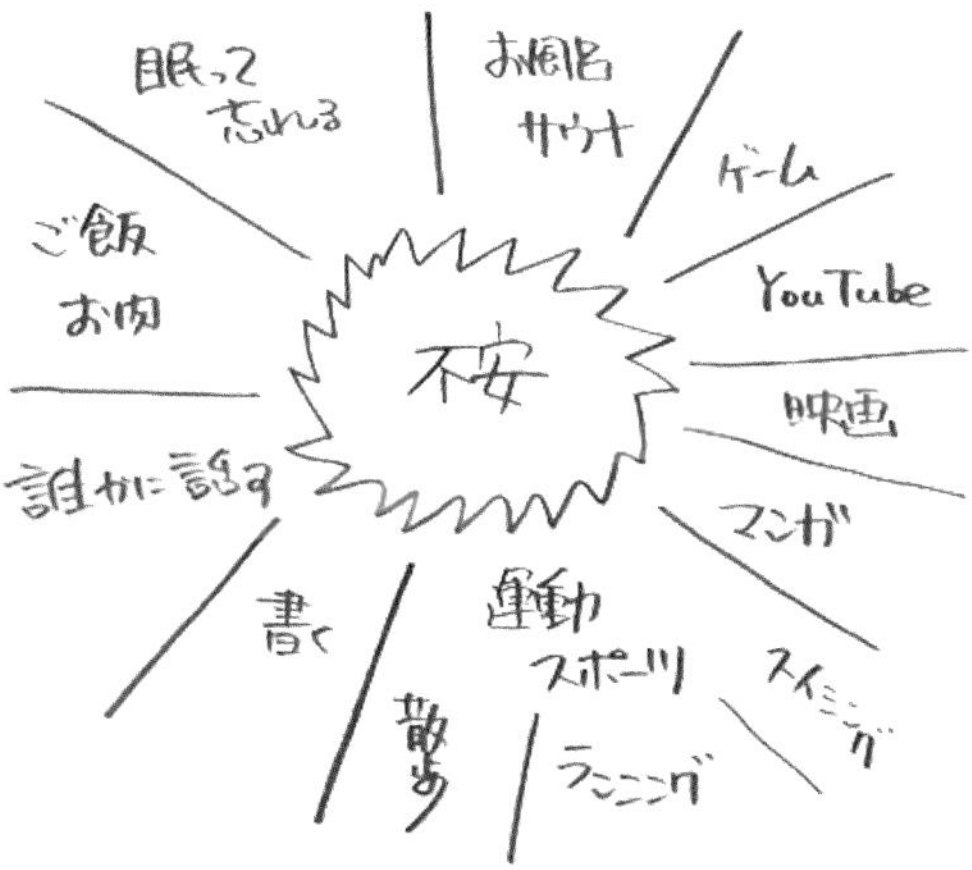

⬆僕の日記帳に書いてある気分転換のためのメモ

これって要は、自分を励ますときの「マニュアル」です。

落ち込んだら、お肉食べようぜ。

イライラしたら「スパークル」聴こうぜ。

そう決めておけば、ウジウジ悩む時間も減らせるってわけです。

プールでグッタリ、頭はスッキリ

「なんとなく不安」としかいいようがない気分って、ありますよね。

僕の場合は、誰とも会わず、一日中家にいるときです。せっかくの休日だというのに、朝からだんだんうつうつとしてきて、夕方には「なんとなく不安」状態に。

仕事がうまくいかない時期や、終わらせなければならない仕事の期日が迫っているときなどは、「なんとなく不安」から「バリバリの不安」へと、悪化してしまいます。

そんなときは、散歩、コンビニへ行く、誰かに話す、YouTubeを見て笑う、炭酸飲料を飲んでスカッとする、などのルーティンで気分転換。

週1時間のスイミングも、僕には大切な習慣です。

携帯電話も何もかもほっぽり投げて、水の中を無心になって泳ぐ。たった週1時間ですから、体を鍛えるような運動ではないのですが、こうやって自分を強制的に無にする時間が、僕にはどうしても必要です。

泳ぎ始めはいつも、頭の中で色々なことを考えます。

昨日はイヤなことがあったな、どうして自分はあんなことをしてしまったのだろう、どうして自分はこうできなかったのだろう、どうして自分は……。1週間分のネガティブな記憶が、次から次へとわいてきます。

でもそれは最初だけ。**泳ぎ続けて体の方が疲れてくると、頭の中も真っ白になります。**

これがいいんですね。疲れて何も考えられないだけとも言えますが、その効果は絶大。

1時間も泳げば、体はグッタリ、でも頭の中はスッキリ。ネガティブな記憶もどこへやら、です。

心にたまった1週間分の記憶がリセットされてしまいます。

僕はスイミング派ですが、ランニングのほうが性に合っている、という方もいると思います。

スポーツには、体を疲れさせることで、精神的な疲労をとる効果もあります。心と体のバランスをとるのに、スポーツはぴったりです。

体を動かすと腸も動くため、便秘も解消されて、またスッキリです。

運動より「運動がてら」が続く

運動とうつの関係は、ここ40年ほど、特に研究されている分野です。

要は「適度な運動で、うつを予防できる」という話なのですが、これを説明しようとすると、すごく専門的な内容になります。でも、多くの人が関心を持つところなので、簡単に、お話しします。

うつ病の原因の1つは、脳内の幸せホルモンの一つである「セロトニン」の不足だと考えられています。

脳内ホルモンって、よく聞きますよね。いくつか種類がありますが、重要なところだけざっくり整理すると、こんなイメージです。

セロトニン＝「幸せ」を感じるホルモン
ノルアドレナリン＝「活力」を生み出すホルモン
ドパミン＝「元気」を感じさせるホルモン

この3つのホルモンを「モノアミン」といいます。モノアミンが不足すると、うつ状態に。特にセロトニンが不足すると不安を感じやすくなると考えられています。そして運動が作用するのも、モノアミンです。運動するとモノアミンの、特にセロトニンの分泌が増えることがわかっています。

こうして**「適度な運動をすることで、セロトニンが分泌されて、うつを予防できる」**という理屈が成り立つわけです。

……ここで、「理屈が成り立つ」という、奥歯に物が挟《はさ》まったような説明をしているのには、訳があります。

適度な運動って、どれくらいだと思われますか？

教科書的には「ジョギング、ウォーキング、エアロビクス」などの有酸素運動を「1回45分以上」「週4、5回」です。

……そ、そんなにたくさん⁉　と思いませんか。

実際の話、無理じゃないですか？

運動が好きな人、得意な人は別にして、忙しい現代人がこれだけの運動を続けるのは、めちゃくちゃ無理があります。

もちろん、僕だってできません。週1時間のスイミングも、コロナ禍《か》ではできない時期が続きました。

だから僕は、こうしています。

階段をのぼろうかな、エレベーターで行こうかな

↓悩んだら「運動がてら」階段で

EXIT
JUICE
24
NOODLE

デスクワーク、疲れたな
↓ちょっと近くの自販機まで「運動がてら」歩きつつストレッチ

ランチは、買っておいたカップラーメンにしようかな
↓いや、「運動がてら」コンビニへ

こんなふうに、**悩んだら体を動かす方を選んでみるんです。**

もちろん、「運動がてら」では、教科書的な運動に比べれば、効果は落ちます。でも、ここで一番大切にしたいのは「気軽に運動する」こと。どんなに良い習慣も、「さぁ、やってみるか」と重たい腰を上げなければならないようだと身につきません。

小さなことでいいから、とりあえずやってみる。

これなら僕だって続けられそうです。

必要なのは「休む練習」

充電しないスマホが使えないのと同じで、僕たちの心は「元気」というパワーを充電しないと使えません。

特に心を充電しているつもりはないけれど……とおっしゃるかもしれませんが、とんでもない。僕たちは普通に生活しながら、心と体を自然に充電しています。睡眠や食事、入浴、休息などを通して、元気を心にため込んでいるんです。

不安が邪魔をして、集中力や気力がダウンする。やっと集中できても、すぐに息切れ。そんな状態に陥るのは、心と体の充電が十分ではないせいです。

いわば心の「エコモード」。電池が残り30パーセントしかないのに、フルパワーの活動を求められたら、あっというまに電池切れになってしまいます。そうならないよう、集中力や気力を普段の半分以下にするエコモードに、心が切り替わっているんです。

つまりエコモードは「そのまま走り続けると、元気がゼロになってしまいますよ」「早く充電しないと危ないよ」というメッセージ。腹をすえて、心と体を休める必要があります。

「だるい、何もしたくない、めんどくさい」。そんな気持ちも、心と体があなたに発している危険信号です。「そろそろ休んだ方がいいよ」「ちょっと睡眠が足りていないよ」「このままにしていると具合が悪くなってしまうよ」と、あなたに訴えているのです。

そんな切実な訴えを無視したら、たいへんです。うつ病や不安障害やパニック障害などの精神的な病気を発症してしまうかもしれません。

じゃあどうするか。

心と体はバランスをとっています。心ばかりが疲れた状態というのも良くないし、体ばかりが疲れた状態というのも良くない。どちらも黄色信号です。心も体も疲れた状態は、まさに赤信号点滅中ですね。

心ばかりが疲れたときは、運動が効果的です。体を疲れさせると、心の疲れも軽くなります。

そんなふうに、何かしら積極的に動いて気分転換する方法を**アクティブレスト**と呼んだりします。

逆に、体ばかり疲れたときは、睡眠や休息が効果的。「何もせずにのんびり休む」ということです。アクティブレストに対して、こちらは**パッシブレスト**です。

となると、**「動いて気分転換」も「のんびり休む」も、両方大事。両方するから、心と体をバランスよく休ませることができる、というわけです。**

しかし、多くの人が、バランスのいい休みを苦手としています。特に精神科で問題となるのは、かなりの割合で「のんびり休む」の方ですね。

積極的に動いて気持ちを切り替えましょう、というのは、人によって得意不得意はありますが、比較的簡単です。でも「のんびりしろ」の方は、できない人は全くできません。かくいう僕も、こっちのタイプです。

僕だって、のんびり休めたらいいのになと思います、もちろん。でも、休めと言われて休めるなら、苦労はなくて……。

僕のように心配性で、不安が強い人には、できないんです。

「のんびり休む」ということに苦手意識があるし、罪悪感すら感じてしまいます。

「本当に休んでしまっていいのだろうか」「あれもやりたい、これもやりたい」「もっと有意義に時間を使わないと」「休んでいる場合じゃない」と、頭の中がぐるぐる回ります。

夜になれば、「今日はあれもやり残してしまった」「こっちもやっていない」

「もう少しだけ本を読んでから寝よう」と、またぐるぐる。

……気がつくと午前1時や2時なんてことも。睡眠時間も減って、翌日は朝からぐったり、気分はまるで冴えません。

あなたも、そうではないですか？

休みたいのに休めない。そういう人にまず必要なのは、「休む練習」です。

これは、精神科でいう「認知行動療法」にあたります。

やること自体は簡単です。とにかく体を休めるだけ。ベッドに横になり、目を閉じてじっとする。何かをしたくなっても、休むことに集中。たった5分でOKですが、その間はスマホも本も絶対ダメです。

やることはこれだけですが、ポイントは**「昼間に行う」**ことです。意識がはっきりしている日中の時間帯に、意識して「休む」。そうすることで「休む」ことに慣れていきます。

これを繰り返すと、夜も休めるようになります。

会社でも、ランチ後の5分間をリラックスにあててみましょう。イスに座ったまま、足を伸ばし、目を閉じて、しばしの瞑想タイムです。

ただし、僕はこれすら苦手です。性格なのか習慣なのか、昼ごはんを食べ終わると、休憩の時間は残っているのに仕事を始めてしまう。「もっと」「もっと」と自分を急《せ》かしてしまいます。

仕事が終わり、プライベートタイムになっても「もっともっと」のスイッチはONになったまま、OFFに切り替えられません。

なので今は、リラックス用のグッズを愛用しています。僕がふだん持ち歩いているのは、「①目薬、②アイマスク、③手のひらサイズのマッサージ玉」の3点セットです。

いま自分は焦っているな、少し落ち着いた方がいいな。そう思ったら目薬をポ

あれもやりたい
これもやりたい
休むことに集中！
休めば明日の仕事がはかどる
休むことは簡単だ

タリ。目を閉じて5分間お休み。そんな使い方です。
お休み3点セットを使ったら、仕事は強制終了。
おかげでだいぶ、休むことが得意になりました。

《精神科医のまじめな話》

認知行動療法について

ここでいう認知行動療法とは、「休むことが苦手」「休むことは悪いことだと思ってしまう」といった考え方の傾向＝「認知のゆがみ」を、行動から修正することを指しています。

それにより、「休むのが苦手」を「休むことは簡単だ」に、「休むことはいけないことだ」を「休むと、こんなにもいいことがある」に、意識を変えていきます。

立ち上がれ！スマホ依存

スマホにSNS、テレビゲーム。
いまさらガマンできないですよね。

僕もスマホは大好きです。当直中も、時間ができるとベッドにひっくり返り、スマホをいじいじ。YouTubeで「おもしろ動画」を見たり、「幻のカブトムシ、発見の旅！」なんて調べて、大興奮しています。趣味なんです、昆虫系が。
パソコンの大きな画面で見ればいいのに？　いえいえ、やっぱりスマホは、手放せません。

一応、医師の立場からスマホが良くない理由を挙げると、

（1）視力が悪くなる
（2）いつまでも見続けてしまう
（3）夜見ると眠れなくなる

の3つが主です。

でも、わかっちゃいるけどやめられないという話。

それならせめて、ということで、僕はこんな工夫をしています。

（1）スマホを見るときは、座らない

これ、当然ですが疲れます。疲れるから、いいんです。どんなに夢中でも、だんだんイスに座りたくなります。そして「イスに座ったらスマホはおしまい、仕事再開！」がマイルールです。

（2）夜はやっぱり読書

夜とスマホの相性は最悪です。

スマホからはブルーライトという強力な光が出ていて、これが画面を通して脳の奥にダイレクトに刺激を伝えるため、脳が一気に覚醒《かくせい》します。おもしろい動画を見れば興奮し、心拍数が高まります。交感神経が優位になって、寝つくには程遠い状態になってしまいます。

でも夜って、寂しいですよね。ネガティブな考えが頭の中でぐるぐるして眠れない夜は、特にそうです。眠れないからスマホがお相手。そのせいで脳が興奮して、よけいに眠れなくなります。

なので僕は、スマホに代わる楽しみを作ることにしました。

読みたい本や漫画を、夜寝る前に少しだけ読みます。紙の本ならブルーライトは出ていませんし、YouTube のように次から次へとおもしろいコンテンツをおすすめされることもないので、「今日はここまで」と切り上げやすいと思います。

スマホを思い切りいじるのは、朝、目が覚めてからのお楽しみ。

夜は、紙の良さを思い切り楽しむことにしてはいかがでしょうか。

《精神科医のまじめな話》

ガマンしても欲は消えない

何かをガマンするって、たくさんの荷物を小さな箱の中にぎゅうぎゅうに押し込む、みたいなイメージじゃないでしょうか。

「あれ食べたい！」「これ欲しい！」そんな自分の欲求を、小さな心の中に押し込めて、なかったことにする。

精神科では、これを「抑圧」といいます。

でも、なかったことにしたところで、欲求を本当になくせるわけではありません。たとえ自分は忘れたつもりでも、無意識の中には存在し続けています。その欲求のエネルギーを解消しないままでいると、それが不安の原因になります。

人間には、その欲求のエネルギーを解消するメカニズムがあります。

①置き換《か》え：憧れの存在に自分を投影したり、自分より弱い存在に八つ当たりするなど

②昇華《しょうか》・補償《ほしょう》：「もっとがんばらなきゃ」と、社会的に成功する形（スポーツや芸術、勉強など）でエネルギーを発散する

③反動形成：「そんなものはいらない！」「別に食べなくたって死なない！」と虚勢を張る

④合理化：「あれは、食べてもきっと、おいしくないんだ。だから食べなくてもいいんだ」と理屈をつけて納得し、解消しようとする

⑤否認や打ち消し：「そもそも、欲しいなんて思ってない」と自分に思い込ませる

これらは人間が、欲求に「適応」するために必要な、心の防衛本能です。

欲求のエネルギーがそのままの形で心に残ってしまうと、燃え続ける火のように危険です。放っておくと心が火事になってしまうかも。そうならないように、欲求のエネルギーを、心がさまざまな形に変えて処理しているのです。

逆に、抑圧されたまま、処理されずに残ってしまうと、不安障害やうつ病などの原因となります。

①～⑤は、前述のダムの例に置き換えると「水をいかにして放出するか」に関わるものです。

ゲームの「強い主人公」に自分を投影してストレスを発散するのは、①のパターンです。

③、④、⑤は、どうも無理やりな感じがしませんか。まるで、ホースを使って水を元のダムに移すとか、水を蒸発させようとする、みたいな。いつか破綻《はたん》することは明白です。

テレビゲームで過食が治った話

僕はゲームも大好きです。

特に「信長の野望」シリーズは、寝食を忘れるほど好き。中学高校時代からどれだけの時間をプレイに費やしたかわかりません。今はYouTubeなどで他人のプレイを「見て楽しむ」こともできる。いい時代になりました。

だから、ゲームを悪者にするのは、どうも気が引けます。依存症になる、目が悪くなる、運動不足になって糖尿病になる、認知症になりやすくなる、といった悪い面ばかりが取り上げられがちで、医者としても反論するのはむずかしいのですが、悪い面ばかりではないと思います。いいところはズバリ、

(1) おもしろい

（2）ゲームさえあれば楽しめる

これです。なんだそれだけ、と思いますか？　でも、たったこれだけのゲームに救われる人がいる、ということが重要なんです。

たとえば、「ゲームをすることで過食しなくなった、水のガブ飲みをやめることができた」という患者さんがいました。ゲームは平日なら2時間まで、休日は3時間までと時間を決めてやっているそうです。

これなら、全く問題ないと思います。イヤなことがあったらゲームをする。一日がんばったごほうびにゲームをする。すばらしいじゃないですか。

一人でもできるのも、ゲームのいいところです。落ち込んだり、イライラした気持ちを、誰かにぶつけることなくゲームで発散できます。なかには「今日一日の出来事を、全部誰かに話さないと解消できない」とか「パチンコしないと気がすまない」とか「お酒を飲まなきゃやってられない！」という人もいますが、それではいつか、友達も健康もなくしてしまうでしょう。

自分だけの世界で、誰にも迷惑をかけずに、健康面への影響も少ない。そんなありがたい存在がゲームだと思います。

どうか、たまにはゲームのこと、ほめてあげてくださいね。

《精神科医のまじめな話》

ストレスと「食べる」「飲む」の関係

ストレスがかかると、いくら食べてもお腹いっぱいにならず「過食」してしまったり、水をガブガブ、意識を失うまで飲み続ける人もいます。

これは「神経性の過食」とか「心因性の多飲《たいん》」と呼ばれる症状です。

イライラであったり、漠然としたモヤモヤであったり、自分の欲求不満をお菓子の爆食いやジュースのガブ飲みで解消しているわけですが、結果、急激に肥満になったり、糖尿病になったりと体に良くないことが起こってしまいます。

がんばる自分にふさわしいお酒とは？

聞きにくいことですが……最近、お酒の量が増えていませんか？

いいんです、あなただけじゃないですから。僕も正直、増えているんです。あれこれ行動を制限されて、目の前にお酒があったら、ついつい手が伸びてしまいます。

でも、お酒のことは「いいじゃないか、いいじゃないか」で終わりにはできません。

少し怖い話をさせてください。アルコール依存の話です。

アルコールには、精神的な依存と身体的な依存があります。

精神的な依存とは、気持ちがお酒に寄りかかっている状態をいいます。「飲まずにはやってられない！」と、何かストレスがあるとお酒に頼ってしまう、そんなイメージです。

身体的な依存というのは、お酒を飲まないと体が思う通りに動かなくなる状態です。手が震《ふる》える、イライラする、眠れない、見えないはずのものが見える、といった禁断症状（離脱症状）が出ます。

飲むと一時的に症状が収まるところがなお厄介《やっかい》。しだいにお酒の量が増えていき、仕事や日常生活にも支障をきたすようになります。

……「自分はそこまでひどくない」ですか？

たしかに、禁断症状が出るところまでいくと、これは想像を絶するつらさを心と体にもたらします。そうなると、自他ともにアルコール依存を認めざるをえないのですが、そこまで至るケースは少ないかもしれません。

でも「お酒の量を減らさないとまずいかも」って、うっすら思っていませんか？　「このままでいいのかな」って、心配じゃありませんか？

自分がアルコール依存状態かどうかを調べるモノサシに、こんなものがあります。このうち、１つでも当てはまるものがあれば「要注意」です。

①お酒の量を減らさないといけないと思う
②お酒について他人から言われると、イヤな気分になる
③お酒を飲むことに罪悪感がある
④朝から迎え酒をすることがある

……そうなんです。「お酒の量を減らさないとまずいかも」と思っているのだとしたら、もう黄色信号。

複数当てはまる場合は、アルコール依存症が疑われます。

「自分はアルコール依存症じゃないけれど、なんとかしたいと思っている」とい

う方へお伝えしたいことがあります。

今、自分で飲んでいる量が多いか少ないかに関わらず、「それ以上飲むのは控える」というマイルールをつくりましょう。「イライラしたからお酒に頼る」ようだと、お酒の量は増えるいっぽうです。お酒は楽しむもの。楽しいから飲む、楽しくないなら飲まない。こうしてルールを作れば、お酒に飲まれずにすみます。

どうか、ストレス解消はお酒以外の方法で。1つでも多くのストレス解消法を見つけておきましょう。

僕の解消法は、さっきお話ししたとおりです（40ページ参照）。

それでも「飲まなきゃ、やってられないんだ！」という方へ。

僕からのお願いです。飲むお酒は、とびきり高級のものにしましょう。

本物志向のお酒を、もったいぶって大事に大事に、味わいながら楽しんでください。

発泡酒をおかわりするより、本物のビールを1杯。いつもと変わらないお酒よりも、いつか飲んでみたかったシャンパンを1杯。今日一番のがんばった思い出とともに、至福の時間を過ごしましょう。

お値段を思えば、ガブ飲みなんてできないはず。自然とお酒の量も抑えられます。

毎日をがんばるあなたに、安酒は似合いません。

《精神科医のまじめな話》

アルコール依存症

アルコール依存症の治療は、精神科の治療の中でも特にむずかしいものです。お酒をやめること自体がむずかしいのではありません。「お酒をやめた状態を維持する」ことが、とてもむずかしいのです。

一時やめられたと思っても「こんなにガマンできたんだから、ちょっとぐらい」「やっぱりもう少しだけ」という気持ちがムクムク。元の飲み方に戻ってしまいます。そのせいで患者さんは「意思が弱いせいだ」と批判されがちです。

でも、アルコール依存はれっきとした病気であり、必要なのは治療です。患者さん一人の意思で治せるなんて、どうか思わないでください。

アルコール依存症の治療で最も大切なことは、同じ「お酒をやめたい」という気持ちを持った仲間を見つけることです。そして定期的にお酒について振り返り、がんばって禁酒している自分自身をほめて、励《はげ》まし続けることです。

それには家族や専門スタッフの協力がいります。

自分はアルコール依存かも？　そう思ったら、迷わず専門の医療機関を受診してください。できるだけ早期にです。

キュウリ1本、スイーツの前に

スイーツなら、コンビニで売っているホイップたっぷりのバナナクレープとアイスクリーム。揚げ物なら、ニンニク強めの唐揚げやフライドポテト。もう大好きです。熱々のフライドポテトに塩をまぶして、キンキンに冷えたビールとともに……ゴックン。考えただけでよだれが出そうです。

だから、スイーツや揚げ物がやめられない人の気持ち、すごくよくわかります。

僕は、食卓にあるだけ全部、食べてしまいそうです。でも全部だと、明らかにカロリーオーバー。脂肪分を多く含んだスイーツや油物は、便秘の原因にもなります。

「食事が一番の楽しみなのに！」という人、きっと多いことでしょう。ストレスが多い生活を強《し》いられているのに、食べたいものも食べられないなんて、本当につらいです。悲しいです。僕もその一人です。

でも僕は、ぜったいに、食べたいものは食べたい！

そんなわけで編み出したのは、これです。

唐揚げやご飯を食べる前に、キュウリを1本食べる。キュウリがなければ、ゆでもやし1袋、またはキャベツ1皿を食べてから、好きなものを食べます。

野菜って、食欲のコントロールに、とっても役に立ちます。

イライラして食に当たってしまう、食べすぎてしまう、お腹いっぱいに食べないと食べた気がしない。そんな人には、まず野菜を食事の最初にたっぷり食べることをおすすめします。それから唐揚げを食べると、脳は唐揚げでお腹がいっぱいになったものと「勘違《かんちが》い」して、十分に満足できます。

健康にいい「勘違い」をぜひ、日常生活でご活用ください。

《精神科医のまじめな話》

野菜と豆腐を味方につけよう

野菜には食物繊維《せんい》やミネラル、ビタミンAやビタミンCといった大事なビタミン類が多く含まれています。食物繊維には便秘を改善し、過剰な糖質や脂質の吸収を抑えてくれる効果がありますし、カリウムや鉄分などのミネラルには血圧を安定させたり、貧血を予防する効果があります。ビタミンAやビタミンCには抗酸化作用といって細胞の老化を防ぎ、若さを保つ効果があります。

そして、なんといっても、前にお話しした、お腹をふくらませる効果！

野菜が苦手なら豆腐でもOKです。豆腐には「大豆イソフラボン」という成分が含まれていて、脂肪の吸収を減らす効果があります。体の代謝を活性化するタンパク質も豊富で、なおかつ低カロリー・低糖質。

心にも体にも、うれしい食事になると思います。

3章

人間関係は〝距離〟が9割

イライラしたら「外に出る」

悩みの9割は人間関係が原因ともいわれますが、自分もこれまでを振り返ってみて、思い当たることばかりです。

自分が何か上手にできなくても、それだけならあまり問題になりません。僕一人が苦労するだけですむことですから。

問題になるのは、他人からそれを指摘されたときですよね。上司から「どうしてできないんだ」と叱責されると、できない事実そのものより、その上司との関係で悩み始めます。

「自分のことを嫌っているのではないか」「自分ばかりが責められて不公平だ」「その人だって、できてないことがたくさんあるのに」とモヤモヤ、イライラ。

私が読んだ自己啓発の本に「怒り方はむずかしい」と書いてありました。でもぺーぺーの僕からすると、「怒られ方も、またむずかしい」です。

相手との距離が近いと、人間関係の悩みはよけいにむずかしくなります。親子や夫婦などは、特にそうですね。

会社における人間関係も悩みの種ではあるのですが、会社内に限定されているだけ、まだマシともいえます。うまくいかなければ最悪、会社をやめてしまえばリセット完了。でも夫婦や親子といった家族になると、そうはいきません。

一番気をつけなければならない関係は、実は家族なんです。なぜなら、縁を切りたくても切れない関係だから。自分の一生に関わる大事な関係だからです。

だからこそ、ひとたびトラブルが起きると厄介です。相手の悪い部分ばかり目について、それが自分の心の中で大きくなっていきます。

特にコロナ禍以降は、家にいる時間が長くなったことが原因で、家族間のトラブルが増えています。

奥さんの側の悩みは、「これまで会社に行っていた夫がずっと家にいて息苦しい」。夫の側の悩みは「リモートワークで家で仕事ができるようになり、妻とすごす時間が増えてうれしい。でもなんだか妻の機嫌が悪い。自分の家なのに、どこか居心地が悪い……」。

夫が通勤しているうちは夫婦でいい距離がとれていたのに、テレワークになって距離が近くなりすぎ、けんかが増えたというわけです。けんかが発展して、DVが起きたり、精神的に不安定になったりすることもあります。

コロナ禍以前は、知らず知らずのうちに、家族内でも距離がとれていたのですね。皆が家ですごすようになってから、息苦しくなってしまった。となると、これからは自分から意識して距離をとる必要があります。

相手の機嫌だけでなく、**自分の機嫌も要チェックです。**どちらかの機嫌が悪くなったら、自分から距離をとりましょう。

散歩に出てもいいですし、コンビニに行くのでもＯＫ。**心理的距離をとる前に、物理的に距離をとった方が手っ取り早いのです。**患者さんにも「イライラしたら、まずは自分が外に出ましょう」と伝えています。

《精神科医のまじめな話》

発達障害

精神科で扱う病気として、よく知られているものというと、うつ病や躁《そう》うつ病といった気分の障害や、不安障害や不眠症、幻聴や妄想などの症状が出る統合失調症、お年寄りの場合はアルツハイマー型認知症、などでしょうか。

最近はそこに「発達障害」が加わりました。

発達障害にもさまざまな種類があるのですが、たとえばアスペルガー症候群の特徴に、空気を読むのが苦手、対人関係が苦手というものがあります。

会社でも、お客さんの要望をうまく聞きだすことができず、思いもよらないところで怒らせてしまったり。自分ではそんなつもりはないのに、相手にとっては「なんて非常識な！」「空気読めよ！」となってしまう。

会社の同僚や上司との関係もうまくいかず、リストラされたり、結果的に会社にいづらくなって退職……なんてことも。

最近では「大人の発達障害」が注目されていますが、大人になってから発症するわけでありません。発達障害は生まれつきのものです。

一方で発達障害は見過ごされがちなものでもあります。本人も家族も「昔からそうだった」「人とのコミュニケーションがうまくできない」「能力がない」と思い込んでいて、まさか病気とは思わず、病院にもかからないでいるケースが少なくありません。しかし、就職して社会に出ると、いよいよトラブルが無視できないものになる。これが大人の発達障害の正体です。

発達障害を抱えた大人が、その障害に気づかずに仕事や家庭生活で支障をきたし、貧困に陥るケースも増えています。

最近は「大人の引きこもり」もテレビなどで注目されるようになりました。研究によると、子供の引きこもりの3割に発達障害が、大人の引きこもりはそれ以上の割合で発達障害が含まれていると考えられています。発達障害以外の病気も含めると、相当な割合でなんらかの障害を抱えている可能性があります。

しかし発達障害は、医療で対応が可能なものです。治療には時間がかかるとしても、症状を聞いて診断をして、なんとか治療に乗せていきます。

そして、その過程で、医療者を含め、福祉や行政といったさまざまな方の支援や、経済的なサポートも受けられる可能性が非常に高いのです。医療で解決できる問題は、ぜひ病院やクリニックを頼ってほしいというのが僕の願いです。

貧困で悩む方の中にも、まだ診断されていない病気や疾患《しっかん》をお持ちの方が大勢いると思います。なんらかの症状で悩む方は、まずは最寄りの病院やクリニックに相談していただきたいと思います。

「ベタベタ」より「ボチボチ」派

人間どうしの距離感って、本当に大事です。特に、僕を含めて、人間関係で不安を抱えがちな人たちにとっては。

いい人間関係を保つ秘訣は、イコール、他人と上手に距離をとることだといっていいぐらいだと、僕は思います。患者さんを見ていても、夫婦関係がうまくいっている人は、お互いが上手に距離をとり合っています。

休日はお互い、好きなことをしてすごす。

平日も夕飯を食べたら、お互い別々の部屋ですごす。

仲良し夫婦なのに、他人行儀にも思えるこの距離感。そうかと思うと、長期の休みは一緒に旅行に行ったり、ご飯のときは互いの趣味の話や子供の話をしたりと、普通の夫婦のようにすごすそうです。

いわば「つかず離れず」。いつもベタベタ仲良くするより、ちょっと遠めの距離を基本にした方がけんかもなく、「ボチボチ」の関係を維持できるようです。

どんなに親しくて大好きな人であっても、24時間ずっと一緒にいれば、トラブルが起きるのは仕方がないと思うんです。愛し合って結婚した相手とだって、何年も一緒に暮らしているうちに、お互いイヤなところがどうしても見えてきます。

1つひとつは本当に些細なことなんです。「ご飯の食べ方が気に入らない」とか、「プレゼントしたのに『ありがとう』がなかった」とか、その程度のこと。でもそれが次第に無視できないものになっていく。夫婦関係であれば、旦那さんや奥さんの嫌いな点ばかりが目につき、ギクシャクしてきます。

けんかするほど仲良くなる？　問題があったら議論で解決すべき？

うーん。僕は、そんなの理想論だと思います。

「けんかするほど仲良くなる」が通用するのは、せいぜい子どものうちだけじゃないでしょうか。大の大人がけんかをしても、しこりが残るだけ。しないですむなら、しないほうがいいんです、けんかなんて。

僕は家でも、自分がイライラしたら、すぐに外に出るようにしています。妻がイライラしているときも、なるべく家にはいないようにして、近くのカフェなどで時間をつぶします。そうして、自分の心に余裕ができてから家に帰る。すると妻のイライラもある程度、受け止めることができます。

普通は、この逆をしてしまうんですね。イライラしているのに、わざわざ自分から人に近づいてしまう。

イライラしている人ってたいてい、イライラを向ける先《さき》を探しています。自分から距離をとるなんて、まずしないわけです。

だから、機嫌が悪そうな人を目にしたら、こっちが先に距離をとる。自分の機嫌が悪いときも、距離をとる。これが一番です。

そーっと
距離をとる
イラ
イラ

共感しても共鳴しない

悩ましいのは、職場など、物理的に距離がとれないときです。

たとえば僕の場合は、診察中です。外来の患者さんにも、調子がいいときもあれば、悪いときもあります。調子が悪いとイライラして、自分でも抑えることができません。目の前の看護師さんや僕に大声をあげたりすることもあります。

僕は精神科医ですから、わかります。悪いのはその人ではなく、病気が悪いんだと。患者さんを責める気持ちもわきません。でも、患者さんのイライラに慣れているかといったら、慣れません。僕も精神科医の前に、一人の人間です。他人のイライラを全力でぶつけられたら、動揺しちゃいます。

それでも、パパッと気持ちを切り替えないといけない。なぜなら、その人の診察の後には次の患者さんが待っているからです。僕がイライラしていたら、次の患者さんの診察に影響してしまいます。

ではどうするか?

物理的な距離をとるのが無理なら、心の距離をとるんです。それには「他人は他人、自分は自分」という線引きを明確にします。相手の気持ちやつらさに共感することは大事ですが、共鳴してはいけません。

精神科医として、患者さんのつらさを理解することは重要でも、自分までつらくなったのでは、いけない。精神科医の仕事は、患者さんのつらさを理解しつつも、患者さんの置かれている状況を冷静にみて、その患者さんにとって一番いいと思われる選択肢を教えてあげることです。それには、患者さんの気持ちと自分自身の医師としての気持ちを、明確に分ける必要があります。

つまり、あえて鈍感になる。あえて無になる。

心の距離をとるって、そういうことです。

「嘘をついてください」というお願い

相手と距離をとるためなら、「嘘も方便」です。

真面目な患者さんほど、「嘘はダメ」「なんでも正直に話さないといけない」と思い込んでいることが多いのですが、僕はこう伝えています。

誰かを不幸にする嘘はついちゃいけないけど、自分や相手を幸せにする嘘はついてもいいんです。

世の中にはトラブルの種がたくさんあります。そのトラブルを避けるためなら、誰も傷つかない嘘ぐらい、いいじゃないですか。

今日の昼は天ぷらそばがいいな♪
毎日3食作るのがつらい!!
病院に行くから作れないの
昨日のカレー温めてくれる?
ストレスをためないためにも
COFFEE
CAFE
時には小さな嘘も必要なのです

ある患者さんは、正直すぎるぐらいの正直者です。会社の上司から「週末は何してた?」と聞かれて「大好きなゲームを一日中ずっとやって、最高の週末でした!」と答えたそうです。そしたら上司は「俺はずっと家でも仕事してたのに!お前ばっかり遊んでなんだ! もっと仕事しろ!」と激怒。それ以来、その患者さんは、残業残業の毎日で具合が悪くなってしまいました。

嘘も方便という言葉を知っていたら、こうはなりません。自分を守るためなら、小さな嘘も、時に必要なんです。

家族が相手でも、嘘が必要になる場面があるかもしれません。関係が近ければ近いほど意識して距離を保つことが肝心。**「家族だから」を盾《たて》にしてグイグイ近づいてくるようなら、嘘をついてでも自分から距離をとることです。**ガマンしてストレスをためて大げんかするくらいなら、「今日は病院に行かなきゃいけないから」などと、距離をとりましょう。

長い目で見ると、そっちの方がずっといい人間関係を保てます。

自分を守るために「相手都合には関わらない」

「自分は自分、他人は他人」と考え、自分と相手との間に線を引く。そうして、気持ちの上でも、自分の都合と相手の都合が、ぶつからないようにする。

これを、精神科の用語では「隔離《かくり》」といいます。

次に、「相手都合」での思考には「関わらない」と決めること。相手には相手の事情があり、自分には自分の事情があります。この2つは矛盾していることも多く、どちらかの事情を優先してしまうと、必ずトラブルが起こります。

ですから、**「相手都合」の思考には「関わらない」のが一番。**自分の事情を優先して、その代わり相手には関わらない。そうすることで自分の心を守りつつ、相手とのトラブルを避けるのです。

先日、病院でこんなことがありました。

僕が勤める病院では2階から6階までフロアがあり、各階で雰囲気がちがいます。女性が多い階もあれば、男性が多い階もあります。病気の内容もレクリエーションの種類もちがいます。ですが、どの階でも看護師長さんの口ぐせは同じ。

「私の階が一番大変です」

「病棟をまとめるのが一番大変なのは、私の階です」

僕にも僕の意見があります。

「6階が一番大変。症状の重たい患者さんが一番多いのは6階だから」

でも、そう思うのは僕が6階の責任者医師だから、なんですよね。

他の階でつい「6階が一番大変」と口を滑《すべ》らせたときは、「私の階の方が大変です！」「どうして先生はわかってくれないんですか！」と怒られてしまいました。

「皆、それだけ自分の持ち場で一生懸命やっているんだな」

僕はそう納得しました。

どの階にも大変さがあり、皆その大変さと精一杯向き合っているんです。だからこそ、「自分たちが一番がんばっている」「自分たちが一番大変」と胸を張れるんですよね。

僕は間違っていました。自分の意見を言う前に、まず相手の意見を聞き、相手の立場を尊重するべきでした。

自分は自分、他人は他人です。たとえ自分が一番大変と心の中で思っていても、「相手はそう思うんだな」と理解し、「そうですね、その通りですね」と伝えていれば、言い合いになることはなかったでしょう。

こんなふうに、相手の感じ方をそのまま口に出してあげると、相手は「わかってくれた」と感じます。

これを、精神科では**「承認」**といいます。

承認って、相手の心を開くカギのようなものです。こちらが相手を承認すると、相手は自然と、こちらに心を開いてくれます。すると会話をするときのストレスも減り、互いがより本音を話すことができるようになります。

《精神科医のまじめな話》

「信頼」はどう生まれるか

承認が大切なのは、家族関係でも同じです。夫には夫の、妻には妻の立場があり、感じ方があります。

自分は自分、他人は他人と感情を「隔離」した上で、「そうだね、その通りだね」と相手の意見を聴き、承認し、自分の意見から一歩だけ距離をとる。すると不思議と、相手の置かれた状況を冷静に見ることができるようになり、相手の気持ちに共感できる部分も増えてきます。

こうした共感が、自然な形で積み上がっていったものが「信頼」になる。僕はそんなふうに思っています。

「思ってもいない言葉を口にしても、信頼関係なんて生まれるはずないよ！」と思う方もいるかもしれません。

でも、ここで大事にしたいのは、相手と自分の意見をはっきり分けて、相手と自分の距離をとることです。自分の意見を通せば相手は不満に思うでしょうし、相手の意見を通せば、今度は自分で自分を責めてしまいます。

相手を尊重した上で、自分の意見も大事にして、自分の心も守りましょう、と言いたいのです。

結果、お互いに客観的になれれば、相手の立場も理解できるようになり、相手に共感できる部分も増え、信頼関係も生まれるだろうと思います。

「なるようになるさ」の活用法

僕が精神科医として仕事をしていて、一番つらいと思うとき。それは、「先生の外来に通院していても、全然よくならないから、もうイヤ」「先生、嫌い」

そう言われるときです。こんなにがんばっても報われないのか……って悲しくなります。でも、こうも思います。「なるようになるさ」。そうして、僕を嫌いだと言った患者さんにも、笑顔で接するよう努力します。

患者さんも医師も人間です。人間同士の相性に、合う・合わないがあるのは、これはもう仕方がありません。患者さんにも、医師から積極的に話しかけてほしい方もいれば、話しかけてほしくない方もいます。話を聞いてほしいという方もいれば、薬だけはしい方もいます。本当に人それぞれなんです。

ときおり、病院に来なくなってしまう患者さんもいます。当然、医者としては心配しますよね。

「あの患者さん、今日の外来に来なかったけど、大丈夫かな」「具合が悪いのかな」「お薬足りなくなってないかな」「今ごろ、何してるだろう」「ご飯は食べてるのかな」「夜は眠れてるのかな」……。

すると僕も、次第に不安が強くなってきます。精神科医1年目のころ、たまらず患者さんのご自宅に電話したこともありました。でも反応は、

「うるせ〜〜〜!!!」

……つらかったです。あまりにつらすぎて、指導医の先生に泣きついたぐらいです。

でも、この経験を境に、僕は考えを改めました。

「人間はね、やれと言われたらやりたくなくなるし、やっちゃダメと言われたら

やりたくなる。そういう生き物なんだよ」

「薬を飲めと言われたら、飲みたくなくなるし、飲まなくてもいいよと言われたら飲んでみてもいいかなと思う。先生から患者さんに押しつけちゃだめ。先生自身で抱えすぎてもダメ。患者さんを信じて、ほどほどが大事だよ」

指導医の先生が、そうおっしゃったからです。

それからというもの、僕は患者さんのことを信じることにしました。

僕の外来に来なくても、患者さんは自分の道をしっかりと歩んでいる。きっと今も、元気ですごしている。病院に来たくなったら来ればいいし、来たくなければ来なくてもいい。僕も一人で抱えすぎず、後追いもしない。でも、また来てもらえたときは、笑顔で「こんにちは」と言おう。そんな日が来ることを信じて、待とう。きっと、なるようになるから。

なるようになるさ。そう思うようになってから、患者さんに笑顔をちょっとだけ多く見せることができるようになった気がします。

「わからない」から優しくなれる

「自分には知らないことや、わからないことがたくさんある」

僕は、こんな当たり前のことを、妻に教わるまで知りませんでした。自分とはちがう誰かの気持ちを思いやるために、何より必要なことなのに。


妻と結婚し、子供が産まれたばかりのころの話です。

僕はやっとの思いで仕事を終え、家に帰りつきました。

「お腹すいたよ！　ご飯食べよう」

妻は、部屋の隅から顔を出して言いました。

「ごめん。今から作る」

そこで僕は、つい、よけいなことを言ってしまったんです。

「まだ作ってないの？　ご飯も炊いてないの？　今日、何してたの？」

疲れと空腹でイライラしていたせいか、きっと口調も荒かったと思います。

すると妻は突然、大声で泣き出しました。

あたりを見渡すと家の中はめちゃくちゃ。洗濯物は山積みで、空になった哺乳びんが部屋のあちこちに転がっています。昼に妻が食べたのか、カップラーメンの残りとエナジードリンクの缶が台所に置いてありました。

妻は泣きながら「つらい」と言いました。主婦であることがつらいと。

驚きました。

恥ずかしながら、僕は主婦って楽なものだと思っていたんです。一日家の中ですごすことができるし、職場の人間関係で悩むこともありません。外で働いている僕の方がずっと大変だと思っていました。

ですが、妻は言いました。

主婦は24時間主婦でいないといけない。眠っているとき以外はずっと家事や育児に追われ、主婦でいることから逃げられない。周りからは「子供を育てて当たり前」「家事をやって当たり前」と思われ、感謝されることよりもできなくて怒られることの方がずっと多い。家のことならなんでも「やって当たり前」「できて当たり前」と思われ、誰もほめてくれない。そんな毎日がつらい。

そう聞いて、僕も一人で子供とすごしてみました。本当に、妻の言う通りでした。朝から晩まで子供は泣くし、抱っこ抱っこで腰も痛い、手も痛い。自分のご飯だって食べる時間はない。洗濯や掃除もやらなければならない。夕食のメニューも考えなければならない。僕の想像をはるかに超えた、大変な重労働でした。

それに比べたら僕なんて、と思いました。僕は病院にいるときだけ医者の仕事をすればよく、家に帰れば自由です。24時間主婦であることの方が、ずっと大変かもしれません。

僕はそんな妻の立場や気持ちを思いやることができませんでした。最も身近な存在である妻のことすら、僕は何もわかっていなかったのです。

そして気がついたんです。

自分には知らないことや、わからないことがたくさんある。だから、まずは相手の話を聞こう。相手の気持ちを考えてから、自分の話をしようと。それは、自分とはちがう立場の相手を思いやるため。そして、相手との関係に感じるストレスを軽くするためです。

それ以来、妻と言い合いになることもなくなりました。家に帰ってご飯ができていなくても、思うのは「今日はご飯を作れないくらい、大変な一日だったんだな」。

怒りよりも、「ありがとう」の気持ちが、わくようになりました。

4章

「いったん保留！」という魔法

簡単に「変われる」なんて言われたくない

「そんなの、言われなくてもわかってる！」

「でも、できないものはできないんだ！」

そう思うこと、僕にもたくさんあります。

たとえば、心配性な性格を人にイジられるのも、その1つです。僕はどこにでも日記帳を持ち歩いて、上司に怒られるとすぐ「ちくしょ～」と書いたりするんですが、そういうところですね。

「1日2時間以上、日記を書いています」と上司に話したら、

「日記ばかり書いてるから、お前はダメなんだ」

「日記なんて書かなくていいから、俺の話をもっと聞け」

これでまた「ちくしょ〜」となりました。

本にはよく書いてあるんです。

「変えられないことを嘆《なげ》くより、自分の力で変えられるものを、まずは変えましょう」

って。でも何も知らない他人だからそんなことが言えるんだ、という話です。

そんなこと、人に言われなくてもわかってる。わかってるけど、何をどうしたらいいのかわからない。だからつらいんです。

新聞配達の仕事をコツコツ続けてきた男性の話です。コロナ禍で会社の業績が悪化したため、退職して役所に相談に行ったところ、こう言われたそうです。

「これまで、ほかにどんな努力をされてきましたか？」

「ほかの仕事は何もされてこなかったのですか？」

「同じような仕事を紹介するというのも、むずかしいと思いますので、何か資格でも取って、生活されてはいかがですか？」

すごく悔しかった。自分が情なかった。言われて簡単にできるぐらいなら、そもそも相談になんて行かないのに。そうおっしゃっていました。

人はいつでも変われる。それはその通りかもしれません。でも、資格を取るにも時間がかかりますし、学校に通うとなると、さらにお金もかかります。

簡単に「変われる」なんて、言ってほしくない。そう思いませんか？

がんばって、がんばって、がんばり抜いて、今をかろうじて生き抜いている。そういう人に「自分を変えろ」というアドバイスは、現実離れしていると思います。

変えられない自分を再確認して、自分を責めるだけです。

「誰かに相談する」のだって、簡単じゃないです。

勇気をふるって悩みを打ち明けたのに、「自業自得」と言われたら？

「これまで何も考えず、ぼーっと生きていた自分のせいなんじゃないの？」

なんて役所の人に言われたら？

少なくとも、二度と人に相談しようとは思わなくなるでしょう。

「相談した自分が悪いんだ。人を頼ろうと思った自分が甘いんだ。もう本音なんて正直に話しちゃいけないんだ……だって、馬鹿にされるから。自分が傷つくだけだから」そうやって、孤独の中で悩みを抱え込み、多くの人が苦しんでいます。

《精神科医のまじめな話》

「取り越し苦労」

僕は、心配性で「取り越し苦労」ばかりしています。

「取り越し苦労」を国語辞典でひくと「あれやこれやと心配しすぎてしまうこと」などと書いてあります。というと、いかにも「気のせい」のようでもあるのですが、「取り越し苦労」はれっきとした精神科の用語でもあります。

精神科でいう「取り越し苦労」は、特にうつ病の症状の1つと考えられ、物事を悪い方向にばかり解釈する傾向を指します。「取り越し苦労」がさらに悪化すると、「微小妄想《びしょうもうそう》」といわれる妄想に発展します。

微小妄想には、いくつかタイプがあります。

①貧困妄想：本当はお金があるのに、ないと考える妄想
②罪業《ざいごう》妄想：こうなったのはすべて自分のせい、行いが悪いからと考える妄想
③心気《しんき》妄想：自分は不治の病にかかったので、もう治らないと考える妄想

このような妄想が出た場合は、うつ病の中でも特に重症で自殺率が高いとされています。そのため、外来での治療ではなく、早期の入院が必要となります。

1日の〆は「今日も俺、えらかったぞ！」

僕は思うんです。

今の時代、「普通に生きる」だけで、めちゃくちゃ大変なことだと思います。

本当によく、がんばっている。

本当によく、耐えている。そう思いませんか？

でも、人の目にはその大変な苦労が見えません。必死の思いで成果を出したのに、誰もほめてくれない。むしろ「できて当たり前」「俺だってやってるんだから お前だってできるだろ」「みんなつらいんだから、そのぐらいガマンしろよ」……そんな心ない言葉を、何も事情を知らない人にぶつけられることもあります。

なんなんだよもう！　誰か、ほめてくれよ！　僕はそう思うことが、よくあります。しょっちゅう、へこんでいます。

そんなとき、どうするか。

「今日も俺、えらかったぞ！」って、自分で自分を思い切りほめてあげるんです。僕はそうしています。それから、がんばっている皆に、そうしてほしいと願っています。だってそうでしょう。

職場でがんばりをほめられることなんて、まずありません。やって当たり前、できて当然。でも人間だからミスをゼロにはできません。だからしょっちゅう叱られます。患者さんからもご家族からも看護師さんからも先輩からも、叱られる。

こんなにがんばっているのに！

家に帰れば0歳と1歳の娘が哺乳びんをくわえて待っています。愛する妻は朝から晩まで家事育児と掃除洗濯でグッタリ。夜は遅くまでグッスングッスン、

私、普通に生きてます！
すごい!!
パチパチパチ
わ
きゃ
パチパチ

エーンエーン、寝つけない子どもたちが大合唱。

僕たちは、こんなにがんばっているのに！

だから、1日の終わり、僕はひっそりつぶやきます。

「今日も俺、えらかったぞ！」「本当によくがんばったな！」「俺ってすげぇ！　明日も頼むぜ、俺！」って。

ほかの誰からも認められなくても、誰からもほめられなくても、自分だけは自分を認めてあげる。ほめてあげる。許してあげる。すると、折れそうな心も、すんでのところで折れずにやりすごせる気がします。

患者さんともよく話すんです。

「僕たちは、息しているだけで90点、ニッコリ笑って100点満点！　自分をほめて1000点満点だ！」

って。

僕が患者さんから教わったコツも、紹介しておきます。

（1）鏡を見て、「今日も俺ってすごい！」「今日も私、超かわいい！」「今日の私はすごい！」と宣言する

こうやって脳に思い込ませ、行動を変えると気持ちも変わるんだそうです。

（2）自分が小さく感じられたときは、逆に堂々と、胸を張って歩いてみる

「胸を張った姿勢をすると本当に気分が明るくなるんですよ」と患者さん。

（3）家に帰って、誰もいないところで、すっごくえらそうにしてみる

叱られたことや、「自分なんて……」と思ったことが消えていくそうです。

こんなふうに、自分をほめてほめて、脳に「俺ってすごい！」「私ってえらい！」「私って、やればできる！」と思い込ませると、気持ちも行動も変わっていきます。

まずは、今の自分をほめちぎりましょう。

「普通」がむずかしい僕たちのために

みんなは普通にできるのに、自分はできない。僕にも心当たりがあります。

僕は「カタツムリ男」なだけじゃないんです。きれいな話でなくて恐縮ですが、トイレまわりの惨事に縁が深いというか……。

緊張したり不安になったりすると、しょっちゅうお腹が痛くなります。下痢をすることもあります。だから、食べ物に気をつける（刺激物は控える）、ストレスをためないように気をつける（定期的なスイミングを欠かさない、日記を書いてストレス度を確認し発散する）など、注意してはいるんですが、それでもトラブルが起きます。

朝に通勤で1時間以上電車を乗りつぐと、必ず途中でお腹が痛くなり、トイレに駆け込むはめに。朝の駅のトイレ、すっごい混んでいますよね。僕には思い出したくない記憶もあるので（理由は内緒です）、さらに1時間の余裕を持って家を出るようにしています。

毎日、電車で通勤通学されている方って、それだけですごいと思います。

大学生のときにバックパック旅行をしたインドでも、トイレまわりの思い出を作ってしまいました。キュルル〜とお腹が痛み出し、駆け込んだのは世界で一番美しい「タージマハル」のトイレ。さすがタージマハルは、トイレもゴージャスでした。でもインドのトイレって有料なのですね。トイレ番の方にチップを払うのですが、ポケットにお金がない……財布を探してリュックを開けて……とやっているうちにゲームオーバー。全部、出てしまいました。ああ……。

事情を門番に伝え、多めにチップを払うと、「ＯＫ！」と満面の笑み。パンツはタージマハルに置いて帰りました。

先日は、1歳の娘と2人でデパートに行きました。

おむつコーナーで娘がうんちをしたおむつを替えてから、娘を抱えて買い物をしていると、どうも匂《にお》いがするんです。でもきっと気のせいだろうと。誰かがコロッケか唐揚げでも買ったんだ。でも……ちょっと変な匂いだなあ……。

帰り道、エレベーターに乗ると、さすがに気づきました。この匂いの出どころは僕だと。だって、他の人たちが一斉に僕から距離をとったから。まるで僕はドーナツの中心に取り残されたようでした。エレベーターを降り、リュックの中をのぞくと、そこにはカレーライスをひっくり返したような……。ああ……。

思わず変な声がもれ、地面にしゃがみ込んでしまいそうになりました。

替えたおむつを入れておいた袋に、大穴が開《あ》いていたんです。

まあ、そんな日もありますよね。みなさんはないですか？　ないかな……。

そんな日も、1日の終わりにつぶやくんです。

「本当によくがんばった！」って。

「できることだけ、少しだけ」で5分だけ

僕は医師になって7年目。精神科医になって5年目です。

この世界では、まだまだ若手ですね。「ゆとり世代」ということもあり、上の世代の方々からは、よくお小言をいただきます。

「お前ら若いやつらは、ゆとり世代だから打たれ弱いんだ」

「若いやつは、これくらいのことで弱音を吐くから……まったく困ったもんだ」

大学病院に勤務していたころも、えらい先生方に言われたものです。

「週に当直が3回？　それくらいで文句言うな」

「受け持ち患者が、大学病院で9人？　昔の俺なら20人は楽勝だった」

「これくらいのことで傷ついたとか言うな。俺たちのころはこれくらい普通だよ」

「俺たちのころは、朝から晩まで、もっと働いてたぞ」

という具合に、まあ出てくる出てくる、「最近の若いやつらは……」話が。

たしかに、先輩の話を聞くかぎり、昔はもっと大変だったのだろうな、今よりも忙しくて過酷で、しんどかったのだろうな、と思います。


でも、こう思いませんか？

仕事量だけで大変さを決められないでしょって。

今の時代、仕事量は減ったかもしれませんが、以前のように、同僚たちと旅行に行くような、楽しいコミュニケーションの機会もめっきり減ってしまいました。

時代がちがえば、育った環境も、考え方もちがう。世の中の常識も全くちがうんです。もっと言えば僕たちは、生まれる時代も、生まれる国も、生まれる地域も、生まれる家族も、生まれる前のことは何一つ自分で選べません。

僕たちにできることは、自分の今いる環境で、より自分らしく生きることです。自分がなりたいような自分に、どうすればなれるのか、考えること。自分の生まれた時代を、自分のリズムで、自分らしく歩むこと。

そのために他の人が何を言おうが、関係ありません。まず自分たちが幸せになること。それが一番大事なんだと、僕は信じています。

自分らしく生きたいけど、あと一歩が踏み出せないという方へ。

僕はそう思い悩んだとき、自分の心のタンスから引っ張り出してくる言葉があります。

「できることだけ、少しだけ」

尊敬する先輩から教えてもらった言葉ですが、今も僕のモットーです。

「仕事を明朝までに終わらせないといけない」
「たまりにたまった洗濯物を片づけないといけない」

……でも、もう限界。何もできない。何もやる気がしない。でも、やらないといけない。苦しいですよね。これからやることを想像するだけで気が滅入《めい》ります。

そんなときに「できることだけ、少しだけ」。

できないものはできません。もう、そこは潔《いさぎよ》くあきらめちゃいましょう。

でも、少しだけ元気が余っていたら？　1歩は無理でも、ほんの1センチなら前に進めるとしたら？

僕なら「5分ルール」を採用します。

「5分だけやってみるか！」で始めて、5分できたら自分をほめちぎります。

「できたじゃないか！」

「えらいじゃないか！」

「やればできる！」

「俺ってすごいぞ！」

たった5分で、偉業《いぎょう》を達成したかのようなベタぼめです。

仕事する気がしない‥
けど
5分だけしよーう
もーうちょっとやろう‥

するとあら不思議。５分で終わるのがもったいない気持ちがわいてくる。

そこで自分に問いかけてみてください。

あと5分、できるかな？　無理かな？　できるかも？　じゃあ、やってみるか！

始める前は、山のように大きく見えたことも、ほんのちょっとだけやってみると、「あれ、意外にできちゃうかも？」とスイスイ進むことがよくあります。

そう思えたら、今度は5分を10分に、10分を15分にしていきましょう。


5分ルール、けっこう使えますよ。

ただし、無理はしないことです。

できることだけ、少しだけ。

「5分ルール」で始めて、**５分以上は、やらなくてもＯＫ。**

小さな一歩かもしれませんが、自分らしい生き方へと近づく、大事な一歩です。

「ないものねだり」をやめるには

自己肯定感という言葉を最近よく聞くようになりました。

心をダムにたとえるなら、自己肯定感は「堤防」にあたります。自信があればストレスなんて跳《は》ねのけられる、ちょっと失敗したり人から叱責されたぐらいでは心は折れない、「大丈夫、なんとかなる」と信じられる、というわけです。

よし、それじゃ自己肯定感を育《はぐく》みましょう！

……なんてね。そんなこと、簡単には言えないです。

これもやっぱり「わかっちゃいるけどさ」という話なんです。今のように世の中が厳しい経済状況だと、誰かからほめられる、ということがありません。人々の心から、他人をほめ、認める余裕がなくなっているからです。仕事だって、やって当然、できて当然。そんなふうです。

それでいて、ミスをすればめちゃくちゃ怒られます。人間なら誰だってミスするのに……ひどい話です。結果的に、**ほめられる回数よりも叱られる回数の方がずっと多くなる。これじゃあ、自己肯定感なんて身につかないですよ。**

ああ、俺なんてダメだ。やってもどうせできない。がんばるだけムダだ。

そんな、自己否定の心ばかりが、ムクムク育っていきます。

じゃあ一体どうしたらいいんだ！　僕は必死に、自己肯定感を育む方法を探しました。そして、誰でも実践できるコツを2つ、発見しました。

①自分で自分をほめる

②感謝の気持ちを持つ

これだけです。僕もこの2つだけは、いつも心がけています。

自分で自分をほめてあげる。**自分のがんばりを、世界中の誰も見ていなくても、**

自分だけは認めてあげる。そうすれば、もう僕たちは孤独ではありません。少なくとも自分だけは、自分を見ているのですから。

どんなにちっぽけな自分も、精一杯生きている。成果は出ていなくても、成果を出そうと努力した。そのがんばりを、自分だけは、ほめてあげる。

すると、折れそうな心も、ぎりぎりのところで折れずにいてくれます。

そして、感謝の気持ちを持つこと。これも、ふだんは忘れてしまいがちです。

隣の芝生《しばふ》は青く見えるもの。目の前の人を自分と比較して、「いいなぁ」と思うことばかりです。でもきっと、相手には相手なりにつらいこともあるはずです。自分と同じように思い悩んでいるはず。そうですよね?

人間はいつだって「ないものねだり」です。自分にないものを他人の中に見つけ、それをうらやんだり、妬《ねた》んだり。この気持ちがあるからこそ努力し、がんばって自分を変えられるとも言えます。その意味では「ないものねだり」は自分を成長させる原動力です。

でも「ないものねだり」が自分を責める力、後ろ向きのエネルギーになるとしんどくなります。ダムの堤防が決壊するように心が壊れます。

その堤防を強くするのが、感謝です。「ないものねだり」をする前に、「今、あるもの」に感謝をするんです。


どんなに些細なことであっても、あえて大袈裟《おおげさ》に感謝しましょう。


相手が道を譲《ゆず》ってくれた。そんなことでも心から感謝します。

「今日はなんていい日なんだ」「きっと今日はすごくいい日になる」「きっと仕事もうまくいく」。すると気持ちも前向きになるはずです。これができれば、後ろ向きのエネルギーを、前向きのポジティブなエネルギーに変換することも、できるようになります。

さっきまで晴れていたのに、急に雨が降ってきたとしたら、
→今日は早く家に帰って、休んだ方がいいってことだな。家に帰るといいこ

とがあるかも。今日はゆっくりお風呂に入って、明日またがんばろう。

上司に「どうしてこれを忘れたんだ！」と怒られたら、

↓もし今日怒られていなかったら、大きなミスをしていたかも。上司の「怒り方」は良くないものだったけれど、かえって良かったかもしれない。この経験を活かして、次はほめられるようにがんばろう。

コインに表裏があるように、どんな物事にも、ポジティブな面とネガティブな面があります。でも、コインを1枚手にしたときに、どちらの面を見るかは自分しだい。つらい出来事に遭遇《そうぐう》したときも、自分の力でそれをひっくり返して、ポジティブな面を発見できたら、いいですよね。

でも、これには、ちょっとだけ練習がいるんです。物事のポジティブな面を見るには、ふだんから心を前向きな状態にしておかないといけない。そのために、ふだんから感謝の気持ちを持って、暮らしたいものです。

「大丈夫、きっとなんとかなる」と、言える日のために。

「がんばり屋さん」ほどストッパーを

僕も、あなたも、がんばっている。だから自分をほめてあげましょう。

でも、精神科医としてもう1つ、お願いしたいことがあります。

そこ、孤独な環境じゃありませんか？　誰にも悩みを相談できず、黙々《もくもく》とがんばっていませんか？　少し心に余裕ができたら、その環境を変えていきましょう。

というのも、がんばるって、それだけでストレスがかかるんです。

「本当は遊びたいのに、勉強する」「本当は漫画を読みたいのに、仕事をする」そうやってガマンにガマンを重ねていると、心にストレスがたまっていき、やがて爆発しそうになります。

そんなとき、誰かがそばにいてくれるとベスト。あなたのがんばりを見てはいなくても、話を聞いてくれる人がいるだけで苦痛は和らぎますし、疲れ方も全くちがいます。あなたががんばりすぎているときには、注意もしてくれます。「ちょっと顔色悪いよ」「がんばりすぎじゃない？」「夜、眠れてる？」

がんばり屋の人には、こういうストッパー役が、ありがたいですね。

ストッパーがいない孤独な環境だと、真面目な方はどこまでもがんばりすぎてしまいます。もっというと、精神的に「強い」人ほど、心が折れるリスクが高まります。**「孤独に強い」と思われている人ほど危険なんです。**

なぜなら、強い人ほど無理に無理を重ねてしまうからです。

普通の人なら途中で耐えられなくなるところでも、強い人は耐えてしまう。孤独にも耐えて耐えて、でもいつか限界がやってくる。それで心がポキッ。

折れたときのダメージは、普通の人より何倍も大きいのです。

自分は大丈夫、自分は精神的に強い。そう思っている人ほど孤独には注意してください。がんばるときは、一人でがんばらず、なるべくストッパーを作る。

常勝球団には最高の抑え投手がいるように、がんばり屋さんの陰には、良いストッパーがいるものです。

《精神科医のまじめな話》

視野狭窄《きょうさく》

精神的に追いつめられていき、周囲の状況が見えなくなることを、精神科では「視野狭窄」と言います。うつ状態の際に、よく起こります。

本人は「大丈夫」「まだやれるよ」と言うのですが、周囲の人に話を聞いてみると、実際は食事も睡眠も全くとれていなくて、家の中もめちゃくちゃ、仕事も全く進んでいない、なんてことがあります。休まなければならない状況なのに、視野狭窄、思考停止の状態に陥《おち》っていると、本人にはわかりません。

これは、うつ病や不安障害のリスクが高い状態です。ときに幻覚なども見るようになって、統合失調症を発症してしまうこともあります。

サポーターがストッパーの役割をしてくれる
がんばりすぎじゃない？
夜眠れてる？
最近どうよ？！
はっ！

イエスでもノーでもなく「いったん保留！」

世の中には答えがすぐに出ないこと、たくさんありますよね。

やってみなければわからないことや、わかるまでに時間がかかること、時間をかけるほどいい結果が出ること。そんなことばかり。


精神科医になる前の僕は、それがすごくストレスだったんです。わからないことは今すぐ知りたくて、「悩む」こと自体がとてもストレスでした。

答えが出ないままクヨクヨ悩み続けると、もうクタクタ。

焦って「えいや！」で生煮えの答えを出して、失敗することもよくありました。

過去を振り返ると「もっとゆっくり考えればよかった」「焦らなければ、あんなことにはならなかった」と後悔することばかり、積み上がっています。

精神科医になりたてのころも、やっぱりつらかったんですよ。

精神科の仕事は、答えが出ないことの方が圧倒的に多いからです。どの薬を使い、どんな治療をしたらこの患者さんにとって一番いいか、この患者さんは将来どうなるのか。聞かれてもわからないことだらけでした。

わかるはずもないんです。精神科の治療法は患者さんによって個人差が大きいし、治療する先生によっても得意・不得意、合う・合わないがあります。やってみなければわからない。時間をかけてじっくり患者さんと向き合わなければならない。精神科の治療って、そういうものなんです。

でも、それは医者の側の都合ですよね。患者さんもご家族も「どうしたらいいですか」「なんとかなりませんか」と僕を頼ってこられる。

でも、僕はすぐに答えが出せない……。悩み、疲れ果て、僕は患者さんと向き合うことが怖くなってしまいました。

そんなとき、指導医の先生が言ってくれたんです。

「みんな、わからないさ」

「とりあえず、悩むのはやめて、いったん保留！」

「一番いいと思うことをやってみて、あとは様子を見ていくしかないよ」

……僕より経験豊富な先生でも、「わからない」ことがあるのか。

それまで僕には、イエスかノーかしか、選択肢がなかった。イエスかノーかわからないことがあると、つまずいていたのはそのせいです。でも、**イエスでもノーでもない第3の選択肢として「いったん保留！」があったんですね。**

答えが出せないなら、「いったん保留！」でいいんだ。

答えが出なかったら…
いったん保留
わからない
ON
今、自分にできることをする!

そう知ってから、だいぶ気持ちが楽になりました。

なんというか、等身大の自分で、患者さんと向き合うことができるようになった気がします。虚勢を張る必要もなく、自然体でいられる。疲れも軽減したように思います。

それでも最初のころは、少し抵抗があったんです。答えを出さず「わからない」「いったん保留！」でいるなんて、なんだか逃げている気がして。

でも慣れてしまうと、イエスでもノーでもない、「わからない」「いったん保留」の選択肢を選ぶ方が、圧倒的に多くなりました。世の中というものは本来「わからない」ことの方が多いんだと、感覚的に理解できたのだと思います。

なにより、**そちらの選択肢を選んだ方が、後で振り返ってみて「よかった！」と思える結果になることがずっと多いと、わかったんです。**

多分それは、「今できることに、最善を尽くす」ことにつながるからだと思います。

日常生活でもそうですよね。

「子供はどう育てたらいいんだろう」

「将来、僕の会社はどうなるんだろう」

……そんな悩みも「う〜ん、よくわからない! いったん保留!」。そして「今、自分にできることをやって、それで様子を見ていくしかないよな」「まずは最善を尽くそう!」と、気持ちを切り替えます。

だから、**「わからない」という選択肢を選んで、悪い結果になることは、まずありません。**

だって「わからない」は逃げじゃない。逃げどころか、「今できることに最善を尽くす!」という、覚悟の言葉でもあるんですから。

不安を断ち切り、「今、ここ」に集中するために、「いったん保留!」は魔法の選択肢です。

HSPの人のための処方箋

HSP。最近知られるようになりましたね。
正しくは、Highly Sensitive Person、「敏感気質な人」という意味です。気質とは、その人が持つ「その人らしさ」の傾向のこと。HSPの人は病気ではないのですが、周囲の人や物事、環境の変化にとても敏感です。そのせいで、生きにくさを感じています。

たとえば、職場の異動や昇進、引っ越しなどの変化にさらされると、周りの環境や人の変化についていくことができず、精神的に具合が悪くなったり、物事に過敏になったりします。不安やうつがひどくなり、眠れなくなったり、会社に行けなくなったり、買い物もできなくなったり、生活に支障が出てきます。

周りの人に対しても、必要以上に気を遣《つか》ってしまいます。

仲良しの友達と会っても、

「あのとき、不機嫌そうな顔をしていた。私の言葉が気に障《さわ》ったのかな……」

その心配は、友達と別れた後も続きます。

家に帰れば一人だけの反省会。

「こんなに疲れるなら、最初から友達になんて会わない方がいいや」

そう思って、家から出られなくなってしまう方もいるぐらいです。


皆さんはどうでしょうか。人と会うのがとても疲れる。ちょっとした相手の反応にも過敏になってしまう、気軽に友達と1時間のランチなんて考えられない。

そんなことに心あたりがあるとしたら、ＨＳＰかもしれません。

どうしたら、楽にすごせるのでしょう？

「最初は、誰と会っても疲れると思っていたんです。でも中には一緒にいて疲れない人がいることに気がつきました」

これは、あるＨＳＰの方から聞いた話です。この話が印象的だったのは、その疲れない相手というのが、意外だったから。

「その人は『私は、私は』と自分の話ばかり。周りからは『人の話を聞かない人』と思われているみたいです。でも私にとっては、一緒にいて気が楽なんです。私が黙っていても勝手に話が進んでいきますし、相手もそれで幸せみたい。相手の反応を気にしなくていいって、楽ですね」

普通、「自分の話ばかりする人」って敬遠されますよね。でも、この患者さんは、むしろ「自分の話ばかりする人」と相性が良かったんです。

ＨＳＰの人も、こんなふうに自分の特性に合った相手となら、楽にすごせるんです。きっとどこかに、自分と相性のいい人がいます。

でも、注意してほしいことが1つだけ。

そんな相手を、がんばって見つけようとしなくていいと思います。なぜなら、すでにあなたの近くにいるから。

昔からあなたのそばにいる人は、きっとあなたと相性がいいはずです。

まずは今、自分の周りにいる人を大事にすること。そうすると自然に、同じような人の輪が広がっていくはずです。そこにいない誰かではなく、いま目の前にいる誰かが、運命の人かもしれませんよ。

《精神科医のまじめな話》

性格と障害のちがい

HSPは病気ではなく「気質」です。でも、不安やうつがひどくなり、眠れなくなったり、会社に行けなくなったりするようだと、自分の力で解決するのはむずかしく、医療の力が必要になってきます。

僕は心配性な性格ではありますが、単なる心配性と不安障害のちがいは、このあたりで線引されることが多いです。つまり、本人が苦しいと思っていて、生活のあちこちの場面で「障害」が出てきた場合は、診断し治療をする必要がある、ということです。

たとえば、アスペルガー症候群の患者さんの中にも、周りの環境と自分の特徴がうまく合致して、上手に自分の居場所を見つけ、すごせている方もいます。対人関係が極端に苦手であっても、ひとり黙々と打ち込める仕事を見つけていれば、仕事面で困ることは起きないわけです。

そういう場合は、あえて診断することはありません。本人も周りもハッピーにすごせていれば、全く問題ないんです。

「孤独って最高！」な人たち

孤独について、最近発見したことがあります。

それは、「孤独」のつらさには、めちゃくちゃ個人差がある！　ということ。

孤独にものすごく弱い人もいれば、ものすごく強い人もいます。

僕はというと、すごく弱いタイプ。一人でいると、それだけでうつうつとしてきて、ふだん楽しめていることも楽しくなくなります。誰かと話したい、誰かの存在を感じたい。それだけの理由でカフェやコンビニに行ったりします。

病院にいるうちは、いつも看護師さんや患者さんがそばにいて、居心地がいいんです。少なくとも、病院にいれば孤独を感じずにすみます。

逆に、人が喜ぶ週末や夏休み、お正月が、僕にはちっともうれしくありません。一日中、家にいると気持ちが不安定になります。誰かに会いに、外へ出かけたくなります。

だから、僕にはコロナ禍がとてもつらかったです。感染拡大を避けて、妻と子どもだけ、しばらく田舎で過ごすことになりました。だから、僕は家でも一人。平日も休日も外出できず、誰かに会いに行くこともできません。

この孤独をどう癒そう？　孤独を「孤毒」にしないため、どうしたらいいんだろう？　そう悩んで発見したアイデアを、前著『1日誰とも話さなくても大丈夫』で書きました。よかったら、そちらも参考にしていただけるとうれしいです。孤独でも、猫みたいに楽に生きるためのコツを詰め込みました。

でもこんな話、他の人にしたら「?・」かもしれません。実際、病院の同僚に話をしたら、こんな答えが返ってきました。

「皆が孤独でつらいって言っているの、頭ではわかってるんだけど、ごめん、僕は全くつらくないんだ。だから、そのつらさが本当はわからないんだ」

……えええ〜！！！！？？？　ウソでしょ？

その先生は、中学校や高校の夏休みも、１日も外出せず、部屋で一人でゲームをしていても、全く苦ではなかったそうです。むしろ「それが最高！」というタイプ。

うーん。孤独を感じることすらないなんて、あまりに僕とちがいすぎます。その先生だけ特別なんじゃや？　とも思いましたが、他の人に聞いて、またびっくり。

「自分も全くつらくなかった、むしろ、外出しなくていいから最高だと思った」

「誰にも会わなくていいから、すごくストレスが減った」

そう話す方がたくさんいたんです。もしかして、孤独がつらいのって僕だけ？

一瞬、そう疑ってしまいました。

もちろん現実には、孤独が原因で大変な思いをしている人もいます。救いを求める手を伸ばすこともできず、苦しんでいる人がいます。

でも、「孤独がつらい」人ばかりでないのも、また事実です。むしろ孤独が救いになった人もいた。それが僕には驚きでした。

精神科に通院されていた患者さんの中にも、そういう人がいます。

たとえば、うつや不安で会社に行けなかったのに、コロナ禍でテレワークが始まり、家で一人でも仕事ができるようになって、ついに復職できた。そういう人が、けっこうな割合でいるんです。

「孤独」を感じる度合いには、これほど大きな個人差がある。僕は、そう学んでからというもの、たとえば職探しで悩んでいる患者さんに、こう話しています。

「自分は孤独に強いと思いますか？　弱いと思いますか？」

「どちらかというと、人に会いたいと思いますか？　会いたくないと思いますか？」

自分の性格や過去の行動の傾向を振り返り、そこから見えてくる自分の適性に合った仕事や職場を選べば、ストレスの感じ方もだいぶ変わってくるはず。誰かと積極的にコミュニケーションをしなければいけない職場もあれば、誰にも会わなくても仕事ができる職場もありますから。

孤独がイヤな人も、孤独が好きな人も、結果として、自分らしくいられる場所に巡り合える可能性が高くなると思います。

人それぞれ感じ方がちがうのは、孤独についてばかりではありません。

そもそも心の悩みって、他人から見れば「つまらないこと」の方が多いですよね。悩んでいる本人は切実なのに、人には理解してもらえない、そのつらさ。

僕もそういうこと、よくあります。


「カタツムリ男」というあだ名を僕につけたのは、妻なんです。理由は、僕がいつも荷物でパンパンにふくらんだリュックを担《かつ》いでいるから。だからといって夫をカタツムリ呼ばわりするなんて、ひどくないですか？

でも、これほどうまく僕を言い当てている言葉もない気がしています。その点では、さすがわが妻！　です。

僕は面倒くさがりで、何をするにしても腰が重たい、心配性な性格です。

例えば平日の昼時など、お腹すいたなぁ、コンビニに行かなきゃなぁ、億劫《おっくう》だなぁ、イヤだなぁと、悩むこと5分。貴重な昼休憩のはずなのに。イスから立ち上がるだけでも大仕事です。

それから今度は、窓の外を眺めて天気を確認。外は寒いかな、長袖《そで》も持って行こうかなと、また始まります。

傘は必要かな。念のため、持って行こうかな。

財布だけじゃ心配だな、スイカも持って行こうかな。

財布にはちゃんとお金が入っていたかな。

家のカギはどうしようか。

リュックで行こうか、手提《てさ》げのバッグに入れて行こうか。どうしようかな。他の人から見たら「ぜんぶ、超どうでもいい！」でしょうね。だって、近くのコンビニに行くだけなら長袖も傘もいらないし。バッグに悩むくらいなら、ポケットに財布と携帯だけ入れたらいいんだし。

そんなこと、僕だってわかってます。

でも、それができないところが、生まれついての性格というか、性質というか。なかなかに根深いんです。

おかげでバッグはいつもパンパン。愛用のリュックは「これから登山ですか？」「バックパッカーの人よりも大きい」と妻に笑われてしまうほど、ふくらんでいます。

カタツムリの殻《から》のように、いつもたくさんの荷物を背負っている。それでついたあだ名が「カタツムリ男」ってわけです。

僕がカタツムリ男になるのは、何かしようとすると、その何かがとても大きくて大変なものに思えてしまうからです。

他の人にとっては本当に些細な、小さなことであっても、そうは思えないんですね。急に億劫になって、腰が上がらなくなります。

そういう感じなんです、僕って。優柔不断、決断力がない、割り切れない思いをいつも抱えていて未練タラタラ……まるでナメクジのようなメンタルです。

飲み会に誘われるのはうれしいけれど、誘われると負担。そんなどうしようもない悩みもあります。

誘われるのはすごくうれしいんです。でも「行く！」と返事をしたら、そこからウダウダが始まります。

飲み会かぁ、疲れるかもなぁ。やっぱり行くのやめようかな。行きたくないかもなぁ。でも行くって言っちゃったしなぁ、どうしようかな……。

逆に「ごめんね、行かない」と返事をしても、やっぱりウダウダ。断っちゃって嫌われないかなぁ。次はまた誘ってほしいなぁ。みんな楽しく参加しているのかな。自分も参加したかったかもしれない。みんな今ごろ、どうしているかなぁ。やっぱり行けば良かったなぁ……。

あーもう！　自分ってめんどくさい！！！　そう思ってしまいます。

つくづく、あまのじゃくな性格だと思います。

でも、僕は思うんです。「カタツムリ男も悪くない」って。

荷物はたしかに重いけど（おかげで肩が凝《こ》るのも悩みどころですが）、持ち歩いている限りは安心でいられます。他人にどう言われようと、僕は今、安心している。だったら、これが僕が僕らしくいられるペースです。

これが僕の普通なんです。

そう開き直ってから、悩むことが減りました。

飲み会？
行く！
やっぱりどうしよう
ごめん…
ボクのメンタルはまるでナメクジ

そこで思うのは、人間が持って生まれた特性のことです。

どんな特性も、その人の「自分らしさ」でもあります。だから、変えようと思ってもなかなかむずかしいことが多いですよね。日常生活の支障になることもありますが、自分という人間を表現する上で、なくてはならないものでもある。その特性を完全に消してしまったら、あなたはもう以前のあなたではなくなってしまうかもしれません。

だったら、特性は「変えよう」とするのではなく、「活かす」ものなんじゃないでしょうか。

大切なのは、自分らしくすごすため、どんな居場所が自分の特性に合っているのか、考えることだと思います。

僕たちは、日々さまざまなストレスにさらされています。他人と関わりを持ちながら暮らしているのに、心の結びつきを感じられず、孤独なまま。自分の力ではどうすることもできない悩みに翻弄《ほんろう》されて、ただ耐えることしかできない。じゃあどうしたらいいかなんて、答えはすぐに出せません。僕自身、診察室を訪れる患者さんと一緒に、毎日悩んでいます。

でも、ある患者さんは、こんなことを言いました。

「先生、結局、できることはできるし、できないことはできないんだよな」

その言葉に、納得したというより、救われました。

たしかに僕たちは、できることはできるし、できないことはできない。今の自分の置かれた立場で、できることをやる。それしかできないし、それならできるんです。

皆、それぞれ置かれた立場も境遇も、まるっきりちがいます。環境がちがえば感じ方もちがう。誰かと全く同じように感じることはできません。誰かに自分のことをわかってもらおうと思っても、全く同じようにはわかってもらえないことが多いでしょう。

でも唯一、自分だけは、自分のことはわかります。自分だけは自分のことを見つめてあげましょう。決して見捨てることなく、不安にもがきながらもがんばる自分を認めて、できることをしてみましょう。

すると自然に、気持ちが落ちついてくるように思います。

小さな一歩だけれども、前に進めば、それが自信になる。
何度でも後ろに下がっていい。
今の場所からが、いつだって新しいスタートです。

鹿目将至

著者紹介

鹿目将至（かのめ　まさゆき）
1989年、福島県郡山市生まれ。日本医科大学を卒業後、精神科医となる。現在、愛知県豊橋市の松崎病院に勤務。2020年4月、総合情報サイト・プレジデントオンラインで発信した「激増中『コロナ鬱』を避けるための5つの予防法」がYahoo! ニュースのトップページに掲載され大きな反響を呼ぶ。著書に『1日誰とも話さなくても大丈夫』（双葉社）がある。

「もうもたない…」折《お》れそうでも大丈夫《だいじょうぶ》

2021年7月1日　第1刷

著　　者　鹿《かの》目《め》将《まさ》至《ゆき》

発行者　小澤源太郎

責任編集　株式会社 プライム涌光
電話　編集部　03(3203)2850

発行所　株式会社 青春出版社
東京都新宿区若松町12番1号 〒162-0056
振替番号　00190-7-98602
電話　営業部　03(3207)1916

印刷　三松堂　　製本　大口製本

万一、落丁、乱丁がありました節は、お取りかえします。

ISBN978-4-413-23211-1 C0011